Xpert.press

Springer-Verlag Berlin Heidelberg GmbH

Die Reihe **Xpert.press** des Springer-Verlags vermittelt Professionals in den Bereichen Betriebs- und Informationssysteme, Software Engineering und Programmiersprachen aktuell und kompetent relevantes Fachwissen über Technologien und Produkte zur Entwicklung und Anwendung moderner Informationstechnologien.

Klaus Schmaranz

Softwareentwicklung in C

Mit 14 Abbildungen und CD-ROM

Springer

Dr. Klaus Schmaranz
Technische Universität Graz
IICM
Inffeldgasse 16c
8010 Graz, Österreich
E-mail: kschmar@iicm.edu

Die Deutsche Bibliothek – CIP-Einheitsaufnahme

Schmaranz, Klaus: Softwareentwicklung in C / Klaus Schmaranz. –
Berlin; Heidelberg; New York; Barcelona; Hongkong; London; Mailand; Paris; Tokio:
Springer, 2002
(Xpert.press)
ISBN 3-540-41958-6
0101 deutsche buecherei

ISSN 1439-5428

Additional material to this book can be downloaded from http://extras.springer.com

ISBN 978-3-642-62627-2 ISBN 978-3-642-56372-0 (eBook)
DOI 10.1007/978-3-642-56372-0

Einbandgestaltung: KünkelLopka Werbeagentur
Satz: Satzaufbereitung durch Autor

Gedruckt auf säurefreiem Papier SPIN: 10834809 30/3142X0 - 5 4 3 2 1 0

Zielpublikum dieses Buches

Im Prinzip lässt sich das Zielpublikum dieses Buchs einfach beschreiben: Das Buch ist geschrieben für *alle, die gerne die Programmiersprache C lernen wollen.*

Aber vielleicht ist es doch nicht ganz so einfach, denn da bleibt immer noch die Frage nach dem vorausgesetzten Vorwissen... Gerade C ist eine Programmiersprache, die man völligen Neueinsteigern üblicherweise nicht als erste Sprache empfehlen kann. Aber genau mit dieser Tradition bricht dieses Buch, ohne dabei die andere Leserschicht der Entwickler außer Acht zu lassen, die bereits Erfahrung mit anderen Programmiersprachen hat.
Das Manuskript dieses Buchs wurde bereits in einer sehr frühen Phase an drei Gruppen von "Versuchskaninchen" ausprobiert:

- Softwareentwickler, die zum Teil viel Erfahrung mit der Programmierung in C hatten.
- Softwareentwickler, die Erfahrung mit anderen Programmiersprachen hatten und C lernen wollten.
- Absolute Anfänger in der Softwareentwicklung, die noch keine Erfahrungen mit irgendwelchen Programmiersprachen hatten und C als ihre erste Programmiersprache lernen wollten.

Das Feedback von allen drei Gruppen war sehr positiv. Auffällig waren dabei vor allem zwei Dinge: Einerseits merkten die bereits C-erfahrenen Entwickler positiv an, dass auch für sie noch interessante Information in diesem Buch zu finden war. Andererseits äußerten sich die absoluten Neueinsteiger sehr positiv dazu, dass durchgehend alles Notwendige sehr verständlich erklärt wird. Natürlich wurden auch von allen drei Gruppen Verbesserungsvorschläge gemacht, die allesamt Eingang in dieses Buch gefunden haben.

Nach diesen Betrachtungen lässt sich also das Zielpublikum endgültig definieren: **Dieses Buch ist geschrieben für alle, die gerne die Programmiersprache C lernen wollen, egal welche Erfahrung sie schon mitbringen.**

Vorwort des Autors

Die Programmiersprache C und sein objektorientiertes Pendant C++ gehören seit langem zu den meistverwendeten Programmiersprachen überhaupt. Beide Sprachen sind gleich beliebt wegen ihrer Flexibilität, zugleich aber auch berüchtigt für ihre Stolpersteine. Vor allem *Pointer* gehören zu den umstrittensten Konstrukten in der Softwareentwicklung, da bei falscher Verwendung die schwerwiegendsten Fehler passieren können. C-Programmierer werden oft auch scherzhaft *Pointer-People* genannt, da die meisten von ihnen beinahe verliebt in die so umstrittenen *Pointer* sind.

So umstritten C und C++ für gewisse Konstrukte sind, sie sind aus der heutigen Welt der Softwareentwicklung einfach nicht wegzudenken. Es gibt kaum eine andere Sprache, die so flexibel ist, und mit der man sowohl auf tiefster Maschinenebene als auch bei der Lösung von höchst abstrakten Problemstellungen derartig elegant arbeiten kann – sofern man genau weiß, was man tut. Nicht umsonst sind z.B. praktisch alle heute verwendeten Betriebssysteme in C geschrieben!

Wie bei jeder anderen Programmiersprache auch, so ist es beim Erlernen von C nicht genug, sich einfach Syntax und Semantik im Schnellverfahren zu Gemüte zu führen, man muss auch wirklich begreifen, was hinter den Kulissen passiert. Mangelt es an diesem Wissen, so ist man am besten Weg dazu, dieselben Fehler zu begehen, die bereits von unzähligen anderen Entwicklern begangen wurden und die C zum Teil stark in Verruf gebracht haben.

Ich gehöre selbst noch zu den Entwicklern, die viele Dinge über C auf die "harte Tour", durch unzählige Programmabstürze, erfahren mussten. Erst im Lauf der Zeit und durch Gespräche mit vielen erfahrenen C-Entwicklern habe ich begonnen wirklich zu begreifen, was hinter den Kulissen passiert. Leider hat sich seit der Zeit vor 16 Jahren, in der ich die ersten Schritte in C unternommen habe, bis heute an der Literatur zum Thema C nichts Entscheidendes geändert. Es gibt einige Bücher, die sich mit C beschäftigen, doch diese gehen gerade bei den entscheidenden Dingen nicht auf das *Warum* ein. Es gibt viele andere Bücher, die sich mit den unzähligen Funktionsbibliotheken zu C beschäftigen, doch auch diese gehen nicht genau auf die Sprache selbst ein.

Ich habe versucht, die Erfahrungen meiner eigenen Fehler, sowie die anderer in dieses Buch einzubringen. Vor allem habe ich versucht, immer auf das *Warum* hinter gewissen Problemen einzugehen. Auf diese Art hoffe ich, dass den Lesern dieses Buchs einige unliebsame Erlebnisse erspart bleiben werden.

Ein weiteres Grundproblem vieler Softwareentwickler, früher wie heute, ist, dass sie oft nicht strukturiert genug an eine Problemlösung herangehen. Sehr oft wird die wichtige Designphase in der Entwicklung ganz weggelassen oder wird oberflächlich abgehandelt, sodass das Resultat aus dieser Phase nicht sehr hilfreich ist. In vielen Fällen ist dies zwar auch die Schuld der Entwickler selber, aber häufiger ist der große Zeitdruck, dem die Entwickler heutzutage ausgesetzt sind, dafür verantwortlich. Die Entwicklungszyklen neuer Softwareprodukte sind bereits so kurz, dass eine saubere Entwicklung im Prinzip nicht mehr möglich ist. Und entsprechend fehlerhaft sind die Produkte dann ja auch...

Das Problem mit dem Zeitdruck kann ich leider allein nicht ändern, aber vielleicht wird dieses Problem irgendwann in der Zukunft *von innen heraus* zu lösen sein, indem sich kritische Softwareentwickler stärker gegen unrealistische Terminstellungen wehren.

Auch wenn manche Leser das Folgende als polemisch betrachten mögen, so möchte ich doch einen Ausspruch von *Bjarne Stroustrup*, dem Vater von C++, zitieren. Dieses Zitat sollte wirklich zum Nachdenken anregen, denn es charakterisiert die Situation in manchen Bereichen der Softwareentwicklung leider nur allzu genau:

> *Solange ein Mindestmaß an Sinn vorhanden ist, machen die meisten Menschen alles, wozu sie aufgefordert werden. Insbesondere gilt im Kontext eines Programmier-Projekts, dass, wenn bestimmte Vorgehensweisen erwartet und andere bestraft werden, nur sehr außergewöhnliche Programmierer und Designer ihre Karriere aufs Spiel setzen, um das zu tun, was sie selbst für richtig halten, wenn sie damit in Konflikt mit dem Management oder dem Amtsschimmel geraten, oder Gleichgültigkeit erwarten müssen.*
> *Eine Organisation, die ihre Programmierer wie Schwachsinnige behandelt, wird bald nur noch Programmierer haben, die willens und fähig sind, sich wie Schwachsinnige zu verhalten.*

Das Problem der strukturierten Herangehensweise an die Entwicklung habe ich versucht in diesem Buch so stark wie möglich in den Vordergrund zu rücken. Die Aufgabenstellungen in der heutigen Softwareentwicklung sind nun einmal so komplex, dass man mit einem *Quick-Hack* nicht mehr sehr weit kommt! Bewusst wurde für das Buch der Titel *Softwareentwicklung in C* gewählt, und nicht z.B. "Programmieren in C", da zu einer sinnvollen Softwareentwicklung sehr viel mehr gehört, als einfach nur mit einer Programmiersprache umgehen zu können.

So sehr ich auch versucht habe, wichtige Aspekte der Entwicklung in dieses Buch einfließen zu lassen, so sehr möchte ich auch die Leser davor warnen, dem Irrglauben zu erliegen, in diesem Buch alles zu erfahren, was es über Softwareentwicklung zu wissen gibt! Es werden nur einige von vielen möglichen Wegen vorgezeigt, und es werden auch nur einige von vielen möglichen Aspekten herausgegriffen. Zum Beispiel wird eines der wichtigsten und umfangreichsten Themen überhaupt, nämlich das *Testen von Software*, praktisch gar nicht behandelt, da dies den Rahmen gesprengt hätte.

Nicht verschweigen möchte ich, dass dieses Buch eigentlich mehr oder weniger "passiert" ist. Eigentlich wollte ich ursprünglich nur ein Skriptum für eine Grundvorlesung an der Technischen Universität Graz schreiben, die ich halte. Aber im Lauf des Schreibens und durch die Ermunterung vieler Studierender, die Gefallen an dem Skriptum gefunden haben, reifte dann der Entschluss, alles vollständig zu überarbeiten und in Buchform zu bringen. In der Phase des Überarbeitens allerdings blieb kein Stein auf dem anderen – aber das ist eine andere Geschichte :-)

Klaus Schmaranz Graz im Juli 2001

Danksagung

An der Entstehung dieses Buchs waren direkt und indirekt sehr viele Personen beteiligt. Eine Reihung nach der Wichtigkeit möchte ich nicht vornehmen, denn jede einzelne Person hat ihren Teil zum Gelingen beigetragen. Wäre der Beitrag auch nur einer einzigen Person anders ausgefallen oder vollständig weggefallen, dann würde das Buch anders aussehen oder wäre überhaupt nie zustande gekommen.

In diesem Sinne ist es mir ein besonderes Anliegen, die nachstehend angeführten Personen alle als gleich wichtig anzusehen, egal ob sie nun zu Beginn oder am Ende dieser Danksagung erwähnt sind. Wenn es möglich wäre, alle an dieselbe Stelle zu setzen, dann hätte ich das gerne getan :-)

Jetzt aber wirklich... Mein Dank gilt Hermann Maurer, der nicht nur die Idee für dieses Buch gut geheißen hat, sondern auch den Kontakt zum Verlag geknüpft hat. Hermann Engesser war mein direkter Ansprechpartner beim Verlag und als solcher immer schnell entschlossen und äußerst kooperativ. Karl Blümlinger, Dieter Freismuth, Harald Krottmaier und Christof Dallermassl durchkämmten das Manuskript auf Fehler und Ungereimtheiten, Ulla Nidetzky brachte als ehrenamtliche Lektorin einige stilistische Meisterwerke in lesbare Form. Monika Tragner, Daniela Wyss und Renate Pistrich waren als Zuhörerinnen für mich da, wenn ich wieder mal knapp daran war, nach durchtippten Nächten meine Nerven wegzuwerfen. Meine Eltern, insbesondere meine Mutter, waren leider auch mehr als nur einmal Opfer von Buch-bedingter schlechter Laune, hatten aber immer aufmunternde Worte für mich übrig. Ein weiteres Dankeschön geht an Heinz Endthaller, den Wirt des *Maykäfer* in Graz (=Stammlokal einiger hier angeführter Personen), der auch nach Sperrstunde immer noch ein Getränk für mich übrig hatte, wenn ich mit bildschirmgetrübtem Auge auftauchte. Last, but not least, geht auch mein besonderer Dank an die Studierenden der TU-Graz, die im Wintersemester 2000/2001 meine Grundvorlesung aus Programmieren besucht haben und an die Tutoren, die bei der Durchführung dieser Vorlesung geholfen haben und die mich dazu überredet haben, dieses Buch überhaupt zu schreiben.

Die meisten Personen, die hier angeführt sind, würden Mehrfachnennungen verdienen, z.B. alle aus dem *Dinopolis*-Entwicklungsteam, die Verständnis hatten, dass ich während des Schreibens nicht so viel Zeit für die Leitung und die Mitarbeit im Team und im Projekt hatte, wie es eigentlich notwendig und angebracht gewesen wäre. Damit würde sich die Danksagung alleine schon über viele Seiten erstrecken. Aus diesem Grund möchte ich es an dieser Stelle dabei belassen, nochmals zu erwähnen, dass ich wirklich froh und dankbar bin, so viel Hilfe und Verständnis von so vielen Seiten gehabt zu haben!

Inhaltsverzeichnis

1. Ziel und Inhalt dieses Buchs

Dieses Buch richtet sich, wie bereits eingangs erwähnt, an alle, die gerne die Programmiersprache C lernen wollen, egal ob sie nun bereits in der Softwareentwicklung vorgebildet sind oder nicht. Es wird versucht, eine Wissensbasis zur Programmiersprache C und auch zu Themen der Softwareentwicklung im Allgemeinen zu vermitteln.

Egal, mit welcher Programmiersprache man arbeitet, bei der Softwareentwicklung ist immer sehr viel Erfahrung vonnöten, damit das Endprodukt sauber und robust ist. Ich möchte mit diesem Buch versuchen, möglichst viel Erfahrung zu vermitteln. Dies betrifft vor allem die Herangehensweise an eine Problemlösung und das Aufzeigen von typischen Stolpersteinen, an die Anfänger (und zum Teil auch erfahrene Leute) in C immer wieder stoßen.

1.1 Zum Inhalt

Das Buch ist so aufgebaut, dass es in kleinen Schritten von den allerersten Grundlagen zu sehr speziellen Konstrukten von C hinführt. Weil gerade eine Programmiersprache nur durch konkrete Anwendung sinnvoll erlernt werden kann, wird die Theorie immer wieder mit Beispielen untermauert. Um auch selbst beurteilen zu können, ob man das Gelesene wirklich beherrscht, gibt es drei Übungsbeispiele, deren eigenständige Durchführung dem Leser zu den gegebenen Zeitpunkten nahe gelegt wird. Um überprüfen zu können, wie gut die Beispiele gelungen sind, werden entsprechende Musterlösungen angeboten.

Die Leser, die bereits Erfahrung mit Programmiersprachen und Softwareentwicklung haben, können Kapitel 2 getrost überfliegen oder auch ganz überspringen. Auch Kapitel 3 ist noch relativ "leichte Kost". Ab Kapitel 4 allerdings geht es dann ans Eingemachte. Wo auch immer vor bekannten Problemen und Stolpersteinen gewarnt wird, findet sich im Text ein entsprechender Absatz, der mit **Vorsicht Falle** gekennzeichnet ist. Am Seitenrand ist ein solcher Absatz noch zusätzlich mit einem Warnsymbol versehen.

C-Code Beispiele in diesem Buch wurden durchgehend mit kleinen Zeilennummern am linken Rand versehen, um eine Referenzierung im beschreibenden Text einfacher zu machen. Nur um Missverständnissen bei Anfängern vorzubeugen: Die Zeilennummern sind **nicht Teil des C-Codes** und dürfen nicht in Programmen vorkommen!

Alle Beispiele, die im Buch angeführt sind, wurden so nahe wie möglich an sinnvolle Konstrukte angelehnt, die auch im täglichen Geschäft der Softwareentwicklung immer wieder vorkommen. Es wird durchgehend Wert darauf gelegt zu verstehen, *warum* etwas *genau so* funktioniert, anstatt einfach ein "Rezept" zum Thema "Wie hacke ich schnell ein paar Zeilen C" anzubieten. Die Arbeitsweise, die in diesem Buch vermittelt wird, hat sich in der Praxis über lange Zeit bewährt.

Zu den einzelnen Beispielen möchte ich noch erwähnen, dass vorgeschlagene Lösungen nicht immer der einzig mögliche Weg sind. Es bleibt also den Lesern überlassen, andere und vielleicht auch bessere Wege zu finden, eine Lösung zu implementieren. Außerdem ist bei manchen Beispielen bewusst nicht alles vollständig auscodiert. Dies soll eine Anregung für die Leser sein, sich auch einmal mit fremdem Code auseinanderzusetzen, und diesen nach eigenen Vorstellungen zu verändern.

Die empfohlene Entwicklungsumgebung, auf der auch prinzipiell das Buch beruht, ist eine Umgebung unter Linux mit dem GNU C-Compiler. Diese Wahl wurde getroffen, da dies eine frei verfügbare Open-Source Umgebung ist. Sie ist auch eine der stabilsten Entwicklungsumgebungen, die derzeit zur Verfügung stehen.

Es soll sich allerdings niemand, der lieber MS-Windows mit einer anderen Entwicklungsumgebung verwenden will, abschrecken lassen. Das Wissen, das in diesem Buch vermittelt wird, ist natürlich auch dafür gültig. Es steht also jedem frei, eine beliebige Umgebung zu verwenden, ohne dass dadurch Einschränkungen zu erwarten sind. Jedoch möchte ich jedem Softwareentwickler gerne ans Herz legen, es zumindest interessehalber einmal mit Linux zu probieren. Nach einer kurzen Eingewöhnungsphase lernt man doch gewisse Vorteile schätzen.

Leser, die sich gar nicht sicher sind, ob sie nun Linux ausprobieren sollen oder nicht, können auch einen Zwischenweg wählen: Alle nützlichen Tools (GNU C-Compiler, Emacs als Editor und viele kleine Helferlein, wie z.B. `make` oder `tar`) sind auch als MS-Windows Portierungen auf der beiliegenden CD-ROM zu finden.

Stichwort *Helferlein*: In diesem Buch finden sich auch kurze Beschreibungen zu den wichtigsten dieser Tools. In Kapitel 15 werden das Arbeiten mit mehreren Files und die Verwendung von `make` genauer beleuchtet, in Kapitel 21 werden, kurz zusammengefasst, die hilfreichsten Befehle erwähnt.

Weiteres Stichwort *Emacs*: Eine sehr kurze Einführung in die wichtigsten Bedienungsschritte dieses universellen Editors, der im Prinzip alles kann, außer Kaffeekochen, ist in Anhang I zu finden. Dieses Kapitel erhebt keinen Anspruch auf Vollständigkeit, denn zu Emacs gibt es ganze Bücher, aber es soll den Einstieg etwas erleichtern.

1.2 Motivation

Ich möchte hier explizit betonen, dass *Softwareentwicklung*, *Programmieren* und *Informatik* **keine synonymen Begriffe** sind! Zu einer guten Softwareentwicklung gehört eine vollständige Designphase, eine große Portion Informatik im Sinne von Algorithmen, Datenstrukturen, Komplexitätsabschätzungen etc. Außerdem muss das alles noch vernünftig codiert werden, was in den Bereich Programmierung fällt. Nicht zu vergessen, dass auch das Testen einen erheblichen Teil der Entwicklungszeit in Anspruch nimmt. Dem Thema *Testen* wird jedoch in diesem Buch kein besonderer Platz eingeräumt, denn das würde endgültig den Rahmen sprengen.

Gerade in Bezug auf vernünftige Softwareentwicklung sei hier noch festgehalten, dass leider sehr oft in der Industrie keine vernünftige Herangehensweise gewählt wird. Hoher Marketingdruck, schlechte Zeitabschätzungen, falsche Erwartungen und vor allem mangelndes Verständnis verhindern dies oft unglückseligerweise. Vor allem hat in den letzten Jahren die Komplexität der zu lösenden Probleme ungeahnte Ausmaße angenommen, die nur noch von großen Teams zu bewältigen ist.

Der Super-Hacker mit langen Haaren, langem Bart, 30 Tassen Kaffee und 100 Zigaretten am Tag, alleine in seinem stillen Kellerloch ist nur noch eine romantische Vorstellung, die bestenfalls für den Film taugt. Es gehört zu einer guten Softwareentwicklung bei weitem mehr, als nur schnell einmal alleine am Computer etwas reinzuhacken, egal, wie toll man das auch finden mag!

Auch wenn eine gute Herangehensweise vor allem Erfahrungssache ist, so kann man doch die Lernzeit deutlich verkürzen, wenn man einmal auf die richtige Fährte gebracht wird und diese konsequent verfolgt. Und genau diese Fährte zieht sich durch das gesamte Buch.

Von "alten Hasen" gab es auch vereinzelt Reaktionen nach dem Motto "Wozu denn? Das geht doch auch anders!" Sicherlich – viele Wege führen nach Rom. Viele davon sind auch ungefähr gleich lang (im Sinne der Softwareentwicklung: gleich effizient und qualitativ gleichwertig). Aber eine ganze Menge davon sind holprig, kurvig, oft überschwemmt, gehen über steile Gebirge oder haben sonstige Nachteile. Was ich damit sagen will: Es gibt sicherlich nicht *die* einzig richtige Lösung. Aber es gibt gute und schlechte Herangehensweisen, und die schlechten werden leider zu oft gewählt. Auch wenn ein "alter Hase" aufgrund seines großen Wissens und seines riesigen Erfahrungsschatzes ohne Probleme an allen Schlaglöchern vorbeimanövriert, als ob es sie nicht gäbe, und wenn er Gebirge und Überschwemmungen mit Leichtigkeit bewältigt, dann heißt das noch lange nicht, dass diese Herangehensweise auch von anderen mit demselben Erfolg praktiziert werden kann.

Häufig passiert es, dass Software, die von solche "alten Hasen" geschrieben wurde, so lange klaglos funktioniert, bis die betreffenden Mitarbeiter die Firma verlassen. Danach haben Entwickler oft keine Chance mehr, Änderungen an diesem Code vorzunehmen, ohne dass es mittlere bis große Katastrophen gibt.

Planung und Dokumentation in der Softwareentwicklung funktionieren leider in den allermeisten Fällen nach folgendem Schema (wenn auch oft gut und bewusst verschleiert):

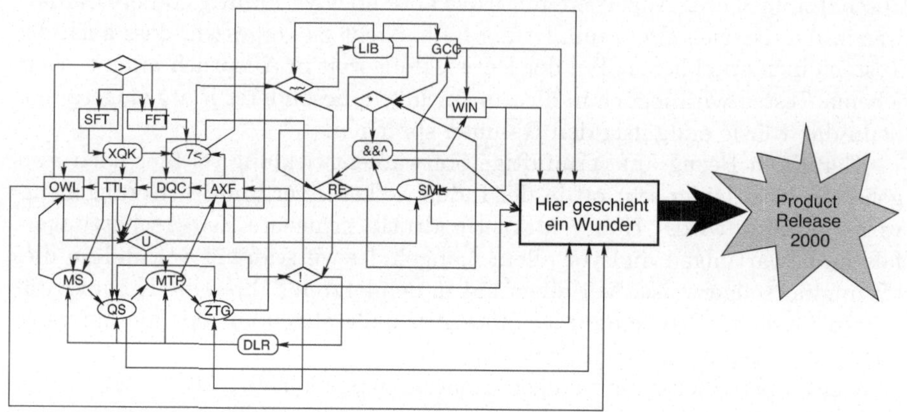

Abbildung 1.1: Planung in der Softwareentwicklung

Ein paar Zahlen sollen zeigen, wie problematisch die Durchführung von Projekten im Bereich der Softwareentwicklung bereits ist:
75% aller angefangenen Projekte werden **nicht fertig gestellt**! Die häufigsten Gründe dafür sind:

- Ungeeignete Ressourcen: 69%
- Unrealistische Terminstellungen: 67%
- Unklare Zielrichtung: 63%
- Unzureichende Planung: 56%
- Änderungen der Zielrichtung: 42%
- Konflikte zwischen Teammitgliedern: 35%

Es mag verwundern, dass sich die Prozentpunkte nicht auf 100% ergänzen. Es treten üblicherweise mehrere Probleme zugleich auf. In einer Studie von R.R. Dumke wurden gescheiterte Projekte auf alle möglichen Gründe untersucht. Die Quelle:
Dumke, R.R.: "Softwaremetrie – Grundlagen und Ziele", Fakultät für Informatik (Magdeburg), 12.11.1998
(`http://irb.cs.uni-magdeburg.de/~dumke/Metrie/Smetrie.html`)

In diesem Zusammenhang sei angemerkt: Der Prozentsatz der *tatsächlich* fertig gestellten Projekte ist eigentlich noch viel geringer als die hier angegebenen 25%. Dies liegt daran, dass sehr viele Projekte einfach als "fertig" deklariert werden, obwohl sie ihr ursprüngliches Ziel nie erreicht haben. Hier wird kurzerhand das Ziel umdefiniert.

Noch ein Punkt: Wenn man hier von *gescheiterten Projekten* spricht, dann sind es in diesem Kontext Projekte, die beim ersten Versuch gescheitert sind und dementsprechend aufgegeben wurden. Aber Software unterscheidet sich von vielen anderen Produkten in dem Sinn, dass sie **niemals fertig** ist! Wird eine Version ausgeliefert, dann wird bereits an der nächsten Version mit zusätzlichen Features gearbeitet. Viele der "fertig gestellten" Projekte scheitern dann auch noch in dieser weiteren Phase.

1.3 Feedback

Es wurde bereits erwähnt, dass Software niemals fertig ist. Genau dieselbe Ansicht vertrete ich auch, wenn es um Bücher geht, die Wissen vermitteln sollen. Es gibt kein Buch, das man nicht noch verbessern könnte und das gilt natürlich auch (hoffentlich nicht *ganz besonders...*) für dieses Buch. Aus diesem Grund gibt es ein **Feedback-Forum**, über das Wünsche, Anregungen, Beschwerden, Lob und Tadel an den Autor übermittelt werden können. Dieses Feedback Forum ist online erreichbar unter:

`http://courses.iicm.edu/the_c_book`

Ich würde mich freuen, wenn die eine oder andere Leserin bzw. der eine oder andere Leser dazu beiträgt, dieses Buch zu verbessern, indem sie / er entsprechende Vorschläge macht.

Das Feedback-Forum ist aber nicht nur dazu gedacht, Lesern die Möglichkeit zu geben, ihre Meinung zum Buch zu sagen. Ich sehe das Forum vielmehr als Leserforum, in dem auch eigene Beispiele, Alternativen zu vorgeschlagenen Lösungen, etc. veröffentlicht werden können und diverse Aspekte der Softwareentwicklung diskutiert werden können. Es wäre schön, wenn das Forum eine Eigendynamik in diese Richtung entwickeln würde, denn das kommt sicher vielen Leuten zugute.

1.4 Die beiliegende CD-ROM

Dem Buch liegt eine CD-ROM bei. Weil der Inhalt einer CD-ROM im Gegensatz zu einem Buch sehr kurzlebig ist, möchte ich an dieser Stelle nur so viel erwähnen: Es sind auf der CD-ROM alle notwendigen Tools und alle im Buch abgedruckten Programme vorhanden. Was sonst noch auf der CD-ROM zu finden ist und wie man damit arbeitet kann man erfahren, indem man die Datei

`index.html`

mit einem der gängigen Internet-Browser ansieht. Eventuelle Zusätze, die sich im Lauf der Zeit nach Auslieferung der CD-ROM als nützliche Add-ons herausstellen, sind immer aktuell über das zuvor erwähnte Feedback-Forum abrufbar.

2. Begriffsklärung

Bevor wir in die Tiefen der C-Programmierung einsteigen, sollen einige wichtige Begriffe geklärt werden, die uns in der Folge begegnen werden. Dieses Kapitel ist für Neueinsteiger im Bereich der Softwareentwicklung und für Leute mit wenig Erfahrung geschrieben. Leser mit einschlägiger Erfahrung können das Kapitel auch einfach überfliegen.

Eines der ganz wichtigen Prinzipien in der Softwareentwicklung ist eine exakte Definition und Verwendung von eindeutigen Begriffen. Die Erfahrung zeigt, dass es sonst sehr leicht zu Missverständnissen kommen kann. Leider lassen sich durch die rasante Verbreitung der Computer zwei ganz alltägliche Phänomene beobachten, die genau dieses Prinzip der klaren Definitionen stark aufweichen:

1. Viele computertechnische Laien schnappen Begriffe auf und verwenden diese in falschem Kontext im Gespräch mit anderen Leuten, denen die Vorbildung auf diesem Gebiet fehlt: Manche sprechen "fachchinesisch" aus Imponiergehabe am Biertisch, andere verwenden aufgeschnappte Begriffe als markige Schlagworte, um der Öffentlichkeit neue "Visionen" zu verkünden.
2. Das computertechnisch ungebildete Publikum lässt sich von der Flut der Fremdworte beeindrucken und hinterfragt die Bedeutung oft gar nicht, weil man seine Unwissenheit ungern zugeben will. Sollten doch Fragen auftauchen, dann sieht sich der scheinbar Kundige gezwungen, diese zu beantworten, auch wenn er im Prinzip selbst keine Ahnung hat.

So entsteht eine mehrdeutige, unvollständige oder gar falsche Bedeutung von zuvor noch gut und eindeutig definierten Begriffen. Nur kann man auf dieser Basis kein exaktes Wissen vermitteln, daher möchte ich dem programmiertechnischen Teil dieses Buchs eine kurze Definition der Begriffe voranstellen:

2.1 Syntax und Semantik

Die beiden Begriffe *Syntax* und *Semantik* werden leider nur allzu oft miteinander verwechselt, vor allem werden mit dem Begriff der *Syntax* durchgehend

Eigenschaften beschrieben, die bereits zum Begriff *Semantik* gehören. Aus diesem Grund möchte ich hier diese beiden Begriffe einmal klar gegeneinander abgrenzen:

Syntax

Eine Sprache (also auch eine Programmiersprache) ist definiert durch eine Folge von Zeichen, die nach bestimmten Regeln aneinander gereiht werden dürfen. Den hierdurch beschriebenen **rein formalen** Aufbau von Wörtern, Sätzen und höheren Konstrukten, die zu einer Sprache gehören, nennt man *Syntax*. Wichtig dabei ist die Beschränkung der Definition auf den formalen Aufbau *ohne Zuordnung einer Bedeutung*.

Man könnte die Rolle einer Syntax auch folgendermaßen beschreiben: Eine Syntax gibt ausschließlich Regeln vor, nach denen man **sinnleere Folgen** von Zeichen konstruieren kann.
Was das bedeutet, wird ein wenig klarer, wenn man sich einige Beispiele für Regeln in einer Syntaxdefinition ansieht:

- Ein Wort besteht aus einer Folge der Zeichen `0-9`, `a-z`, `A-Z`, die in beliebiger Folge aneinander gereiht werden dürfen.
- Mehrere Worte sind getrennt durch mindestens ein Leerzeichen und/oder mindestens einen Zeilenumbruch.
- Ein ';' beendet eine logisch zusammengehörige Einheit, und ihm können beliebige Zeichen voranstehen und folgen.

Nach diesen Regeln in unserem Beispiel würden die folgenden Zeilen der Syntaxdefinition genügen:

```
Ich will die Programmiersprache C
lernen
```

Aber auch die folgenden Zeilen entsprechen noch der Syntaxdefinition:

```
aghyftkl czhetmae etqwevw
asnuerp ytqp
```

Viel zu oft wird der Begriff *Syntax* falsch verwendet, indem ihm schon die Definition von Bedeutung unterstellt wird. Z.B. melden Compiler häufig einen `syntax error`, wenn Anweisungen in einem Programm falsch formuliert wurden. Oft aber handelt es sich dabei gar nicht um einen syntaktischen Fehler, denn die formalen Kriterien der Sprache wurden eingehalten, sondern um einen semantischen Fehler!

Der Vollständigkeit halber sei hier noch angemerkt, dass Syntaxdefinitionen üblicherweise nicht klartextlich formuliert werden, sondern dass es dazu besondere formale Darstellungen gibt. Diese sind aber für unsere Zwecke nicht von Belang und würden den Rahmen dieses Buches sprengen.

Semantik

Die Semantik beschäftigt sich mit der Bedeutung einzelner Sprachkonstrukte. Nehmen wir als kleines Beispiel ein Programm-Schnipsel in C:

```
int a_number;
a_number = 17;
```

Vorerst ist dieser Text eine sinnleere Folge von Zeichen, die der Syntaxdefinition von C entspricht. Um nun die Bedeutung herauszufinden, muss man wissen, was die einzelnen Zeichen und Worte besagen. Dies wird durch die Semantikdefinition von C festgelegt. Diese besagt z.B., dass das Wort `int` ein reservierter Bezeichner für den Datentyp *Integer* ist, der für einen ganzzahligen Wert steht.

Außerdem besagt die Semantikdefinition, dass eine Folge von zwei Worten, von denen das erste ein solcher Bezeichner ist, eine Variablen-Deklaration und -Definition ist. Weiters hat das Zeichen `'='` die Bedeutung einer Zuweisung: Der Wert, der rechts von `'='` steht, wird einer Variable zugewiesen, die links von `'='` steht. Mit dem Wissen um die Bedeutungen der einzelnen Konstrukte kann man nun die Gesamtbedeutung des Programm-Schnipsels herausfinden.

Auch hier sei der Vollständigkeit halber angemerkt, dass Semantikdefinitionen üblicherweise durch besondere formale Darstellungen beschrieben werden.

2.2 Programmiersprachen

Der Begriff Programmiersprache bezeichnet ganz allgemein eine Sprache zur Formulierung von Rechenvorschriften für einen Computer. Die Sprache ist durch ihre Syntax und Semantik **eindeutig** definiert. Natürlich stellt die Definition des Begriffs der *Programmiersprache* nicht wirklich eine weltbewegende Neuigkeit dar. Der Grund, warum diese Definition dennoch hier in die Erklärung aufgenommen wurde, ist folgender:
Programmiersprachen werden nach verschiedenen Kriterien klassifiziert, die nicht selten verwechselt und miteinander vermischt werden. Die gängigsten Arten der Klassifikation werden in der Folge kurz besprochen.

2.2.1 Klassifikation nach Hardwarenähe

Eines der Kriterien, nach denen man Programmiersprachen klassifizieren kann, ist ihre Nähe zur Hardware. Dabei ist entscheidend, ob der Sprachumfang so ausgelegt ist, dass er der internen Arbeitsweise eines ganz bestimmten Prozessors entspricht oder nicht. Nach diesem Kriterium unterscheidet man **niedrige** und **höhere** Programmiersprachen.

Niedrige Programmiersprachen *Niedrige Programmiersprachen* werden auch oft als *Maschinensprachen* oder *Assemblersprachen* bezeichnet. Diese Sprachen erlauben das direkte Programmieren genau bestimmter Hardware (eigentlich sogar eines ganz genau bestimmten Prozessors). Der Funktionsumfang ist ein (fast) direktes Abbild dessen, was die zu programmierende Hardware zur Verfügung stellt (=Prozessorbefehle). Anstatt allerdings Bitfolgen per Hand eingeben zu müssen, bieten Assemblersprachen die Annehmlichkeit, symbolische Namen verwenden zu können, und sie besitzen zumeist auch die Fähigkeit, Befehlsfolgen zu so genannten Macros zusammenzufassen. Ein *Assembler* überträgt das geschriebene Programm dann direkt in die Bitfolgen, die die Hardware versteht.

Höhere Programmiersprachen Für *höhere Programmiersprachen* wird manchmal auch die Bezeichnung *problemorientierte Programmiersprachen* herangezogen, eine Bezeichnung, die schon sehr gut beschreibt, worum es dabei geht. Höhere Programmiersprachen sind in ihrem Befehlsumfang nicht mehr von der Hardware bestimmt, auf der die Programme ausgeführt werden sollen. Vielmehr bestimmt die Art der Problemgruppe, zu deren Lösung sie gedacht sind, ihren Aufbau und Umfang. Der geschriebene Code ist nicht mehr 1:1 in Bitfolgen, die von der Hardware verstanden werden, übertragbar.

Es gibt 2 Möglichkeiten, wie ein Programm zur Ausführung gelangen kann, das in einer höheren Programmiersprache geschrieben wurde: Entweder übersetzt ein *Interpreter* zur Laufzeit Konstrukt für Konstrukt in Maschinencode und lässt diesen ausführen. Oder aber, und das ist die häufigere Variante, es findet eine zweistufige Behandlung des Programms statt. Zuerst wird der gesamte Code von einem *Compiler* in Maschinencode übersetzt und abgespeichert. Danach kann der abgespeicherte Code so oft wie gewünscht, ohne neu übersetzt zu werden, einfach ausgeführt werden.

2.2.2 Klassifikation höherer Programmiersprachen nach Konzepten

Wie bereits erwähnt, sind höhere Programmiersprachen problemorientiert. Je nach Problemgruppe, für die sie gedacht sind, liegen ihnen verschiedene Denkschemata bzw. Konzepte zugrunde, nach denen man sie kategorisieren kann. Alles in der Folge Gesagte gilt entsprechend nur noch für höhere Programmiersprachen, denn eine Assemblersprache ist ja bereits definitionsgemäß nicht problemorientiert.

Imperative Sprachen Bei den *imperativen Sprachen* besteht ein Programm aus einer Folge von *Befehlen* an den Computer, z.B. "Schreibe den Wert 17 in die Variable `a_number`", "Springe an diese Stelle im Programm" etc. Ganz wesentlich für diese Gruppe von Sprachen ist das Konzept der *Variablen*: Variablen dienen als Speicher für Werte (z.B. Eingabewerte, Ergebnisse von Berechnungen). Der Inhalt von Variablen wird für die Abarbeitung eines Programms verwendet, und dieser kann auch während der Abarbeitung modifiziert werden.

Einige wichtige Vertreter imperativer Sprachen sind: C, Pascal, Basic, Cobol und Fortran. Imperative Sprachen sind für ein sehr breites Spektrum an Problemstellungen in verschiedensten Bereichen gut einsetzbar. Sie sind auch für sehr große und komplexe interaktive Systeme geeignet, jedoch sind hierbei objektorientierte Sprachen im Normalfall vorzuziehen.

Funktionale Sprachen *Funktionalen Sprachen* liegt das Prinzip zugrunde, dass Programme Funktionen berechnen, mit denen sie Eingabe- auf Ausgabewerte abbilden. In der funktionalen Programmierung beschreibt man die Beziehungen zwischen Eingabe- und Ausgabedaten mit Hilfe mathematischer Ausdrücke. Die Ausführung eines Programms ist gleichbedeutend mit der Auswertung des Ausdrucks. Es gibt hierbei *keine Variablen.*

Einige wesentliche Vertreter dieser Sprachen sind: ML (bzw. SML), Lisp und Logo (Anm: Lisp und Logo enthalten auch teilweise imperative Konzepte). Funktionale Sprachen sind besonders gut geeignet zur Programmierung von Algorithmen, die sich auch mathematisch gut formulieren lassen (z.B. Sortierverfahren, Listenbehandlungen etc.). Für große und stark interaktive Systeme sind funktionale Sprachen nur bedingt zu empfehlen.

Prädikative Sprachen In *prädikativen Sprachen* wird die Programmierung als *Beweisen in einem System von Tatsachen und Schlussfolgerungen* aufgefasst. Bei der Programmierung wird eine Menge von *Fakten* und *Regeln* (d.h., wie man aus gegebenen Fakten neue Fakten gewinnt) angegeben. Die Aufgabe des Computers ist es nun, eine an ihn gestellte Anfrage als *richtig* oder *falsch* zu beantworten.

Um sich ein Bild von der Denkweise bei prädikativen Sprachen machen zu können, betrachten wir folgendes Beispiel zur Berechnung der Faktoriellen einer Zahl:

Faktum: die Faktorielle von 1 ist 1.
  d.h.: $fac(1, 1)$.
Regel: wenn die Faktorielle von *n - 1* gleich *f* ist, dann ist die Faktorielle von *n* gleich *n * f*.
  d.h.: $fac(n - 1, f) \Rightarrow fac(n, n * f)$

Will man nun ein solches Programm ausführen, um die Faktorielle von 3 zu berechnen, dann ist diese Berechnung gleichbedeutend mit der Frage, für welche Zahl *f* nun die o.g. Regel *richtig* ergibt. Dementsprechend wird die Regel so lange angewandt, bis das Abbruchkriterium erreicht ist. Dieses Abbruchkriterium ist in unserem Fall das Erreichen des Faktums, dass die Faktorielle von 1 gleich 1 ist.

Manchen Lesern mag nun vorkommen, dass prädikative Sprachen von der Denkweise her nicht übertrieben intuitiv und einfach zu durchschauen sind. Ich kann nur sagen, dass diese Leser mit ihrer Meinung nicht allein auf weiter Flur stehen.

Abgesehen von der etwas befremdenden Denkweise ist auch die Effizienz bei der Lösungsfindung, die solche Programme erreichen, im Allgemeinen nicht unbedingt berauschend.
Die bekannteste prädikative Sprache ist Prolog.

Objektorientierte Sprachen Bei *objektorientierten Sprachen* (auch *OO-Sprachen* genannt) werden zur Problemlösung notwendige Informationen (= Daten und Regeln) als (gekapselte) Objekte aufgefasst. Objekte können miteinander kommunizieren, indem sie Nachrichten austauschen. Wie dieser Nachrichtenaustausch stattfindet, ist Sache der jeweiligen Sprache selbst (z.B. C++) und im grundsätzlichen Konzept nicht festgelegt. Wenn ein Objekt eine Nachricht empfängt, so antwortet es mit einem anderen Objekt.
Was aber ist das eigentlich **Bestechende am objektorientierten Konzept?**

- Bei der Softwareentwicklung ist das schwächste Glied in der Kette immer der Mensch. Der Komplexitätsgrad eines Problems übersteigt das Fassungsvermögen eines Menschen relativ schnell, wogegen Computer damit kein Problem haben, denn sie können nichts "vergessen". Je weiter man also den augenblicklich zu durchschauenden Komplexitätsgrad eines Problems verringern kann, desto greifbarer wird es für den Softwareentwickler.
- Objektorientierte Herangehensweise bietet, **wenn sie richtig angewandt wird**, die Möglichkeit, große Probleme in viele abgeschlossene, kleine Teilprobleme zu zerlegen, die – alle für sich betrachtet – einfach sind.
- Die Denkweise eines Menschen ist prinzipiell eine objektorientierte. Das soll heißen, dass die Welt als ein Netz aus Objekten und Interaktionen mit diesen Objekten, oder auch dieser Objekte untereinander aufgefasst wird. Um dies besser erläutern zu können, betrachten wir als Beispiel ein Auto:
  - Es gibt ein Objekt, das wir *Auto* nennen.
  - Dieses Objekt namens *Auto* besteht aus vielen kleinen Teilobjekten, wie z.B. *Tür*, *Bremse*, *Kupplung*, *Lenkrad* etc.
  - Mit Objekten kann man interagieren (und sie interagieren auch untereinander): Man kann z.B. mit dem Auto *fahren.*
  - Eine Interaktion kann selbst wieder aus mehreren Teilinteraktionen aufgebaut sein. Z.B. bedingt die Interaktion *Fahren* mehrere Teilinteraktionen, z.B. *Lenken*: Der Fahrer interagiert mit dem Objekt *Lenkrad*, indem er es *dreht.* Die Reaktion darauf ist, dass das Auto in eine Kurve fährt.

    Von der Komplexität, die sich hinter dem Lenkrad versteckt, merkt der Fahrer nichts. Wozu sollte er auch wissen, wie ein Lenkgetriebe funktioniert oder wie z.B. die Servolenkung noch hilft, Kraft zu sparen). Allerdings interagiert das Objekt Lenkrad mit dem Lenkgetriebe, dieses mit den Rädern, alles immer über genau definierte Schnittstellen. Um alle diese weiteren Objekte und Interaktionen zwischen ihnen haben sich bereits andere beim Entwurf und Bau des Autos gekümmert, und sie haben deren Komplexität *gekapselt.*

  - Interaktion ist allerdings keine Einwegfunktion: Das Objekt *Auto* interagiert auch mit dem Objekt *Fahrer* durch seine Rückmeldungen. Nach dem Drehen des Lenkrades fährt es in eine Kurve, ändert also die Fahrtrichtung, was wiederum der *Fahrer* bemerkt.
- Das Beispiel mit dem Auto kann man beliebig weiterspinnen, eines wird dabei sehr schnell klar: Die Komplexität, die man in der Kommunikation mit einem Objekt zu spüren bekommt, ist gering im Vergleich zur Komplexität, die sich dahinter versteckt. So kann man leicht große Systeme beherrschen.

Ich möchte an dieser Stelle noch eine dringende Warnung aussprechen: **Objektorientierte Programmiersprachen bieten die Möglichkeit einer sauberen, durchschaubaren Softwareentwicklung, allerdings erzwingen sie eine solche nicht!** Wenn man hier unsauber arbeitet, dann wirkt sich dies meist noch viel fataler aus als bei Verwendung von anderen Konzepten, da die Möglichkeit des Versteckens von Komplexität den Punkt, an dem nichts mehr geht, sehr weit hinauszögern kann!
Die wichtigsten Vertreter der objektorientierten Sprachen sind C++, Java und Smalltalk.

Scriptsprachen Außerhalb der Unterteilung, die wir bisher kennen gelernt haben, gibt es auch noch den Begriff der *Scriptsprachen*. Mit diesem umgangssprachlichen Begriff werden häufig höhere Programmiersprachen bezeichnet, die in einem Interpreter ausgeführt werden. Die bekanntesten Beispiele dafür sind *Perl* und *Javascript*.

2.3 Vorschriften und Arten der Abarbeitung

Ein Computerprogramm wird immer, egal in welcher Programmiersprache, Schritt für Schritt abgearbeitet. Einer solchen Abarbeitung liegt ein Konzept zugrunde, das die Problemlösung beschreibt (=*Algorithmus*), und eine Formulierung dieses Konzepts in einer Form, die durch die gewählte Programmiersprache vorgegeben ist. Bei programmiersprachlichen Formulierungen gibt es im Prinzip immer zumindest ein Konzept, wie man eine Reihe von Anweisungen zu einem logischen Ganzen zusammenfassen kann. Mit diesen Konzepten und den dazugehörigen Begriffen beschäftigen wir uns hier.

Algorithmus

Der Begriff des *Algorithmus* bezeichnet eine Verarbeitungsvorschrift, die die Problemlösung beschreibt. Diese Verarbeitungsvorschrift ist so präzise formuliert, dass sie direkt in ein Computerprogramm umgesetzt werden kann. Das bedeutet: Alle möglichen Fälle, die dabei durchzuführenden Schritte und die Randbedingungen bei der Ausführung müssen genau beschrieben sein.

Allen Verfahren, wie z.B. Suchverfahren, Sortierverfahren oder auch der Durchführung von mathematischen Operationen, liegen Algorithmen, also genaue Verarbeitungsvorschriften, zugrunde. Algorithmen sind nicht in einer bestimmten Programmiersprache formuliert, sondern, je nach Problemstellung, mathematisch, andersartig formal oder auch umgangssprachlich.

Prozedur

Prozeduren sind auch (historisch) unter den Begriffen *Subroutines* oder *Unterprogramme* bekannt. Das Konzept von *Prozeduren* kommt aus den imperativen Programmiersprachen, und es bezeichnet eine Zusammenfassung mehrerer Anweisungen zu einem direkt aufrufbaren Ganzen. Prozeduren nehmen Parameter, liefern aber keinen return-Wert. Prozeduren können selber wieder andere Prozeduren und auch Funktionen aufrufen, bei den meisten Programmiersprachen sogar sich selbst (=Rekursion).

Prozeduren kommen dort zum Einsatz, wo ein- und dieselbe Folge von Anweisungen (z.B. Berechnungen) immer wieder, aber mit verschiedenen Parametern ausgeführt wird. Sehr wichtig ist auch die Verwendung von Prozeduren zur lesbaren Gliederung von Programmen, denn Prozeduren werden über Namen aufgerufen, die bei deren Deklaration (hoffentlich) als selbsterklärende Namen angenommen werden.

Ein typischer Fall für eine Prozedur wäre eine solche, die eine Linie am Bildschirm zeichnen kann. Nennen wir sie hier `drawLine`. Als Parameter nehme diese Prozedur 4 Zahlen, einen x-Wert und einen y-Wert für den Startpunkt, und ebensolche Werte für den Endpunkt der Linie. Bei Aufruf zeichnet diese Prozedur dann eine Linie zwischen den zwei als Parameter übergebenen Punkten.

Funktion

Eine *Funktion* ist, wie eine Prozedur, ebenfalls eine Zusammenfassung mehrerer Anweisungen zu einem direkt aufrufbaren Ganzen. Der Unterschied zwischen den beiden liegt darin, dass eine Funktion im Gegensatz zu einer Prozedur ein Ergebnis in Gestalt eines sogenannten *return-Werts* liefert. Funktionen können, genauso wie Prozeduren, andere Funktionen oder Prozeduren aufrufen, bei den meisten Programmiersprachen sogar sich selbst (=Rekursion).

Gleich wie Prozeduren kommen Funktionen dort zum Einsatz, wo ein und dieselbe Folge von Berechnungsschritten immer wieder mit verschiedenen Parametern gebraucht wird. Auch hier ist auf deren Verwendung zur lesbaren Gliederung von Programmen hinzuweisen.

Ein typisches Beispiel für eine Funktion wäre z.B. eine solche, die die Quadratwurzel einer Zahl berechnet. Nennen wir sie hier `sqrt`. Als Parameter nimmt diese Funktion eine Zahl, von der sie die Quadratwurzel berechnen soll. Als return-Wert liefert sie das Ergebnis dieser Berechnung. Bei Aufruf berechnet sie die Quadratwurzel und retourniert das Ergebnis.

Methode

Der Begriff der *Methode* kommt aus den objektorientierten Programmiersprachen und bezeichnet eine Funktion, die einer Klasse zugehörig ist. Es sei hier noch erwähnt, dass in diesem Kontext keine Unterscheidung zwischen *Prozedur* und *Funktion* mehr getroffen wird. Eine Prozedur wird einfach als Spezialfall einer Funktion angesehen, die keinen return-Wert liefert. Da objektorientierte Programmierung aber nicht Gegenstand dieses Buchs ist, wird auf eine genauere Beschreibung von Methoden hier verzichtet.

Atomare Bearbeitungsschritte

Als *atomar* werden Berechnungsschritte bezeichnet, die *garantiert in einem Stück* ausgeführt werden, die also nicht mehr in kleinere Teilanweisungen zerlegt werden können. Dies ist vor allem bei Architekturen wichtig, die parallele Ausführung unterstützen. Je nach Programmiersprache und Ausführungsumgebung gibt es verschiedene Konstrukte, die es erlauben, gezielt mit atomaren Berechnungsschritten umzugehen.

Obwohl die Programmierung in solchen Umgebungen nicht direkt in diesem Buch behandelt wird, ist es für manche Software-Entwürfe wichtig, die Möglichkeit einer späteren parallelen Abarbeitung bereits frühzeitig im Hinterkopf zu haben.

2.4 Werkzeuge und Zwischenschritte bei der Programmerstellung

Vom Programm, das man als Entwickler eintippt (=*Source-Code*), bis zum tatsächlich ausführbaren Programm, das der Computer versteht (=*Executable*), sind mehrere Schritte an Übersetzungen und Auflösungen nötig. Die Zwischenprodukte und Einzelschritte vom einem Produkt zum nächsten sollen hier in der Folge kurz erläutert werden.

Source-Code

Der Begriff *Source-Code* bezeichnet den Programmcode in einer bestimmten Programmiersprache. Es ist nicht von Belang, um welche Programmiersprache es sich hierbei handelt. Der Source-Code wird nicht direkt vom Computer verstanden werden, sondern muss erst über einen oder mehrere Schritte für den Computer "genießbar" gemacht werden.

Coding-Standard

Der *Coding-Standard* ist eine Vorgabe, wie man in einem Entwicklungsteam mit vorgegebener Sprache und Umgebung Source-Code schreibt. Leider setzt sich erst in jüngster Zeit die Verwendung eines *Coding-Standards* durch. Bis vor nicht allzu langer Zeit war es üblich, dass alle Entwickler nach ihren eigenen (guten und weniger guten) Konventionen Source-Code produzierten. Damit war eine Einheitlichkeit des Source-Codes in Teams natürlich nicht gegeben. Neben dem Coding Standard gibt es noch *Style Guidelines* und *Conventions*, die helfen, den erzeugten Code möglichst einheitlich zu machen, auch wenn viele verschiedene Leute daran arbeiten.

Üblicherweise enthält ein Coding Standard, je nach Umfang und Ausprägung, Richtlinien zur Benennung von Variablen, Funktionen etc. und jede Menge *do's* und *don't's*, die der Erfahrung der Gruppe entspringen. Hiermit wird dem Wildwuchs von Code Einhalt geboten und damit die Einheitlichkeit, Lesbarkeit und Wartbarkeit von Code verbessert. Vor allem wird auch verhindert, dass dieselben Fehler mehrfach gemacht werden.

2.4.1 Interpreter

Als *Interpreter* wird ein Programm bezeichnet, das Source-Code Stück für Stück (meistens Zeile für Zeile) in ausführbaren Maschinencode übersetzt und auch sofort ausführt. Aus diesem Grund sind Interpretersprachen auch in der Ausführung langsamer als Sprachen, die einen Compiler benutzen, da die Übersetzung sich direkt auf die Laufzeit niederschlägt. Zur Optimierung gibt es verschiedenste Strategien bei der Übersetzung zur Laufzeit, aber damit wollen wir uns hier nicht näher beschäftigen.

Compiler

Als *Compiler* wird ein Übersetzer bezeichnet, der Source-Code in Object-Code (siehe unten) transferiert. Im üblichen Fall wird je ein File mit Source-Code vom Compiler in je ein File mit Object-Code übersetzt. Dementsprechend können bei einem Compilerlauf viele Object-Files entstehen.

Assembler

Im Prinzip ist die Aufgabe eines *Assemblers* dieselbe wie die eines Compilers. Auch er übersetzt Source-Code in Object-Code. Der einzige Unterschied zwischen einem Compiler und einem Assembler ist, dass ein Compiler Source-Code aus höheren Programmiersprachen übersetzt. Ein Assembler übersetzt Source-Code, der in Maschinensprache (siehe *niedrige Programmiersprachen*) geschrieben ist.

Ich möchte hier noch kurz erwähnen, dass es früher durchaus üblich war (selten auch heute noch), dass der Output eines Compilers selbst Assembler-Code für die entsprechende Zielplattform war. Danach wurde ein Assembler aufgerufen, der das Übersetzen in Object-Code übernahm.

Object-Code

Der Begriff *Object-Code* bezeichnet Maschinencode, der noch nicht direkt ausführbar ist, da er teilweise noch aus dem Source-Code übernommene symbolische Namen (z.B. Funktionsaufrufe) enthält. Der Computer versteht aber intern keine symbolischen Namen, sondern nur Adressen. Daher stellt der Object-Code auch nur ein Zwischenprodukt dar, das erst in einem weiteren Verarbeitungsschritt (durch den *Linker*) zu einem Executable wird.

Object-Code entsteht als Resultat der Übersetzung von Source-Code durch einen Compiler oder Assembler.

Library

Als *Library* wird eine Zusammenfassung von nützlichen Funktionen, Prozeduren etc. bezeichnet, die in verschiedenen Programmen verwendet werden können. Im Prinzip liegt eine *Library* selbst als Object-Code vor. Und natürlich ist auch hier wieder der *Linker* verantwortlich, dass eine verwendete Library zum Executable dazugebunden wird.

Prinzipiell gibt es statische und dynamische Libraries. Statische Libraries werden zum Zeitpunkt des Linkens in das ausführbare Programm übernommen, machen dieses also dementsprechend größer. Dynamische Libraries werden nicht direkt zum Programm gelinkt, sondern es werden nur die entsprechenden Einstiegspunkte im Programm vermerkt. Dynamische Libraries müssen immer zur Laufzeit eines Programms am entsprechenden Zielrechner vorhanden sein, da es sonst nicht ausführbar ist.

Linker

Der *Linker* ist dafür verantwortlich, ein oder mehrere Files mit Object-Code und benötigte Libraries zu einem tatsächlich am Computer ausführbaren Programm zu binden. Hierbei muss er die noch im Object-Code vorhandenen symbolischen Namen auflösen und durch entsprechende Adressen ersetzen (=*Referenzauflösung*). Auch muss der Linker die korrekten Einstiegspunkte bei Verwendung von dynamischen Libraries erzeugen.

Preprocessor

In einigen Sprachen, wie z.B. auch in C, wird der Source-Code noch von einem *Preprocessor* behandelt, bevor er dem Compiler zur tatsächlichen Übersetzung übergeben wird. Der Preprocessor reagiert auf bestimmte Textsequenzen im Source-Code und ersetzt diese textuell nach bestimmten Regeln. Diese Sequenzen stellen also eine Art von Macros dar, durch deren Auswertung neuer bzw. veränderter Source-Code erzeugt wird. Das Resultat, das aus dem Preprocessor kommt, ist selbst wieder Source-Code, nur in veränderter Form. Dieser veränderte Source-Code wird dem Compiler zur Übersetzung übergeben.

2.5 Testen

Allein zum Thema *Testen* ließen sich viele Bücher schreiben. Hier soll nur im Prinzip erläutert werden, was der Begriff *Testen* bezeichnet.

Der Prozess des Testens

Testen ist ein kreativer, destruktiver Prozess, bei dem ein Programm mit der Absicht ausgeführt wird, Fehler zu finden.
In der Praxis findet man aber zumeist eine völlig andere Definition, die fatale Folgen hat: *Testen ist ein Prozess, der zeigen soll, dass ein Programm korrekt ist.*

Diese Definition ist **vollkommen falsch**, denn sie gibt ein **falsches Ziel** vor! Beim Testen *will man Fehler finden!* Wenn man aber mit dem Anspruch des Korrektheitsbeweises an das Testen herangeht, dann wäre das Ziel ja, keine Fehler zu finden.

Das *"korrekte" Programm gibt es nicht*, und je intensiver man gezielt mögliche Schwächen des Programms untersucht und aufdeckt, desto besser wird das Endprodukt sein. Natürlich muss man eine etwas masochistische Ader haben, um sein eigenes Programm vernichten zu wollen. Allerdings steigt die Qualität mit der Anzahl der gefundenen Fehler, und das bringt wiederum ein Erfolgserlebnis mit sich.

Noch etwas wird oft missverstanden, wenn es ums Testen geht: Getestet wird nicht nur mit dem fertigen Programm. **Testen ist ein Prozess, der sich von der Designphase bis zum Endprodukt durchzieht!** Es wird also bereits im frühesten Stadium ein Design gezielt auf Schwächen untersucht, denn wenn man erst beim Endprodukt auf diese stößt, dann ist es üblicherweise zu spät und mit immensem Aufwand verbunden oder oft ganz unmöglich, diese auszubessern.

Debugger

Eines von vielen Werkzeugen, die den Prozess des Testens erleichtern, ist der *Debugger*. Er gestattet es, Programme schrittweise (z.B. Zeile für Zeile) auszuführen, eigene Breakpoints im Programm zu setzen (das Programm wird bis dorthin ausgeführt, dann wird die Ausführung unterbrochen), Variableninhalte zu inspizieren u.v.m. Was genau ein Debugger kann, ist durch die jeweilige Implementation bestimmt.

Bereits in Vergessenheit geraten ist der Ursprung des Namens *Bug* für einen Programmfehler (von dem sich auch der Name *Debugger* ableitet): Zu Zeiten, als Computer noch raumfüllende Monster waren, die vollständig aus einzelnen Transistoren aufgebaut waren, kam es des Öfteren vor, dass sich darin Ungeziefer einnistete. Die dadurch entstehenden Kurzschlüsse waren der Korrektheit der ausgeführten Programme nicht unbedingt förderlich, wie man sich leicht vorstellen kann. Die Fehlerbehebung war in diesem Fall mit einer Entfernung des Ungeziefers aus dem Rechner verbunden – echtes *Debugging* eben...

2.6 Software-Design

Zu Beginn einer jeden Softwareentwicklung steht die Designphase. Je nach Problemstellung und Team werden hierbei verschiedene Methoden angewandt. Grundsätzlich wird in der Designphase aber immer eine Reihe von Dokumenten erstellt, die hier kurz betrachtet werden soll.

User Requirements Document

Das *User Requirements Document* (kurz *URD*) ist das erste von vielen Dokumenten im Rahmen eines Software-Entwicklungszyklus. Es steht ganz am Beginn des Zyklus, und in ihm werden die Anforderungen des Benutzers an das Endprodukt festgelegt. Dieses Dokument muss für den Benutzer verständlich sein, es ist also nicht allzu (computer-)technisch formuliert. Es gehört viel Erfahrung dazu, ein solches Dokument richtig zu erstellen, aber man sollte es sich unbedingt auch bei ganz kleinen Aufgaben angewöhnen, dieses zu schreiben. Die Erfahrung zeigt nämlich, dass man ohne ein solches Anforderungsdokument während der Entwicklungszeit nur allzu leicht sein tatsächliches Ziel aus den Augen verliert. Es passiert leicht, dass man geforderte Funktionalität beim Design und bei der Implementation vergisst. Genauso leicht ist es, zusätzliche Features zu implementieren, die gar nicht gefordert waren, und damit neue Fehlerquellen aufzutun. Am leichtesten ist es allerdings, Funktionalität zwar zu implementieren, aber dies völlig anders als vom Auftraggeber gewünscht. Alle diese Umstände führen dann dazu, dass das Resultat nicht befriedigend ist.

Software Requirements Document

Das *Software Requirements Document* (kurz *SRD*) ist das zweite Dokument im Entwicklungszyklus, das direkt nach dem URD erstellt wird. Hier werden die Anforderungen des Benutzers in technische Anforderungen "übersetzt" und die technischen Randbedingungen festgelegt. Vorsicht ist angebracht, da es leicht passiert, dass man anstatt der technischen *Anforderungen* schon an dieser Stelle *Designentscheidungen* einfließen lässt. Die Grenzen sind leider tatsächlich oft fließend, und es ist viel Erfahrung vonnöten, um ein gutes SRD zu schreiben.

In der Praxis hat es sich eingebürgert, dass das SRD parallel zum ADD (=Architectural Design Document) geschrieben wird, da dies am ehesten der Vorgangsweise bei einem Software-Design entspricht. Oft muss eine Idee eines Systementwurfs existieren, damit man genaue technische Forderungen niederschreiben kann.

Architectural Design Document

Das *Architectural Design Document* (kurz *ADD*) ist das dritte Dokument, das im Entwicklungszyklus erstellt wird. In ihm wird das Grobdesign eines Softwarepakets festgehalten. Der Begriff Grobdesign bezieht sich hier vor allem auf die prinzipielle Aufteilung in Module und deren Funktionalität sowie deren Schnittstellen untereinander und zur Außenwelt. Wie bereits erwähnt wird dieses ADD in der Praxis oft parallel zum SRD erstellt, da sich Moduldesign und technische Requirements sehr oft gegenseitig beeinflussen.

Als Grundregel für das ADD gilt, dass es genau genug ist, um die Gesamtarchitektur des Systems sowie seiner Einzelmodule auf einem abstrakten Level zu definieren. Allerdings ist ein ADD noch nicht detailliert genug, um bereits auf die Ebene der jeweiligen eingesetzten Programmiersprache hinunterzureichen. Ein ADD soll immer vollständig unabhängig von der Programmiersprache sein und die Implementation in "jeder beliebigen" Programmiersprache zulassen. Dies ist zwar in der Praxis aufgrund verschiedener Gegebenheiten nicht immer vollständig möglich, sollte aber so weit es geht durchgeführt werden.

Detailed Design Document

Das *Detailed Design Document* (kurz *DDD*) ist das Dokument, in dem endgültig alle Designentscheidungen bis auf die Ebene der verwendeten Programmiersprache niedergeschrieben werden. Je nach Größe und Komplexität des Projekts wird ein DDD nicht mehr nur ein Dokument sein, sondern hierarchisch, vom Groben zum Feinen, in verschiedenste Dokumente gegliedert werden.

Ein DDD ist dann genau genug, wenn **alle Designentscheidungen** minutiös niedergeschrieben sind, sodass man es einem Programmierer in die Hand drücken kann und dieser die Implementation ohne Rückfrage und ohne selbst Designentscheidungen treffen zu müssen schafft.

Dies bedingt z.B., dass alle Funktionen (oder bei OO Programmierung: alle Klassen, Interfaces, Methoden etc...) genau mit Namen, Parametern, und Return-Wert festgelegt sind, und auch die dazugehörigen Algorithmen bis ins kleinste Detail beschrieben sind. Sobald man beim Implementieren etwas Neues einführen muss, ist es Zeit, einen Schritt zurück zum DDD zu machen, denn dann war es nicht genau genug.

Leider wird genau dieser wichtige Schritt zurück in der Praxis nur selten gemacht, und auf diese Art entstehen Programme, die intern im Lauf der Zeit immer undurchsichtiger werden und schwieriger zu erweitern sind. Auch wenn es manchmal wirklich lästig ist, vor allem wenn man unter Zeitdruck arbeiten muss – der Zeitaufwand für diesen wichtigen Schritt zurück lohnt sich und ist nicht wirklich groß. Die fehlende Designentscheidung trifft man sowieso, da sie notwendig ist. Man muss also in jedem Fall Zeit aufwenden. Wenn man dies auch noch sauber macht und im DDD dokumentiert, dann herrscht Klarheit für alle Beteiligten, und die Entscheidung ist nachvollziehbar. Wenn man das DDD nicht erweitert, dann wird die Entwicklung im Lauf der Zeit undurchschaubar und inkonsistent.

2.7 Verschiedenes

Ein paar Begriffe gibt es noch, zu denen ich beim besten Willen keine besondere Klassifizierung mehr finden konnte. Aus diesem Grund möchte ich diese Begriffe einfach unter *Verschiedenes* zusammenfassen.

Deklaration und Definition

Die beiden Begriffe *Deklaration* und *Definition* möchte ich deswegen besonders erwähnen, da oftmals in der Literatur der wichtige Unterschied zwischen den beiden einfach ignoriert wird.

Deklaration Eine Deklaration besagt ausschließlich, dass etwas eine bestimmte Eigenschaft haben wird, also z.B. "Es gibt da eine Funktion, die hat diesen Namen, diesen return-Wert, und diese Parameter". Dies nennt man auch *Signatur*. Zum Zeitpunkt der *Deklaration* ist jedoch z.B. der Rumpf einer Funktion, also der tatsächlich ausprogrammierte Code, der bei ihrem Aufruf ausgeführt wird, nicht bekannt.

Definition Zum Zeitpunkt der *Definition* wird z.B. bei Funktionen die gesamte Funktion festgelegt, also zusätzlich zur Signatur auch deren Rumpf, der den ausführbaren Teil darstellt. Um an das Beispiel von vorhin anzuknüpfen: "Die Funktion mit diesem Namen, diesem return-Wert und diesen Parametern sieht genau so aus: [...`code`...]". Manchmal wird der Begriff der *Deklaration* auch als *extern-Deklaration* (in C) bzw. als *forward-Deklaration* bezeichnet, um den Unterschied zur Definition zu verdeutlichen. Je nach Programmiersprache ist es oft der Fall, dass die *Deklaration* und die *Definition* von Variablen, Funktionen etc. nicht unbedingt strikt getrennt sein müssen, sondern in ein- und demselben Statement passieren können. Diesem

Umstand ist auch die allgemeine Verwirrung zu verdanken, da hierbei die Trennung nicht mehr offensichtlich ist.

Signatur

Eine *Signatur* bezeichnet bei der Programmierung den eindeutigen "Stempel", der durch eine Deklaration festgelegt ist. Also z.B. besteht die Signatur einer Funktion aus Funktionsnamen, Parametern und return-Wert. Dadurch ist sie eindeutig identifizierbar. Diese Definition der *Signatur* darf nicht verwechselt werden mit dem Begriff der *elektronischen Signatur*, der für eine elektronische Unterschrift steht und zu anderen Zwecken gebraucht wird.

Der Begriff der *Signatur* bekommt v.a. in der objektorientierten Programmierung als *Klassensignatur*, *Methodensignatur* etc. besondere Bedeutung.

Bit und Byte

Obwohl es lächerlich erscheinen mag, die Begriffe Bit und Byte hier zu erwähnen, gibt es doch einen Grund dafür. Einerseits scheint es sich noch nicht überall herumgesprochen zu haben, dass ein *Bit* die kleinste Informationseinheit darstellt, mit der man nur noch `0` bzw. `1` darstellen kann, und dass ein Byte aus (üblicherweise) 8 Bits besteht. Andererseits, und das ist viel häufiger, werden nur zu gerne die falschen Buchstaben für ihre Bezeichnung herangezogen. Ein *Bit* wird mit dem Buchstaben `b` bezeichnet, und ein *Byte* mit dem Buchstaben `B`. Wenn man also im Kontext von Modems irgendwo den Begriff `bps` liest, dann ist damit *Bits pro Sekunde* gemeint, niemals Bytes pro Sekunde, auch wenn das auf Prospekten nur allzu gerne verwechselt wird.

Kilobyte

Lächerlich genug, dass *Bit* und *Byte* hier erklärt werden, jetzt komme ich auch noch mit dem Begriff *Kilobyte*... Nun, es gibt da leider noch größere Verwirrung als bei Bits und Bytes. Einerseits würde ein kB (=Kilobyte) technisch gesehen genau 1000 Bytes bezeichnen, andererseits hat sich in der Computerwelt eingebürgert, dass ein kB 1024 Bytes bezeichnet, weil dies die nächstgelegene Zweierpotenz ist. Diese ist interessant, weil man es computerintern immer mit Binärzahlen zu tun hat. Dementsprechend werden auch oft für ein Megabyte 1024*1024 Bytes angenommen, das entspricht 1048576 Bytes.

Gleich noch verworrener wird es bei der Bezeichnung von Megabytes (MB): Manchmal werden 1000 kB als 1 MB bezeichnet, manchmal auch 1024 kB. Wenn man jetzt noch die beiden verschiedenen Definitionen des Kilobytes in die Betrachtung mit einbezieht, dann kann 1 MB alles zwischen 1000 * 1000 B, 1000 * 1024 B und 1024 * 1024 B sein. Zumeist ist der Unterschied zwar klein genug, aber unter gewissen Umständen sollte man doch im Vorhinein abklären, mit welcher Definition man es gerade zu tun hat.

3. Erste Schritte in C

Nach dem Auffrischen des Wissens um prinzipielle Begriffe wenden wir uns nun wirklich den konkreten Fragen der Programmierung zu – und stehen gleich vor dem ersten kleineren Problem: Welche Entwicklungsumgebung verwenden wir? Es gibt C-Compiler und integrierte Entwicklungsumgebungen wie Sand am Meer, und es gibt natürlich auch noch die verschiedensten Betriebssysteme. Nun kann man sagen, dass die Programmiersprache C ja immer dieselbe bleibt, dass das also belanglose Kleinigkeiten sind. Zum größten Teil ist das auch richtig, solange man es nicht mit speziellen Funktionalitäten zu tun bekommt. Es werden allerdings in der Folge immer wieder Compiler-Aufrufe und einige wenige hilfreiche Tools zitiert, und diese sind leider nicht immer gleich.
Deshalb legen wir die Zielplattform folgendermaßen fest:

- GNU C-Compiler
- Linux als Betriebssystem
- Emacs als Empfehlung für einen guten Editor

Wer nun MS-Windows xx auf seinem Rechner installiert hat – ich nehme an, dass das einige Leser sein werden – kann auf die CD-ROM zurückgreifen. Es sind die Portierungen der entsprechenden Tools vorhanden, und damit kann man sich auch unter MS-Windows xx eine äquivalente Entwicklungsumgebung aufbauen, die sich von der hier beschriebenen nicht wesentlich unterscheidet.

Ein anderes Unix-System als Linux ist kein Problem – die verschiedenen Unix-Systeme verhalten sich im Prinzip gleichwertig. Üblicherweise sind auch der GNU C-Compiler und eine Installation von Emacs vorhanden, ansonsten bitte ich die Leser, den Systemadministrator zu fragen und ihn eventuell um eine Installation der Tools zu bitten. Sollte eine Installation nicht gewünscht sein, so gibt es in jedem Fall sinnvolle Alternativen, über die der Systemadministrator Auskunft geben kann.

Ohne jetzt einen Glaubenskrieg zwischen der Windows- und der Unix-Welt anzetteln zu wollen: Für viele, vor allem sehr große Anwendungen ist Unix ein sehr gut geeignetes System, und ich glaube, dass jeder Softwareentwickler zumindest einmal ein Unix System ausprobiert haben sollte. Linux gibt es entweder gratis zum Download im Internet, oder wenn jemand nicht viele hundert MB downloaden will bzw. kann, dann gibt es sehr billig die verschiedensten Distributionen auf CD-ROM zu kaufen. Es ist auch kein Problem, Linux und Windows parallel auf demselben Rechner zu betreiben. Ich möchte in jedem Fall anregen, einen Versuch zu starten.

Wo sich nicht nur die Entwicklungsumgebung, sondern auch Standard-Library Funktionen von C auf den verschiedenen Plattformen unterschiedlich verhalten, dort wird in der Folge explizit darauf hingewiesen. Sollte kein besonderer Hinweis gegeben werden, und das ist meistens der Fall, so gibt es keinen Unterschied zwischen den einzelnen Systemen.

Noch eine Kleinigkeit ist an dieser Stelle erwähnenswert: Alle Beispiele in diesem Buch halten sich an den im Anhang abgedruckten Coding-Standard, und ich möchte allen Lesern nahe legen, entweder diesen oder auch einen in ihrer Umgebung gebräuchlichen Coding-Standard einzuhalten.

3.1 Hello World – das erste Beispiel

Weil es schon so lange Tradition hat, dass das erste Beispiel in einer Programmiersprache *Hello World* heißt, möchte ich hier damit nicht brechen. Also setzen wir uns einmal an die Tasten und erstellen ein File namens `hello_world.c` mit folgendem Inhalt:

```
1 main()
2 {
3   printf("Hello World!\n");
4 }
```

Vorsicht Falle: Für alle, die eventuell Programmiersprachen wie Pascal gewohnt sind, kann auch dieses kleine Programm schon eine Überraschung beinhalten: C ist case-sensitive, das heißt, Groß- und Kleinschreibung sind signifikant. Würde also irrtümlich z.B. `PRINTF` oder `Printf` statt `printf` geschrieben, dann ist das Programm nicht mehr korrekt.

Dieser Source-Code wird compiliert (nachdem er abgespeichert wurde – ja, ja, ich weiß, aber leider passiert das viel zu leicht :-)). Dazu wechselt man zuerst in das Verzeichnis, in dem `hello_world.c` steht, und führt dann das folgende Kommando aus:

```
gcc hello_world.c
```

Der Compiler erzeugt bei Aufruf ein ausführbares Programm (im C-Slang: ein *Executable*) namens `a.out` (sofern kein Fehler passiert ist...). Unter MS-Windows xx heißt das Executable `a.exe`. Rufen wir nun einfach `a.out` (bzw. `a.exe` unter MS-Windows xx) auf, und am Bildschirm wird

```
Hello World!
```

ausgegeben. Bevor wir nun den geschriebenen Code analysieren, hier noch einige Anmerkungen:

- `a.out` ist nun wirklich nicht der tollste Programmname, den man sich vorstellen kann. Vor allem, wenn man mehrere Programme in ein- und demselben Verzeichnis stehen hat, dann überschreiben sie sich beim Compilieren gegenseitig. Das ist garantiert nicht im Sinne des Erfinders, daher gibt es beim C-Compiler die Option `-o <name>`, um das zu verhindern. Ruft man also
  `gcc -o hello_world hello_world.c`
  auf, dann bekommt man als Ergebnis ein Executable, das `hello_world` heißt.
  Anm: Unter MS-Windows xx muss der Compileraufruf
  `gcc -o hello_world.exe hello_world.c`
  heißen, da dort alle Executables die Extension `.exe` haben müssen.
  Damit lässt sich's schon besser leben. Natürlich muss man dann auch `hello_world` statt `a.out` aufrufen, um das Programm laufen zu lassen.

Vorsicht Falle: Der Vollständigkeit halber möchte ich noch davor warnen, dass nicht nur die Programmiersprache C, sondern auch das Unix-Filesystem case-sensitive ist. Aus diesem Grund wird bei einem Aufruf `Hello_World` statt `hello_world` bestenfalls festgestellt werden, dass das Programm nicht gefunden wird. Unter den verschiedenen Versionen von MS-Windows ist dies nicht der Fall, obwohl auch dort Filenamen mit Groß- und Kleinbuchstaben gespeichert werden. Nur wird dieser Unterschied (leider!) bei allen File-Operationen ignoriert.

- `gcc` versteht viele verschiedene Optionen und Kombinationen daraus. Wo notwendig, werden sie hier im Buch erwähnt. Damit man sich nicht alle immer merken muss, unterstützt `gcc` auch die besondere Option `--help`. Ruft man also `gcc --help` auf, so erhält man eine Liste aller möglichen Optionen und ein paar erklärende Worte dazu. Überhaupt gilt generell für alle Programme unter Unix: Die Optionen `-h` und/oder `--help` liefern eine kurze Hilfe zu Parametern und zu anderen wissenswerten Dingen. Außerdem gibt es noch das Programm `man` (steht für *Manual*) , mit dem man ausführlichere Hilfe bekommen kann. Z.B. erfährt man mit `man gcc` jede Menge zum C-Compiler. Zugegeben, die Manual Pages zum C-Compiler sind extrem umfangreich, behandeln sie doch gleich in einem Aufwaschen `gcc` und `g++` (den C++-Bruder von gcc). Zu anderen Programmen fällt die Man-Page schon etwas kürzer aus.
  Auch zu allen C-Funktionen gibt es normalerweise installierte Man-Pages auf den Maschinen. Z.B. kann man sich ansehen, was `printf` alles kann, indem man `man 3 printf` aufruft. Was bedeutet nun diese ominöse 3 hier mitten im Aufruf? Nein, falsch geraten, das ist kein Tippfehler. In Unix sind die Man-Pages in mehrere logisch zusammengehörige Blöcke unterteilt, denen Zahlen zugeordnet sind. Alles zum Thema C steht in Block 3. Normalerweise braucht man einen Block nicht anzugeben, da diese der Reihe nach durchsucht werden, bis etwas gefunden wird. Unglücklicher-

weise gibt es aber ein Unix-Kommando `printf`, das in Block 1 steht, und damit auch als Erstes gefunden wird. Dementsprechend muss man `man` davon überzeugen, dass man ein anderes `printf` meint, indem man ihm sagt, in welchem Block er suchen soll. Was das Programm `man` so alles kann, erfährt man, indem man – ja, richtig geraten — `man man` eintippt.
- Üblicherweise heißt auf jedem Unix-System der Compiler `cc`, auch unter Linux ist der Aufruf `cc` statt `gcc` möglich, und sogar gleichbedeutend. Es wird nur hier durchgehend der Aufruf `gcc` angeführt, da es Systeme gibt, auf denen 2 verschiedene Compiler installiert sind. Und da kann es dann schon einmal vorkommen, dass die Parameter unterschiedlich sind, was zu bösen Meckereien des Compilers führt.

Nach diesem Exkurs wollen wir uns wieder unserem ersten Meisterwerk in C zuwenden, und es ein wenig genauer analysieren:

- `main` ist eine Funktion, und zwar eine ganz besondere: In jedem ausführbaren C-Programm muss es genau eine Funktion namens `main` geben, da dort die Ausführung des Programms beginnt. Dafür sorgt der Linker. Sollte man ein Programm schreiben, in dem keine Funktion `main` vorkommt, so handelt man sich eine Fehlermeldung des Linkers ein, dass er eine *undefined reference* hat. Dies kann man leicht ausprobieren, indem man diese Funktion einfach beliebig umbenennt und neu compiliert.
- `printf(...)` ist eine besondere Funktion, die in einer Standard C-Library definiert ist (Anm: Diese Library wird automatisch vom Linker zum Programm dazugebunden, ohne dass wir dies explizit angeben müssen). Wir rufen sie in unserem Programm einfach auf und übergeben ihr einen *String* (=Zeichenkette), der dann von ihr ausgegeben wird. Apropos dazugelinkt – ein Blick auf die Größe des Executables zeigt uns, dass auch dieses kleine Prográmmchen schon im 2-stelligen kB-Bereich liegt (je nach Plattform). Dies kommt daher, dass bereits alle möglichen Dinge der Standard-Library zum übersetzten Maschinencode gelinkt wurden (auch wenn sie hier nicht alle gebraucht werden).
- Wenn wir unseren String `"Hello World!\n"` ansehen, dann fallen zwei Dinge auf: Erstens ist dieser von doppelten Anführungszeichen begrenzt. Dies ist die in der C-Syntax (und Semantik) definierte Schreibweise von Strings. Man kann sich auch leicht überlegen, was ohne die Anführungszeichen passieren würde: Es stehen mehrere Worte da, die der Compiler, jedes für sich, zu interpretieren versucht. Die Anführungszeichen sagen ihm, dass er hier nichts zu interpretieren braucht, denn es handelt sich um einen einfachen String, in den man (fast) alles hineinschreiben darf, was man will.
  Das Zweite, was unseren String auffällig macht, ist das `\n` an seinem Ende. Dies ist eine besondere Sequenz, die einen Zeilenumbruch bezeichnet. Ohne diese Sequenz würde kein Zeilenvorschub stattfinden (Anm: Diese Sequenzen werden als *Escape-Sequenzen* bezeichnet, und intern werden sie

durch *ein einziges Zeichen* repräsentiert). Es gibt eine ganze Reihe solcher Escape-Sequenzen mit besonderen Bedeutungen, denen wir uns später noch näher zuwenden wollen. Nun mag die Frage auftauchen: "Wieso mache ich nicht einfach mitten im String im Source einen Zeilenumbruch, dann muss ja dieser Umbruch auch ausgegeben werden?" Mitnichten – dies führt dazu, dass der Compiler meckert, denn in C sind Strings so definiert, dass das öffnende und das schließende Anführungszeichen in derselben Zeile liegen. Was? Schon ausprobiert, und es funktioniert, obwohl ich hier das Gegenteil behaupte? Ja, ok, trotzdem ist meine Behauptung richtig – unser Compiler `gcc` ist da nur schon etwas moderner und freundlicher und versteht, was wir damit machen wollen. Trotzdem empfehle ich nicht, dies zu verwenden, denn es gibt andere Compiler, die das gar nicht leiden können. Wir würden auf diese Art bloß ein Programm erzeugen, das von einem Compiler übersetzt wird, und von anderen nicht. Dies ist sicher nicht im Sinne des Erfinders. Der Albtraum eines jeden Softwareentwicklers ist ein Programm mit vielen MB Source-Code, das bei der Portierung auf ein neues Zielsystem vom dortigen Compiler verweigert wird, nur weil jemand den Standard nicht eingehalten hat. Was es bedeutet, aus vielen MB Source-Code Inkonsistenzen herauszufinden und zu bereinigen, überlasse ich der Phantasie der Leser.
- Sehen wir uns die Zeile mit dem `printf` Statement an, so fällt auf, dass diese mit einem Strichpunkt abgeschlossen ist. Das kommt daher, dass in C eine (logische) Programmzeile durch einen Strichpunkt abgeschlossen sein muss. Dadurch ist es möglich, eine logische Zeile auch in mehrere physikalische Zeilen aufzuteilen. Dies macht die ganze Sache bei längeren Statements etwas lesbarer.
- Last, but not least, gibt es in unserem Programm noch diese geschwungenen Klammern. Wozu sind die nun wieder gut? Nun, in C können mehrere Anweisungen zu *Blöcken* gruppiert werden, was genau durch diese geschwungenen Klammern passiert. Eine Definition einer Funktion, wie hier eben `main`, verlangt einen solchen Block als ihren ausführbaren Teil. Was würde denn auch sonst ausgeführt werden, wenn sie aufgerufen wird?

4. Datentypen und Variablen

Natürlich wollen wir mit einer Programmiersprache mehr machen, als nur "Hello World!" ausgeben. Wie wir bereits in der Begriffsklärung gehört haben, gibt es in imperativen Sprachen, wie eben C eine darstellt, das Konzept von *Variablen.* Eine Variable ist ein Datenobjekt, das einen symbolischen Namen hat, und dessen Inhalt vom Programm manipuliert werden kann. Damit der Compiler weiß, wie viel Platz für eine Variable im Speicher reserviert werden muss, muss jede Variable einen bestimmten Typ haben. Folgende (primitive) Datentypen stehen in C zur Verfügung:

Typ	Bedeutung
`char`	Ein Character, nimmt ein (üblicherweise) 8 Bit Zeichen auf.
`int`	Ein ganzzahliger Wert in der für die jeweilige Maschine "natürlichen" Größe.
`float`	Eine Gleitkommazahl mit einfacher Genauigkeit.
`double`	Eine Gleitkommazahl mit doppelter Genauigkeit.

Zusätzlich gibt es für den Typ `int` noch die *Qualifiers* `short`, `long` und `unsigned`. Mit `short int` bezeichnet man einen ganzzahligen Wert, der "kürzer" ist als ein normaler `int`, der also Zahlen geringerer Größe aufnehmen kann. Ein `long int` ist "länger", kann also größere Zahlen aufnehmen. Der Qualifier `unsigned` kann unabhängig von den beiden anderen verwendet werden und bezeichnet eine Ganzzahl ohne Vorzeichen, also eine, die nur positive Werte annehmen kann. Dementsprechend gibt es eben `unsigned int`, `unsigned long int` und `unsigned short int` Typendeklarationen.

Wer sich nun wundert, was hier die Begriffe "natürliche Größe", "länger" und "kürzer" verloren haben, wo doch die Informatik sonst so exakt ist, dem sei gesagt, dass genau diese schwammige Definition einer der großen Kritikpunkte an C ist.

Was hier als "natürliche Größe" bezeichnet wird, ist die Anzahl von Bits, mit der der Prozessor in der Zielmaschine intern bei Ganzzahlarithmetik arbeitet. Bei den heute üblichen Systemen sind dies 32 Bit, bis vor nicht allzu langer Zeit waren 16 Bit im PC-Bereich durchaus üblich. Als `short` wird per Definition etwas bezeichnet, was entweder kleiner oder gleich ist wie der normale `int`. Heute üblich sind dafür 16 Bit. Und schließlich wird als `long` per Definition etwas bezeichnet, was entweder größer oder gleich ist wie der normale `int`. Heute üblich sind dafür 32 Bit (gleich wie `int`!). Eine Sache wird garantiert: Ein `short` kann niemals länger sein als ein normaler `int`, und ein `long` kann niemals kürzer sein. Im schlimmsten Falle sind also alle drei Typen gleich lang. Zum Glück gibt es in C den `sizeof` Operator, mit dem man erfahren kann, wie groß denn die einzelnen Typen tatsächlich sind.

Bei den Gleitkommazahlen bezeichnet *einfache Genauigkeit* (also `float`) üblicherweise eine 32 Bit Gleitkommazahl, *doppelte Genauigkeit* (also `double`) eine 64 Bit Gleitkommazahl.

Für Interessierte findet sich eine genaue Erklärung der Interna von Ganzzahlen und Gleitkommazahlen in Anhang A. Vor allem bei Verwendung von Gleitkommazahlen in Programmen ist es oft wichtig, Genaues zu ihren Wertebereichen zu wissen. Ich möchte also jedem ans Herz legen, zumindest kurz einmal Anhang A durchzublättern.

Nachdem wir nun die primitiven Datentypen von C kennen, wollen wir sie natürlich zur Definition von Variablen verwenden. Dies geschieht in der Form:

```
<[qualifier] type> <varname>;
```

Es wird also zuerst der Typ mit optionalem Qualifier (Anm.: Eckige Klammern bezeichnen einen optionalen Teil) angegeben, gefolgt vom Namen der Variable. Die folgenden Zeilen wären Beispiele für gültige Variablendefinitionen:

```
int a_number;
unsigned int an_unsigned_number;
short int a_short_number;
long int a_long_number;
unsigned long int an_unsigned_long_number;
```

Es ist auch noch zulässig, anstatt `unsigned int` die Kurzform `unsigned`, statt `short int` die Kurzform `short`, und statt `long int` die Kurzform `long` zu verwenden. Dementsprechend können die obigen Definitionen auch in der folgenden Form geschrieben werden:

```
int a_number;
unsigned an_unsigned_number;
short a_short_number;
long a_long_number;
unsigned long an_unsigned_long_number;
```

Bei den anderen Typen ist die Definition natürlich dieselbe, z.B.

```
float a_floating_point_number;
```

Nachdem wir nun Variablen definieren können, wollen wir ihnen natürlich auch etwas zuweisen. Zu diesem Zweck müssen wir mit Konstanten arbeiten, um die zuzuweisenden Werte auch in das Programm schreiben zu können. Nehmen wir uns zuerst die Ganzzahlen vor:

Wie zu erwarten, sind z.B. `1`, `2`, `-395`, `12976` etc. gültige Konstanten für Ganzzahlen. Durch die Statements

```
int a_number;
a_number = 131;
```
wird zuerst die Variable `a_number` vom Typ `int` angelegt, daraufhin wird ihr der Wert `131` zugewiesen (das `=` Zeichen ist der Zuweisungsoperator).

Vorsicht Falle: Einer der häufigsten Fehler in C ist es, Variablen nicht zu initialisieren (d.h., ihnen keinen Wert zuzuweisen), und dann aber ihren Wert abzufragen! Allein durch das Definieren einer Variable bekommt diese noch **keinen definierten Wert**, soll heißen, sie kann irgendetwas beinhalten. Oftmals wird angenommen, dass nach der Definition die Variable auf 0 steht, dies ist aber bestenfalls Zufall. Leider passiert genau dieser 0-Zufall relativ häufig (durch Interna des Systems), und so kann es passieren, dass Programme lange Zeit scheinbar korrekt arbeiten, bis auf einmal nach einer kleinen Änderung völlig unerklärliche Fehler auftreten, die auch entsprechend schwer zu lokalisieren sind.

Prinzipiell kann die explizite Initialisierung von Variablen gleich bei ihrer Definition erfolgen. Die Anweisung

```
int my_var = 0;
```

definiert die Variable `my_var` und weist ihr gleich den Wert `0` zu. Es wird als guter Programmierstil angesehen, alle definierten Variablen gleich mit ihren entsprechenden "0-Werten" zu initialisieren.

Neben der Schreibweise als Dezimalzahlen gibt es in C auch noch zwei andere Schreibweisen für Ganzzahlen: die oktale (Zahlen zur Basis 8) und die hexadezimale (Zahlen zur Basis 16). Diese beiden sind vor allem bei Bit-Operationen sehr beliebt, da sie als Zahlenbasis eine Zweierpotenz haben, und dementsprechend Bits direkt "adressiert" werden können. Leser, die sich mit oktalen und hexadezimalen Zahlen noch nicht sicher fühlen, können mehr dazu in Abschnitt A.2.2 nachlesen.

Soll eine Zahl als Oktalzahl ausgewiesen werden, so wird ihr als Präfix eine `0` vorangestellt, bei hexadezimaler Schreibweise das Präfix `0x`. Dementsprechend wäre die (Dezimal-)Zahl `12` in oktaler Schreibweise `014`, und in hexadezimaler Schreibweise `0xC` bzw. äquivalent auch `0xc` oder `0x0c`.

Vorsicht Falle: Es passiert leider manchmal, dass aus "kosmetischen" Gründen (z.B. Zahlenkolonnen) führende Nullen bei Zahlen irrtümlich im Programm stehen gelassen werden. Dadurch aber ändert sich ihre Bedeutung! `12` ist nicht dasselbe wie `012`, denn diese Oktalzahl entspricht ja der Zahl 10 im Dezimalsystem.

Und noch eine Anmerkung, um die Verwirrung perfekt zu machen: Alle Ganzzahlkonstanten, die in einem Programm angegeben werden, werden vom Compiler so interpretiert, als ob sie vom Typ `int` wären. Will man aber z.B. eine `long`-Konstante angeben, so muss man ihr das Suffix `L` bzw `l` spendieren (egal ob dezimal, oktal oder hexadezimal). Also z.B. bezeichnet `153L` eine `long`-Konstante, die den Wert 153 hat. Keine Regel ohne Ausnahme: Sollte die Ganzzahlenkonstante zu groß sein, um noch als `int` gespeichert werden zu können, so wird vom Compiler automatisch `long` angenommen. Z.B. 0x8FFFFFFF wäre für einen 32 Bit `int` zu lang, also wird ein `long` daraus. Schlecht ist es nur, wenn z.B. auf der Zielmaschine `long` auch mit 32 Bit definiert wäre, denn dann wird das ein netter, kleiner Programmfehler, da die Zahl abgeschnitten wird. Freundliche Compiler bemängeln zum Glück in solchen Fällen, dass da ein Problem existiert.

Wenden wir uns nun auch noch kurz den Gleitkommazahlen zu. Wie zu erwarten sind `12.375`, `-23.1` etc. gültige Darstellungsformen für Gleitkommazahlen. Auch die "wissenschaftliche" Schreibweise `1.24e3` (steht für $1.24 * 10^3$), oder `1.38e-2` etc ist zulässig. Der Compiler interpretiert Gleitkomma-Konstanten immer implizit als Typ `double`. Will man nun einen `float` Wert, so muss man ihm das Suffix `F` bzw. `f` spendieren, also z.B. `12.85f`.

Last, but not least, gibt es natürlich auch für `char`-Werte besondere Konstantenschreibweisen. Eine `char`-Konstante wird immer durch einfache Anführungszeichen begrenzt, `'x'` z.B. repräsentiert das Zeichen `x` (im Zeichensatz des Zielsystems). Dies ist notwendig, da man sonst z.B. Variablennamen nicht von Zeichen unterscheiden könnte. Nun gibt es aber auch Zeichen, die man so einfach nicht darstellen kann, z.B. Zeilenumbruch, Tabulator etc. Diese werden durch Escape-Sequenzen repräsentiert (natürlich auch wiederum in einfachen Anführungszeichen). Eine davon haben wir bereits in unserem "Hello World" Beispiel kennen gelernt. Eine Escape-Sequenz beginnt immer mit einem `\` (=Backslash) und wird gefolgt von zumindest einem Zeichen. Man kann sich leicht vorstellen, dass damit das Backslash-Zeichen selbst auch noch durch eine solche Escape-Sequenz dargestellt werden muss, da es ja durch seine besondere Bedeutung sonst selbst nicht mehr darstellbar wäre. Die wichtigsten vordefinierten Escape-Sequenzen sind:

Sequenz	Bedeutung
`\n`	Zeilenumbruch
`\t`	Tabulator
`\0`	Das 0-Byte
`\\`	Backslash
`\'`	Einfaches Anführungszeichen

Will man ein Zeichen als `char`-Konstante schreiben, das weder direkt darstellbar ist noch als vordefinierte Escape-Sequenz zur Verfügung steht, so kann man direkt auch dessen ASCII-Code (=numerischer Zeichencode) in eine Escape-Sequenz verpacken. Dies hat dann die Form `'\ddd'`, wobei ddd für eine Folge von bis zu drei oktalen Ziffern steht. Die Konstante `'\014'` z.B. repräsentiert den ASCII-Wert für "Form-Feed". ASCII-Codes und Zeichensatz-Tabellen sind vielfach in der Literatur und am Web zu finden, z.B. auch auf dem Server

`http://www.asciitable.com`

Vorsicht Falle: Oft schleicht sich bei dieser Schreibweise der Flüchtigkeitsfehler ein, dass der dezimale anstatt des oktalen Wertes geschrieben wird. Je nachdem, ob das dann eine korrekte Oktalzahl ergibt (meistens!), wird dies natürlich vom Compiler nicht bemerkt, und die Resultate sind nicht ganz die erwarteten.

Vorsicht Falle: Je nach Zielsystem kann es sein, dass nicht ASCII Codes, sondern ein anderes Codesystem der Behandlung von Characters zugrunde liegt. Dies ist leider historisch begründet. Wenn man also zu diesem Konstrukt greift, ist ein wenig Vorsicht geboten.

Variablen vom Typ `char` können auch als Ganzzahlenwerte verwendet werden, als ob sie einfach "sehr kurze" (=8 Bit) Integers wären. In diesem Zusammenhang kann man sie auch, gleich wie `int`-Variablen, als `unsigned` deklarieren. Die Qualifiers `short` und `long` sind natürlich bei `char` nicht möglich, denn ein `char` hat einfach per Definition (zumeist) 8 Bit und kann nicht länger oder kürzer gemacht werden. Wenn man nun einen `char` als Ganzzahlenwert verwendet, so sollte man nicht die besondere Character-Konstantenschreibweise verwenden, sondern tatsächlich einfach die Schreibweise von "normalen" Ganzzahl-Konstanten.

Wieso nun kann ein `char` sowohl einen Character als auch eine Zahl repräsentieren, und wieso kann man mit einem `char` rechnen? Ganz einfach – ein `char` ist im Prinzip eine 8 Bit Ganzzahl und damit genauso ein *integraler Datentyp* wie auch ein `int`. Die 8 Bit-Zahl, die in einem `char` gespeichert wird, wird einfach je nach Verwendung verschieden interpretiert:

- Verwendet man einen `char` z.B. zur Anzeige am Bildschirm, so wird der gespeicherte Code aufgrund der Zeichensatztabelle in das entsprechende darstellbare Zeichen umgewandelt.
- Verwendet man aber einen `char` einfach zum Rechnen, führt also mathematische Operationen mit ihm aus, so gibt es keinen Grund, ihn in ein darstellbares Zeichen umzuwandeln, denn die Operation erwartet ja einfach eine Zahl.

Man sieht hier sehr deutlich ein Phänomen, das uns in der gesamten Welt der Programmierung immer wieder begegnet: Es ist alles nur Interpretationssache.

Bevor wir nun zu ein paar Beispielen kommen, die das hier Gesagte verdeutlichen sollen, möchte ich noch auf etwas verweisen, was uns das Leben mit unseren C-Programmen wesentlich erleichtert: die Verwendung von Kommentaren.

Kommentare in C werden immer mit der Zeichenfolge `/*` begonnen und mit der Zeichenfolge `*/` beendet. Z.B. wäre

```
/* I am a comment */
```

ein gültiger Kommentar in C. Kommentare können an jeder beliebigen Stelle beginnen, und sie können sich auch über beliebig viele Zeilen erstrecken, sie sind erst mit dem Kommentar-Ende-Zeichen tatsächlich beendet.

Vorsicht Falle: Es ist nicht erlaubt, Kommentare in irgendeiner Form ineinander zu schachteln (Man spricht von *Nesting* von Kommentaren)! Dies wird vom Compiler mit netten Fehlermeldungen quittiert. Als Beispiel ist

```
/* I am /* I am nested inside */ a comment */
```

kein gültiger Kommentar!

Nun werden Kommentare nicht nur dazu gebraucht, um Erklärungen in den laufenden Code zu schreiben, sondern auch um z.B. bei der Fehlersuche gewisse Programmteile für den Compiler "unsichtbar" zu machen (im Jargon: sie auszukommentieren). Dabei passiert es dann schon sehr schnell einmal, dass unabsichtlich ein Nesting entsteht. Es genügt ja schon, wenn man einen Programmteil auskommentiert, der selbst bereits erklärende Kommentare enthält. Deshalb werden wir an dieser Stelle die Spuren des reinen Ur-C einmal ganz kurz verlassen und uns mit einer moderneren Form von Kommentaren vertraut machen:
Eine Sequenz von zwei Slashes (`//`) an einer beliebigen Stelle in einer Zeile beginnt einen Kommentar. Diese Art von Kommentaren ist automatisch mit dem Zeilenende abgeschlossen. Hierbei kann also das unselige Problem des Nestings nicht mehr auftreten, dementsprechend wird empfohlen, nur mit dieser Art von Kommentaren zu arbeiten. Ein gültiger Kommentar wäre also in dieser Schreibweise z.B.:

```
// I am a comment that ends at the end of this line
```

(Keine Angst – innerhalb von Strings darf die Sequenz `//` ungestraft vorkommen, ohne als Kommentar interpretiert zu werden. Man muss also hier nicht zu Escape-Sequenzen greifen, wie oft von C-Anfängern fälschlicherweise angenommen.)

So, Schluss mit der Theorie, wir wollen jetzt genau wissen, wie groß die einzelnen Datentypen auf unserem Rechner wirklich sind. Dazu erstellen wir ein Programm namens `test_types.c` mit folgendem Inhalt:

```
1  // test_types.c - This program prints the size of the internal
2  // representation of primitive C datatypes
3
4  char a_char = '\0';
5  int an_int = 0;
6  short a_short = 0;
7  long a_long = 0;
8  float a_float = 0.0f;
9  double a_double = 0.0;
10
11 main()
12 {
13   printf("Size of char:   %d Byte(s)\n",sizeof(a_char));
14   printf("Size of int:    %d Byte(s)\n",sizeof(an_int));
15   printf("Size of short:  %d Byte(s)\n",sizeof(a_short));
16   printf("Size of long:   %d Byte(s)\n",sizeof(a_long));
17   printf("Size of float:  %d Byte(s)\n",sizeof(a_float));
```

```
18   printf("Size of double: %d Byte(s)\n",sizeof(a_double));
19 }
```

Compilieren und Aufrufen des Programms erfolgt wie gewohnt, je nach Zielplattform sollte dann der Output in etwa so aussehen:

```
Size of char:   1 Byte(s)
Size of int:    4 Byte(s)
Size of short:  2 Byte(s)
Size of long:   4 Byte(s)
Size of float:  4 Byte(s)
Size of double: 8 Byte(s)
```

Dann sehen wir uns einmal genauer an, was das Programm eigentlich tut:

- Erste kleine Auffälligkeit: Kommentare, Output und Variablennamen sind englisch. Dies ist üblicherweise in allen Style Guidelines eine sehr starke Forderung. Generell wird es als guter Stil angesehen, wenn ein Programm durchgehend auf Englisch ist, also eben Kommentare, Variablennamen, Funktionsname etc., denn auf diese Art sollte zumindest jeder das Programm lesen können und auch prinzipiell den Sinn verstehen. Wer schon einmal den Spaß hatte, z.B. ein Programm ändern zu müssen, das finnisch war, der weiß, dass so etwas tatsächlich ein unlösbares Problem darstellen kann.
- Bei den Variablendefinitionen fällt auf, dass sie alle auf ihre entsprechenden 0-Werte initialisiert wurden, obwohl ihr Inhalt eigentlich gar nicht gebraucht wird. Trotzdem wird es als guter Programmierstil angesehen, hier auf Nummer sicher zu gehen. Programme haben eben die Eigenschaft, niemals fertig zu sein. Da kann es schon einmal vorkommen, dass eine Variable nach einer Programmänderung früher ausgelesen wird, als dies ursprünglich vorgesehen war. Und wenn sie dann nicht initialisiert ist, wird's gleich sehr lustig...
- Unser bereits bekanntes `printf` hat sich in seiner Anwendung etwas verändert: Anstatt eines Strings nimmt es nun zwei Parameter, nämlich einen String und (getrennt durch einen Beistrich) das `sizeof`-Konstrukt.

Auch wenn z.B. `sizeof(a_char)` aussieht wie ein Funktionsaufruf (hat einen Namen, nimmt Parameter und liefert einen numerischen return-Wert), so ist `sizeof` doch in C ein Operator. Dies sollte aber nur der Vollständigkeit halber erwähnt werden, braucht uns hier aber nicht weiter zu kümmern. Wäre es tatsächlich eine Funktion, dann würde sich für uns im Augenblick auch nichts ändern. Wichtig ist nur, dass `sizeof` nach Aufruf einen `int` liefert.

Was passiert nun bei einer `printf` Anweisung, wie sie oben im Programm vorkommt? Um der Funktion `printf` bei Aufruf ihre Parameter übergeben zu können, müssen deren Werte zuerst einmal überhaupt bekannt sein. Der erste Parameter ist ein String, also bekannt. Vom zweiten Parameter ist nur durch das Wissen um den return-Wert von `sizeof` bekannt, dass es etwas vom Typ `int` sein wird. Der genaue Wert aber muss erst ausgerechnet werden. Dementsprechend wird zur Laufzeit zuerst `sizeof` aufgerufen, und der resultierende `int`-Wert wird als zweiter Parameter an `printf` übergeben. Nehmen wir als Beispiel die erste `printf` Zeile her: Hier ist der erste Parameter beim Aufruf der Output-String, und der zweite Parameter ist `1`.

Eine Frage bleibt noch offen: Wie kommt die Zahl, die ja als zweiter Parameter übergeben wird, mitten in den Output-String hinein? Dies wird erreicht durch den Platzhalter `%d`, der im Output-String vorkommt. Die Funktion `printf` ist so definiert, dass sie eine variable Anzahl von Parametern akzeptiert. Wie der dazugehörige Mechanismus funktioniert, ist an dieser Stelle belanglos, es reicht zu wissen, dass es bei `printf` so ist, und dass dies nicht der Normalfall für Funktionen in C ist.

Intern geht `printf` den String durch, der immer der erste Parameter sein muss, und sucht nach Platzhaltern (die alle mit `%` gekennzeichnet sind). Für jeden Platzhalter, der gefunden wird, erwartet `printf` einen Parameter, dessen Wert dann an dieser Stelle bei der Ausgabe eingesetzt wird. Welcher Typ von diesem Wert erwartet wird, wird durch den Platzhalter bestimmt. Man sieht, dass auch dies wieder einen Escape-Sequenz-Mechanismus darstellt, und wie unschwer zu vermuten ist, wird ein `%`-Zeichen in der Ausgabe dadurch erreicht, dass man im String die Sequenz `%%` verwendet. Hier nun noch eine kurze Liste der wichtigsten Platzhalter, eine vollständige Liste und eine Beschreibung aller Eigenarten bieten die Man-Pages zu `printf`.

Platzhalter	steht für
`%d`	`int`, Dezimaldarstellung
`%u`	`unsigned int`, Dezimaldarstellung
`%o`	`int`, Oktaldarstellung (nur unsigned!)
`%x`	`int`, Hexadezimaldarstellung (nur unsigned!)
`%f`	`double` oder `float`
`%c`	`char`
`%s`	String

Ich möchte hier noch anmerken, dass sich durch die besonderen Eigenschaften des Output-Strings bei `printf` die Bezeichnung *Formatstring* eingebürgert hat. Diese Bezeichnung wird auch in der Folge hier Verwendung finden.

Vorsicht Falle: Bei der Verwendung von `printf` muss sehr genau aufgepasst werden, denn die Anzahl der Parameter muss mit der Anzahl der Platzhalter im Formatstring übereinstimmen. Außerdem, und das sind die allerhäufigsten Fehler, muss der durch den Platzhalter suggerierte Typ kompatibel zum tatsächlichen Typ sein. Alle Fehler, die man hierbei begeht, werden vom Compiler nicht bemängelt, denn dieser weiß ja nichts von den Eigenarten des Format Strings und kann dementsprechend keine passende Prüfung durchführen. Deshalb kann man sich sehr unangenehme Laufzeitfehler, bis hin zum kapitalen Programmabsturz, einhandeln, wenn man unsauber arbeitet.

Sehen wir uns ein kleines Programm an, das ein paar Möglichkeiten zeigt, wie man mit verschiedenen Datentypen arbeiten kann. Nennen wir es `datatype_test.c`:

```
1 // datatype_test.c - a few things that can be done with
2 // some primitive datatypes and printf in C
3
4 unsigned char a_uchar_ = '\0';
5 unsigned int a_uint_ = 0;
6 double a_double_ = 0.0;
7
8 main()
9 {
10   a_uchar_ = 'x';
11   printf("a_uchar_ has the content %c\n",a_uchar_);
12
13   // how do we get the ASCII-Code of a char?
14   printf("%c has the ASCII-Code %u\n",a_uchar_,a_uchar_);
15
16   // it is possible to do calculations on chars!
17   a_uchar_ = a_uchar_ + 1;
18   printf("after adding 1 to a_uchar_, it contains %c\n",
19          a_uchar_);
20
21   // what is the 4th letter in the alphabet?
22   a_uchar_ = 'a' + 3;
23   printf("the fourth letter in the alphabet is %c\n",
24          a_uchar_);
25
26   // chars are integral datatypes, so the following
27   // assignment works
28   a_uint_ = a_uchar_;
29   printf("a_uint_ has the content %c\n",a_uint_);
30
31   // output for double datatypes:
32   a_double_ = 17.25;
33   printf("a_double_ has the content %f\n",a_double_);
34 }
```

Compilieren und Ausführen läuft wieder wie gewohnt, der Output sollte dann so aussehen:

```
a_uchar_ has the content x
x has the ASCII-Code 120
after adding 1 to a_uchar_, it contains y
the fourth letter in the alphabet is d
a_uint_ has the content d
a_double_ has the content 17.250000
```

Wir sehen in diesem Programmchen deutlich, dass z.B. ein `unsigned char` nur dadurch zum darstellbaren Zeichen wird, dass man ihn dahingehend interpretiert (Zeile 11). Wenn man ihn, wie in Zeile 14, als Zahl interpretiert, dann bekommt man seinen ASCII-Code. Dass das auch in umgekehrter Richtung so ist, sieht man daran, dass sich, wie in Zeile 29, auch ein `unsigned int` als

Zeichen interpretieren lässt. Auch zeigt sich bei der Berechnung des vierten Buchstaben des Alphabets in Zeile 22, dass ein Zeichen und sein ASCII-Code intern als äquivalent zu betrachten sind – hier wird einfach eine Zahl zu einer char-Konstante addiert.

Vorsicht Falle: Auch wenn, wie in unserem Programm gezeigt, gewisse Datentypen miteinander bis zu einem gewissen Grad kompatibel sind, so muss man doch sehr aufpassen, dass es keine Probleme mit ihrem unterschiedlichen Wertebereich gibt. Overflows und Underflows sind bei unsauberer Arbeitsweise leider sehr schnell passiert. Dies wird aber weder vom Compiler bemängelt (wie auch?) noch führt es zu Laufzeitfehlern! Es wird einfach die entsprechende Zahl abgeschnitten! Da es sich hierbei um leider allzu häufige, wie auch um extrem schwer zu findende Fehler handelt, soll die Gefahr an einem Beispiel illustriert werden (nennen wir es `integral_error_test.c`):

```
1 // integral_error_test.c - fatal errors that can happen with
2 // integral datatypes.
3
4 char a_char_ = '\0';
5 unsigned char a_uchar_ = 0;
6 unsigned int a_uint_ = 0;
7
8 main()
9 {
10   a_uchar_ = 'x';
11   printf("a_uchar_ has the ASCII-value %u\n",a_uchar_);
12   a_uint_ = a_uchar_;
13   a_uint_ = a_uint_ + 300;
14   printf("a_uint_ has the value %u\n",a_uint_);
15   a_uchar_ = a_uint_; // overflow!!
16   printf("after overflow a_uchar_ has the ASCII-value %u\n",
17          a_uchar_);
18
19   // signed - unsigned mix can be fatal:
20   a_uchar_ = 200;
21   a_char_ = a_uchar_;
22   printf("a_uchar_ has the value %u\n",a_uchar_);
23   printf("a_char_ has the value %d\n",a_char_);
24   printf("interpreting a_char_ as unsigned it becomes %u\n",
25          a_char_);
26 }
```

Der Output, der von diesem Programm erzeugt wird, lässt schnell das Ausmaß der Katastrophe erkennen:

```
a_uchar_ has the ASCII-value 120
a_uint_ has the value 420
after overflow a_uchar_ has the ASCII-value 164
a_uchar_ has the value 200
a_char_ has the value -56
interpreting a_char_ as unsigned it becomes 4294967240
```

Wie kommt es nun zu diesen scheinbar sinnlosen Ergebnissen? Zuerst betrachten wir einmal die Overflow-Situation:

Ein `unsigned char` kann mit seinen 8 Bit Werte im Bereich von 0 – 255 halten. Bei Zuweisung auf den `unsigned int` geht natürlich noch alles ok, dieser kann ja mit seinen 32 Bit viel mehr halten. Nach Addition von 300 hat er allerdings dann den Wert 420 – zu groß für einen 8 Bit Datentyp. Dementsprechend wird bei der Zuweisung auf den `unsigned char` einfach bei 8 Bit ohne Rücksicht auf Verluste abgeschnitten, was dann die ominösen 164 ergibt.
Und dann der katastrophale *signed-unsigned-Mix*:
Die Zuweisung von 200 an einen `unsigned char` ist noch ok. Allerdings wird es problematisch bei der Zuweisung dieser 200 auf einen signed `char`. Sein Wertebereich erstreckt sich von -128 - 127, und sein höchstes Bit signalisiert das Vorzeichen. Bei der Binärdarstellung der Zahl 200 ist das 8-er Bit schon gesetzt, dieses wird nach der Zuweisung als Vorzeichenbit interpretiert. Damit wird die gesamte Zahl als negativ angesehen und dementsprechend interpretiert (Anm.: Die interne Bitdarstellung hat sich nicht geändert, nur die Interpretation).

Wenn man sich im katastrophalen Mixen nun nicht mehr einfach auf Vorzeichen beschränkt, sondern auch noch auf Datentypen losgeht, dann fängt der Spaß erst so richtig an, wie das letzte Beispiel zeigt: Hier wurde ein signed 8 Bit Wert implizit auf einen unsigned 32-Bit Wert umgewandelt. Dabei wurde das Vorzeichenbit des `char`-Wertes implizit zum Vorzeichen des entsprechenden `int`-Wertes. So weit hätte auch der `int` noch denselben Wert gehabt, wie man es erwartet. Nur wird dieser dann als `unsigned` interpretiert, was mit gesetztem höchstem Bit natürlich gleich eine ordentlich große Zahl ergibt.
Was ist nun die **Quintessenz** aus unseren ganzen Betrachtungen?

- Prinzipiell ist das Mischen von verschiedenen Datentypen sowie von *signed*- und *unsigned*-Werten zu vermeiden!
- Bei Zuweisungen ist immer genau auf die Typenkompatibilität zu achten!

Abgesehen von der Gefahr, die sich dahinter verbirgt – die Umwandlung zwischen verschiedenen Datentypen kann auch sehr nützlich sein, wenn man genau weiß, was man tut. Einer genaueren Betrachtung von gezielten Umwandlungen ist deshalb noch Kapitel 13 in diesem Buch gewidmet.

Neben den bisher betrachteten primitiven Datentypen gibt es in C auch zusammengesetzte Datentypen. Einen davon wollen wir hier kurz behandeln: das *Array*.

Ein Array ist ein indizierbares Feld von Daten desselben Typs, egal um welchen Typ es sich dabei handelt. Die Definition einer Array-Variable in C entspricht der Definition einer normalen Variablen, gefolgt von der Anzahl der Elemente in eckigen Klammern.
Wollen wir z.B. ein `int` Array definieren, das 100 Integers halten kann, so würde das folgendermaßen aussehen:

```
int an_array[100];
```

Einzelne Elemente des Arrays werden durch Angabe des gewünschten Index in eckigen Klammern angesprochen. Das erste Element eines Arrays hat immer den Index 0! Wollen wir also nun das dritte Element aus dem zuvor angelegten Array ansprechen, so wäre dies `an_array[2]`.

Vorsicht Falle: Ein sehr häufiger Fehler bei Arrays ist es, über das Array hinauszuindizieren. Wenn man ein Array mit Größe `n` angelegt hat, so sind die gültigen Indizes im Bereich von `0` bis `(n - 1)`. Außerdem verwendet man in den wenigsten Fällen Konstanten im Programm, um etwas zu indizieren. Zumeist geschieht dies über Variablen, deren Wert zuvor ausgerechnet wurde. Aus diesem Grund hat der Compiler keine Chance, solche Fehler zu entdecken. Schreibt man aber über die Grenzen eines Arrays hinaus, so hat das für gewöhnlich katastrophale Auswirkungen. Die beste davon ist noch, dass das Programm sofort mit entsprechender Fehlermeldung abstürzt. Viel schlechter, aber leider auch häufiger, ist der Fall, dass das Programm scheinbar korrekt weiterarbeitet, man aber Speicherbereiche überschrieben hat, die anderwertig verwendet werden. Dies führt dann zu völlig unmotivierten, unklaren und nicht-reproduzierbaren Fehlern, deren Ursache extrem schwierig zu lokalisieren ist.

Manchmal will man die Elemente eines Arrays gleich beim Anlegen desselben initialisieren. Dazu gibt es eine besondere Schreibweise, die wir uns der Vollständigkeit halber kurz am Beispiel ansehen:

```
1 // array_initializing.c - how to initialize arrays
2
3 int my_int_array_[] = { 1, 3, 4, 5 };
4 int my_other_int_array_[17] = { 1, 3, 4, 5 };
5
6 main()
7 {
8 }
```

Wenn man dieses Programm ausführt, passiert nichts Sichtbares :-) Es soll ja nur demonstrieren, wie man die Initialisierung vornimmt.

Man gibt die einzelnen Werte zur Initialisierung, getrennt durch Beistriche, in einem Block an. Dabei erreicht man noch etwas, nämlich dass die Anzahl der Werte bei der Initialisierung die Größe des Arrays bestimmt, wie man in Zeile 3 entdecken kann. Dort haben wir einfach nur definiert, *dass* `my_int_array_` ein Array ist, aber nicht, wie groß es ist. Es ist allerdings nicht verboten, eine Größe anzugeben, wie man in Zeile 4 sieht. Nur darf die angegebene Größe nicht im unauflösbaren Widerspruch zur Initialisierung stehen, sonst regt sich der Compiler auf. Der Begriff *unauflösbarer Widerspruch* bezeichnet hier den Fall, dass die Größe, die angegeben ist, geringer ist, als die Anzahl der Elemente bei der Initialisierung. Sollte das Gegenteil der Fall sein, wie hier in unserem Beispiel, so bleibt einfach der Rest des Arrays uninitialisiert.

5. Operatoren

In der Folge sollen Operatoren besprochen werden, die wir im täglichen Umgang mit C brauchen. Nur der Vollständigkeit halber möchte ich erwähnen, dass wir zusätzlich zu den hier angeführten Operatoren später noch weitere kennen lernen werden, die im Umgang mit Pointern gebraucht werden.

5.1 Klammerung von Ausdrücken

Bevor wir uns direkt mit den einzelnen Operatoren beschäftigen, möchte ich noch darauf hinweisen, dass die Reihenfolge der Auswertung, wie anzunehmen, durch Klammerung beeinflussbar ist. Hierzu können Paare von runden Klammern in beliebiger Schachtelungstiefe verwendet werden. Ich denke, eine nähere Erklärung zu Klammerungen ist an dieser Stelle nicht notwendig.

5.2 Arithmetische Operatoren

Arithmetische Operatoren werden in die zwei Klassen der *unären* und der *binären* Operatoren eingeteilt. Unäre Operatoren wirken nur auf einen Operanden, ein Beispiel dafür ist das negative Vorzeichen. Binäre Operatoren verknüpfen zwei Operanden, ein typischer Vertreter dafür wäre der Operator zur Addition. Wo nicht speziell darauf verwiesen wird, können die arithmetischen Operatoren auf alle Ganzzahl-Datentypen und auch auf die Gleitkomma-Datentypen angewandt werden.

5.2.1 Binäre arithmetische Operatoren

Die folgenden *binären* arithmetischen Operatoren sind in C definiert:

Operator	Bedeutung
+	addiert zwei Werte z.B. `a + b`
-	subtrahiert den rechten vom linken Wert z.B. `a - b`
*	multipliziert zwei Werte z.B. `a * b`
/	dividiert den linken durch den rechten Wert z.B. `a / b`
%	"modulo" – berechnet den Divisionsrest z.B. `a % b` (kann nicht auf `float` oder `double` angewandt werden)

Vorsicht Falle: Ich denke, eine genaue Abhandlung, wie man zwei Zahlen addiert, ginge wirklich zu weit, aber auf einen Fehler von absoluten Anfängern in der Programmierung sei noch hingewiesen:
Das Statement `a + b` addiert die beiden Inhalte von `a` und `b` und liefert das Ergebnis. Keineswegs wird das Ergebnis gleich in `a` gespeichert, wie manche glauben!

5.2.2 Unäre arithmetische Operatoren

Naturgemäß gibt es bei den unären arithmetischen Operatoren einmal das negative Vorzeichen (z.B. `-a`). Aber interessanterweise ist ein positives Vorzeichen in C nicht definiert! Wenn man also einer Zahl oder einer Variable ein positives Vorzeichen voranstellt, dann wird dies vom Compiler bemängelt.

Neben dem negativen Vorzeichen hat C allerdings noch zwei weitere unäre Operatoren zu bieten, die ein sehr breites Anwendungsgebiet haben und die nur auf integrale Datentypen (also nicht `float` und `double`) anwendbar sind. Es sind dies der *increment-Operator* und der *decrement-Operator*, die sich als viel mächtiger erweisen, als man aufs Erste annehmen möchte.

Der Increment-Operator wird dargestellt als `++`, der Decrement-Operator als `--`. Sehr wichtig und gleichzeitig ungewöhnlich bei diesen beiden sind folgende Tatsachen:

- Der Zeitpunkt der Auswertung hängt davon ab, ob man den Operator einer Variablen **voranstellt** (*pre-increment* bzw. *pre-decrement*) oder **nachstellt** (*post-increment* bzw. *post-decrement*)!
- Eine Anwendung dieser Operatoren auf eine Variable bewirkt eine nachhaltige **Änderung ihres Inhalts**!

Zur Demonstration sehen wir uns einmal ein kleines Programm an (`increment_test.c`):

```
1 // increment_test.c - demonstration of increment
2 // operator specialities
3
4 int first_number_ = 0;
5 int second_number_ = 0;
6
7 main()
8 {
9   // post-increment without assignment
10  first_number_++;
11  printf("first_number_ after post-increment: %d\n",
12         first_number_);
13
14  // pre-increment without assignment
15  ++first_number_;
16  printf("first_number_ after pre-increment: %d\n",
17         first_number_);
18
19  // pre-increment with assignment
20  second_number_ = ++first_number_;
21  printf("second_number_ after pre-incr. assignment: %d\n",
22         second_number_);
23
24  // post-increment with assignment
25  second_number_ = first_number_++;
26  printf("second_number_ after post-incr. assignment: %d\n",
27         second_number_);
28  printf("but first_number_ now has the value: %d\n",
29         first_number_);
30
31  // this also works when used as a parameter!
32  printf("first_number_ pre-incr. as parameter: %d\n",
33         ++first_number_);
34  printf("first_number_ post-incr. as parameter: %d\n",
35         first_number_++);
36  printf("but first_number_ now has the value: %d\n",
37         first_number_);
38 }
```

Der Output, den dieses Programm erzeugt, sieht dann folgendermaßen aus:

```
first_number_ after post-increment: 1
first_number_ after pre-increment: 2
second_number_ after pre-incr. assignment: 3
second_number_ after post-incr. assignment: 3
but first_number_ now has the value: 4
first_number_ pre-incr. as parameter: 5
first_number_ post-incr. as parameter: 5
but first_number_ now has the value: 6
```

Man kann erkennen, dass sowohl bei pre-increment als auch bei post-increment ohne Zuweisung in den Zeilen 10 und 15 jeweils wie erwartet der Wert der Variablen um 1 erhöht (und in der Variablen gespeichert!) wurde. Auch noch nicht wirklich überraschend ist die Tatsache, dass bei einem pre-increment mit Zuweisung in Zeile 20 die Zielvariable der Zuweisung gleich den inkrementierten Wert enthält. Schon viel überraschender ist, was ein post-increment mit Zuweisung in Zeile 25 bewirkt: Die Zielvariable der Zuweisung enthält noch den alten Wert, aber die inkrementierte Variable enthält den neuen Wert!

Was hinter den Kulissen passiert, ist Folgendes: Wenn increment- bzw. decrement-Operatoren *vorangestellt* werden, dann wird vor allen anderen Aktionen in der Anweisung zuerst einmal der Wert der Variable erhöht bzw. erniedrigt. Mit diesem dadurch entstehenden Wert wird dann der Rest der Anweisung ausgeführt. Wenn man die Operatoren *nachstellt*, so wird zuerst die gesamte Anweisung ausgeführt, und erst danach der Wert der Variablen erhöht bzw. erniedrigt. Im Falle unseres post-increments mit Zuweisung wurde also zuerst die Zuweisung des (alten) Werts von `first_number_` auf die Variable `second_number_` durchgeführt. Erst danach wurde der Wert von `first_number_` erhöht.

In den letzten 3 `printf` Aufrufen des Programms sieht man, dass dies wirklich für alle Ausdrücke gilt, also auch für Parameter bei Funktionsaufrufen.

Im Programm wurde zwar immer nur der Increment-Operator zur Demonstration herangezogen, genau dieselben Regeln gelten aber natürlich auch für den Decrement-Operator.

Vorsicht Falle: Von vielen, die zum ersten Mal mit den mächtigen increment- und decrement-Operatoren arbeiten, wird fälschlicherweise angenommen, dass man den Zeitpunkt der Auswertung durch Klammerungen bestimmen kann. Dies ist falsch! Der Zeitpunkt der Auswertung ist einzig und allein durch das gesamte Statement bestimmt, die pre-Operatoren werden vor Ausführung des gesamten Statements, und die post-Operatoren werden nach Ausführung des gesamten Statements ausgeführt.

5.3 Logische - und Vergleichsoperatoren

Zum Vergleich von Werten stehen in C die folgenden Operatoren zur Verfügung:

Operator	Bedeutung
`==`	Prüft zwei Werte auf Gleichheit. z.B. `a = =b`
`!=`	Prüft zwei Werte auf Ungleichheit. z.B. `a ! =b`
`>`	Prüft, ob der linke Wert größer ist als der rechte. z.B. `a > b`
`>=`	Prüft, ob der linke Wert größer oder gleich ist als der rechte z.B. `a > =b`
`<`	Prüft, ob der linke Wert kleiner ist als der rechte. z.B. `a < b`
`<=`	Prüft, ob der linke Wert kleiner oder gleich ist als der rechte z.B. `a < =b`

So weit ist ja noch alles recht klar, bloß stellt sich die Frage, wie uns nun ein solcher Vergleichsoperator sein Resultat mitteilt. Wir haben ja bereits alle primitiven Datentypen betrachtet, aber einen Datentyp `boolean` (=ein Datentyp, der *Wahrheitswerte* `true` und `false` speichern kann) finden wir dort nicht.

Hier kommt wieder eine Eigenart von C ins Spiel: Ein Ganzzahlenwert von `0` steht für `false`, **alles ungleich** `0` steht für `true`. Es gibt bei den Operatoren keine Vereinbarung darüber, welcher Wert ungleich 0 nun für `true` verwendet wird, aber dies ist auch belanglos (oder, wie wir später sehen werden, sogar sehr sinnvoll).

Durch diese Vereinbarung kann z.B. eine `int` Variable einfach auf logisch `true` oder `false` geprüft werden. Hält sie den Wert `0`, so ist das Ergebnis `false`, sonst `true`.

Vorsicht Falle: Der Vergleichsoperator `==` kann schnell mal versehentlich durch einen Tippfehler zu einem `=`, also zu einem Zuweisungsoperator, verkommen. Dann passiert es z.B., dass ein beabsichtigter Vergleich

```
actual == maximum
```

zu einer Zuweisung

```
actual = maximum
```

mutiert. Dies ist natürlich nicht im Sinne des Erfinders, aber es ist ein gültiges Statement, das der Compiler nicht als Fehler betrachtet. In diesem (Fehler-)Fall wird nämlich einfach zuerst der Variablen `actual` der Inhalt von `maximum` zugewiesen, danach wird geprüft, ob `actual` ungleich `0` (d.h. `true`) ist. Moderne Compiler geben hier schon eine Warnung aus, dass so ein Konstrukt möglicherweise eine unbeabsichtigte Zuweisung sein könnte, denn dieser Fehler ist überaus häufig. Andererseits wird tatsächlich oft mit Absicht die Zuweisung mit gleichzeitiger Abfrage auf `0` in dieser Form kombiniert. Zu solchen Konstrukten kommen wir noch.

Bisher kennen wir die Vergleichsoperatoren, aber die Möglichkeit des einfachen Vergleichs von 2 Werten ist noch nicht gerade berauschend. In vielen Fällen will man mehrere Abfragen logisch kombinieren. Zu diesem Zweck stehen in C die logischen Operatoren zur Verfügung:

Operator	Bedeutung
`&&`	logisches `AND` von zwei boolschen Werten z.B. `(a == b) && (c == d)`
`||`	logisches `OR` von zwei boolschen Werten z.B. `(a == b) || (c == d)`
`!`	logisches `NOT` eines boolschen Wertes (unärer Operator) z.B. `!(a == b)`

Noch eine kurze Anmerkung zur Reihenfolge der Evaluierung: In der Operator-Rangreihenfolge liegen die Vergleichsoperatoren höher als die logischen Verknüpfungen. Dementsprechend wären die Klammern in den obigen Beispielen nicht notwendig, denn durch die Rangreihenfolge würden die Ausdrücke ohnehin "richtig" ausgewertet werden. Allerdings ist der Code bei weitem leichter lesbar und auch durchschaubarer, wenn man trotzdem die Klammerungen vornimmt. Vor allem können sich schnell Flüchtigkeitsfehler einschleichen, wenn man keine explizite Klammerung vornimmt. Es wird als guter Programmierstil angesehen, die beabsichtigte logische Struktur von Auswertungen durch Klammerung explizit sichtbar zu machen, auch wenn sie genau der impliziten Reihenfolge der Auswertung entsprechen würde.

5.4 Bitoperatoren

Gerade von Programmier-Anfängern werden Bitoperatoren oftmals als etwas Kompliziertes und Unnötiges empfunden, da nicht auf den ersten Blick klar ist, welche Anwendung man für dieses sehr maschinennahe Konstrukt denn haben sollte. Nun, es gibt bei weitem mehr Anwendung dafür, als man auf den ersten Blick vermuten würde. Einerseits ist ein großer Anwendungsbereich bei der Implementation von Datenübertragungsprotokollen zu finden, aber damit kommt nicht unbedingt jeder Entwickler in Berührung. Andererseits begegnen jedem einmal irgendwelche so genannte *Flags*, sowohl bei der Verwendung von Standard C-Library Funktionen als auch in eigenem Code.

Worum geht es bei diesen Flags? Man stelle sich vor, man will auf mehrere boolsche Zustände zugleich reagieren, also z.B. "wenn bei der Maus die linke und die rechte Taste gleichzeitig gedrückt werden". Jeder boolsche Zustand kann nur zwei Werte annehmen, `true` und `false`. Diese zwei Zustände sind von ihrem Informationsgehalt her also in einem Bit unterzubringen. Das bedeutet weiters, dass man mehrere solche Zustände in z.B. einem `int` unterbringen kann, je nach Maschine, z.B. 32 gleichzeitig. Und mit der richtigen Herangehensweise kann man auf diese Art auch gleich in einem einzigen Schritt auf die Zustände vieler Einzelbits in einer Variablen reagieren. Und das Werkzeug dazu bieten uns die Bitoperatoren. Wir werden im Verlauf des Buchs noch mehrmals über sinnvolle Verwendungen von Flags stolpern, aus diesem Grund ist diese Abhandlung über Bitoperatoren auch entsprechend wichtig. Ich gebe ja zu, dass die Materie ein wenig trocken ist, aber in jedem Fall ist das Wissen darum sehr wichtig. Also bitte nicht verzweifeln, nach den Bitoperatoren wird's wieder spannender.

Wie bereits angedeutet erlauben Bitoperatoren direkte Bitmanipulationen an integralen Datentypen (`char` und `int` in allen verschiedenen Ausprägungen) vorzunehmen. Auf `float` und `double` können sie nicht direkt angewendet werden. Die folgenden Operatoren stehen in C zur Verfügung:

Operator	Bedeutung
&	Bitweises-`AND` (auch Bit-`AND`) z.B. `a & 0x02`
|	Bitweises-`OR` (auch Bit-`OR`) z.B. `a & 0x02`
^	Bitweises-`XOR` (auch Bit-`XOR` z.B. `a & 0x02`
~	Bitweises-`NOT` (auch Bit-`NOT`) entspricht dem sog. *1-er Komplement* z.B. `~a`
<<	Bitweises-`left-shift` (auch Bit-`left-shift`) z.B. `a < <3`
>>	Bitweises-`right-shift` (auch Bit-`right-shift`) z.B. `a > >3`

Bit-`AND`: Eine Verknüpfung zweier Ganzzahlen mittels Bit-`AND` bewirkt, dass alle Bits, die bei beiden Zahlen gleichzeitig gesetzt sind (d.h. auf 1 stehen), auch im Ergebnis gesetzt sind. Alle Bits, die zumindest bei einer der beiden Zahlen nicht gesetzt sind (d.h. auf 0 stehen), sind auch im Ergebnis nicht gesetzt. Sehen wir uns das an einem kurzen Beispiel an, in dem wir zwei fiktive 4 Bit lange Werte mittels Bit-`AND` verknüpfen:

```
    0101  &
    0011
  ----------
  = 0001
```

Nur der Vollständigkeit halber möchte ich hier darauf hinweisen, dass dies natürlich keine C-Schreibweise ist. Wie wir so etwas in C formulieren würden, folgt in Kürze.

Bit-`OR`: Eine Verknüpfung zweier Ganzzahlen mittels Bit-`OR` bewirkt, dass alle Bits, die zumindest in einer der Zahlen gesetzt sind, auch im Ergebnis gesetzt sind. Alle Bits, die bei beiden Zahlen nicht gesetzt sind, sind auch im Ergebnis nicht gesetzt. Im Beispiel sieht das dann folgendermaßen aus:

```
    0101  |
    0011
  ----------
  = 0111
```

Bit-`XOR` (auch exklusiv-`OR` genannt): Eine Verknüpfung zweier Ganzzahlen mittels Bit-`XOR` bewirkt, dass alle Bits, die genau in einer der Zahlen gesetzt sind, auch im Ergebnis gesetzt sind. Alle Bits, die entweder bei beiden Zahlen nicht gesetzt sind oder bei beiden Zahlen gesetzt sind, sind auch im Ergebnis nicht gesetzt. Im Beispiel ergibt sich also Folgendes:

```
    0101  ^
    0011
  ----------
  = 0110
```

Bit-`NOT`: Voranstellen dieses unären Bitoperators bewirkt, dass im Ergebnis alle Bits gesetzt sind, die zuvor nicht gesetzt waren, und alle Bits nicht gesetzt sind, die zuvor gesetzt waren. Als Beispiel kann dies dann so aussehen

```
  ~  0101
  ---------
  =  1010
```

Bit-`left-shift`: Bewirkt, dass alle Bits nach links geschoben werden. Alle Bits, die "über den linken Rand hinausgehen", werden verworfen, von rechts wird mit 0-Bits aufgefüllt. Wieso verwende ich hier die Wendung *im Prinzip*? Nun, das Problem ist, dass es eigentlich zwei verschiedene Interpretationen von Bit-Shifts gibt, nämlich die "reine" Bitinterpretation, die sich verhält, wie hier beschrieben, und auch die "arithmetische" Interpretation, die dem Vorzeichenbit, also dem am weitesten links stehenden Bit, eine besondere Bedeutung zukommen lässt. Genauer möchte ich dieses Verhalten an dieser Stelle nicht ausführen, nur eine kurze Warnung: Wenn man die "reine" Bitinterpretation haben will, was üblicherweise der Fall ist, so darf man diese Operation nur auf `unsigned` Werte anwenden (also auch `unsigned char`). Ansonsten wird die arithmetische Operation ausgeführt. Eine nähere Erklärung des Verhaltens findet sich in Anhang A. Als Beispiel kann ein 2 Bit `left-shift` folgendermaßen aussehen:

```
     0111  <<  2
  ---------------
  =  1100
```

Bit-`right-shift`: Bewirkt im Prinzip, dass alle Bits nach rechts geschoben werden. Alle Bits, die "über den rechten Rand hinausgehen", werden verworfen, von links wird mit 0-Bits aufgefüllt. Auch hier wieder gibt es beide Interpretationen, nämlich die "reine" Bitinterpretation und auch die arithmetische Interpretation. Nur wirkt sich beim Shiften nach rechts die arithmetische Interpretation manchmal fatal aus, wenn sie nicht beabsichtigt ist, wie man in Anhang A sehen kann. Wiederum gilt: Anwendung auf alle `unsigned` Werte bewirkt eine Interpretation als "reines" Bit-Shift, sonst wird die arithmetische Operation ausgeführt. Als Beispiel kann ein 2 Bit `right-shift` folgendermaßen aussehen:

```
     0111  >>  2
  ---------------
  =  0001
```

Vorsicht Falle: Es passiert leider viel zu oft, dass durch Tippfehler anstelle der logischen Operatoren (z.B. `&&`) irrtümlich die Bitoperatoren geschrieben werden (z.B. `&`). Weil in C logische Werte selber einfach Zahlen sind, bemängelt der Compiler solche Fehler nicht. Bei der Verwendung von Flags ist es oft ja auch gewollt, dass man auf das Ergebnis von Bitoperationen mit einer logischen Abfrage reagiert. Sollten sich also logische Abfragen "komisch" verhalten, dann ist der erste Schritt, dass man sich die Verknüpfungen ansieht und kontrolliert, ob man nicht irrtümlich statt eines logischen Operators einen Bitoperator geschrieben hat.

Weil die Erfahrung zeigt, dass viele (auch erfahrenere) Entwickler Probleme im Umgang mit der korrekten Anwendung von Bitmanipulationen und Bitmasken haben, möchte ich an dieser Stelle noch etwas näher auf dieses Thema eingehen. Im Prinzip geht es hier darum, wie man einzelne Bits setzt (d.h. auf 1 setzt), löscht (d.h. auf 0 setzt) und abfragt, ob bestimmte Bits gesetzt sind. Auch das Zusammensetzen von mehreren "kurzen" Ganzzahlen (z.B. `char`) zu einer "langen" (z.B. `int`) verdient noch ein wenig Beachtung.

Die Leser, die ihr Wissen um den internen Aufbau von Ganzzahlen sowie ihr Wissen um hexadezimal- und oktal-Darstellung von Zahlen noch ein wenig auffrischen wollen, sollten nun kurz in Anhang A schmökern, bevor sie hier weiterlesen. Das Wissen um diese Themen wird in den folgenden Betrachtungen vorausgesetzt.

Eine Zahl in z.B. hexadezimaler Schreibweise darzustellen, in der ganz bestimmte Bits gesetzt sind, ist keine große Hexerei. Nun stellt sich aber die Frage, wie man in einer Zahl, die bereits einen Inhalt hat, einfach einzelne Bits gezielt setzen und löschen kann, ohne den restlichen Inhalt der Zahl dabei zu zerstören? Hierzu sieht man oftmals in Programmen die abenteuerlichsten mathematischen - und Schleifenkonstrukte, obwohl alles in Wirklichkeit sehr sauber und einfach geht, wenn man richtig mit Bitoperatoren umgehen kann.

5.4.1 Setzen von Einzelbits

Wenn man ein einzelnes Bit setzen will, dann bedeutet dies, dass genau dieses Bit auf 1 gestellt wird, egal, ob es vorher auf 0 oder 1 war, und dass der Rest nicht angetastet wird. Wenn wir uns nun die Bit-`OR` Operation ansehen, so hat diese die Eigenschaft, dass bei Zusammentreffen eines beliebigen Bits mit einem 0-Bit das beliebige Bit erhalten bleibt. Bei Zusammentreffen eines beliebigen Bits mit einem 1-Bit ist das Ergebnis sicher 1. Damit haben wir doch schon, wonach wir suchen.

Sehen wir uns also kurz am Beispiel an, wie wir das 2-er Bit (=das dritte Bit von rechts, man beginnt mit dem 0-er Bit zu zählen) in folgender 8 Bit Zahl (z.B. ein `unsigned char`) setzen:
`11001010`

Schritt 1: Wir definieren eine so genannte *Bitmaske*, bei der nur das dritte Bit gesetzt ist:

```
00000100
```

Schritt 2: Wir wenden auf diese beiden Werte ein Bit-`OR` an. Dies ergibt dann:

```
    11001010   |
    00000100
--------------
 =  11001110
```

Man sieht – der Ursprungswert ist unangetastet bis auf das 2-er Bit, das nach der Operation gesetzt ist. Natürlich geht das nicht nur mit Einzelbits. Man

kann in einer Operation beliebig viele Bits setzen, je nachdem, wie eben die Bitmaske definiert wird.
In C formuliert sieht dieses Konstrukt dann z.B. folgendermaßen aus:

```
1 unsigned char number = 0xca;
2 unsigned char bitmask = 0x04;
3 unsigned char operation_result = number | bitmask;
```

5.4.2 Löschen von Einzelbits

Ähnlich wie beim Setzen von Einzelbits verhält es sich auch beim Löschen derselben. Man will erreichen, dass genau ein einzelnes Bit auf 0 gesetzt wird, egal, ob es vorher auf 0 oder 1 stand, und dass der Rest nicht angetastet wird. Wenn wir uns nun die Bit-AND Operation ansehen, so hat diese die Eigenschaft, dass bei Zusammentreffen eines beliebigen Bits mit einem 1-Bit das beliebige Bit erhalten bleibt. Bei Zusammentreffen eines beliebigen Bits mit einem 0-Bit ist das Ergebnis sicher 0. Genau danach suchen wir hier.
Als Beispiel wollen wir das 2-er Bit in unserem Ergebnis von zuvor wieder löschen:

Schritt 1: Wir definieren eine *Bitmaske*, bei der alle Bits bis auf das 2-er Bit gesetzt sind:

```
    11111011
```

Schritt 2: Wir wenden auf unsere beiden Werte ein Bit-AND an. Dies ergibt dann:

```
    11001110  &
    11111011
  ------------
 =  11001010
```

Wieder ist der Ursprungswert unangetastet, bis auf das 2-er Bit, das nach der Operation gelöscht ist. Natürlich geht auch das nicht nur mit Einzelbits. Man kann in einer Operation wiederum beliebig viele Bits löschen, je nachdem, wie eben die Bitmaske definiert wird.
In C formuliert sieht dieses Konstrukt dann z.B. folgendermaßen aus:

```
1 unsigned char number = 0xce;
2 unsigned char bitmask = 0xfb;
3 unsigned char operation_result = number & bitmask;
```

5.4.3 Prüfen von Einzelbits

Als letzte Fragestellung taucht jetzt noch auf, wie man denn nun herausfindet, ob ein bestimmtes Einzelbit gesetzt ist oder nicht. Auch hierfür bietet uns wieder die Bit-AND Operation die Eigenschaften, die wir suchen. Es muss nur die Bitmaske so definiert werden, dass das uns interessierende Bit gesetzt

ist und der Rest auf 0 steht (also ausgeblendet wird). Das Ergebnis eines Bit-`AND` mit dieser Maske ergibt dann 0, falls das interessierende Bit nicht gesetzt war, oder einen Wert ungleich 0, falls es gesetzt war. Und wenn wir kurz nachdenken, dann erinnern wir uns daran, dass die Definition von *boolean* in C ja lautet, dass alles ungleich 0 `true` entspricht, und 0 `false` entspricht. Wir können also das Ergebnis direkt für eine boolsche Abfrage verwenden.
Als Beispiel wollen wir in unserem Ergebnis von zuvor feststellen, ob das 2-er Bit gesetzt ist:

Schritt 1: Wir definieren eine *Bitmaske*, bei der nur das 2-er Bit gesetzt ist:
`00000100`

Schritt 2: Wir wenden auf unsere beiden Werte ein Bit-`AND` an. Dies ergibt dann:

```
  11001010  &
  00000100
-------------
= 00000000
```

Je nach Definition der Bitmaske können natürlich auch mehrere Bits gleichzeitig überprüft werden, ob (je nach Abfrage) zumindest eines davon oder alle gesetzt sind. Prüft man auf "zumindest eines", dann untersucht man einfach, ob das Ergebnis ungleich 0 ist. Will man wissen, ob alle gesetzt sind, dann untersucht man, ob das Ergebnis genau die verwendete Bitmaske ist.
In C formuliert sieht unser Beispiel dann folgendermaßen aus:

```
1 unsigned char number = 0xca;
2 unsigned char bitmask = 0x04;
3
4 if (number & bitmask)
5 {
6   // do something
7 }
```

5.4.4 Aneinanderreihen von kurzen Zahlen zu einer langen

Noch eine letzte Anwendung, bevor wir zu etwas anderem kommen: Gar nicht selten steht man vor dem Problem, dass man z.B. zwei 8-Bit-Werte in einen 16-Bit-Wert umwandeln muss, der aus diesen beiden zusammengesetzt ist oder dass man vier 8-Bit-Werte zu einem 32-Bit-Wert zusammensetzt etc. Gerade bei Übertragungsprotokollen ist dies immer wieder ein heißes Thema.
Nehmen wir als Beispiel die folgenden beiden 8-Bit-Werte:

```
01011001
10001111
```

Diese sollen so in einen 16-Bit-Wert verwandelt werden, dass der erste Wert in den linken 8 Bit steht, und der zweite Wert in den rechten 8 Bit.

Schritt 1: Wir nehmen einen auf `0` initialisierten 16-Bit-Wert:
`0000000000000000`

Schritt 2: Wir weisen diesem 16-Bit-Wert unseren ersten 8-Bit-Wert zu. Dies ergibt dann:

    0000000001011001

Schritt 3: Wir wenden einen 8-Bit-left-Shift auf unseren 16-Bit-Wert an, was folgendes Ergebnis bringt:

    0101100100000000

Schritt 4: Wir maskieren unseren zweiten 8-Bit-Wert in den 16-Bit-Wert mittels Bit-`OR` ein:

```
    0101100100000000   |
            10001111
-----------------------
=   0101100110001111
```

Anm: Hier wurde die implizite Typumwandlung eines 8-Bit-Werts auf einen 16-Bit-Wert als gegeben vorausgesetzt. Bei dieser wird einfach der Wert auf der linken Seite mit 0-Bits aufgefüllt.

5.4.5 Ein Beispiel zu den Bitoperationen

Zur Demonstration des hier Gesagten betrachten wir noch kurz das folgende C-Programm (`bit_operator_test.c`):

```
1 // bit_operator_test.c - short demonstration of the
2 // possibilities of bit-operators and their usage
3
4 unsigned char one_byte_ = 0;
5 unsigned char another_byte_ = 0;
6 unsigned char bitmask_ = 0;
7 unsigned int large_value_ = 0;
8
9 main()
10 {
11   // set one_byte_ to the binary value 11001010
12   one_byte_ = 0xca;
13   // we want to set the 3rd bit from the right
14   bitmask_ = 0x04; // 00000100
15   one_byte_ = one_byte_ | bitmask_;
16   // the result should be 11001110 (=0xce) - check it:
17   printf("after or-mask one_byte_ contains 0x%x\n",one_byte_);
18   // clear the 3rd bit from the right again
19   bitmask_ = ~bitmask_; // inverse bitmask: 11111011
20   one_byte_ = one_byte_ & bitmask_;
21   // the result should be 11001010 again (=0xca) - check it:
22   printf("after and-mask one_byte_ contains 0x%x\n",one_byte_);
23   // different possibility to check, if a bit is set:
24   printf("is the 3rd bit from the right set? -> %x\n",
25          one_byte_ & 0x04);
26
27   // try a little bit-shifting and masking...
28   one_byte_ = 0x59; // 01011001
29   another_byte_ = 0x8f; // 10001111
30   // set the initial value
31   large_value_ = one_byte_;
32   printf("initial assignment results in: 0x%x\n",large_value_);
33   // shift it to the left
34   large_value_ = large_value_ << 8;
35   printf("after 8 bit left-shift: 0x%x\n",large_value_);
36   // mask-in the second value on the right side
37   large_value_ = large_value_ | another_byte_;
```

```
38   printf("after masking in the rest: 0x%x\n",large_value_);
39 }
```

Ausführen dieses Programms liefert dann den folgenden Output:

```
after or-mask one_byte_ contains 0xce
after and-mask one_byte_ contains 0xca
is the 3rd bit from the right set? -> 0
initial assignment results in: 0x59
after 8 bit left-shift: 0x5900
after masking in the rest: 0x598f
```

In diesem Programm wurden genau die Beispiele zum Setzen, Löschen und Abfragen implementiert, die zuvor beschrieben wurden. Aus diesem Grund möchte ich mir hier die nochmalige Erklärung ersparen. Auch das letzte Beispiel, wie man zwei "kurze" in einen "langen" Wert durch Aneinanderreihen verwandelt, entspricht genau dem zuvor besprochenen.

Eines sei noch der Vollständigkeit halber angemerkt: Eine Eigenschaft von hex-Zahlen (4 Bit entsprechen 1 Stelle hex) sind schön am Output beobachtbar. Durch den 8 Bit Shift wandert einfach die hex Zahl um zwei Stellen nach vorne.

Eine Sache sollte man aber unbedingt im Hinterkopf behalten: Unter verschiedenen Rechnerarchitekturen werden die einzelnen Bytes (nicht Bits!) von Datentypen, die mehr Platz als 1 Byte beanspruchen (z.B. `int`), im Speicher in verschiedener Reihenfolge abgelegt. Dementsprechend müssen solche Zahlenzusammensetzungen vorsichtig und richtig angewandt werden, wenn ein Programm plattformübergreifend richtig laufen soll. Ein Beispiel für diese Eigenschaft ist in Kapitel 13 zu finden.

5.5 Zuweisungs-Kurzformen

Um die Lesbarkeit gewisser Ausdrücke zu erhöhen, gibt es in C einige Operatoren, die eine sehr kompakte Schreibweise zulassen. Nehmen wir z.B. den folgenden Ausdruck:

`my_variable = my_variable + 17;`

Hier wird die linke Seite des Ausdrucks am Beginn der rechten Seite wiederholt. Kompakter kann dies in C nun auch als:

`my_variable += 17;`

geschrieben werden. Diese zusammengesetzten Zuweisungsoperatoren gibt es für alle binären arithmetischen Operatoren und auch für die Bitoperatoren. Die Zusammensetzung erfolgt immer nach dem Schema `<operator>=`, also z.B. `*=`, `/=`, `+=`, `-=`, `&=`, `|=`, `^=` etc.

Neben der kompakten Schreibweise reflektieren die zusammengesetzten Operatoren auch eher die menschliche Denkweise. Wir sagen ja auch "Addiere 17 zu dieser Variable", und nicht "Nimm den Wert dieser Variable, addiere

17 zum Wert und weise dann dies wieder auf die Variable zu". Aus diesem Grund wird es auch als guter Programmierstil angesehen, die Zuweisungs-Kurzformen immer anstatt der langen, ausgeschriebenen Form zu verwenden.

6. Implizite Typumwandlungen

Bisher haben wir in ein paar Situationen in unseren Beispielprogrammen bereits mit impliziten Typumwandlungen gearbeitet, ohne genau zu analysieren, was eigentlich bei einer solchen Umwandlung hinter den Kulissen passiert. Dies möchte ich nun nachholen.

Prinzipiell ist es so, dass bei Operationen, Parameterübergaben etc. immer ein bestimmter Datentyp erwartet wird. Nun werden aber nicht immer *genau* diese Datentypen, die eigentlich erwartet werden, auch tatsächlich im Programm an dieser Stelle verwendet. Man denke hier nur daran, dass man sinnigerweise einen `short` zu einem `long` addieren darf, zumindest sofern das Ergebnis ein `long` ist. Oder eben, dass man z.B. einen `int` zu einem `double` addieren darf, zumindest wenn das Ergebnis ein `double` ist.

In C werden implizit, entsprechend einer kleinen Anzahl von Regeln, Typenkonversionen vorgenommen, die alle Werte, z.B. bei Operationen, in einen gemeinsamen Datentyp umwandeln. Grundsätzlich geht es immer darum, dass alles implizit in den "mächtigsten" der verwendeten Datentypen umgewandelt wird und das Ergebnis dann auch genau diesem Typ entspricht. Nehmen wir als Beispiel folgende Anweisung:

```
first_value_ * second_value_
```

und nehmen wir weiter an, es sei `first_value_` ein `int`, und `second_value_` sei ein `char`. Dann wird zuerst implizit `second_value_` in einen `int` umgewandelt (mächtigerer Datentyp!), erst dann wird die Multiplikation ausgeführt. Das Ergebnis der Multiplikation ist logischerweise ein `int`.

Spielen wir dasselbe Spiel mit anderen Typen, wie z.B. `double` und `int`, so wird natürlich auf `double` umgewandelt, und auch das Ergebnis ist ein `double`.

Im Prinzip ist also alles recht einleuchtend, sodass wir uns damit nicht näher beschäftigen müssen... oder doch? Wir haben schon gesagt, dass das *Resultat* vom Typ des mächtigsten Wertes ist. Dieser Umstand ist unbedingt bei einer Zuweisung von Ergebnissen zu bedenken! Nehmen wir z.B. wieder die Anweisung von zuvor und weisen das Ergebnis einer Variablen zu:

```
my_result_ = first_value_ * second_value_;
```

Für unseren ersten Fall (Mix von `int` und `char`) muss `my_result_` also (zumindest) als `int` definiert worden sein, um das Ergebnis halten zu können. Wäre es ein `char`, so bestünde die große Gefahr, dass das Ergebnis abge-

schnitten wird, weil das Fassungsvermögen von `my_result_` erschöpft ist. Natürlich kann es auch andere Overflows geben, die nicht durch Fehlverwendung von Typen entstehen, aber das ist hier nicht das Thema. Glücklicherweise machen die meisten modernen C-Compiler auf mögliche Probleme bei solchen Zuweisungen aufmerksam, indem sie Warnings ausgeben.
Für unseren zweiten Fall (Mix von `double` und `int`) muss `my_result_` zumindest als `double` definiert sein.

Betrachten wir nun noch einmal unseren ersten Fall. Was wäre, wenn `my_result_` dort auch als `double` definiert wäre? Ganz einfach: Das wäre ok, denn das Resultat (vom Typ `int`) ist ja weniger mächtig als ein double, damit würde die Umwandlung kein Problem darstellen.

Manche mögen sich nun denken: "Dann definiere ich doch gleich alles als `double` und habe keine Probleme". Von dieser Vorgehensweise wird allerdings unbedingt abgeraten. Erstens sind Operationen auf Gleitkommazahlen deutlich langsamer als Ganzzahloperationen. Zweitens darf man für viele Dinge gar keine Gleitkommazahlen verwenden, z.B. zur Indizierung von Arrays. Drittens ist bei vielen Funktionen etc. einfach ein Ganzzahltyp verlangt, und dementsprechend würde man dann die ganze Zeit explizit umwandeln müssen. Dies nennt sich type-*casting* und wird in Kapitel 13 noch näher behandelt.

Ich möchte an dieser Stelle noch einmal darauf aufmerksam machen, dass das Mischen von Datentypen, v.a. auch das Mischen von signed und unsigned Werten, zu sehr großen Problemen führen kann, wie wir ja bereits an einem Beispiel gesehen haben. Aus diesem Grund sollte man sich gleich von Beginn an als gute Arbeitsweise angewöhnen, Operationen, die man im Programm schreibt, auf ihre impliziten Umwandlungen zu untersuchen. Mit etwas Erfahrung reicht dann schon einfaches Hinsehen, um zu bemerken, ob ein Problem auftreten kann oder nicht.

7. Kontrollstrukturen

Endlich! Der zugegeben etwas trockene Teil über Datentypen und Operatoren liegt hinter uns :-)

Jetzt soll ein wenig Leben in unsere Programme kommen, denn wir beschäftigen uns in diesem Kapitel mit Konstrukten, die uns helfen, unseren Programmablauf zu beeinflussen. Wir wollen ja schließlich auf Zustände reagieren können und nicht einfach nur Anweisungen hintereinanderschreiben, die dann immer genau in dieser Reihenfolge ausgeführt werden können. Salopp gesprochen geht es bei den Kontrollstrukturen um Möglichkeiten, wie wir die Reihenfolge der Ausführung nach gewissen Kriterien steuern können.

Ein kleiner Exkurs: Manche mögen sich nun die Frage stellen "Warum nicht gleich? Wozu haben wir bis jetzt nur die trockenen Geschichten gemacht?". Nun, ich stehe auf dem Standpunkt, dass man zuerst gehen können muss, bevor man fliegen lernt, und leider gibt mir die Erfahrung Recht. Ich habe bei sehr vielen Softwareentwicklern – bei Studierenden wie auch bei Firmenmitarbeitern – gesehen, dass immer wieder dieselben Fehler gemacht werden. Zumeist haben diese Fehler ihre Ursache in Unwissenheit, denn wenn man auf die Schnelle gleich alle mächtigen Konstrukte einer Programmiersprache lernt, dann bekommt man schon nach kurzer Zeit das Gefühl, dass man die Sprache beherrscht. Mit dieser Einstellung werden dann viele Dinge als lästige Details abgetan und nicht mehr gelernt. Das Resultat sind rätselhafte Programmfehler und Abstürze, die nicht mehr mit vernünftigem Aufwand auffindbar und/oder behebbar sind. Hat man aber gleich zu Beginn einmal gehört, dass es da noch mehr gibt und dass dort auch viele nette Stolpersteine versteckt sind, dann geht man (hoffentlich) gleich mit mehr Respekt und Vorsicht an die Sache heran. Man muss sich ja nicht alles gleich merken, aber zu dem Zeitpunkt, zu dem dieses Wissen dann gefragt ist, hat man im Hinterkopf dass "da doch noch was war", und man weiß, wo man nachsehen kann.

So, jetzt aber wirklich...
Bereits bekannt, aber zur Auffrischung noch einmal:

- Es gibt *Anweisungen* (= *Statements*). Ein Statement besteht aus einem oder mehreren *Ausdrücken*, gefolgt von einem Strichpunkt. Wir haben

auch schon den Begriff *Programmzeile* dafür verwendet. Ein typisches Statement wäre z.B.
`my_result_ = value1 * value2;`

- Man kann mehrere Statements zu einem *Block* zusammenfassen, indem man sie mit geschwungenen Klammern umgibt. Ein solcher Block wird dann von außen so behandelt, als ob er ein einziges logisches Statement darstellen würde. Mit einem solchen Block haben wir bereits die ganze Zeit mit der `main`-Funktion in unseren Prögrammchen gearbeitet.
  Blöcke braucht man immer dort, wo mehrere Statements zu einem Ganzen zusammengefasst werden sollen. Es wurde bisher noch nicht explizit erwähnt: Nach der geschwungenen Klammer, die einen Block beendet, steht niemals ein Strichpunkt! Dieser würde nämlich als ein eigenes (leeres) Statement betrachtet werden.
  Man kann auch Blöcke ineinander schachteln, indem man einfach innerhalb eines Blocks durch ein weiteres Paar geschwungener Klammern einen Sub-Block definiert. Es müssen jedoch unbedingt immer die inneren Blöcke geschlossen werden, bevor man den umgebenden Block schließen kann. Das ist auch einleuchtend, denn wie soll denn sonst der Compiler erkennen, ob eine geschwungene Klammer nun zum inneren oder zum äußeren Block gehört? Vor allem gäbe es für sich teilweise überschneidende Blöcke wirklich keine Anwendung.
  Aus Gründen der Lesbarkeit eines Programms treffen wir an dieser Stelle eine Vereinbarung, wie sie auch in den Style-Guidelines gefordert wird:
  - Die öffnende und die schließende Klammer eines Blocks stehen immer allein in einer Zeile, und sie sind genau so weit eingerückt, wie die Anweisungen des *umschließenden* Blocks.
  - Innerhalb eines Blocks sind die Anweisungen immer um 2 Zeichen nach rechts eingerückt. Zum Einrücken werden immer Leerzeichen verwendet und niemals Tabulatoren, da diese mit verschiedenen Editoren und beim Ausdrucken große Probleme verursachen (keine Angst, niemand braucht sich nun die Finger wundzutippen, gute Editoren und natürlich allen voran Emacs können das automatisch).

  Eine Einrückungsstruktur in einem Programm kann dann z.B. folgendermaßen aussehen (das Folgende ist natürlich nicht C, sondern dient nur zur Demonstration):

```
This is not in a block at all
and one more line
now we open a block
{
  everything is indented by 2 spaces
  one more line
  we open an inner block
  {
    and again everything is indented by 2 spaces
```

```
    one more line
    and we close the block again
  }
  some code
  and we open an inner block
  {
    some code
  }
  and now we close the outer block
}
```

7.1 if-else Statements

Mittels eines `if - else` Statements steuert man den Programmfluss entsprechend dem Ergebnis der Auswertung einer Bedingung.
Formal sieht ein `if - else` Statement folgendermaßen aus:

```
if ( <condition> )
  statement1
else
  statement2
```

Wenn `<condition>` zu `true` evaluiert, dann wird der `if`-Zweig (=`statement1`) ausgeführt, sollte `<condition>` zu `false` evaluieren, so wird der `else`-Zweig (=`statement2`) ausgeführt.
Dabei ist zu beachten:

- Runde Klammern schließen die Bedingung ein und dürfen nicht ausgelassen werden.
- Nach der Bedingung darf **kein** Strichpunkt stehen, denn dieser würde bereits als *Statement* interpretiert werden (in diesem Fall eben als leeres Statement).
- Anstatt eines einzelnen Statements kann natürlich auch ein Block stehen, falls mehrere Anweisungen hintereinander ausgeführt werden müssen. Wie ja bereits bekannt ist, wird ein Block von außen als ein einziges logisches Statement gesehen.
- Der `else`-Zweig ist optional. Er kann also weggelassen werden, wenn er nicht gebraucht wird.

Folgendes Beispiel (`ifelse_test.c`) soll kurz die Verwendung des `if-else` Statements demonstrieren:

```
1 // ifelse_test.c - demonstration, how if - else statements work
2
3 int my_testvar1_ = -8;
4 int my_testvar2_ =  0;
```

```
5 int my_testvar3_ = 5;
6
7 main()
8 {
9   if (my_testvar1_ >= 0)
10     printf("my_testvar1_ >= 0\n");
11   else
12     printf("my_testvar1_ < 0\n");
13
14   // a more complex condition:
15   if ((my_testvar1_ < my_testvar2_) &&
16       (my_testvar2_ < my_testvar3_))
17     printf("my_testvar2_ lies between the others\n");
18
19   // this could also be written as
20   if (my_testvar1_ < my_testvar2_)
21   {
22     if (my_testvar2_ < my_testvar3_)
23       printf("my_testvar2_ lies between the others\n");
24   }
25
26   // 0 means false, != 0 means true, as can be seen here:
27   if (my_testvar2_)
28     printf("condition is true\n");
29   else
30     printf("condition is false\n");
31
32   // some blocks rather than simple statements
33   if (my_testvar1_ < my_testvar2_)
34   {
35     printf("my_testvar1_ is smaller than my_testvar2_ ");
36     if (my_testvar1_ == 0)
37       printf("and it is zero\n");
38     else
39     {
40       if (my_testvar1_ < 0)
41         printf("and it is negative\n");
42       else
43         printf("and it is positive\n");
44     }
45   }
46   else
47   {
48     printf("my_testvar1_ is greater than my_testvar2_ ");
49     if (my_testvar1_ == 0)
50       printf("and it is zero\n");
51     else
52     {
53       if (my_testvar1_ < 0)
54         printf("and it is negative\n");
55       else
56         printf("and it is positive\n");
57     }
58   }
59 }
```

Ausführen des Programms liefert dann folgenden Output:

```
my_testvar1_ < 0
my_testvar2_ lies between the others
my_testvar2_ lies between the others
condition is false
my_testvar1_ is smaller than my_testvar2_ and it is negative
```

Ich glaube, es ist nicht notwendig, hier noch viele Erklärungen zu liefern, *wann* prinzipiell das `if-else` Statement *wohin* verzweigt. Das Code-Beispiel sollte für sich selbst sprechen. Ein paar andere Dinge verdienen allerdings schon noch genauere Betrachtung:

Auswertung der `condition`: Sollte die `condition` aus einer boolschen Verknüpfung von mehreren Teilausdrücken bestehen, wie dies z.B. im Statement in den Zeilen 15 und 16 der Fall ist, so wird üblicherweise vom Compiler eine *short Evaluation* erzeugt. Das bedeutet, dass die Auswertung der Teilausdrücke nicht mehr weiter fortgesetzt wird, sobald das Ergebnis feststeht. In diesem Fall, also bei einem boolschen `AND`, wird abgebrochen, sobald der erste Teilausdruck `false` ergibt, denn dann kann das Ergebnis ja nur noch insgesamt `false` sein. Analog dazu wird bei einem boolschen `OR` abgebrochen, sobald der erste Teilausdruck `true` ergibt.

Vorsicht Falle: Ich habe zuvor absichtlich erwähnt, dass *üblicherweise* short-Evaluation stattfindet, denn je nach Compiler ist dies nicht garantiert. Außerdem kann man bei gewissen Compilern vorgeben, welche Art der Auswertung man haben will. Man darf sich also keinesfalls darauf verlassen, dass nun short- oder long-Evaluation der Standard ist. In unserem Beispielprogramm ist dies auch belanglos, aber man sieht leider immer wieder Konstrukte, in denen Funktionsaufrufe innerhalb von Conditions stattfinden, die Seiteneffekte haben (also das restliche Programm durch ihre Ausführung beeinflussen). Und dabei ist es dann tatsächlich wichtig, ob nun die Auswertung vorher abgebrochen hat oder nicht. Solche Konstrukte sind unbedingt zu vermeiden, da sie eine Quelle reichlicher Fehlermöglichkeiten darstellen.

Geschachtelte `if`-Abfragen: Die zweite Schreibweise der complex condition ab Zeile 20, in der das logische `AND` in zwei geschachtelte `if` Anweisungen zerlegt wurde, verdient eine nähere Betrachtung: Oft wird vor allem von unerfahrenen Programmierern ein solches Konstrukt gewählt. Leider ist es aber viel unübersichtlicher als logische Verknüpfungen zu verwenden. Daher sollte so etwas vermieden werden. Man sieht an diesem Statement, dass das zweite `if`-Statement in einen Block verpackt wurde. Dies ist in diesem Fall zwar nicht notwendig, aber es erhöht die Lesbarkeit deutlich. Außerdem vermeidet man dadurch die Gefahr des *dangling-else* Problems (="Zu welchem `if` gehört denn nun dieses `else`?" Der Computer weiß es natürlich, aber der Programmierer übersieht schnell, dass es auf einmal falsch zugeordnet wird, z.B. wenn man einzelne Abfragen bei einer Änderung löscht/dazufügt).
Prinzipiell gilt hier dasselbe wie bei der Klammerung von arithmetischen oder logischen Ausdrücken: *Lieber eine explizite Klammerung zu viel, als einen dummen Fehler durch eine falsche implizite Zuordnung zu provozieren!*

Schachtelungstiefe: Man kann ab Zeile 33 erkennen, dass Schachtelungen bereits ab sehr geringer Tiefe undurchsichtig werden. Deswegen sind alle Strukturen prinzipiell so flach wie möglich zu halten. Das Mittel schlechthin, um dies zu erreichen, ist die Verwendung von *Funktionen*, mit denen wir uns in Kürze beschäftigen werden.
Grundsätzlich gilt: *Ein Programm ist nicht dann gut, wenn es "funktioniert", sondern nur dann, wenn es auch leicht durchschaubar, wartbar und änderbar ist! Ebenso ist ein Programmierer nicht dann gut, wenn er auch durch seine komplexesten, verschachtelten Strukturen noch irgendwie durchfindet, sondern dann, wenn er sie vermeidet und damit alles für "jeden" durchschaubar wird!*

Es gibt noch ein weiteres, sehr spezielles Konstrukt, das einem `if - else` Statement entspricht und das gerne bei Parameterübergaben und Zuweisungen verwendet wird, weil es kurz und prägnant ist:

```
<condition> ? <true-statement> : <false-statement>
```

Hier ist `<condition>` die Bedingung, gefolgt von einem Fragezeichen. Im Falle, dass die Bedingung zu `true` evaluiert, wird das `<true-statement>` ausgeführt, sonst das `<false-statement>`.

Nehmen wir als Beispiel an, dass wir einer `int`-Variable `my_var_` den Wert einer anderen `int`-Variable `your_var_` zuweisen wollen, aber nur unter der Bedingung, dass deren Inhalt ein positiver Wert ist. Falls der Inhalt von `your_var_` negativ ist, soll `0` zugewiesen werden. Das Statement, das dies bewirkt, sieht dann folgendermaßen aus:

```
my_var_ = (your_var_ > 0) ? your_var_ : 0;
```

Zu Beginn ist diese Schreibweise etwas ungewohnt, aber wenn man sie ein paarmal verwendet hat, kann man sich damit sehr gut anfreunden. Aus diesem Grund wird es auch als guter Programmierstil gesehen, diese Schreibweise in gegebenen Fällen (Zuweisung an Variablen, Übergabe von Parametern) den entsprechenden `if`-Konstrukten vorzuziehen.

7.2 `switch` Statements

Wenn man seinen Programmfluss aufgrund einer Auswahl zwischen mehreren (=mehr als 2) Alternativen steuern will, so muss man bei Verwendung des `if-else` Statements zwangsweise mehrfach verschachteln, denn dieses kann ja nur 2 Fälle unterscheiden. Entsprechend unübersichtlich kann der Code dann auch werden, man denke nur an ein Programm, das je nach gedrückter Taste am Keyboard etwas Verschiedenes tut. Bei genügender Anzahl von Tasten, auf die man reagieren will, wird das entsprechende `if-else` Konstrukt ganz schön kompliziert.

Um hier ein übersichtlicheres Konstrukt zu haben, bietet C das `switch`-Statement, das es erlaubt, eine Auswahl zwischen mehreren konstanten (!)

Zahlenwerten zu treffen. Ich möchte hier bewusst auf die formale Beschreibung einer switch-Anweisung verzichten und sie direkt am Beispiel erklären (switch_test.c):

```
1 // switch_test.c - demonstration of the switch statement
2
3 // at the moment we don't care, how we would obtain a real
4 // keyboard input. We just assume, it's in the variable.
5 unsigned char keyboard_input_ = 'h';
6
7 main()
8 {
9   switch(keyboard_input_)
10  {
11    case 'q':
12      printf("user wants to quit\n");
13      break;
14    case 'p':
15    case 'P':
16      printf("user wants to print\n");
17      break;
18    case 'h':
19      printf("user wants help\n");
20      break;
21    case 'c':
22      printf("user wants the calculator\n");
23      break;
24    default:
25      printf("unknown user input: %c\n",keyboard_input_);
26  }
27 }
```

Vorweg eine Anmerkung: Wir nehmen einfach an, dass der Inhalt der Variablen keyboard_input_ irgendwie vom Keyboard gelesen wurde. Im Augenblick ist es nicht wichtig, wie das nun wieder funktioniert.

Bei der switch-Anweisung wird nun der zu untersuchende Wert dem switch-Teil mitgeteilt (Zeile 9). Alle Fallunterscheidungen, die wir treffen wollen, werden in einem Block zusammengefasst (durch geschwungene Klammern).

Jeder einzelne Fall, den wir unterscheiden wollen, wird durch einen so genannten *case-Label* bekannt gegeben. Ein solcher hat die folgende Form case <const>: (Wichtig ist hier der Doppelpunkt, denn dieser macht daraus erst einen echten Label!). Es kann sich bei den zu unterscheidenden Fällen ausschließlich um Ganzzahl-Konstanten handeln. Mit Strings, Arrays oder gar Variablen in den einzelnen Labels kann eine switch-Anweisung nichts anfangen, genauso wenig wie mit float oder double, und folglich wird sich der Compiler beschweren.

Betrachten wir nun den ersten Fall (Zeile 11):

```
case 'q':
```

Dieser Label bedeutet, dass im Falle, dass keyboard_input_ den Character q enthält, **alles** ausgeführt wird, was hinter diesem case-Label folgt. Und genau dieses *Alles* ist der springende Punkt bei einer solchen Anweisung, denn dies bedeutet, dass auch die Anweisungen, die gar nicht mehr zum angesprungenen, sondern zum nächsten case gehören, ausgeführt werden. Man sieht also deutlich, dass ein Label einzig und allein einen Einsprungpunkt angibt, statt einen Block zu definieren.

Man muss also dafür sorgen, dass die Ausführung zum gewünschten Zeitpunkt abgebrochen und der gesamte switch-Block verlassen wird. Das geschieht durch das break Statement. Wir werden dieses noch in anderen Zusammenhängen, wie z.B. bei Schleifen, wiederfinden. Im Prinzip bedeutet break, dass genau an dieser Stelle der aktuelle Block verlassen wird. Als Folge werden alle Statements, von break weg bis zum Ende des Blocks, nicht mehr ausgeführt.

Wie man aber sehen kann, ist es gar nicht immer schlecht, dass man explizit die Ausführung abbrechen muss – die nächsten beiden Statements demonstrieren dies (Zeilen 14 und 15): Sowohl ein kleines p als auch ein großes P werden beide als Aufforderung zum Drucken akzeptiert. Man braucht hier also nicht den Code zu duplizieren, man lässt einfach beide zusammenlaufen.

Dann gibt es noch den speziellen default-Label. Dieser bedeutet "alles andere". Wenn z.B. keyboard_input_ ein x enthalten würde, so wäre dies keinem case-Label zuzuordnen und würde dementsprechend im default-Zweig landen. Wichtig hierbei ist, dass der default-Label immer der letzte Label im Block ist, denn er gilt, wenn man es sehr genau nimmt, für "alles, was bisher nicht gefunden wurde". Deswegen würde dieser Label alle Abfragen hier abfangen, und nachfolgende case-Labels können nie mehr erreicht werden. Auffällig ist noch, dass hier gar kein break mehr steht. Dies ist Geschmackssache, aber der Block ist dort sowieso zu Ende und damit ist es sinnlos, ihn explizit zu verlassen.

Natürlich kann man auch switch Anweisungen ineinander schachteln, aber davon wird aufgrund der resultierenden Unleserlichkeit abgeraten. Auch hier werden wir beim Thema *Funktionen* bessere Konstrukte kennen lernen.

7.3 while Schleifen

Wenn man abhängig von einer Bedingung ein Statement oder einen Block öfter ausführen will, dann bietet sich die while Schleife an. Auch diese ist am besten am Beispiel erklärt:

```
1 // while_test.c - demonstration of the while loop
2
3 unsigned count_ = 5;
4
5 main()
6 {
7   // counts down to 0 and prints intermediate numbers
8   while(count_ > 0)
9   {
10    count_--;
11    printf("%u ",count_);
12  }
13  printf("\n");
```

```
14
15   // the same can also be written as follows
16   count_ = 5; // set start value again
17   while(count_--)
18     printf("%u ",count_);
19   printf("\n");
20
21   // but be careful when using count_ afterwards!
22   printf("count_ after the end of the loop: 0x%x\n",count_);
23 }
```

Ausführen des Progamms erzeugt dann folgenden Output:

```
4 3 2 1 0
4 3 2 1 0
count_ after the end of the loop: 0xffffffff
```

Wie das `if`-Statement, so prüft auch `while` eine Bedingung. Bei jedem Durchlauf (also auch beim ersten!) wird die Bedingung geprüft. Sollte sie zu `true` evaluieren, so wird der Schleifenrumpf ausgeführt, sonst nicht. Nach jeder Ausführung des Rumpfes wird die Bedingung von neuem geprüft. Das bedeutet, dass es passieren kann, dass die Schleife überhaupt nicht durchlaufen wird, nämlich genau dann, wenn die Bedingung bereits bei der ersten Überprüfung `false` ergibt.

Nur zu Demonstrationszwecken wird ab Zeile 16 ein für C typisches und häufig anzutreffendes Konstrukt vorgestellt. Wieso funktioniert das nun? Rekapitulieren wir kurz: Decrement-Operator nachgestellt bedeutet: "zuerst auswerten, dann herunterzählen". Außerdem: `0` bedeutet `false`, alles andere bedeutet `true`. Also wird hier im ersten Schritt mit `5` ausgewertet, ergibt `true`, dann wird heruntergezählt, dann kommt die `printf` Anweisung. Danach wird `4` ausgewertet etc. Das geht so lange, bis eben `0` ausgewertet wird, was zum Abbruch führt.

Vorsicht Falle: Es wird zwar die Schleife bei `0` abgebrochen, aber trotzdem wird noch einmal hinuntergezählt! Dementsprechend machen die beiden Schleifen nicht ganz genau dasselbe, denn bei der ersten Schleife steht `count` nach Abbruch auf `0`, wohingegen bei der zweiten Schleife noch von `0` eins abgezogen wird. Wenn wir nun noch beachten, dass `count` als `unsigned` definiert ist, dann sehen wir sofort, dass `count` nicht auf `-1` steht, sondern dies eine *Underflow*-Situation darstellt! Und dieser Underflow führt dazu, dass eben alle Bits in `count` gesetzt sind. Eine Erklärung zum Thema *Underflow* findet sich in Anhang A.

Wieso erwähne ich das hier? Das zweite Konstrukt ist sehr typisch für C-Programme. Gerne wird es z.B. auch verwendet, wenn man Arrays auf der Suche nach einem bestimmten Zeichen durchläuft. Oft wird aber dabei vergessen, dass eben die Durchlaufvariable dann um 1 zu tief steht, und sie wird nicht dahin gehend korrigiert, sondern direkt verwendet (nennt sich auch *off-by-one* Fehler). Und was passiert, wenn man nun eine solche Variable als Index für ein Array verwendet, kann man sich vorstellen. Dort, wo die hinzeigt, ist sicher schon lange kein Feld mehr :-)

Vorsicht Falle: Ja, richtig, noch eine... Nachdem wir nun schon ein paar Problemquellen analysiert haben, gibt es noch eine, die man schlecht am Beispiel zeigen kann: die unbeabsichtigte *Endlosschleife*! Nichts ist leichter als eine Schleife zu programmieren, die ihre Abbruchbedingung nie erreicht. Man braucht ja nur aus Schlampigkeit vergessen, die Zählvariable weiterzuzählen. Dann wird der Schleifenrumpf mit ein- und demselben Wert endlos durchlaufen. Sollte innerhalb der Schleife ein Output generiert werden, so ist der Fehler natürlich schnell entdeckt. Spätestens, wenn die ersten paar Kilometer Text vor den Augen des Programmierers durch das Fenster laufen. Wird allerdings kein Output erzeugt, dann ist nur zu bemerken, dass das Programm hängt. Von außen sieht man ja nicht, dass es fleißig im Kreis läuft und dafür sorgt, dass dem Rechner nicht langweilig wird. Hat man nun noch ein großes Programm, bei dem vielleicht auch irgendetwas mit Netzwerkverbindungen passiert, dann ist der Fehler schon sehr schwer zu lokalisieren. Das Erste, was man annimmt, ist ja schließlich, dass wieder einmal das Netz hängt...

Vorsicht Falle: Und da wir gerade dabei sind, habe ich noch eine dritte anzubieten: Es ist nichts leichter, als durch Verwendung eines falschen Datentyps eine Endlosschleife zu erzeugen. Das folgende Beispiel soll dies demonstrieren:

```
1 unsigned count = 5;
2
3 while(count >= 0)
4 {
5   // do something
6   count--;
7 }
```

Wäre hier `count` als `int` definiert, dann wäre die Welt ja in Ordnung, aber mit der Definition als `unsigned` sorgen wir dafür, dass eindrucksvoll getestet wird, ob unser Prozessor auch über längere Zeit gut zählen kann! Die Bedingung `count >= 0` evaluiert natürlich immer zu `true`, denn ein `unsigned` kann ja gar nie kleiner als `0` werden! Auch die Underflow-Situation ergibt wieder eine als positiv interpretierte Zahl – und schon haben wir eine nette Endlosschleife erzeugt.

7.4 `do - while` Schleifen

Bei den zuvor betrachteten `while` Schleifen wurde die Bedingung immer *vor Eintritt* in die Schleife geprüft. Nun gibt es aber Fälle, in denen man den Schleifenrumpf auf jeden Fall zumindest einmal durchlaufen will, und die Bedingung erst nachträglich prüfen will. Ein typisches Beispiel dafür ist die

Vorgehensweise, die gewöhnlich beim Aufbau von Netzwerkverbindungen angewandt wird: "Probiere die Verbindung aufzubauen. Wenn es nicht gelingt, probiere es noch einmal etc." Dieses Beispiel wollen wir aber nun nicht zu Demonstrationszwecken heranziehen – ich glaube, es ist noch zu früh für die Netzwerkprogrammierung... :-)
Bleiben wir also beim Zählen und formulieren wir dasselbe wie zuvor, nur mit einem anderen Konstrukt (do_while_test.c):

```
1 // do_while_test.c - demonstration of a do - while loop
2
3 unsigned count_ = 4;
4
5 main()
6 {
7   do
8     printf("%u ",count_);
9   while(count_--);
10  printf("\n");
11 }
```

Ausführen des Programms erzeugt dann folgenden Output:

```
4 3 2 1 0
```

Die einzige Auffälligkeit besteht hier darin, dass man, um denselben Output zu erlangen, count auf 4 initialisieren muss, denn heruntergezählt wird ja erst nach der Ausgabe. Man sieht, dass es unbedingt notwendig ist, bei der Programmierung von Schleifen, egal, ob sie nun zählen oder etwas anderes tun, sehr aufmerksam zu sein. Nichts ist leichter, als einen dummen off-by-one Fehler einzubauen. Die Folgen sind dafür aber umso schwerwiegender. Häufig fallen solche Dinge nicht einmal sofort auf, sondern erst viel später, und dann nur unter bestimmten Bedingungen.

7.5 for Schleifen

Das mächtigste Schleifenkonstrukt in C stellen die for-Schleifen dar. Formal sieht eine solche Schleife folgendermaßen aus:

```
for (<init>;<condition>;<step-expr>)
  statement
```

Man sieht, dass eine for-Schleife drei Ausdrücke, getrennt durch Strichpunkte, entgegennimmt. Der erste Ausdruck ist die Initialisierung. Diese wird genau einmal beim ersten Erreichen des for-Statements ausgeführt. Hier wird, z.B. im Falle einer Zählschleife, der Anfangswert des Zählers gesetzt. Der zweite Ausdruck ist die Bedingung, unter der die Schleife durchlaufen wird. Der Mechanismus dabei ist genau derselbe, wie wir ihn schon zuvor bei der while-Schleife kennen gelernt haben: Bei jedem einzelnen Durchlauf wird überprüft, ob die Laufbedingung noch zutrifft. Der dritte Ausdruck wurde hier absichtlich als *Step-Expression* bezeichnet statt, wie sonst üblich, als *Increment*, denn Increment könnte missverstanden werden. Die *Step-Expression* wird immer **nach** einem Durchlauf durch den Schleifenrumpf ausgeführt. Hier kann alles Mögliche passieren, natürlich auch das Weiterzählen einer Variablen.

Prinzipiell sieht also das Ablaufmuster einer `for` Schleife folgendermaßen aus:

1. Initialisierung durch Ausführen des Ausdrucks für `<init>`.
2. Prüfen der Bedingung durch Auswertung des Ausdrucks für `<condition>`. Wenn `false` ⇒ Abbruch der Schleifenausführung.
3. Durchlauf des Schleifenrumpfes.
4. Ausführen des Ausdrucks für `<step-expr>`. Weiter bei 2.

Sehen wir uns das Ganze kurz an einem Beispiel an (`for_test.c`):

```
1 // for_test.c - demonstration of the for loop
2
3 unsigned count_ = 0;
4 unsigned count1_ = 0;
5
6 main()
7 {
8   // counts down to 1 and prints intermediate numbers
9   for(count_ = 5; count_ > 0; count_--)
10    printf("%u ",count_);
11  printf("\n");
12
13  // this also yields the same result
14  count_ = 5;
15  for(; count_ > 0; count_--)
16    printf("%u ",count_);
17  printf("\n");
18
19  // it's also possible to count two numbers at once
20  for(count_ = 5, count1_ = 10; count_ > 0;
21      count_--, count1_--)
22    printf("%u (count1_: %u) \n",count_,count1_);
23  printf("\n");
24
25 }
```

Ausführen dieses Programms liefert dann den folgenden Output:

```
5 4 3 2 1
5 4 3 2 1
5 (count1_: 10)
4 (count1_: 9)
3 (count1_: 8)
2 (count1_: 7)
1 (count1_: 6)
```

Die erste Frage, die bei manchen auftauchen wird, ist: "Wieso zählt die Schleife nun von 5 bis 1 herunter? Bisher haben alle Schleifen von 4 bis 0 gezählt". In diesem Fall habe ich das absichtlich gemacht, um zu demonstrieren, wie schnell man durch eine Änderung eine unbeabsichtigte Endlosschleife erzeugen kann: Man braucht nur Zeile 9 umzuformulieren in

```
for(count_ = 4; count_ >= 0; count_--)
```

und schon zählt die Schleife von 4 bis 0... oder auch nicht! Durch die Festlegung von `count` als `unsigned` zählt die Schleife fleißig, bis wir das Programm gewaltsam abwürgen (Ctrl-c ist da immer ein heilsames Mittel, zumindest unter Unix :-))

Also bleiben wir bei der Schleife, wie sie im Beispiel steht. Die erste Schleife braucht eigentlich keine nähere Erklärung. Bei der zweiten Schleife sieht man, dass man nicht alle drei Ausdrücke wirklich anzugeben braucht. Auch ein leerer Ausdruck ist genug, hier wurde z.B. die Initialisierung weggelassen. Man kann aber auch die beiden anderen Ausdrücke nach Belieben weglassen. So lässt sich z.B. sehr prägnant eine absichtliche Endlosschleife formulieren:

```
for(;;)
```

Wenn man diese Schleife dann doch zu irgendeinem Zeitpunkt verlassen will, dann bietet sich ein `break` an (siehe Abschnitt 7.6)

In der dritten Schleife unseres Beispiels (ab Zeile 20) sieht man, dass man auch bei der Initialisierung mehrere Dinge gleichzeitig tun kann: hier z.B. zwei Variable initialisieren. In diesem Fall werden die Einzelteile durch Beistriche getrennt. Und das geht nicht nur bei der Initialisierung, sondern auch bei der Step-Expression.

7.6 break und continue

Nun noch zu zwei Anweisungen, die (vorsichtig angewandt!) manchmal sehr hilfreich sein können. Die eine Anweisung, `break`, kennen wir bereits aus dem `switch`-Statement. Dort diente sie dazu, den `switch`-Block gezielt zu verlassen. Und genau dazu kann man `break` auch bei Schleifen verwenden – man kann sie gezielt an einem Punkt, an dem man `break` aufruft, verlassen.

Die andere Anweisung, `continue`, bewirkt – wenn sie im Schleifenrumpf aufgerufen wird – dass der Rest des Rumpfes nicht mehr ausgeführt wird, sondern sofort wieder in den Steuerungsteil der Schleife gesprungen wird und ein "neuer Durchlauf" stattfindet. Alle Tätigkeiten, die in einer Schleife bei Beendigung eines Rumpfdurchlaufs und zu Beginn eines erneuten Durchlaufs ausgeführt werden, werden auch hier ausgeführt. Bei einer `for`-Schleife z.B. die Ausführung der Step-Expression und dann die Auswertung der Durchlaufbedingung.

Beide Statements wirken immer nur auf die innerste Schleife. Es ist nicht möglich, gleich mehrere geschachtelte Schleifen zu verlassen.

Es sei auch nochmals darauf hingewiesen, dass beide Statements wirklich vorsichtig angewandt werden müssen, denn eigentlich entsprechen sie beinahe schon einem goto, nur dass sie viel eingeschränkter und damit durchschaubarer und weniger gefährlich sind.

7.7 Das unselige goto Statement

Die Überschrift sagt im Prinzip schon vieles über das goto-Statement aus: Es ist eines der unseligsten Statements, die jemals in höhere Programmiersprachen Einzug gefunden haben. Bevor ich erläutere, warum man goto **keinesfalls und unter keinen Umständen verwenden** soll, möchte ich trotzdem zumindest seine Funktionsweise kurz beschreiben:

Im Prinzip ist goto eine unbedingte Sprunganweisung an eine Stelle irgendwo im Programm. *Irgendwo im Programm* bedeutet, an eine Stelle, die man zuvor durch einen *Label* gekennzeichnet hat.

```
1 // goto.c - a tiny program demonstrating the use of goto
2
3 main()
4 {
5   int spaghetti_counter = 0;
6
7  nirvana:
8   printf("I'm in nirvana...\n");
9   spaghetti_counter++;
10  if (spaghetti_counter > 5)
11    goto walhalla;
12  goto nirvana;
13 walhalla:
14  printf("finally in walhalla\n");
15 }
```

Ausführen des Programms liefert den folgenden Output:

```
I'm in nirvana...
I'm in nirvana...
I'm in nirvana...
I'm in nirvana...
I'm in nirvana...
I'm in nirvana...
finally in walhalla
```

In diesem Beispielprogramm werden zwei verschiedene Labels, nirvana und walhalla definiert, die als mögliches Ziel einer Sprunganweisung dienen können. Mittels goto werden diese dann angesprungen.

Man sieht schon bei diesem winzigen Codeschnipsel, dass die Lesbarkeit des Codes eine mittlere Katastrophe darstellt. Nun stelle man sich vor, dass man es mit einem großen Programm zu tun hätte, in dem wild kreuz und quer durch das Programm gesprungen wird! Schon hier haben wir eine Schleife programmiert, die keines unserer bekannten Schleifenkonstrukte verwendet. Man muss aber zweimal hinsehen, um dies auch zu erkennen. Nun denke man daran, dass sich eine solche Schleife über mehrere Sprungstellen hintereinander im Code definiert. Kein Mensch kann dieses Konstrukt noch in vernünftiger Zeit durchschauen. Die Einführung von `goto` in Hochsprachen fand noch zu einer Zeit statt, in der die meisten Softwareentwickler sehr viel mit Assemblersprachen zu tun hatten, bei denen unbedingte Sprunganweisungen zum täglichen Brot gehören. Intern arbeiten Computer ja nicht strukturiert, wie auch? Auch bei Anfängern in der Programmierung ist `goto` noch recht beliebt, da sie die Gefahr dahinter nicht erkennen. Zumeist dauert es aber dann nicht lang, bis sie ihren eigenen Code nicht mehr durchschauen, weil die Sprünge jede Struktur im Programm verschleiern.

Nicht umsonst haben jahrzehntelang viele berühmte (und auch nicht so berühmte) Softwareentwickler kein gutes Haar an diesem Statement gelassen, weil es ein Programm absolut undurchsichtig, unwartbar, nicht erweiterbar und fehleranfällig macht. Glücklicherweise hat es sich mittlerweile schon weit herumgesprochen, dass man keine `goto` Anweisungen verwenden soll. Warum denn auch? Es gibt kein einziges Problem, das man nicht ohne `goto` auch lösen könnte. Leider findet man vereinzelt noch in verschiedenen Büchern "gute Gründe" für dieses grauenvolle Konstrukt. Aber egal, um welchen guten Grund es sich handelt, es gibt immer noch bessere Gründe, es **nicht** so zu machen.

In diesem Sinne schließe ich mich vollständig der Meinung fast aller Softwareentwickler an: **Ein `goto` hat in keinem Programm etwas verloren!!!!!**

Um diese Aussage noch weiter zu untermauern: In Java ist `goto` ein *reserved-word*, aber es ist bewusst nicht implementiert. Damit hat man es gleich im Prinzip von der Sprache her nicht zugelassen und jeden Versuch zu seiner Implementierung unterbunden!

8. Funktionen

Bisher wissen wir, dass eine *Funktion* eine Zusammenfassung mehrerer Anweisungen zu einem aufrufbaren Ganzen darstellt, dass sie Parameter entgegennimmt und einen return-Wert liefert.

Im Prinzip sind Funktionen dazu da, ein großes Problem in mehrere kleine Teilprobleme zu zerlegen. Außerdem will man ja etwas, das man einmal programmiert hat, in verschiedenen Programmen weiterverwenden und nicht jedesmal neu schreiben. Das gilt nicht nur für eigenen Code, sondern auch für Code, den andere Entwickler geschrieben haben. Denken wir nur z.B. an die Funktion `printf`, die uns schon des Öfteren untergekommen ist.

Ein sehr wichtiger – wenn nicht der allerwichtigste – Punkt bei Funktionen ist, dass sie helfen, ein Programm sauber zu strukturieren und unnötige Details zu verstecken (=Abstraktionslevel zu schaffen). Nehmen wir als Beispiel wieder unser bekanntes `printf`: Wer will schon genau wissen, wie der Formatstring nach Platzhaltern untersucht wird, dafür Werte eingesetzt werden etc. bis es endlich zur Bildschirmausgabe kommt? Vor allem, wer will denn wirklich unbedingt genau wissen, wie man nun ein Zeichen am Bildschirm ausgibt? Das einzig Interessante im Programmieralltag ist doch, dass man Text ausgeben will und weiß, *welche Funktion* das macht. Es interessiert nicht, *wie* das im Detail von dieser Funktion erledigt wird.
Die Abstraktion, die man bei richtiger Verwendung von Funktionen erreicht, lässt sich auch folgendermaßen beschreiben:

- In den verschiedenen Phasen des Softwaredesigns will man sich nur darum kümmern, **was geschehen soll**. Man definiert also einfach, dass es eine Funktion geben wird, die etwas erledigt.
- Erst wenn das **Was** geklärt ist, geht man eine Stufe tiefer in der Abstraktion und definiert, **wie** diese Funktion das macht. Das bedeutet nicht, dass man hier schon alles bis ins kleinste Detail definiert! Es kann (und wird zumeist) auch auf dieser Abstraktionsebene vorkommen, dass wir uns bei gewissen Dingen, die noch tiefer unten liegen, nur darum kümmern, was geschehen soll. Und dann definieren wir eben wieder, dass es eine andere Funktion geben wird, die etwas erledigt.
- Durch dieses Prinzip der schrittweisen Verfeinerung über Abstraktionsebenen hat man die Möglichkeit, sich immer genau mit einem einzigen Problem zu befassen, anstatt sich um Details kümmern zu müssen, die im Augen-

blick nicht relevant sind. Am wichtigsten für eine saubere Trennung in Abstraktionsebenen sind Erfahrung und Konsequenz!

8.1 Allgemeines

Was macht nun eine Funktion in C zur Funktion?

- Sie hat einen (sprechenden!) Namen, unter dem sie aufgerufen wird.
- Sie nimmt eine definierte Liste von Parametern, die sie zu ihrer Ausführung braucht.
- Sie liefert einen return-Wert nach ihrer Ausführung, mit dem wir weiterarbeiten können.
- Sie besitzt einen Block Code, der den ausführbaren Teil darstellt. In diesem Block können natürlich auch andere Funktionen aufgerufen werden (auch kann eine Funktion rekursiv sich selbst aufrufen).

Funktionen in C werden nun folgendermaßen definiert:

```
<type of return-value> <function-name>([0-n parameters])
{
  <block of code>
}
```

Das Erste in der Definition ist der Typ des return-Werts, den die Funktion liefert, also z.B. `int` oder `char` etc. Das Zweite ist der (sinnvolle und sprechende!) Funktionsname, gefolgt von einer Liste von beliebig vielen Parametern in runden Klammern. *Beliebig viele Parameter* kann auch *gar keine Parameter* bedeuten. In diesem Fall muss man trotzdem die runden Klammern schreiben, nur ist eben nichts dazwischen. Der Funktionsrumpf (=ausführbarer Code im Block) folgt direkt auf die Parameterliste.

Hier möchte ich einen kleinen, aber wichtigen Vorgriff machen: Um eine Funktion aufrufen zu können, muss sie vor der Stelle im Code bekannt sein, an der sie gebraucht wird. Entweder man definiert sie tatsächlich vorher (=weiter oben im Code) oder man *deklariert* sie explizit, indem man nur die Signatur, gefolgt von einem Strichpunkt, hinschreibt. In diesem Fall wird kein Funktionsrumpf definiert. Wenn eine solche explizite Deklaration stattgefunden hat, kann die tatsächliche Definition der Funktion an einer beliebigen Stelle im Code stehen.

Jetzt, wo wir wissen, wie es geht, versuchen wir uns gleich einmal an einem Programm mit einer einfachen Funktion, die das Quadrat einer Zahl berechnet. Nennen wir das File dazu `calculate_square.c`:

```
1 // calculate_square.c - demonstration of functions
2
3 // definition of a function that calculates the square of number
4 // and returns the result
```

```
5
6 int square(int number)
7 {
8   return(number * number);
9 }
10
11 // here program execution starts
12
13 main()
14 {
15   int number = 0;
16   printf("Please enter a number: ");
17   scanf("%d",&number);
18   printf("%d^2 = %d\n",number,square(number));
19 }
```

Hier ist eine Funktion `square` definiert, die einen Parameter vom Typ `int` nimmt, und einen return-Wert vom Typ `int` liefert. Der Rumpf der Funktion besteht nur aus dem `return`-Statement selbst, in dem das Quadrat berechnet wird. Was nun auch gleich die Frage klärt, wie man denn nun einen return-Wert liefern kann. Man schreibt ein `return`-Statement mit dem gewünschten Wert. In unserem Codebeispiel ist der return-Value in Klammern eingefasst (Zeile 8). Dies ist in C im Prinzip nicht notwendig, erhöht aber die Lesbarkeit.

Es kann in Funktionen beliebig viele `return` Statements an verschiedenen Stellen geben. Wichtig hierbei ist, dass genau an der Stelle des return-Statements die Funktion verlassen wird, d.h., alles, was danach folgt, wird nicht mehr ausgeführt. Folglich ist Vorsicht geboten, dass man eine Funktion immer sauber und definiert verlässt und gewisse "Aufräumarbeiten" unbedingt vor Erreichen des `return`-Statements durchführt.

Da wir gerade bei `return`-Statements sind – es gibt auch Fälle, in denen wir eine Funktion praktisch als Prozedur "missbrauchen", also gar keinen return-Wert liefern wollen. Auch das ist in C möglich, es gibt dazu den "Typ" `void`. Nehmen wir als Beispiel eine Funktion `showNumber`, die eine Zahl als Parameter nimmt, und diese ausgibt. Außerdem gibt sie noch einen Zusatztext aus, falls die Zahl negativ ist. Diese kann dann folgendermaßen aussehen:

```
1 void showNumber(int number)
2 {
3   printf("and this is the number: %d\n",number);
4   if (number >= 0)
5     return;
6   printf("the number is negative\n");
7 }
```

Wir sehen, dass bei `void`-Funktionen (=übliche Bezeichnung für Prozeduren in C) ein einfaches `return` ohne Wert den Ausstieg aus der Funktion veranlasst. Im Beispiel ist auffällig, dass das letzte Statement keine `return`-Anweisung ist, sondern dass die Funktion einfach "aufhört". In C ist es so definiert, dass bei Erreichen des Endes des Funktionsrumpfes automatisch ein Rücksprung erfolgt.

Vorsicht Falle: Ein sehr häufiger Fehler ist es, auch Funktionen, die ein Ergebnis liefern (also nicht `void`), einfach bis zu ihrem Ende laufen zu lassen und das `return`-Statement zu vergessen. Freundliche Compiler bemängeln dies normalerweise. Es gibt aber auch Compiler, die das nicht als großes Problem ansehen und damit erlauben, dass ein undefinierter Wert geliefert wird, was zu einigen Überraschungen führen kann.

Noch eine Eigenheit von C soll hier erwähnt werden: Wenn eine Funktion einen return-Wert liefert, so kann man als Aufrufender diesen behandeln oder man kann ihn auch einfach ignorieren. In diesem Fall wird er automatisch und wohldefiniert verworfen. Wenn man in unserem obigen Beispiel einfach nur

```
square(12);
```

als einzelnes Statement hinschreiben würde, dann würde zwar das Quadrat von 12 berechnet und das Ergebnis geliefert werden. Dadurch aber, dass das Ergebnis weder abgefragt noch einer Variable zugewiesen wird, wird es einfach verworfen. In unserem Fall war damit sogar der ganze Aufruf umsonst, denn außer dass die Funktion ein Ergebnis liefert, das verworfen wird, passiert im Aufruf ja nichts.

Die nächste, sehr wichtige Eigenheit von Funktionen in C ist die Behandlung von Parametern: In C findet ausschließlich ein *call-by-value* statt! Das heißt, dass eine Variable, die als Parameter übergeben wird, ihren Inhalt nicht verändert, wenn innerhalb der Funktion dem Parameter etwas anderes zugewiesen wird. Es wird nämlich zuerst der Wert der Variablen genommen, und dieser Wert wird der Funktion übergeben. Sollte also z.B. innerhalb der `square` Funktion ein Statement

```
number = 28;
```

stehen, so hat innerhalb der Funktion der Parameter `number` zwar den Wert 28, aber das Original, das beim Aufruf übergeben wurde, verändert sich nicht. Wenn wir uns zurückerinnern, dann kam in Beispielen auch öfter ein Funktionsaufruf an Stelle eines Parameters vor. Dies ist einzig und allein dadurch möglich, dass ein call-by-value stattfindet, denn nur so kann man einen return-Wert einer Funktion als Parameter übergeben.

Manchmal ist dieses Verhalten aber nicht erwünscht und man will einen *call-by-reference* machen. Das heißt, dass man eine Variable als Parameter übergibt wobei eine Änderung des Werts des Parameters innerhalb der Funktion auch den Wert der Variable außerhalb der Funktion ändern soll. Das kann man in C gezielt erreichen, wenn man mit Pointern (=Zeiger auf Speicherstellen) arbeitet. Was Pointer genau sind, wie man mit ihnen arbeitet und welche Probleme man sich dabei einhandeln kann, wird noch Gegenstand einer ausführlicheren Diskussion in Kapitel 10 sein.

Im Augenblick beschränken wir uns hier auf das, was der Aufrufende einer solchen speziellen Funktion zu tun hat, um diesen Effekt zu erreichen, denn genau dies passiert beim Aufruf von `scanf`, den wir in Kürze brauchen werden. Die Funktion scanf ist im Prinzip das Gegenstück zu printf. Sie nimmt ebenfalls einen Format-String mit Platzhaltern und eine Reihe von Parametern. Nur ist die Richtung diesmal umgekehrt: scanf liest den Input vom Keyboard und wertet ihn so aus, wie es im Format-String vorgegeben ist. Was hat nun ein Format-String bei einer Eingabe verloren? Nun, ganz einfach, auch eine Eingabe folgt gewissen Konventionen. Erwartet man z.B. ein Tupel von int-Werten (=zwei int-Werte) als Eingabe, die durch einen Beistrich getrennt sind, so hat man damit schon ein Format definiert. Folgendes Beispiel (scanf_test.c) soll dies ein wenig illustrieren:

```
1 // scanf_test.c - sample scanf statements
2
3 main()
4 {
5   int number1 = 0;
6   int number2 = 0;
7   printf("Please enter two comma-separated numbers");
8   printf(" and press <enter>: ");
9   scanf("%d, %d",&number1,&number2);
10  printf("The numbers were: %d and %d\n",number1,number2);
11  number1 = 0;
12  number2 = 0;
13  printf("Now enter two numbers separated by the word ");
14  printf("\"and\" and press <enter>: ");
15  scanf("%d and %d",&number1,&number2);
16  printf("The numbers were: %d, %d\n",number1,number2);
17 }
```

Nach dem Start bittet das Programm darum, zwei Zahlen einzugeben, die durch einen Beistrich getrennt sind, und danach die <enter> Taste zu drücken (Anm: das printf-Statement wurde nur deswegen in zwei Statements zerlegt, da es sonst über den Seitenrand hinausgeragt hätte). Die Eingabe wird durch das scanf-Statement in Zeile 9 gelesen. Der Format-String des scanf Statements wird so interpretiert, dass man beliebig viele Leerzeichen vor (!) den einzelnen Zahlen eingeben kann. Diese werden von scanf als uninteressant eingestuft und ignoriert. Also kann man z.B. 2, 3 oder auch 2,3 oder ebenso 2, 3 eingeben. In jedem Fall wird scanf die richtigen Zahlen erkennen. Gibt man allerdings 2 ,3 ein, so meint scanf, dass der Format-String nur für die erste Zahl erfüllt ist, und die zweite Zahl wird nicht erkannt, denn im Format-String ist kein Leerzeichen vor dem Beistrich vorgesehen. Im Falle des Nicht-Erkennens wird dieser Zahl auch kein Wert zugewiesen! Man sieht, die Initialisierung der Variable ist unabdingbar, sonst hätte man hier einen undefinierten Wert in der Variable, wenn der User eine Fehleingabe tätigt.

Sehen wir uns nun das zweite scanf Statement in Zeile 15 an, bei dem im Format-String vorgegeben ist, dass zwei Zahlen durch das Wort "and" getrennt sein sollen. Hier gilt wieder dasselbe: Die Eingabe von 2 and 3 wird auch bei vorangestellten Leerzeichen erkannt. Bei Eingabe von 2and3 wird nur die erste Zahl erkannt, der zweiten wird kein Wert zugewiesen.

Man kann natürlich mit scanf nicht nur int-Werte lesen, es gelten für die verschiedenen Typen genau dieselben Parameter, die wir schon bei printf kennen gelernt haben. Beliebige Typen können natürlich im selben Format-String gemischt werden.

Vorsicht Falle: Wie man sieht, versucht `scanf` immer von links nach rechts dem Format-String entsprechend die Eingabe zu verarbeiten. Sobald einmal keine Übereinstimmung mit dem Format-String mehr gefunden wird, wird von dort weg kein einziger Wert mehr zugewiesen. Dies ist bei unvorsichtigem Einsatz von `scanf` eine sehr häufige Fehlerquelle, vor allem sind diese Fehler auch sehr schwer zu finden. Aus diesem Grund empfiehlt es sich, alle Variablen vor der Übergabe an `scanf` auf einen eindeutigen, "undefinierten" Wert zu setzen, an dem man sofort erkennt, dass hier etwas schief gegangen ist, und ab welchem Punkt etwas schief gegangen ist.

Aber nun nochmals zurück zur essentiellen Frage: Wie kommt es, dass `scanf` den Wert von Variablen nachhaltig verändern kann, wo doch nur ein call-by-value bei Funktionen durchgeführt wird? Die Antwort liegt im *address-of*-Operator, dem `&`. Wenn man einer Variable ein `&` voranstellt, dann wird als Wert nicht ihr Inhalt genommen, sondern ihre *Adresse*! Hier wären wir also bei den *Pointern*, die für C so typisch und gleichzeitig bei C so gefürchtet sind. Ohne jetzt genauer darauf einzugehen, *wie genau* eine Zuweisung innerhalb der `scanf` Funktion durch die Übergabe einer Adresse nun passiert, kann man sich leicht vorstellen, dass man etwas an eine gewünschte Speicherstelle schreiben kann, wenn man deren Adresse kennt. Wenn diese gewünschte Speicherstelle nun der Platz ist, den unsere zu verändernde Variable für sich beansprucht, dann wird eben deren Wert verändert. Und genau das macht dann unseren call-by-reference aus.
Im Klartext würde ein Statement

```
scanf("%d",&number);
```

also bedeuten: "Nimm die Eingabe, extrahiere die Zahl, die ganz zu Beginn steht und schreibe das Ergebnis an die Speicherstelle, die für `number` reserviert ist."

Vorsicht Falle: Es ist für das Funktionieren eines Programms absolut lebensnotwendig, dass der Typ der Variable, von der die Adresse genommen wird, mit dem Typ im Format-String übereinstimmt! Man stelle sich nur vor, dass `number` vom Typ `char` wäre, aber im Format-String ein `int` verlangt würde. Für einen `char` ist nur 1 Byte Speicherplatz reserviert. Aber ein `int` ist größer definiert, z.B. unter Linux auf Intel Rechnern mit 4 Bytes. Nun schreibt `scanf` an die angegebene Speicherstelle 4 Bytes! Damit wird mit 3 von 4 Bytes eine fremde Speicherstelle überschrieben. Abgesehen davon, dass das Ergebnis in unserer Variable nicht dem von `scanf` gefundenen Ergebnis entspricht (wir haben nur das vorderste Byte vom `int`), es wird auch noch fremder Speicherbereich unabsichtlich modifiziert. Je nachdem, was dort steht, wie er verwendet und wann er gebraucht wird, gibt es üblicherweise völlig unsinnige Resultate, bis hin zum totalen Programmabsturz! Pointerfehler haben üblicherweise eine sich langsam aufschaukelnde Kettenreaktion zur Folge, die völlig unbeherrschbar ist! Wer nun meint, dass es ja Aufgabe des Betriebssystems sei, fremde Speicherbereiche zu schützen, dem sei Folgendes gesagt: Ja, das stimmt schon – nur kann es sein, dass dieser Speicherbereich tatsächlich unserer eigenen Applikation gehört, aber einfach nur für eine andere Variable aus der eigenen Applikation reserviert ist. In diesem Fall hat das Betriebssystem gar keine Veranlassung, jemanden zu schützen! Wie soll es denn unterscheiden, ob es sich hier um Absicht oder Irrtum handelt? Zum Glück erzeugen moderne Compiler Code, der bis zu einem gewissen Grad so organisiert ist, dass Schutzmechanismen greifen können, aber verlassen kann man sich darauf keineswegs! Sobald man in irgendeiner Form mit Pointern in Berührung kommt, und sei es nur durch einen simplen call-by-reference, wie in unserem `scanf` Beispiel, ist **höchste Vorsicht und Genauigkeit** geboten! Man könnte es auch anders formulieren: *"Und die Moral aus der Geschicht': Trau' blindlings keinem Pointer nicht!"*

Noch etwas fällt an unserem Programm zur Quadratberechnung auf: Wir haben die Variablen nun nicht mehr außerhalb der `main` Funktion definiert, sondern haben im Rumpf von `main` eine Variable namens `number` definiert. Außerdem verwenden wir auch innerhalb unserer `square`-Funktion einen Parameter gleichen Namens, der sich, wie zu erwarten, nicht auf genau diese in `main` definierte Variable bezieht, sondern etwas Eigenständiges ist. Ansonsten wäre die Funktion ja auch nicht mehr allgemein von anderen Stellen aus aufrufbar. Wie das nun wieder funktioniert und welche Regeln dabei gelten, das wird im folgenden Kapitel besprochen.

8.2 Scope und Lifetime

Obwohl dieses Kapitel eigentlich zum großen Kapitel der *Variablen* (siehe Kapitel 4) gehört, beleuchten wir zwei essentielle Eigenschaften von Variablen erst hier etwas genauer, da diese erst durch das Wissen um Funktionen und ihre Anwendung zu verstehen sind. Die beiden Eigenschaften, von denen hier die Rede ist, sind:

Scope: Auch oft als *Sichtbarkeit* eingedeutscht, beschreibt der *Scope* einer Variablen den Bereich, in dem sie über ihren zuvor definierten Namen ansprechbar ist.

Lifetime: Die *Lifetime* oder auch *Lebenszeit* einer Variablen sagt uns, wie lange der ihr zugeordnete Speicherbereich von der Definition weg für sie reserviert bleibt.

Im Prinzip gilt für den *Scope* eine ganz einfache Regel: *Eine Variable ist immer innerhalb des Blocks sichtbar, in dem sie definiert wurde.* Nun haben wir aber bereits zu Beginn Variablen kennen gelernt, die nicht innerhalb eines Blocks definiert waren, sondern außerhalb aller Blöcke. Hier gibt es in C die folgende Unterscheidung:

Globale Variablen: Dies sind Variablen, die außerhalb aller Blöcke definiert wurden. Es hat sich dafür auch der Begriff *externe* Variablen eingebürgert, der aber aus verschiedenen Gründen, die wir noch kennen lernen werden, nicht verwendet werden sollte. Solche *globale Variablen* sind im gesamten Programm sichtbar und ansprechbar, **nachdem** sie definiert wurden. Wir werden später noch eine Methode kennen lernen, den Scope auf ein einziges File einzuschränken.

Lokale Variablen: Als *lokale Variablen* oder, speziell in C auch als *auto-Variablen*, bezeichnet man Variablen, die innerhalb eines Blocks definiert wurden. Der Name kommt daher, dass diese Variablen beim Schließen des Blocks automatisch wieder verschwinden, d.h. nicht mehr sichtbar sind, und auch ihr Speicherbereich wird wieder freigegeben (siehe *Lifetime* weiter unten).

Damit es beim Scope nun keine Missverständnisse gibt: In unserem Kontext bedeutet *innerhalb eines Blocks*, dass die Variable in einem Bereich angesprochen wird, der *textuell* innerhalb des Blocks liegt. Es bedeutet nicht, dass eine Variable aus einer Funktion heraus sichtbar ist, die aus einem Block heraus aufgerufen wird. Globale Variablen kann man sich so vorstellen, dass sie in einem großen, alles umschließenden Block liegen, damit sind sie von überall her ansprechbar.

Noch etwas ist wichtig: Variablen müssen gleich zu Beginn eines Blocks definiert werden, bevor noch die ersten Anweisungen kommen. Es geht nicht, dass zuerst ein wenig Code kommt, dann eine Variable definiert wird, dann wieder Code kommt etc. Dies wird zwar bei manchen Compilern gestattet, aber in der Regel sind dies abgespeckte C++ Compiler, die so etwas fälschlicherweise auch beim Compilieren von reinem C-Code zulassen. In der Definition von C ist dies ausdrücklich verboten.

Wie wir bereits wissen, können Blöcke beliebig geschachtelt werden. Es ist in jeder beliebigen Schachtelungstiefe möglich, auch Variablen in einem Block zu definieren. Was passiert aber nun, wenn man z.B. in einem äußeren Block eine Variable `my_var` definiert und dann in einem darin enthaltenen Block wieder eine Variable mit demselben Namen `my_var` definiert (mit gleichem oder verschiedenem Typ)? In solchen Fällen gilt immer die *innerste* Definition, und die äußere Definition wird dahinter versteckt. Wenn dann der innere Block wieder verlassen wird, dann wird dadurch die äußere Definition wieder sichtbar. Gleiches gilt natürlich auch für globale Variablen. Wie bereits erwähnt, kann man ja globale Variablen einfach so betrachten, als ob sie in einem großen, alles umschließenden Block wären. Damit können sie natürlich durch innere Blöcke versteckt werden.

Für die *Lifetime* von Variablen gilt nun ganz einfach: *Eine Variable existiert vom Zeitpunkt an, an dem sie definiert wurde, bis zum Zeitpunkt, an*

dem der umschließende Block verlassen wird. Ob sie nun zwischendurch versteckt wird oder nicht, ändert nichts an ihrer Existenz. Wenn wir auch hier wieder das Bild vom großen, alles umschließenden Block für globale Variablen anwenden, dann wissen wir, dass die *Lifetime* von globalen Variablen von ihrer Definition bis zum Programmende dauert.
Zur Demonstration des hier Gesagten sehen wir uns noch kurz das folgende Beispiel (`scope_lifetime_test.c`) an:

```
1 // scope_lifetime_test.c - demonstration of scope and lifetime
2 // of variables
3
4 int my_var = 17; // global my_var
5
6 void showAutoVariableInFunction(int my_var)
7 {
8   printf("my_var: %d\n",my_var); // prints param my_var
9   my_var = 38; // changes param my_var, but does not change
10               // the outer variable! It's a Call-by-value!
11  printf("my_var: %d\n",my_var); // prints param my_var
12 }
13
14 int main()
15 {
16   printf("my_var: %d\n",my_var); // prints global my_var
17
18     // it's also possible to just open a block anywhere!
19   {
20     int my_var = 25; // local my_var hides global my_var
21     printf("my_var: %d\n",my_var); // prints local my_var
22       // block nested inside a block
23     {
24       int my_var = 60; // inner local my_var hides
25                        // outer local my_var
26       printf("my_var: %d\n",my_var);
27     } // here inner local my_var's lifetime is over
28     printf("my_var: %d\n",my_var); // prints local my_var
29   } // here local my_var's lifetime is over
30
31   printf("my_var: %d\n",my_var); // prints global my_var
32   showAutoVariableInFunction(my_var); // call with parameter...
33   printf("my_var: %d\n",my_var); // prints global my_var
34   return(0);
35 }
36
37 // and here global my_var's lifetime is over
```

Ausführung des Programms liefert folgenden Output:

```
my_var: 17
my_var: 25
my_var: 60
my_var: 25
my_var: 17
my_var: 17
my_var: 38
my_var: 17
```

Dieses Programm ist zuallererst einmal ein Beispiel für besonders schlechten Programmierstil, aber zur Demonstration geht es leider manchmal nicht anders. Lassen wir also den Stil beiseite und konzentrieren wir uns nur auf den Inhalt.

Beginnen wir bei der Funktion `main`: Diese hat sich im Vergleich zu bisher leicht verändert. Sie ist plötzlich tatsächlich als "echte" Funktion definiert, die einen `int`-Wert zurückliefert. Dies ist (beinahe) die richtige Definition von `main`, es fehlen hier noch zwei Parameter, damit sie tatsächlich vollständig korrekt ist. Aber dazu fehlt uns noch ein Puzzlestückchen, also lassen wir das jetzt beiseite. Wissenswert ist, dass der `int`-Wert, der bei `main` zurückgeliefert wird, dem aufrufenden Programm zur Verfügung steht. Es hat sich eingebürgert, dass ein Programm, das ordnungsgemäß terminiert, hier 0 bzw. einen positiven Wert liefert. Ist ein Fehler passiert, der das Programm zum Ausstieg veranlasst, dann sollte ein negativer Wert geliefert werden. Die Werte, die geliefert werden, sollten sich per Konvention im Bereich von -128 bis +127 bewegen (also nur 1 Byte incl. Vorzeichen brauchen). So weit zur Konvention, jetzt aber zum Inhalt, um den es eigentlich geht:

In Zeile 4 wird eine globale Variable `my_var` definiert, und diese wird mit dem Wert 17 initialisiert. Das erste Statement in Zeile 16 in der `main`-Funktion gibt den Inhalt dieser globalen Variable aus.

In Zeile 19 wird ein neuer Block begonnen. Man sieht, dass man in C jederzeit an beliebiger Stelle Blöcke beginnen kann. Diese dienen in solchen Fällen der bewussten Beeinflussung des Scopes und der Lifetime von Variablen, manchmal (!) also ist sogar ein "unmotivierter" Block ein sehr brauchbares Konstrukt. In diesem neuen Block wird eine neue Variable `my_var` definiert und mit 25 initialisiert. Obwohl die globale Variable noch existiert, wird sie durch die lokale Variable versteckt, sie ist also *out of scope*. Dies zeigt sich direkt beim darauf folgenden `printf`-Statement in Zeile 26.

Dass man auch diese Variable wiederum hinter einer weiteren Variable mit gleichem Namen verstecken kann, zeigt sich im nächsten Block, der selbst in den inneren Block hineingeschachtelt wird. Sobald allerdings dieser Block verlassen wird, ist die Lifetime (und natürlich auch der Scope) der inneren Variable vorbei, und die lokale Variable aus dem äußeren Block kommt wieder zum Vorschein. Danach ist der äußere Block vorbei, und die globale Variable kommt wieder zum Vorschein.

Nun wird die Funktion `showAutoVariableInFunction` aufgerufen, die als Parameter einen `int`-Wert nimmt, der wiederum den Namen `my_var` bekommt. Innerhalb der Funktion versteckt dieser Parameter die globale Variable. Also ist auch ein Parameter sinngemäß vergleichbar mit einer lokalen Variable und er unterliegt denselben Regeln für Scope und Lifetime. Man kann dies so betrachten, als ob Parameter innerhalb des Blocks mit dem Funktionsrumpf definiert würden. Im ersten `printf`-Statement in dieser Funktion in Zeile 8 wird noch der Wert ausgegeben, der bei Aufruf an die Funktion im Parameter `my_var` übergeben wurde. In unserem Fall der Wert der globalen Variable. Gleich danach in Zeile 9 wird aber dem Parameter ein neuer Wert zugewiesen, nämlich 38. Man sieht also, dass man Parameter innerhalb einer Funktion ganz gleich benutzen kann wie Variablen, die im Funktionsrumpf definiert werden. Der nächste Aufruf von `printf` in Zeile 11 zeigt, dass `my_var` tatsächlich den neuen Wert 38 hat.

Nachdem die Funktion abgearbeitet ist, geht die Ausführung des Programms wieder in der `main`-Funktion mit der Ausführung des letzten `printf`-Statements in Zeile 33 weiter. Bei diesem sieht man den Effekt des call-by-value Prinzips: Obwohl dem Parameter `my_var` innerhalb der Funktion ein neuer Wert zugewiesen wurde, hat sich der Wert der Variablen außerhalb nicht verändert.

Und ganz zum Schluss sieht man noch, dass man auch aus der Funktion `main` mit einem return-Wert aussteigen soll. In diesem Fall eben mit 0, um zu signalisieren, dass alles ok war.

Abschließend soll hier noch erwähnt werden, dass es nicht nur für Variablen einen Scope gibt, sondern auch für Funktionen. Eine Funktion hat zwar eine Lifetime, die immer der gesamten Ausführungszeit des Programms entspricht (der Code ist ja im Programm immer enthalten), aber das heißt nicht, dass sie auch automatisch überall "gesehen" werden kann. Die Regel ist hierbei: *Der Scope einer Funktion beginnt mit ihrer Deklaration, und er endet mit dem Ende des Files.*

Anm: Hier wurde absichtlich der Begriff *Deklaration* verwendet, und nicht der Begriff *Definition*! Es gibt nämlich Mittel und Wege, eine Funktion "sichtbar" zu machen, auch wenn sie in einem anderen File steht oder erst nach ihrer Verwendung in einem File definiert wurde. Man kann sich auch leicht überlegen, dass es dazu etwas geben muss, denn sonst könnten sich niemals zwei Funktionen gegenseitig aufrufen (gegenseitig = beide rufen die jeweils andere auf)! Eine davon ist immer nach der anderen definiert (Im Augenblick möchte ich diese Aussage ohne ein Beispielprogramm im Raum stehen lassen, denn hier handelt es sich um einen Fall von indirekter Rekursion. Rekursionen werden noch gesondert in Kapitel 14 behandelt).

Das Verständnis für die Trennung von *Deklaration* und *Definition* bringt uns aber auf den Punkt, warum beim Compilieren eines Programms immer ein Compiler und ein Linker am Werk sind. Der Compiler arbeitet noch mit den symbolischen Namen von Funktionen und Variablen und erzeugt Maschinencode "ohne Adressen". Der Linker erst eliminiert die symbolischen Namen und ersetzt sie durch die tatsächlichen Adressen. Dem Compiler kann man also durch eine einfache *Deklaration* mitteilen, dass es den symbolischen Namen einer Variablen bzw. einer Funktion einmal geben wird, und wie diese aussehen wird. Damit ist er beruhigt, denn er hat alle Information, die er braucht, um mit dem symbolischen Namen zu arbeiten. Er glaubt uns einfach, dass es dieses deklarierte "Ding" irgendwo geben wird, und bemängelt daher nicht, wenn es bisher noch keine *Definition* davon gab. Der Linker hat dann die Aufgabe, die Namen aufzulösen. Sollte also eine Variable oder

Funktion nur deklariert worden sein, aber nicht definiert, dann meckert der Linker über `unresolved externals`. Der Begriff `external` kommt daher, dass solche Deklarationen üblicherweise auf Sachen verweisen, die in einem anderen File vorkommen als dem, das gerade compiliert wird.

Es ist Zeit für eine kleine Übung!
Um das bisher Vermittelte am praktischen Beispiel anzuwenden, wäre jetzt ein geeigneter Zeitpunkt für die erste Übung. Eine entsprechende Aufgabenstellung findet sich in Abschnitt 23.1.

9. Kaffeeautomat – ein kleines Beispiel

Bevor wir uns nun anderen Konstrukten in C zuwenden, wird es Zeit, das bisher Gelernte anhand eines Beispiels zusammenzufassen. Dieses Beispiel soll erstens helfen, das Gelernte zu wiederholen, es soll aber auch eine mögliche und vernünftige Variante aufzeigen, wie man an ein Problem herangeht. Ich möchte gleich vorausschicken, dass die hier gewählte Vorgehensweise dem Herangehen an ein größeres Problem entspricht und für ein so kleines Beispiel nicht unbedingt notwendig wäre. Allerdings – je früher man sich eine strukturierte Arbeitsweise angewöhnt, desto früher kann man auch mit komplexeren Problemen umgehen.

Für Unerfahrene scheint die in der Folge vorgestellte Vorgangsweise einiges an unnötiger Schreibarbeit zu enthalten. Das ist allerdings eine Fehleinschätzung! Die Qualität des entstehenden Produkts hängt essentiell davon ab, dass man vor allem die Designphase keinesfalls vernachlässigt! Sollte man in dieser Phase Schritte überspringen oder auch nur nach dem Motto "Das ist sowieso klar" abkürzen, dann muss man während des Codierens Designentscheidungen treffen. Dies ist für eine Arbeit in Teams, wie sie jede Softwareentwicklung darstellt, eine mittlere Katastrophe. Denn dann haben es die Teammitglieder mit ständig wechselnden Anforderungen und Schnittstellen zu tun, und die Arbeit wird deutlich verlangsamt. Außerdem ist es praktisch unmöglich, den Überblick zu behalten.

Die Erfahrung zeigt, dass bei vernünftigem und vollständigem Design die Phase des Codierens sehr kurz und die Anzahl der Fehler sehr gering ist. Vergleicht man zwei Projekte, eines, in dem die Designphase gewissenhaft und vollständig durchgeführt wurde, und ein anderes, in dem diese nur rudimentär vorhanden war, dann braucht üblicherweise das Projekt mit der vollständigen Designphase bis zum Erreichen des gewünschten Qualitätsstandards weniger Zeit als das "schnelle" Projekt. Der Unterschied ist, dass man bei gewissenhaftem Design erst später "etwas zu sehen bekommt", als wenn man gleich "hackt". Auf diese Art wirkt das gewissenhaft durchgeführte Projekt zu Beginn langsamer in seinem Fortschritt, aber im Lauf der Zeit kehrt sich dieser Effekt genau um. Durch gutes Design beschleunigt sich die Arbeit dann in der Feindesignphase und in der Codierungsphase deutlich. Dagegen verlangsamt sich die Arbeit am Hack-Projekt im Lauf der Zeit üblicherweise noch viel deutlicher. Häufig kommt ein solches Projekt völlig zum Stillstand!

9.1 User Requirements

Der erste Schritt in jedem Projekt ist die Erfassung der *User Requirements* in einem sogenannten *URD (User Requirements Document)*. Oft wird auch der Name *Pflichtenheft* dafür verwendet. Dieses Dokument ist in der Sprache des Benutzers geschrieben (Ich meine nicht Englisch oder Deutsch, ich meine damit, dass es nicht zu technisch ist). Im URD sind alle Anforderungen festgehalten, die der spätere Benutzer erfüllt haben will. Das Dokument muss genau genug sein, dass man es praktisch als Checkliste für ein fertiges Produkt verwenden kann: Kann man neben jede der Forderungen ein *ok* schreiben, dann ist das Produkt fertig. Ich möchte an dieser Stelle gleich dazusagen, dass ein gewisser Graubereich niemals vermeidbar ist, aber mit steigender Erfahrung lernt man, wo Graubereiche zu erwarten sind, und wie man am besten mit solchen Passagen umgeht.

Normalerweise entsteht ein URD im Gespräch zwischen Projektmanager und Auftraggeber bzw. im Gespräch der "wissenden" Personen aus beiden Welten. Ich werde in der Folge den Weg zum URD vorgeben, so wie es aus dem Gespräch entstehen könnte.

9.1.1 Wünsche des Auftraggebers

Der Auftraggeber für unser Projekt ist ein Geschäftsmann, der sein Geld mit dem Aufstellen von Kaffeeautomaten machen will. Da ihm die Features der käuflichen Kaffeeautomaten nicht ganz passen, entschließt er sich, einen Automaten nach seinen Wünschen bauen zu lassen. Dazu sucht er sich einmal den Anbieter der geeignetsten Hardware (sprich Automat) und entschließt sich nach reichlicher Abwägung der Angebote, das billigste Gerät zu kaufen, da er mindestens 100 Automaten gleich zu Beginn aufstellen will und seine Brieftasche nicht dick genug für wirklich gute Geräte ist.
Dieser günstige (oder vielleicht doch billige?) Automat hat die folgenden Merkmale:

- Er besitzt einen Wasserbehälter, den man von Hand nachfüllen muss. Ein Sensor meldet, wenn der Behälter leer ist.
- Er hat einen zweiten Behälter für ungemahlenen Bohnenkaffee. Auch dieser ist mit einem Sensor ausgestattet, der meldet, wenn er leer ist.
- Er hat einen dritten Behälter für Milch. Dieser hat ebenfalls einen Sensor, der bei gähnender Leere Alarm schlägt.
- Er hat einen vierten Behälter für Zucker, wieder mit dem obligatorischen Sensor, der akuten Zuckermangel melden kann.
- Wer auch immer einen Kaffee haben will, muss seine eigene Tasse mitbringen, denn der automatische Becherspender ist teuer. Zumindest gibt es einen Sensor, der erkennt, ob nun eine Tasse untergestellt ist oder nicht.
- Weil nun, wie bereits erwähnt, unser Geschäftsmann mit den Features der heutigen Kaffeeautomaten nicht glücklich ist, entscheidet er sich für eine

Ausrüstung der aufzustellenden Automaten mit einer kleinen, frei programmierbaren Microprozessoreinheit mit folgenden Eigenschaften:
  - Die Einheit besitzt ein Display. Dieses kann maximal 3 Zeilen mit je 40 Zeichen darstellen.
  - Die Einheit besitzt einen Münzeinwurf, der 1, 5 und 10 Schilling Münzen akzeptiert (Und was passiert nach der Umstellung auf Euro?). Der Münzeinwurf kann kein Retourgeld geben.
  - Die Einheit besitzt 4 frei programmierbare Tasten zur Bedienung.
  - In der Einheit arbeitet ein kleiner Microprozessor, es stehen 64kB ROM (=Read Only Memory, ein Chip, auf den der Code gebrannt wird, der dann nie mehr veränderbar ist) für Programmcode, aber nur 128 Bytes RAM (=Random Access Memory, also Speicher, in dem frei adressiert gelesen und geschrieben werden kann) für Daten zur Verfügung.
  - Alle Module des Automaten, also die Behälter, die Sensoren, das Mahlwerk, der Münzeinwurf und das Display sind mit der Microprozessoreinheit verbunden, die die gesamte Maschine steuert und überwacht.
  - Die Microprozessoreinheit wird ohne jede Software geliefert und kann von sich aus nicht einmal Kaffee kochen. Der gesamte Ablauf muss programmiert werden.
- Zum Glück gibt es für die Maschine selbst und für die Microprozessoreinheit ein API (=Application Programmers' Interface) und dazu ein Handbuch, das die genaue Spezifikation enthält, wie man mit den einzelnen Teilen umgeht, wie die Sensoren arbeiten etc. Der Geschäftsmann beschließt, dieses Handbuch nicht sofort wegzuwerfen, sondern es vorsichtigerweise aufzuheben, denn er benötigt ja noch einen Softwareentwickler, der den Automaten zum Leben erwecken soll. Vielleicht kann ja dieser mit dem Computerchinesisch im Handbuch etwas anfangen, man weiß ja nie...

Mit diesem Automaten und dem Handbuch hat nun unser Geschäftsmann endlich etwas in der Hand, womit er den neuesten Trend im Bereich des Geldscheffelns verwirklichen kann: Die automatische Kaffeepreis-Anpassung, die sich an die Nachfrage angleicht und auch automatisch Sonderangebote generiert. Aus Erfahrung mit Firmen, die Software entwickeln, weiß unser Geschäftsmann, dass die Produktivität der Entwickler direkt proportional zum Kaffeeverbrauch ist, und dass kleine Preiserhöhungen von den Entwicklern in der Regel zwar murrend zur Kenntnis genommen werden, aber dass dadurch der Kaffeverbrauch nicht sinkt. Weiters weiß er aus allgemeinen Marktstudien, dass Sonderangebote besonders gern gekauft werden. Also überlegt er sich, dass der Kaffeepreis sukzessive nach einer gewissen Anzahl von verkauften Tassen erhöht werden muss und dass nach ein paar Erhöhungsschritten wieder ein Sonderangebot folgen muss, um die Kaffeetrinker bei Laune zu halten.

Um die Kaffeemaschine nun endlich dazu zu bringen, auch wirklich Kaffee zu kochen, und das auch noch mit adaptiver Preisgestaltung, wendet er sich an einen kaffeetrinkenden Softwareentwickler und verspricht ihm 10 Kaffee, ein Gulasch und ein Bier pro Tag, um ihn zur Programmierung des Automaten zu überreden. Nachdem der Geschäftsmann dem Entwickler nun auch noch das Handbuch zum Automaten ausgehändigt hat und froh ist, dass es keinen Platz auf seinem Schreibtisch mehr braucht, macht sich der Entwickler an die Arbeit. Als Allererstes schreibt er ein URD, das genau den Wünschen des Geschäftsmanns entspricht, denn er will sich nicht auf Zieländerungen während der Entwicklung einlassen.

9.1.2 Das User Requirements Document

In der Folge ist eine Art gezeigt, wie man ein URD schreiben kann. Im Prinzip ist das Format und die Strukturierung Geschmackssache, meine Meinung ist allerdings, dass ein URD am leichtesten lesbar ist, wenn immer zuerst die textuelle Erklärung des Wunsches des Auftraggebers niedergeschrieben wird, und danach das oder die sich daraus ergebenden einzelnen *User Requirements* (kurz: URs). Diese einzelnen Blöcke werden noch eindeutig erkennbar gegeneinander abgegrenzt und mit einer kurzen Überschrift versehen, damit man auf einen Blick erkennen kann, um welche Art von Requirement es sich handelt.

Im folgenden URD gibt es noch keine hierarchische Struktur. Sollte aber das Projekt größer werden, so wird unbedingt angeraten, bereits das URD wie ein Buch thematisch in Kapitel und entsprechende Abschnitte zu unterteilen. Es kann sonst sehr leicht passieren, dass das ganze URD sehr schwierig zu lesen ist. Dann ist es sehr schwer, damit vernünftig weiterzuarbeiten.

Plattform

Die Kaffeemaschine incl. Steuerungseinheit ist bereits bestellt. Die gesamte zu erstellende Software muss auf ihr lauffähig sein. Es ist nicht zulässig, Hardwareupgrades zu fordern.

UR 1: Die Software muss auf der Maschine "Coffee-O'Matic Hyper 7.12" mit der Steuerungseinheit "Cheap-O'Matic Supra 0.3" laufen

---

Getränke

Die Getränkeauswahl beschränkt sich auf Kaffee, der in folgenden Variationen anwählbar sein und zubereitet werden muss:

- Kaffee schwarz und stark ohne Zucker
- Kaffee schwarz und stark mit Zucker
- Kaffee stark mit Milch, aber ohne Zucker
- Kaffee stark mit Milch und mit Zucker
- Kaffee schwarz und schwach ohne Zucker
- Kaffee schwarz und schwach mit Zucker
- Kaffee schwach mit Milch, aber ohne Zucker
- Kaffee schwach mit Milch und mit Zucker

UR 2: Auswahl und Zubereitung von Getränken laut Auflistung

Umgang mit Zutaten

Die verschiedenen Kaffeevariationen brauchen verschiedene Zutaten. Es darf eine bestimmte Variation immer nur dann zubereitet werden, wenn alle Zutaten vorhanden sind. Sollte eine Zutat fehlen, so ist eine entsprechende Meldung am Display auszugeben.

Es ist nicht zulässig, dass bereits bei Fehlen einer Zutat alle Kaffeevariationen nicht mehr anwählbar sind. Z.B. wenn die Milch ausgeht, dann können sehr wohl noch alle Variationen von schwarzem Kaffee zubereitet werden und müssen daher weiter anwählbar sein.

Interne Anmerkung des Entwicklers: Das Handbuch des Automaten besagt auch, dass bei fehlendem Wasser im Behälter und ebenso bei fehlendem Kaffee im Behälter der Automat Schaden nimmt, falls versucht wird, trotzdem Kaffee zuzubereiten.

Exkurs: Interne Anmerkungen, wie diese eben, sind in allen Entwurfsdokumenten üblich. Solche Anmerkungen werden meist geschrieben, wenn etwas "ohnehin Klares" trotzdem leicht vergessen werden kann. Solche internen Anmerkungen werden dem Benutzer aber nicht gezeigt, sondern werden in versteckten Feldern im Dokument abgelegt. Eigentlich gehört die obige Anmerkung im Prinzip gar nicht ins URD, sondern ins SRD, aber wenn einem "gerade einmal etwas einfällt, was noch zu beachten ist", dann schreibt man dies einfach als interne Anmerkung hin. So kann man nichts vergessen, und beim Schreiben des SRDs wird die Anmerkung dann an der richtigen Stelle landen.

UR 3: Wenn eine Zutat fehlt, dann dürfen nur genau die Variationen von Kaffee nicht zubereitet werden, die diese benötigen

Weil es zwei Arten gibt, einen Kaffee stärker zu machen, nämlich entweder mehr Kaffee oder weniger Wasser zu nehmen, fällt die Entscheidung zugunsten der Wassermethode aus. Will eine Person einen starken, aber großen Kaffee haben, dann muss diese Person eben mehr als nur einen Kaffee in dieselbe Tasse füllen.

Bei starkem Kaffee wird genau halb so viel Wasser genommen wie bei schwachem Kaffee.

Die Wassermenge für normalen Kaffee beträgt 125ml, eine Kaffee-Einheit beträgt 5g.

UR 4: Starker und schwacher Kaffee unterscheiden sich in der Wassermenge

UR 5: Ein Kaffee wird immer mit 5g Kaffeepulver zubereitet

UR 6: Kaffee mit Zucker enthält immer genau einen Löffel davon

UR 7: Kaffee mit Milch enthält immer genau 30ml davon

Interne Anmerkung des Entwicklers: Mengen und Mengenverhältnisse müssen leicht änderbar sein, evtl. ist auch daran zu denken, dass diese zur Laufzeit am Automaten verstellt werden können. Es ist mit ziemlicher

Sicherheit anzunehmen, dass die hier geforderten Zahlen in der Praxis angeglichen werden müssen.

Umgang mit der Tasse

Sollte vom Kaffeetrinker keine Tasse untergestellt werden, so darf die Zubereitung des Kaffees nicht stattfinden. Stattdessen ist eine entsprechende Meldung am Display auszugeben, die besagt, dass eine Tasse eingestellt werden muss.
UR 8: Bei nicht eingestellter Tasse darf kein Kaffee zubereitet werden

---

Tastenbelegung

Aufgrund von nur 4 vorhandenen Tasten ist es notwendig, Kombinationen von Tasten zur Auswahl heranzuziehen, da mehr Sorten als Tasten vorhanden sind. Der Benutzer hat keine besonderen Wünsche zur Art der Belegung der Tasten und akzeptiert folgenden Vorschlag:

- Drei Tasten (=Tasten 1–3) werden in Kombination zur Auswahl des Kaffees herangezogen (z.B. Taste 1 für *starken Kaffee* kombiniert mit Taste 2 für *mit Zucker*. Die genaue Belegung der Tasten ist belanglos, es müssen nur alle verschiedenen geforderten Variationen auswählbar sein.
- Eine Taste (=Taste 4) steht für *Koche Kaffee*.

UR 9: Tastenkombinationen zur Auswahl der Variation
UR 10: Eine eigene Taste zum Start des Zubereitungsvorgangs

Preisanpassung

Bei der Maschine muss von außen einstellbar sein, nach wie vielen Einheiten (=Tassen Kaffee) der Preis erhöht wird, und um welchen Betrag. Stellt man z.B. ein, dass nach jeweils 10 Tassen der Kaffee um 1 Schilling teurer wird, so werden die ersten 10 Tassen zum Normalpreis, die zweiten 10 um 1 Schilling teurer, die dritten 10 um 2 Schilling teurer angeboten etc.
UR 11: Mengeneinheiten zur automatischen Preiserhöhung einstellbar
UR 12: Schrittweiten der automatischen Preiserhöhung einstellbar

Bei der Maschine muss intern einstellbar sein, nach je wie vielen Preiserhöhungsschritten ein automatisches Sonderangebot in Kraft tritt, und um wie viel billiger dieses sein soll. Ein Sonderangebot ist folgendermaßen definiert:

Das Sonderangebot stellt eine automatische Preissenkung um einen vorher einstellbaren Betrag dar. Bei In-Kraft-Treten eines Sonderangebots wird der Preis um diesen Betrag gesenkt, und von dort weg geht es genau bei diesem

neuen Betrag mit der automatischen Preiserhöhung wieder weiter. Dadurch kann man z.B. den Preis um einen gewissen Betrag pendeln lassen: Man stellt ein, dass alle 10 Tassen der Preis um 1 Schilling erhöht wird. Zusätzlich stellt man ein, dass nach je 3 Preiserhöhungen ein Sonderangebot in Kraft tritt, bei dem der Preis wieder um 3 Schilling sinkt. Per Definition bedeutet "nach 3 Preiserhöhungen" in unserem Fall, dass zuerst 10 Tassen zum Originalpreis, dann 10 Tassen um 1 Schilling teurer, dann 10 Tassen um 2 Schilling teurer, dann 10 Tassen um 3 Schilling teurer hergegeben werden. Anstatt nun aber die vierte Preiserhöhung durchzuführen, tritt das Sonderangebot in Kraft und senkt den Preis wieder um 3 Schilling.
UR 13: Anzahl der Erhöhungen und automatisches Sonderangebot einstellbar

---

Preisanzeige

Anmerkung zur Auswahl: Nur wenn die Taste 4 (=Koche Kaffee) gedrückt wird, so gilt dies als *Auswahl*. Deshalb soll das Programm auch nur in diesem Fall auf andere Tasten reagieren. Alles in der Folge Beschriebene gilt also nur, falls eine "echte Auswahl" stattgefunden hat.

Wenn man noch kein Geld eingeworfen hat, so muss der Automat bei Auswahl einer Sorte Kaffee den Preis der Auswahl anzeigen. Sollte man bereits Geld eingeworfen haben, und der Betrag entspricht genau den Kosten der Auswahl, so ist der Kaffee unverzüglich zuzubereiten. Sollte nicht der genaue Betrag eingeworfen worden sein, sondern ein anderer Betrag, so ist wiederum kein Kaffee zuzubereiten, sondern der tatsächliche Betrag anzuzeigen, da der Automat kein Wechselgeld herausgeben kann.
UR 14: Preisanzeige bei Auswahl ohne Geldeinwurf

9.2 Das Handbuch zum API

Damit unser Entwickler endlich die Software-Requirements formulieren kann, muss er wissen, welche Randbedingungen ihm denn bei der Entwicklung durch die Verwendung des Coffee-O'Prog APIs gesetzt werden. Um die Entscheidungen nachvollziehen zu können, die unser Entwickler beim SRD trifft, möchte ich das Handbuch an dieser Stelle einblenden:

Manual zu Coffee-O'Prog V 0.7

- `Bei Programmstart muss eine Funktion void activateCoffeeMachine() aufgerufen werden. Diese übernimmt dann die Steuerung des Programmablaufs mittels Callbacks.`[1]

[1] Die Erklärung des Prinzips von Callbacks ist zu finden in Abschnitt 9.2.1

- Folgende Callbacks sind definiert:
  - void waterContainerStatus(int status)
    wird aufgerufen, um den Status des Wasserbehälters mitzuteilen. Der Parameter status ist entweder 0, falls der Behälter leer ist, oder != 0, falls der Behälter nicht leer ist. Es ist garantiert, dass man nach dem Aufruf von activateCoffeeMachine den Status mitgeteilt bekommt, um Initialisierungen vornehmen zu können. Sollte der Wasserbehälter irgendwann während des Betriebs leer werden, so wird dies durch einen Aufruf mitgeteilt, ebenso, wenn der Behälter wieder nachgefüllt wird.
  - void coffeeContainerStatus(int status)
    gleich wie für den Wasserbehälter, nur eben für den Kaffeebehälter.
  - void milkContainerStatus(int status)
    gleich wie für den Wasserbehälter, nur eben für den Milchbehälter.
  - void sugarContainerStatus(int status)
    gleich wie für den Wasserbehälter, nur eben für den Zuckerbehälter.
  - void mugInserted()
    wird aufgerufen, wenn eine Tasse untergestellt wurde. Sollte beim Einschalten der Kaffeemaschine bereits eine Tasse untergestellt sein, so wird diese Funktion auch aufgerufen. Man kann also davon ausgehen, dass man als Initialzustand immer ‘‘keine Tasse untergestellt’’ annehmen kann, ansonsten wird man explizit benachrichtigt.
  - void mugRemoved()
    wird aufgerufen, wenn eine Tasse entfernt wurde.
  - void keyPressed(unsigned short keymask)
    wird aufgerufen, wenn zumindest eine der Tasten gedrückt wird. Der Parameter keymask enthält eine Bitmaske der gedrückten Tasten. Dabei entspricht das niedrigstwertige Bit der obersten Taste, das zweite der zweiten Taste von oben etc. Mehrere Tasten können zugleich gedrückt werden, in diesem Fall sind alle korrespondierenden Bits gesetzt.
  - void coinInserted(unsigned value)
    wird aufgerufen, wenn eine Münze eingeworfen wird. Der Parameter value enthält den Wert der Münze.
  - void machineOpened()
    wird aufgerufen, wenn die Frontabdeckung der Maschine mit einem Schlüssel geöffnet wurde. Sollte beim Aktivieren der Kaffeemaschine diese bereits offen sein, so wird diese Funktion auch aufgerufen. Man kann also davon ausgehen,

    dass man als Initialzustand immer ``Frontabdeckung geschlossen'' annehmen kann, ansonsten wird man explizit benachrichtigt.
  - void machineClosed()
    wird aufgerufen, wenn die Frontabdeckung der Maschine wieder geschlossen wurde.
- Folgende Funktionen werden vom API angeboten, um die Maschine steuern zu können:
  - void grindCoffee(unsigned amount)
    Aufruf dieser Funktion bewirkt das Mahlen einer gewissen Menge Kaffee, die durch den Parameter amount vorgegeben wird. Die Mengeneinheit für amount ist Gramm.
  - void insertSugar(unsigned amount)
    Aufruf dieser Funktion bewirkt, dass Zucker in die Kaffeetasse gegeben wird. Die Menge ist durch amount vorgebeben, die Mengeneinheit für amount ist ``Kaffeelöffel''.
  - void insertMilk(unsigned amount)
    Aufruf dieser Funktion bewirkt, dass Milch in die Kaffeetasse gegeben wird. Die Menge ist durch amount vorgebeben, die Mengeneinheit für amount ist Milliliter.
  - void brewCoffee(unsigned amount)
    Aufruf dieser Funktion bewirkt, dass heißes Wasser durch den Kaffeefilter läuft, um den Kaffee zuzubereiten. Die Menge an Wasser, die durch den Kaffeefilter laufen soll, wird durch amount bestimmt. Die Mengeneinheit für amount ist Milliliter.
  - void returnCoins()
    Aufruf dieser Funktion bewirkt, dass alle eingeworfenen Münzen zurückgegeben werden.
  - void keepCoins()
    Aufruf dieser Funktion bewirkt, dass alle eingeworfenen Münzen tatsächlich angenommen werden, also nach Aufruf dieser Funktion nicht mehr zurückgegeben werden können.
  - void display(char message[])
    Bewirkt die Anzeige einer Meldung am Display.

9.2.1 Erklärung des Callback-Mechanismus

Zum besseren Verständnis des Handbuchs möchte ich hier noch kurz erklären, was es mit dem darin erwähnten *Callback*-Mechanismus auf sich hat.

Im Prinzip ist der Mechanismus etwas ganz Einfaches: Das Programm stellt eine Funktion zur Verfügung, die "von außen" aufgerufen wird, um etwas mitzuteilen oder ausführen zu lassen. Interessant dabei ist, dass unser Programm mit dieser Methodik *reagiert* und nicht mehr selbst agiert.

Zum Beispiel wäre in unserem Fall ein typisches Callback "Münze wurde eingeworfen". Das System definiert einfach, dass im Falle eines Münzeinwurfs die Funktion `coinInserted` aufgerufen wird und über diesen Aufruf mitgeteilt wird, welche Münze eingeworfen wurde. Die Implementation dieser Funktion muss dann die gewünschten Aktionen ergreifen. Ein anderes Callback wäre z.B. die Funktion `mugInserted`, die aufgerufen wird, falls eine Tasse untergestellt wird.

Die Methodik des Reagierens auf Ereignisse ist in der heutigen Programmierung die gebräuchlichste, denn auch alle graphischen Benutzeroberflächen funktionieren genau nach diesem Schema. Man bekommt einfach mitgeteilt, dass z.B. die Maus gerade an einem bestimmten Punkt geklickt wurde. Würde man das Programm nicht *reagieren*, sondern nur agieren lassen, dann wäre es nicht möglich, aufgrund von Benutzer-Interaktionen zu handeln. Der Benutzer könnte immer nur das eingeben, was das Programm gerade von ihm wissen will ("Bitte geben Sie nun ... ein!").

9.3 Software Requirements

Nachdem nun der Entwickler das URD geschrieben hat und dieses vom Auftraggeber hat absegnen lassen, geht er daran, die darin enthaltenen sehr nichttechnischen Anforderungen in technische Requirements für die Entwicklung umzusetzen. Dies geschieht in einem sogenannten *SRD (=Software Requirements Document)*. In diesem Dokument enthalten ist eine "Übersetzung" der Anforderungen in technische Termini. Oft ist diese aber nicht direkt möglich, denn es kann passieren, dass ein einziges User Requirement gleich mehrere Software Requirements nach sich zieht. Außerdem müssen sich in einem SRD auch alle technischen Randbedingungen wiederfinden, mit denen der User normalerweise nicht in Berührung kommt. Hierzu zählen z.B. besondere technische Schnittstellen, wie in unserem Fall die Schnittstelle zu den Teilen des Kaffeeautomaten.

Es kann passieren, dass sich beim Erfassen der Software Requirements ein Widerspruch zum URD ergibt oder dass unerfüllbare Forderungen erkannt werden. In diesem Fall muss man das Problem im URD beheben und den Auftraggeber kontaktieren, ob eine solche Änderung seiner Requirements möglich ist (gut begründen!). In jedem Fall muss der Rückschritt gemacht werden, da sonst die Dokumente inkonsistent werden. Oft sieht man, dass Ursprungsdokumente nicht nachgezogen wurden, da die Entwickler stur probiert haben, am Top-Down-Entwurf nach dem Wasserfall-Modell festzuhalten (d.h. vom Großen zum Kleinen ohne Rückschritt). Dieses Wasserfall-Modell bei der Entwicklung wird vielerorts heute noch gepredigt, ist aber absolut nicht einhaltbar (und wird aus diesem Grund zum Glück nur noch selten praktiziert). Das modernere (und v.a. realistischere!) Modell bei der Softwareentwicklung ist das Spiralmodell. Dieses Modell sieht mehrere Iterationszyklen vor. Spiralmodell nennt es sich deswegen, weil sich die Entwicklung in einer Spirale aus Vor- und Rückschritten auf das Ziel hindreht. Mit diesem Spiralmodell ist es möglich, Konzeptfehler, die immer auftreten können (und auch werden), weil man eine Kleinigkeit nicht bedacht hat, sauber zu korrigieren. Mit dem Wasserfall-Modell kann man nur Sachen in tieferer Ebene "flicken", die man in höherer Ebene übersehen hat. Damit ist die resultierende Software in der Regel sehr viel unsauberer und natürlich unbeherrschbarer, v.a. bei späteren Änderungen.

Eine Sache ist leider hier im Buch nicht darstellbar – ADD und SRD werden im Prinzip parallel entwickelt, da man des Öfteren Randbedingungen nur herausfinden kann, wenn sie sich bereits auf eine bestimmte Architektur beziehen. Leider würde aber das genaue Beschreiben der einzelnen Schritte und des Pendelns zwischen den beiden Dokumenten unleserlich werden. Also sind diese beiden Dokumente so abgedruckt, als ob sie unabhängig voneinander wären. Wenn man sich allerdings selbst einmal an einen solchen Software-Entwurf macht, sollte man die parallele Vorgehensweise nach dem Spiralmodell wählen:

- Aufschreiben der SRs, soweit sie direkt aus dem URD abgeleitet werden können.
- Entwurf der Grobarchitektur im ADD. Dabei laufend die sich ergebenden Forderungen in das SRD übernehmen und auf Probleme und Widersprüche prüfen.

9.3.1 Das Software Requirements Document

Entwicklungsumgebung

Die Zielhardware für das Programm ist definiert durch UR 1.

SR 1: Hardware nach Vorgabe im URD

Daraus ergeben sich folgende weitere Konsequenzen:

Im Handbuch zum Automaten wird als Programmierumgebung des Automaten das frei erhältliche C-API *Coffee-O'Prog V 0.7* referenziert. Dieses API stellt eine Sammlung von Funktionen zur Verfügung, über die die einzelnen Teile der Maschine sowie die Sensoren angesteuert werden.

SR 1.1: Das API Coffe-O'Prog V 0.7 muss verwendet werden

SR 1.2: Programmiersprache ist C

Das Coffee-O'Prog API enthält auch eine Testumgebung, um die Abläufe in der Maschine zu simulieren. Mit dieser Testumgebung kann man seine Software auf Fehler untersuchen, bevor man das entsprechende ROM für den tatsächlichen Einsatz erzeugt.

SR 1.3: Mitgelieferte Testumgebung muss verwendet werden

Zur Umwandlung des Programms und das Brennen des ROMs ist ein Executable für Linux 2.2.x erforderlich, das man von einem speziellen Tool namens *Coffee-O'Burn V 1.2* auf das ROM schreiben lässt.

SR 2: Brennen des ROMs unter Linux

Weil das API frei erhältlich ist und das Brennen des ROMs unter Linux zu erfolgen hat, und auch weil Linux eine der stabilsten Entwicklungsplattformen darstellt, wird die Software unter Linux mit den dort vorhandenen Tools entwickelt.

SR 3: Entwicklungsplattform ist Linux

Anmerkung: Hier müsste noch eine Reihe von Requirements stehen, die die Verwendung einer bestimmten Version eines bestimmten Compilers sowie ein Revision-Control-System und andere zur Entwicklung gehörige Dinge fordert. In der realen Welt darf auf diese Requirements niemals verzichtet werden, denn wenn Teile eines Teams mit anderen Umgebungen arbeiten als andere Teile eines Teams, dann kann das schon ziemliche Probleme geben. Sollte es wirklich notwendig bzw. erwünscht sein, dass unter verschiedenen Plattformen parallel entwickelt wird, so sind dazugehöriges Konfigurationsmanagement und alle Migrationspfade genau festzulegen.

SR 4: Tastenbelegung

Der Automat besitzt nur 4 Tasten, aber es sind 8 verschiedene Kaffeearten anzubieten. Folgende prinzipielle Belegung der Tasten muss gewählt werden:

- Taste 1: stark / schwach
- Taste 2: mit / ohne Milch
- Taste 3: mit / ohne Zucker
- Taste 4: Koche gewählten Kaffee

Weil der Automat laut Handbuch das Drücken mehrerer Tasten gleichzeitig erlaubt, kann durch Kombination dieser Tasten jeweils die richtige der 8 verschiedenen Kaffeearten angewählt werden. Durch Drücken der Taste 4 (=Kochen) wird das Kochen des Kaffees veranlasst.

SR 5: Reihenfolge der Ingredienzien

Die Reihenfolge der Ingredienzien des Kaffees bei der Zubereitung ist immer wie folgt:

1. Kaffee mahlen.
2. Zucker, wenn gewünscht.
3. Milch, wenn gewünscht.
4. Mit Wasser in der gewünschten Menge (stark / schwach) aufgießen.

SR 6: Reihenfolge der Überprüfungen

Gemäß UR 3 und UR 8 müssen vor dem Versuch der Zubereitung folgende Überprüfungen vorgenommen werden:

1. Ist der genaue Preis in Münzen eingeworfen worden?
2. Ist eine Tasse untergestellt?
3. Sind alle Ingredienzien vorhanden?

Sollte der Preis nicht mit den eingeworfenen Münzen übereinstimmen, so ist am Display eine entsprechende Meldung mit dem korrekten Preis auszugeben, und es darf kein Kaffee zubereitet werden.

Sollte keine Tasse untergestellt sein oder sind nicht alle Ingredienzien vorhanden, so ist eine entsprechende Meldung auszugeben, und es darf kein Kaffee zubereitet werden.

Vorsicht Falle: Um das Programm nicht unnötig kompliziert zu machen, behaupten wir an dieser Stelle einfach, dass uns mitten unter dem Kaffeemachen keine Zutat ausgehen kann (z.B. Wasser geht nach einem halben Kaffee zur Neige). In der realen Welt ist eine solche Annahme allerdings nicht zulässig! Leider wird dies oft übersehen, und auf diese Art entstehen schwer nachvollziehbare und schwer zu korrigierende Programmfehler!

SR 6.1: Speichern von Statusänderungen

Alle Überprüfungen müssen an programminternen Variablen vorgenommen werden, denn es gibt keine Funktion, die es erlaubt, die Maschine nach bestimmten Statusinformationen zu fragen. Man bekommt aber immer automatisch von der Maschine über Callbacks alle *Statusänderungen* mitgeteilt. Dementsprechend sind diese intern zu speichern.

SR 7: Rückgabe von Münzen

Weil jetzt auf der Maschine keine unbelegte Taste mehr existiert (alle 3 wurden für die Kaffeeauswahl gebraucht!), muss die Rückgabe der Münzen nach folgendem Schema erfolgen:

Sollte ein falscher Betrag für die gewünschte Auswahl eingeworfen worden sein, egal, ob zu viel oder zu wenig, so werden automatisch alle Münzen zurückgegeben, und man muss neu einwerfen.

Anm: Dies ist ein typischer Fall, dass man eigentlich schon beinahe zum URD im Widerspruch steht. Dort wird der Einsatz einer Maschine mit 4 Tasten festgelegt, aber eigentlich braucht man eine fünfte zur gezielten Münzrückgabe. Rücksprache mit dem Auftraggeber (Spiralmodell!) zum Beheben dieses Mankos ergab, dass dieser nicht bereit ist, eine Einheit mit 5 Tasten zu kaufen. Es bleibt also hier nur noch die Möglichkeit der Schadensbegrenzung durch einen nicht gerade benutzerfreundlichen *Workaround*, der schon als Altlast für spätere Versionen gilt. Viele Projekte verschlechtern sich in ihrer Qualität einfach dadurch, dass Artefakte wie dieses hier in großen Mengen in den Programmen vorkommen.

SR 8: Preisberechnung

Die Preisberechnung erfolgt durch Addieren von Grundpreis und Zuschlag.

SR 8.1: Grundpreis

Jede der Zutaten, *Kaffee*, *Milch* und *Zucker*, haben einen eigenen, getrennt einstellbaren Preis. Der Grundpreis der einzelnen Zutaten ist direkt einprogrammiert.

SR 8.2: Zuschlag

Es muss eine Möglichkeit geben, dass sowohl Preiserhöhungsintervalle und Beträge, als auch Sonderangebotsintervalle und Beträge intern nach Starten der Maschine eingebbar sind. Da zur Bedienung nur 4 Tasten zur Verfügung stehen, werden die Tasten nach folgender Methode doppelt belegt:

1. Sofern die Frontabdeckung geschlossen ist, werden die Tasten zur Auswahl der Kaffeesorte interpretiert, wie in SR 4 definiert.
2. Wenn die Frontabdeckung geöffnet wird, so werden die Tasten anders interpretiert:
   - Taste 1: führt Schritt für Schritt durch die einzelnen Einstellmöglichkeiten in folgender Reihenfolge: Preiserhöhungsintervall ⇒ Erhöhungsbetrag ⇒ Sonderangebotsintervall ⇒ Reduktionsbetrag. Die jeweilige Einstellung wird am Display ausgegeben.
   - Taste 2: erhöht den entsprechenden Wert im gerade aktiven Modus bei jedem Mal drücken um eins.
   - Taste 3: erniedrigt den entsprechenden Wert im gerade aktiven Modus bei jedem Mal drücken um eins. Negative Ergebniswerte sind nicht zulässig und müssen abgefangen werden.

9.4 Architectural Design

Es gibt sehr viele verschiedene Methoden, formale wie auch nicht-formale, wie man eine Software-Architektur entwerfen und beschreiben kann. Alle Methoden haben ihre Vor- und Nachteile, keine der standardisierten Methoden deckt tatsächlich vollständig die Designphase ab. Die flexibelste Methode, die auch bei gewisser Erfahrung im Umgang mit ihr die besten Ergebnisse bringt, ist immer noch die *Papier-und-Bleistift-Methode*. Das mag zwar aus dem Munde eines Softwareentwicklers befremdend klingen, denn man erwartet sich, dass für alles immer Computer eingesetzt werden müssen, aber ein Computer kann einem keine Denkarbeit abnehmen. Jedoch kann man leicht Gedanken in Form von Text und Skizzen zu Papier bringen, um dann später ein entsprechendes Modell in Form eines Dokuments einzutippen. Egal, aus welchen Skizzen und welchen Beschreibungen das Architectural Design dann besteht, es muss genau einen Zweck erfüllen: Alle beteiligten Entwickler müssen sich auskennen, was genau gemeint ist, und müssen ihre Teile des Programms danach implementieren können.

Eine Grundregel bei der Verwendung von Skizzen ist noch zu beachten: *Niemals darf eine Skizze ohne textuelle Beschreibung zur Erklärung dienen, denn sie kann falsch interpretiert werden. Die textuelle Beschreibung zur Skizze muss genau genug sein, dass man die Skizze auch weglassen könnte, und trotzdem würde keine Information verloren gehen.*

Genau diese Methode wählen wir hier, vor allem, weil eine Beschreibung und ein Vergleich von verschiedenen standardisierten Methodiken nicht unbedingt große Vorteile bringt (je nach Methodik) und weil dies außerdem den Rahmen sprengen würde.

Bevor wir uns über das Erstellen des ADDs machen, überlegen wir noch kurz, was wir mit dem ADD eigentlich erreichen wollen...

Wir sehen bereits an unserem URD und SRD, dass auch ein so kleines Programm wie unsere Kaffeemaschinensteuerung als Ganzes betrachtet ziemlich kompliziert und undurchschaubar wirken kann. Dem Computer ist es egal, wie kompliziert etwas ist, denn der arbeitet immer exakt und macht genau das, was ihm gesagt wird. Für einen Menschen ist aber der Komplexitätsgrad eines Problems sehr schnell so hoch, dass sein Merk- und Konzentrationsvermögen überschritten wird.

Unser erstes Anliegen ist also, dass wir das Programm in überschaubare Teile zerlegen, sodass wir es mit eigenständigen, kleinen, einfachen und durchschaubaren Teilen zu tun haben. Solche Teile nennen wir einfach *Module*. Die Eigenschaften eines Moduls kann man folgendermaßen zusammenfassen:

- Ein Modul besitzt eine genau definierte Funktionalität, die es erfüllt. Bei dieser Funktionalität gilt ausnahmslos die Regel, dass das Modul immer nur *eine einzige, seinem Abstraktionslevel entsprechende Aufgabengruppe* erledigen darf. Wenn man diese Regel von der anderen Seite betrachtet, dann kann man diese Eigenschaft auch zur Identifikation von Modulen verwenden: Man sucht sich Aufgaben, die in sich abgeschlossen und zusammengehörig sind, und diese werden zu einem Modul zusammengefasst. Eine mögliche Aufgabengruppe in unserem Beispiel wäre das Reagieren auf Benutzereingaben. Dieses Modul hätte selbst niemals direkt etwas mit dem Kochen von Kaffee zu tun.
- Ein Modul besitzt eine genau definierte Schnittstelle zur Außenwelt, über die mit ihm kommuniziert wird. Üblicherweise ist diese Schnittstelle durch eine Reihe von Funktionen definiert, die aufgerufen werden können, oder auch durch eine Reihe von Callbacks, wie wir dies bereits bei unserem API kennen gelernt haben. Variablen, die innerhalb eines Moduls gebraucht werden, sollten niemals Teil der Schnittstelle sein, d.h. sie sollten niemals direkt von außen verändert werden. Dazu sind entsprechende Zugriffsfunktionen zu definieren, sonst wird der Code undurchschaubar, und das modulare Design wird verletzt.
  Neben der Definition von Zugriffsfunktionen enthält eine Modulschnittstelle auch eine genaue Beschreibung von Randbedingungen, die bei seiner Verwendung eingehalten werden müssen. Teilweise werden diese Randbedingungen im Programm festgelegt und überprüft, teilweise aber sind diese Randbedingungen nur dokumentiert. Eine mögliche Randbedingung, die nur dokumentiert sein könnte, aber schwer abprüfbar ist, wäre etwas wie: Das Modul kann nur auf Rechnern arbeiten, die zumindest mit einem 750MHz-Prozessor ausgerüstet sind.
- Ein Modul ist vollständig in sich abgeschlossen. Das heißt, dass es keine Abhängigkeiten zu Codeteilen außerhalb des Moduls geben darf. Die gezielte Verwendung von anderen Modulen ist natürlich erlaubt, dabei findet

die Kommunikation zwischen zwei Modulen immer nur über die definierte Schnittstelle statt.
- Module sind hierarchisch nach ihrem Abstraktionslevel strukturiert. Das bedeutet, dass ein Modul aus beliebig vielen Sub-Modulen bestehen kann, die einen Abstraktionslevel tiefer liegen. Diese können wiederum aus Sub-Modulen bestehen etc.

Zum Auffinden von Modulen borgen wir uns in der Folge bei unserem Entwurf im Prinzip die Denkweise aus der objektorientierten Programmierung aus. Diese ist für einen Menschen am leichtesten nachvollziehbar, und wir behaupten einfach, es ist uns egal, ob wir mit C, C++, Java oder sonst etwas arbeiten. Wir wollen ja nur die einzelnen Bausteine des Systems finden, ohne uns jetzt schon darum zu kümmern, in welcher Programmiersprache wir die Lösung dann dem Computer nahe bringen. Und dies ist einer der wichtigsten Punkte beim Architektur-Design überhaupt: So weit es nur geht ist ein ADD unabhängig von einer Programmiersprache! Wir wollen ja ein Problem lösen, nicht gleich die Lösung programmieren, wozu also sollen wir uns dann mit der Programmiersprache jetzt schon auseinandersetzen? Genau dieser Punkt aber wird sehr oft von Anfängern übersehen, und damit befassen sie sich bereits während des Grobdesigns mit Detailproblemen, die im Prinzip in dieser Phase völlig belanglos sind. Ergebnis: Sie verlieren den Überblick!

9.4.1 Das Architectural Design Document

Um die Einzelschritte nachvollziehen zu können, die zum ADD führen, sind in der Folge viele Gedanken niedergeschrieben, die man in einem "echten" ADD nicht mehr finden würde. Ich sehe es jedoch als sinnvoll an, den ganzen Weg einmal durchzuspielen, sodass das Ergebnis auch nachvollziehbar ist.
Welche Bausteine finden wir nun in unserem Beispiel?
Es gibt einen Kaffeeautomaten. Dieser besteht aus einzelnen Teilen wie Wasserbehälter, Kaffeebehälter etc. Der Kaffeeautomat hat als Ganzer genau eine Funktionalität: Kaffee kochen. Die einzelnen Blöcke übernehmen jeweils einen Teil dieser Aufgabe und haben gewisse Eigenschaften. Nehmen wir diese Eigenschaften einmal genauer unter die Lupe:

Wasserbehälter: Dieser hat die Zustände *leer* und *voll*. Außerdem kann man ihn nachfüllen. Zusätzlich meldet er noch, wenn er leer wird bzw. wenn er wieder gefüllt ist.
Wie dieser Wasserbehälter nun mit unserem Programm in Verbindung steht, entnehmen wir den Requirements:
- Wenn er leer ist, **dürfen** wir keinen Kaffee kochen (Sollten wir ihn dazu veranlassen, dann wird die Maschine kaputt. Siehe interne Anmerkung zu UR 3).
- Wenn er voll ist, dürfen wir Kaffee kochen.

Wir haben also im Programm die Verantwortung, nicht zur falschen Zeit zu veranlassen, dass Kaffee gekocht wird.

Kaffeebehälter: Für ihn gilt dasselbe wie für den Wasserbehälter. Auch die Einschränkung, dass die Maschine kaputt wird, wenn kein Kaffee mehr vorhanden ist, und versucht wird, welchen zu mahlen, ist hier zu beachten.

Milchbehälter, Zuckerbehälter: Für sie gilt im Prinzip bezüglich der Eigenschaften und Funktionen dasselbe wie für Wasser- und Kaffeebehälter. Es kann nur nichts kaputt werden, wenn die Behälter leer sind. Jedoch müssen wir trotzdem auf ihren Status reagieren, denn wenn jemand Zucker haben will und der Behälter ist leer, dann dürfen wir keinen Kaffee zubereiten.

Tasten: Diese stellen das Benutzerinterface des Automaten dar. Jede Taste hat die Zustände *gedrückt* und *nicht gedrückt*. Wir bekommen mitgeteilt, welche Tasten gedrückt wurden, und reagieren dementsprechend. Es ist der Kaffeemaschine völlig egal, welche Taste nun was bedeutet, dies unterliegt alleine der Interpretation unseres Programms.

Frontabdeckung: Diese hat die Zustände *offen* und *geschlossen*. Eine Änderung des Zustands wird gemeldet. Auch hier ist es der Kaffeemaschine völlig egal, ob die Abdeckung nun offen oder geschlossen ist. Es unterliegt allein der Interpretation unseres Programms, was wir mit dieser Information anfangen. Gemäß unseren Requirements verwenden wir die Frontabdeckung dazu, vom "Kaffeekoch-Modus" in den "Preis-Einstell-Modus" umzuschalten und umgekehrt.

Münzeinwurf: Hier haben wir einen Behälter, in den von außen Münzen eingeworfen werden. Alle eingeworfenen Münzen landen in einem Zwischenbehälter, und unser Programm entscheidet, was mit ihnen zu geschehen hat. Entweder wir sagen dem Einwurf, dass er die Münzen behalten oder dass er sie zurückgeben soll. Wieder ist es der Kaffeemaschine egal, was der Einwurf mit Münzen macht bzw. was wir damit machen.

Display: Durch dieses haben wir die Möglichkeit, einen Text anzuzeigen.

Tassensensor: Dieser teilt uns mit, ob eine Tasse im Automaten steht oder nicht.

Was ist also an dieser Aufstellung erkennbar? Die Maschine ist in Wirklichkeit kein großes, kompliziertes Monster, denn ihre Einzelteile arbeiten im Prinzip völlig unabhängig voneinander. Das Display könnte auch in jeder anderen Maschine verwendet werden, genau so wie der Tastensensor oder der Münzeinwurf etc.

Wunderbar! Damit haben wir ja schon einmal eine grobe Strukturierung in Module. Es liegt also nur an uns, die Module jetzt auch noch richtig zu definieren und mit den entsprechenden Schnittstellen zu versehen. Danach können wir aus ihnen nach dem Baukastenprinzip das System zusammenstellen.

Einen Teil der Zusammenhänge (=einen Abstraktionslevel) hat bereits das API der Maschine für uns übernommen, indem wir Funktionen wie `grindCoffee` zur Verfügung haben. Das API hat also bereits einen Abstraktionsschritt vollzogen: Es hat vom einfachen Behälter mit Kaffee, unter dem noch eine Mühle hängt, zu einem Behälter, dessen Ausstoß gemahlener Kaffee ist, abstrahiert.

Wenn wir nun die verschiedenen Behälter unter die Lupe nehmen, dann erkennen wir, dass sie so verschieden gar nicht sind. Im Prinzip haben alle Behälter dieselben Eigenschaften:

- Man kann sie auffordern, etwas von ihrem Inhalt herzugeben.
- Sie melden, wenn sie leer sind und wenn sie wieder gefüllt werden.

Was liegt also näher, als ein allgemeines Modul "Behälter" zu definieren, das diese Eigenschaften hat, und die speziellen Behälter dann quasi nur mehr als Verfeinerung dieses allgemeinen Behälters zu sehen.

Und genau mit solchen kleinen Abstraktionsschritten arbeitet man sich in der Programmierung vom kleinsten Detail hinauf bis zu den großen Abhängigkeiten, ohne dass man den Überblick verliert (zumindest, wenn man's richtig macht). Diese Vorgangsweise nennt sich *bottom-up-Entwurf*. Es gibt auch noch die andere Vorgangsweise, nämlich dass man sich vom Großen zum Kleinen vorarbeitet, den so genannten *top-down-Entwurf*. In der Praxis werden diese beiden Vorgangsweisen normalerweise dem Problem entsprechend kombiniert.

Hier ist Erfahrung das Allerwichtigste, denn der Blick für das Wesentliche kommt erst im Lauf der Zeit. Das beste Training ist es, einfach einmal zu versuchen, alltägliche Systeme, mit denen man ständig zu tun hat, in ihre Bausteine zu zerlegen. Z.B. eine Stereoanlage, ein Mobiltelefon oder ein Fahrrad geben hierfür hervorragende Testobjekte ab.

Sehen wir uns kurz Abbildung 9.1 an, um festzustellen, wie weit wir unser System bisher in Bausteine zerlegt haben.

In dieser Skizze bedeuten die rechteckigen Blöcke einzelne Module, und die Pfeile bedeuten eine beliebige Art von Kommunikation. Hierbei ist zu beachten, dass die Richtung der Pfeile immer angibt, *welches Modul etwas von einem anderen fordern kann*, und auch *welches Modul einem anderen etwas mitteilen kann*. Man sieht z.B., dass zwischen der Behandlung von Münzen und dem API ein Doppelpfeil existiert, denn das API teilt den Einwurf von Münzen mit, es kann aber auch das Behalten oder Zurückgeben von Münzen gefordert werden.

Eine besondere Auffälligkeit bei dieser Skizze finden wir bei der Behandlung von Tasten. Im Prinzip kommuniziert dieses Modul mit allen anderen, und das sehr oft sogar in beide Richtungen. Dieses Phänomen kommt aus der Annahme, dass je nach gedrückter Taste eine Aktion auszuführen ist. Diese Aktion kann nur ausgeführt werden, wenn die Randbedingungen bekannt sind (z.B. noch genug Wasser vorhanden). Das heißt, dass die Tastaturbe-

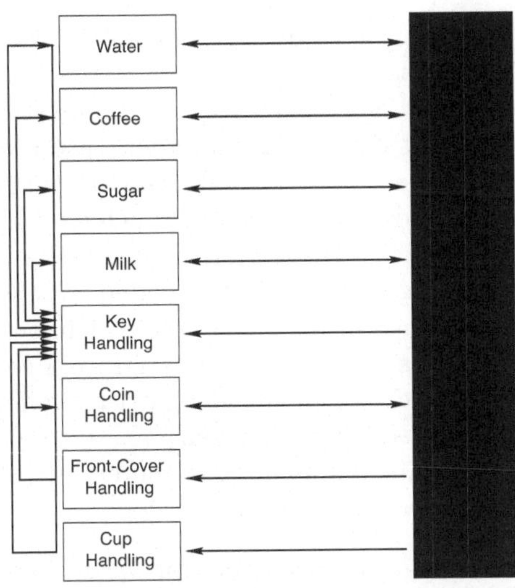

Abbildung 9.1: Erste Iteration: grobe Bausteine des Systems

handlung sich offensichtlich als Dreh- und Angelpunkt des Gesamtsystems herauskristallisiert hat.

Zu dieser Tatsache kann man nun geteilter Meinung sein. Man kann es als gegeben hinnehmen und auch so implementieren. Man kann aber auch sagen, dass es sich hierbei offensichtlich um ein schlechtes Design handelt, denn was haben denn die Tasten mit der gesamten Maschine zu tun, sodass sie den Angelpunkt darstellen? Wir haben ja gesagt, dass ein Modul nur eine Aufgabengruppe in seinem Abstraktionslevel übernehmen darf, hier aber sind es offensichtlich zwei Aufgaben zugleich: *Behandlung der Tasten* und *Steuerung der Maschine*. Im Sinne eines klaren und sauberen Aufbaus des Programms muss man also jetzt zu einem kleinen Redesign schreiten und dieses "Pseudomodul" in zwei echte Module zerlegen.

Wenn man die einzelnen Vorgänge in der Maschine nun alle durchspielt, wie sie in unseren Requirements vorgegeben sind, so fällt auch auf, dass uns noch ein paar essentielle Module fehlen:

Status-Speicher: Der Status der Kaffeemaschine – also die Summe der Stati der einzelnen Teile – muss verwaltet werden. Die Maschine teilt uns eine Statusänderung mit (z.B. Wasserbehälter leer), und wir müssen uns das merken und entsprechend damit umgehen. Auch die Anzahl von eingeworfenen Münzen ist ein solcher Status.

Randbedingungen: Will man Kaffee kochen, so müssen verschiedene Randbedingungen erfüllt sein, z.B. muss Wasser vorhanden sein. Im Falle, dass Zucker gewünscht wird, darf auch dieser nicht ausgegangen sein etc. Schön wäre es, wenn man einfach mit den gegebenen Randbedingungen den Status-Speicher fragen kann, ob denn alles ok ist, oder falls nicht, was denn das Problem ist.

User-Interface Behandlung: Abgesehen von unserem Exkurs, in dem wir festgestellt haben, dass mit der Behandlung der Tasten etwas unsauber ist, gibt es noch eine andere Sichtweise auf das User-Interface. Werden eine oder mehrere Tasten gedrückt, so sollte einfach ein Modul wissen, was zu tun ist, und die entsprechenden Aktionen veranlassen – das hatten wir ja bereits. Randbedingungen überprüfen vor dem Kochen hatten wir auch schon. Was wir allerdings bisher noch ignoriert haben, ist die Tatsache, dass wir es mit einem austauschbaren User-Interface zu tun haben: Je nachdem, ob die Abdeckung offen oder zu ist, wollen wir mit unseren Tasten etwas Unterschiedliches bewirken.

Initialisierung: Beim Start muss alles auf geeigneten Initialstatus gesetzt werden, und die Maschine muss aktiviert werden.

Mit diesen neuen Betrachtungen im Hinterkopf werden wir also unsere Skizze noch einmal überarbeiten. Genau das möchte ich an dieser Stelle gerne dem interessierten Leser zur Übung überlassen, denn ein weiteres Durchspielen der Verfeinerungsschritte wird hier endgültig zu langatmig. Ich denke, die Idee, die einem solchen ADD zugrunde liegt, sollte inzwischen klar herausgekommen sein.

9.5 Detailed Design

Wenn man nach mehreren Iterationen endgültig ein zufriedenstellendes, sauberes und in sich schlüssiges ADD erstellt hat, dann schreitet man zum letzten Designschritt, zum Detailed Design, das im DDD festgehalten wird. Das DDD ist das erste Dokument, das sich mit der Programmiersprache, die zur Anwendung kommt, auseinander setzt. In ihm werden die Signaturen aller Funktionen festgelegt, und es wird genau beschrieben, was diese unter welchen Bedingungen zu erfüllen haben.

Außerdem werden im DDD noch die Anforderungen und Randbedingungen berücksichtigt, die vom Abstraktionslevel her so tief unten angesiedelt sind, dass sie bisher keinen Eingang in das Design fanden. Eine dieser Randbedingungen in unserem Fall ist, dass sehr wenig RAM in der Microprozessoreinheit zur Verfügung steht. Es muss also bei den Variablen gespart werden, um mit dem RAM auszukommen.

9.5.1 Das Detailed Design Document

Das DDD soll hier nicht vollständig niedergeschrieben werden, da im Prinzip die Beschreibung der einzelnen Funktionen immer demselben Schema folgt. Ich möchte also nur stellvertretend die Beschreibung einer Variablen und zweier Funktion herausgreifen. Wieder ist der genaue Aufbau und das

Layout Geschmackssache und auch von der jeweiligen Problemstellung und der Größe des DDDs abhängig. Die Gliederung des Dokuments erfolgt üblicherweise nach Modulzugehörigkeiten. Man kann auch sehen, dass Konstanten zusammen mit den entsprechenden Variablen beschrieben werden. Bei größeren Programmen werden die Konstanten in einem eigenen Kapitel zusammengefasst.

Um die Lesbarkeit etwas zu erleichtern, habe ich die folgenden Bruchstücke vollständig klartextlich ausformuliert. In der Praxis werden hierbei aber oft nur noch Stichworte geschrieben.

Variablen. Signatur: `unsigned machine_status_`

Initialwert: `0x0000`

Verwendung: In dieser Variable wird der aktuelle Status der Maschine gehalten. Der Zustand der Maschine ist definiert als der Zustand der einzelnen Behälter (*voll* oder *leer*) und der Tatsache, ob eine Tasse untergestellt wurde oder nicht, und der Tatsache, ob die Frontabdeckung offen ist oder nicht.

Hierbei steht für jeden einzelnen Behälter und auch für die Tasse genau ein Bit zur Verfügung. Bei den Behältern ist der "interessierende" Zustand der Leerzustand, also bedeutet ein gesetztes Behälter-Bit, dass der entsprechende Behälter leer ist.
Bei der Tasse ist der "interessierende" Zustand, ob sie untergestellt ist. Also bedeutet ein gesetztes Tassen-Bit, dass die Tasse untergestellt ist.
Bei der Frontabdeckung ist der "interessierende" Zustand, ob sie offen ist. Also bedeutet ein gesetztes Frontabdeckungs-Bit, dass die Frontabdeckung offen ist.
Auf die einzelnen Bits der Variable darf niemals hardcodiert zugegriffen werden. Für den Zugriff stehen folgende Konstanten[2] als Bitmasken zur Verfügung:
`WATER_EMPTY`
`COFFEE_EMPTY`
`MILK_EMPTY`
`SUGAR_EMPTY`
`MUG_INSERTED`
`MACHINE_OPENED`

Randbedingungen: Es wurde keine spezielle Zugriffsfunktion auf diese Variable definiert. Daher ist bei Verwendung im Multi-Threading Betrieb (=mehrere *gleichzeitig* laufende Abarbeitungszweige) auch keine Synchronisation gewährleistet.

---

[2] Wie man Konstanten definiert, wird bei der Besprechung der Implementation in Abschnitt 9.6 gezeigt

---

Funktionen. Signatur: `int main()`

Funktionalität: Sie ist der Einstiegspunkt des Programms und hat die Aufgabe, die Steuerung des Programmflusses an das Coffe-O'Prog API zu übergeben. Dazu muss die Funktion

`activateCoffeeMachine()`

aus dem API aufgerufen werden.

Return-Wert: immer 0. **Randbedingungen:** keine.

Signatur: `void waterContainerStatus(int status)`

Funktionalität: Sie ist eine Callback-Funktion, die aus dem Coffee-O'Prog aufgerufen wird, wenn sich der Status des Wasserbehälters von *voll* auf *leer* oder umgekehrt geändert hat. Der Parameter `status` steht auf 0, wenn der Behälter leer wurde, und auf einem Wert ungleich 0, wenn Wasser nachgefüllt wurde.

Im Fall, dass der Behälter leer wurde, ist das Statusbit `WATER_EMPTY` in der Variable `machine_status_` zu setzen, außerdem ist am Display die Meldung `please refill water container` auszugeben.

Im Fall, dass der Behälter wieder angefüllt wurde, ist das Statusbit `WATER_EMPTY` in der Variable `machine_status_` zu löschen.

Return-Wert: keiner. **Randbedingungen:** keine.

9.6 Implementation

Da das fertige Programm einige Seiten lang ist, sollen hier nur die wichtigeren Teile angeführt und besprochen werden. Ein vollständiges Listing von `coffeemachine.c` ist in Anhang D und auf der beiliegenden CD-ROM zu finden.

Das Programm lässt sich wie gewohnt compilieren und starten. Um die Kaffeemaschine bedienen zu können, steht eine kurze Hilfe zur Verfügung. Diese wird angezeigt, wenn man `h` eintippt (und natürlich `<enter>` drückt).

Im Programm ist auch die komplette Simulationsumgebung für den Kaffeeautonaten gleich inkludiert, da wir bisher noch kein Mittel kennen, wie man Code in mehrere Files aufteilt.

Die erste Auffälligkeit in unserem Programm ist eine Anweisung in Zeile 3, die wir bisher noch nicht gesehen haben:

```
3 #include <stdio.h>
```

Dies ist eine Preprocessor-Anweisung, die dazu veranlasst, dass das File `stdio.h` an dieser Stelle in das Programm mitaufgenommen wird. Da wir bisher noch nicht besprochen haben, was der Preprocessor eigentlich ist und was man mit ihm machen kann, möchte ich das an dieser Stelle einmal ganz pragmatisch betrachten, und die nähere Erklärung auf später verschieben. Wir wissen ja bereits, dass man Funktionen aufrufen kann, die nicht im eigenen C-File existieren, sondern die in einer Library bzw. in einem anderen Object-File definiert sind. Um dies tun zu können, müssen wir in jedem Fall die Funktionen *deklarieren*, denn sonst klopft uns der Compiler auf die Finger. Solche Deklarationen werden in sogenannten *Header-Files* abgelegt, die per Konvention die Extension `.h` besitzen. Ein solcher Header ist `stdio.h`, in dem die üblichen Ein- und Ausgaberoutinen deklariert werden. Dort ist z.B. auch die Funktion `printf` enthalten, die wir ja bereits öfter verwendet haben. Bisher haben wir uns immer darauf verlassen, dass es "der Compiler schon richten wird", aber im Sinne eines besseren Programmierstils geben wir dies nun explizit an.

Vorsicht Falle: Nach einer `#include ...` Anweisung darf **kein Strichpunkt** folgen.

In den Zeilen 8–15 sind alle Funktionen *deklariert*, die uns von unserem API zur Steuerung der Maschine zur Verfügung gestellt werden und die wir aufrufen können. Im Normalfall wären auch die in einem eigenen Header zu finden (z.B. `coffe_o_prog.h`) und nicht direkt hier enthalten, aber weil wir noch nicht gelernt haben, mit mehreren Files zu arbeiten, sind sie für dieses eine Mal noch vollständig in unserem Source. Es ist unbedingt notwendig, dass die Deklarationen hier existieren, denn die Definitionen der entsprechenden Funktionen erfolgen erst ganz unten im File, verwendet werden sie aber bereits vorher. Dementsprechend müssen wir den Compiler beruhigen, indem wir ihm sagen, wie die Funktionen aussehen, die aufgerufen werden. Auszugsweise sehen diese Deklarationen dann folgendermaßen aus:

```
8  void activateCoffeeMachine();
9  void grindCoffee(unsigned amount);
10 void insertSugar(unsigned amount);
```

Nach dem Deklarationsblock der API-Funktionen folgt ein Block mit den Deklarationen der Callback-Funktionen, die von uns implementiert werden (Zeilen 25–34):

```
25 void waterContainerStatus(int status);
26 void coffeeContainerStatus(int status);
27 void milkContainerStatus(int status);
28 void sugarContainerStatus(int status);
29 void mugInserted();
30 void mugRemoved();
31 void keyPressed(unsigned short keymask);
32 void coinInserted(unsigned value);
33 void machineOpened();
34 void machineClosed();
```

Auch wenn es nicht unbedingt notwendig wäre, die Funktionen zu deklarieren, da man bei richtiger Definitionsreihenfolge den Compiler nicht beruhigen muss, ist es doch guter Programmierstil, dies zu tun. Es ist einfach angenehm, wenn man beim Lesen von Code gleich ganz oben weiß, was einen dort erwartet. Wiederum sollte dies eigentlich nicht hier im C-File erfolgen, sondern in einem eigenen Header. Für den Augenblick geben wir uns aber damit zufrieden.
In Zeile 43 (und den folgenden Zeilen) stoßen wir wieder auf ein Konstrukt, das bisher unbekannt ist:

```
43 #define WATER_EMPTY     0x0001
44 #define COFFEE_EMPTY    0x0002
45 #define MILK_EMPTY      0x0004
46 #define SUGAR_EMPTY     0x0008
47 #define MUG_INSERTED    0x0010
48 #define MACHINE_OPENED  0x0020
```

Durch diese Anweisungen definieren wir Konstanten. Und wie passiert das? Richtig geraten! Auch das sind wieder Preprocessor-Anweisungen, so genannte Macros (Alle Preprocessor-Anweisungen beginnen mit einem `#`). Auch hier schließt wieder **kein Strichpunkt** die Zeile ab. Was erreichen wir nun mit unseren Macros? Nun, es ist sehr unleserlich und noch viel fehlerträchtiger, wenn man Werte von Konstanten direkt im Programm verwendet. Einerseits merkt man sich diese nicht, andererseits sind spätere Änderungen solcher Werte praktisch unmöglich, denn wer weiß schon, welches Vorkommen von z.B. `0x0001` nun welche Bedeutung hat? Es kann ja mehrere verschiedene Flags geben, die gar nichts miteinander zu tun haben, und wenn wir irrtümlich dann das falsche Flag ändern, dann wird die Fehlersuche sicherlich lustig werden.

Abgesehen von der eventuellen Notwendigkeit, später etwas ändern zu müssen – Konstanten erhöhen die Lesbarkeit des Codes so drastisch, dass man freiwillig ohnehin nicht darauf verzichten will. Oder wer will sich unbedingt merken, dass der Zustand "Kaffee ist ausgegangen" durch ein gesetztes 1-er Bit signalisiert wird? Ist ja wirklich viel schöner, wenn man einfach `COFFEE_EMPTY` hinschreiben kann, oder?

Noch etwas sieht man an unseren hier verwendeten Konstantennamen: Sie sind so gewählt, dass der logische Zustand gleich direkt aus ihnen hervorgeht. Z.B. sagt uns eine Definition von `WATER_EMPTY`, dass das Bit gesetzt ist, falls der Behälter leer ist, und nicht gesetzt, falls er nicht leer ist. Oder z.B. `MACHINE_OPENED` ist gesetzt, wenn die Frontabdeckung offen ist, und nicht gesetzt, wenn sie geschlossen ist. Wie wir später noch sehen werden, ist dies eine enorme Hilfe, das Programm intuitiv zu machen, denn eine Fehlverwendung ist im Prinzip ausgeschlossen, da man im Programm Abfragen formulieren kann, die der natürlichen Sprache sehr ähnlich sind.
Auch für die einzelnen Tasten des Automaten haben wir Konstanten definiert (Zeilen 50–53):

```
50 #define BUTTON_1         0x01
51 #define BUTTON_2         0x02
52 #define BUTTON_3         0x04
53 #define BUTTON_4         0x08
```

Diese brauchen wir später noch zum Abfragen der `keymask`, die uns bei Drücken eines Knopfes mitgeteilt wird. So weit ja nichts Weltbewegendes, denn es abstrahiert einfach nur die Tasten von den Bitmasken. Im Prinzip sollten wir aber weiter gehen, denn wir wollen uns ja nicht darum kümmern, dass `BUTTON_1` bedeutet, dass jemand starken Kaffee haben will. Eigentlich wollen wir nur mitgeteilt bekommen, dass jemand starken Kaffee haben will. Und genau dieser zweite Abstraktionsschritt, bei dem den einzelnen Tasten ihre Bedeutungen gegeben werden, findet sich in den Zeilen 55–58 im Programm wieder:

```
55 #define STRONG    BUTTON_1
56 #define MILK      BUTTON_2
57 #define SUGAR     BUTTON_3
58 #define BREW      BUTTON_4
```

Man sieht, dass man Konstanten sehr wohl auch durch andere Konstanten definieren kann. Nun mag man sich fragen, wieso das denn so umständlich definiert ist. Man hätte ja gleich schreiben können

```
#define STRONG 0x01
```

und sich den Umweg über die Tasten sparen können. Im Prinzip stimmt das ja auch, aber wir wollen ja die einzelnen Abstraktionsschritte im Programm extra ausführen, da es sonst undurchschaubar wird. Durch unsere zweistufigen Definitionen, durch die zuerst Bitmasken mit Buttons und danach Buttons mit Optionen verknüpft werden, haben wir die Zusammenhänge klar leserlich und eindeutig festgelegt. Jeder C-Programmierer, der so etwas liest, wird sofort wissen, was hier gemeint ist. Und damit können wir sehr leicht später auch etwas am Programm ändern, ohne dass wir uns wieder durch Dokumentation und Programm kämpfen müssen, um dann noch zu raten, wo etwas gemacht wird.

Wie bereits mehrfach erwähnt: Der Mensch ist das schwächste Glied bei der Softwareentwicklung. Alles, was man durch Definitionen an Semantik anbieten kann, das soll man auch tun. Damit erhält man praktisch "klartextlich" lesbaren Code, auch wenn er in C geschrieben ist.

Eine letzte Reihe von Macros finden wir noch in den Zeilen 60–63, die unsere definierten Mengen festlegen:

```
60 #define COFFEE_AMOUNT      5
61 #define WATER_AMOUNT     125
62 #define SUGAR_AMOUNT       1
63 #define MILK_AMOUNT       30
```

Auch hier wieder gilt dasselbe wie zuvor: Leichte Durchschaubarkeit und spätere Änderbarkeit stehen an oberster Stelle! Will man die Kaffeemenge ändern, so muss man es hier nur einmal tun, und im Rest des Programms ist alles automatisch umgestellt.

Wichtig: Man findet es auch in jedem Coding-Standard, aber es sei trotzdem hier explizit erwähnt: Man darf niemals irgendwelche Werte (z.B. Zahlenkonstanten, Strings etc.) hardcodiert (also direkt ohne Macrodefinition) im Programmcode verwenden. In solchen Fällen darf man **ausschließlich** mit Konstantendefinitionen (also in unserem Fall Macros) arbeiten. Im Programm dürfen dann nur mehr die symbolischen Namen verwendet werden. Wenn man sich an diese Grundregel nicht hält, erzeugt man Code, der weder lesbar noch wartbar noch erweiterbar ist!
Nun wenden wir uns wieder dem Programm zu. Unseren Status halten wir in zwei Statusvariablen:

```
67 unsigned coins_ = 0;
68 unsigned machine_status_ = 0x0000;
```

Die Variable `coins_` enthält immer den Wert der eingeworfenen, noch nicht verbrauchten Münzen. Die Variable `machine_status_` enthält immer die Statusinformation als Reihe von gesetzten und nicht-gesetzten Bits gemäß unserer Definition im DDD.
In der Funktion `main` sehen wir den Vorteil unserer Callback-Architektur:

```
71 int main()
72 {
73   activateCoffeeMachine();
74   return(0);
75 }
```

Einfaches Starten der Maschine mittels `activateCoffeeMachine` ist alles, was wir zu tun haben. Von dort weg übernimmt die Maschine die Steuerung, und wir müssen nur noch reagieren (soll heißen, die Maschine ruft unsere implementierten Funktionen auf).
Greifen wir als Beispiel für die Implementation von Callbacks hier unsere Funktion `waterContainerStatus` heraus:

```
80 void waterContainerStatus(int status)
81 {
82   if (!status)
83   {
84     machine_status_ |= WATER_EMPTY;
85     display("----------------------------------------");
86     display("please refill water container");
87     display("----------------------------------------");
88     return;
89   }
90   display("water refilled");
91   machine_status_ &= ~WATER_EMPTY;
92 }
```

Per Definition des APIs wird diese aufgerufen, falls sich der Zustand des Wassercontainers ändert, also dieser entweder leer wird oder nachgefüllt wird. Dies wird uns mitgeteilt im Parameter `status`, der den Wert 0 hat, falls der Container leer wurde, und einen Wert ungleich 0, wenn er angefüllt wurde. Genau so reagieren wir auch darauf: Die Abfrage `if (!status)` in Zeile 82 evaluiert zu `true`, falls `status` den Wert 0 hat. In diesem Fall also müssen wir leider zur Kenntnis nehmen, dass es mit Kaffeekochen nicht mehr viel wird, weil kein Wasser mehr da ist.

Das notieren wir auch in unserer Variable `machine_status_`, in der wir immer den Gesamtstatus der Maschine speichern (Zeile 84). Wenn wir uns an unsere Bitmasken und Operationen zurückerinnern, so setzt man einzelne Bits mit einer *or-Maske*, indem die zu setzenden Bits in der Maske auf 1 stehen, und der Rest auf 0. Typisch für C-Programme ist hier der Kurzzuweisungsoperator `|=`, da dieser prägnanter und (für C Programmierer) leichter zu lesen ist als das Statement

```
machine_status_ = machine_status_ | WATER_EMPTY;
```

Freundlicherweise teilen wir dem Benutzer noch über den Aufruf der API-Funktion `display` mit, dass wir gerne etwas mehr Wasser im Container hätten (Zeilen 85–87), dann können wir getrost unsere Funktion wieder verlassen (Zeile 88), denn mehr ist im Falle eines leer gewordenen Wassercontainers nicht zu tun.

Im Falle, dass `status` nicht 0 ist, also der Behälter wieder angefüllt wurde, zeigen wir noch schnell an, dass wieder Wasser vorhanden ist (Zeile 90), und wir löschen unser "Wasser-leer" Statusbit mit einer *and-Maske* (Zeile 91). In dieser Maske stehen die zu löschenden Bits auf 0 und der Rest auf 1. Die Maske enthält also genau das Bit-Komplement (`~`-Operator) der *or-Maske*, mit der wir das Bit gesetzt haben.

Dass wir anzeigen, dass der Behälter wieder angefüllt wurde, passiert hier nur, damit sich am Bildschirm bei der Simulation etwas tut. Bei einem realen Kaffeeautomaten würden wir hier einfach das Bit zurücksetzen und dies stillschweigend (Ich würde mich jedenfalls wundern, wenn mir ein Automat nach dem Wasser-Nachfüllen sagt, dass ich gerade Wasser nachgefüllt habe :-)).

Auffällig ist noch, dass wir kein `if ... else` Konstrukt gewählt haben, obwohl der untere Teil ab Zeile 90 eigentlich einem `else`-Zweig entspricht. Dieses Konstrukt ist typisch für erfahrenere Entwickler: Wenn das Programm in den `if`-Zweig gelangt, so erfolgt ein explizites `return`. Damit wird ja schon verhindert, dass der danach folgende Teil jemals in diesem Fall ausgeführt wird. Durch das Weglassen des hier unnötigen `else`-Zweigs erspart man sich einen unnötigen Block. Viele ineinander geschachtelte Klammerungen machen ein Programm nur unleserlicher, also versucht man Klammerungen zu vermeiden, wo es möglich ist.

Exkurs: Eine weitere Sache fällt bei diesem Callback auf: Hier ist der Parameter `status` definiert wie ein boolscher Wert, kann also nur die

Zustände `true` und `false` annehmen. Wir reagieren darauf durch die Abfrage `if (!status)`. Aber eigentlich ist diese Abfrage völlig unleserlich, denn die Semantik ist nicht von vorn herein klar. Diese schlechte Definition im API wurde hier absichtlich gewählt, um zu demonstrieren, dass man mit einer kleinen, unlogischen Definition gleich sehr unleserlichen Code produzieren kann. Viel schöner wäre es, wenn die Funktion deklariert wäre als

```
void waterContainerStatus(int full)
```

denn dann könnte die Abfrage lauten `if (!full)`. Ist doch gleich viel leserlicher, oder?
Wenn das API schon einen *Status* als Parameter definiert hat, so könnte die Definition gleich mehrere Angaben enthalten, z.B.:

- Wenn das niedrigste (=ganz rechte) Bit gesetzt ist, dann bedeutet das "voll", wenn nicht, dann bedeutet das "leer".
- Wenn das zweite Bit von rechts gesetzt ist, dann bedeutet das "normale Temperatur", wenn nicht, dann bedeutet das "zu kalt".
- etc.

Wenn dann noch die entsprechenden Konstanten dazu definiert wären (hoffentlich...), dann wäre die Funktionsweise analog zu unserer Definition des Maschinenstatus. Somit wäre alles viel lesbarer, denn man könnte z.B. die Abfrage formulieren:

```
if (status & FULL)
```

Wir sehen – auch wenn es für den Computer gar nichts ausmacht, für uns macht sinnvolle Semantik in einem Programm sehr viel aus. Und sinnvolle Semantik ist vor allem durch Konstrukte zu erreichen, die unserem täglichen Sprachgebrauch entsprechen.

Ein guter Entwickler ist der, der auch komplexeste Zusammenhänge so klar in ein Programm codieren kann, dass jemand, der das Programm liest, mit den Worten "ohnehin klar" reagiert. Die Reaktion ist zwar vielleicht anfangs gewöhnungsbedürftig, denn man hat viel Zeit in die Entwicklung gesteckt, und dann sagt jemand einfach "ohnehin klar" statt "toll", aber es ist eigentlich trotz allem ein Lob, denn man hat geschafft, was man erreichen wollte: Man hat sauberen Code geschrieben.

Wenn allerdings jemand seine Bewunderung darüber ausdrückt, wie toll man ist, weil man im Code noch den Überblick bewahrt hat, dann sollte man sich sehr schnell zurückziehen und die Sache überarbeiten. Code, in dem man nur den Überblick bewahren kann, wenn man "toll" ist, ist schlechter Code!

Bei unserem vorgegebenen API können wir zwar nichts ändern, um den "ohnehin klar"-Effekt hervorzurufen (weil es ja gar nicht von uns ist), aber in solchen und schlimmeren Fällen baut man dann üblicherweise eine weitere Indirektion ein, die alles leserlicher macht. Man ruft also aus dem vorgegebenen Callback eine eigene Funktion mit anderer Semantik auf, die lesbarer ist. Weil ein zusätzlicher Funktionsaufruf auch eine kleine Performanceeinbuße bedeutet, nimmt man dazu oft den Preprocessor zur Hand, aber das geht jetzt zu weit.

Nach diesem Exkurs zum Thema Programmierstil wird es Zeit, die Gedanken wieder einzufangen und weiter in unserem Programm zu graben. Die meisten der Callbacks funktionieren nach unserem bekannten Schema. Die nächste Funktion, die ein wenig mehr Beachtung verdient, ist `changePrices`:

```
230 void changePrices(unsigned keymask)
231 {
232   display("Something for you to play around with:");
233   display("changing the price is not implemented yet");
234 }
```

Diese Funktion wurde auch als Callback implementiert. Sie ist aber nicht durch das API vorgegeben, sondern wurde von uns eingeführt. Der Gedanke hinter dieser Funktion wird klar, wenn man sich die Funktion `keyPressed` ansieht:

```
154 void keyPressed(unsigned short keymask)
155 {
156       // always need water and coffee
157   unsigned int check_choice = WATER_EMPTY | COFFEE_EMPTY;
158
159   if (machine_status_ & MACHINE_OPENED)
160   {
161     changePrices(keymask);
162     return;
163   }
164
165       // "brew coffee" was not pressed.. ignoring
166   if (!(keymask & BREW))
167     return;
168
169       // setup bitmask for checking milk and sugar if necessary
170   if (keymask & MILK)
171     check_choice |= MILK_EMPTY;
172   if (keymask & SUGAR)
173     check_choice |= SUGAR_EMPTY;
174
175       // check if anything is empty
176   if (check_choice & machine_status_)
177   {
178         // yes, I know, this is against the requirements,
179         // but I leave it up to the interested reader to
180         // correct this implementation and give a detailed
181         // error message
182     display("Sorry, not all ingredients available");
183     return;
184   }
185   if (!(machine_status_ & MUG_INSERTED))
186   {
187     display("Sorry, you have to insert your mug first");
188     return;
189   }
190   grindCoffee(COFFEE_AMOUNT);
191   if (keymask & SUGAR)
192     insertSugar(SUGAR_AMOUNT);
193   if (keymask & MILK)
194     insertMilk(MILK_AMOUNT);
195   if (keymask & STRONG)
196     brewCoffee(WATER_AMOUNT / 2);
197   else
198     brewCoffee(WATER_AMOUNT);
199   keepCoins();
```

```
200   coins_ = 0;
201       // price display and price-checking not implemented...
202       // I leave this up to the interested reader
203   display("Something for you to play around with:");
204   display("Checking the price and displaying the price");
205   display("is not implemented yet");
206 }
```

Wir wissen, dass wir vier Tasten zur Verfügung haben, und dass uns das Drücken einer oder mehrerer dieser Tasten durch Aufrufen von keyPressed mitgeteilt wird. Wir wissen auch noch aus unserem Design, dass wir den Status der Frontabdeckung (*offen* oder *geschlossen*) dazu missbrauchen, um zu entscheiden, ob nun jemand mit den Tasten seine Kaffeesorte anwählt oder ob die Preiserhöhung bzw. das Sonderangebot eingestellt werden soll. Da es sich hierbei um zwei verschiedene Funktionalitäten handelt, die nichts miteinander zu tun haben, trennen wir die Behandlung dieser Fälle auch gleich in zwei Funktionen.

Die Kaffeeauswahl erfolgt direkt in keyPressed. Zugegeben, das ist nicht schön und diese Funktionalität sollte eigentlich auch in eine Funktion ausgelagert werden. Zur Preiseinstellung wird in Zeile 161 verzweigt zu changePrices, und zwar sobald die Frontabdeckung geöffnet ist.

Wie ist nun die Logik des Kaffeekochens? Zuerst muss nachgesehen werden, ob überhaupt die BREW Taste betätigt wurde (Zeile 166). Wenn nicht, dann will auch sicher niemand Kaffee von uns, also ignorieren wir alles andere und kehren aus der Funktion zurück (für Interessierte: Eigentlich muss laut URD der Preis angezeigt werden, bevor die Funktion verlassen wird).

Weiters haben wir bereits in unseren beiden Requirements-Dokumenten festgestellt, dass wir gewisse Zustände überprüfen müssen, bevor wir Kaffee kochen können, da sich unter Umständen unser Automat in Schall und Rauch auflösen kann, oder zumindest der Kaffeetrinker unzufrieden ist, wenn sein gezuckerter Cappuccino zu einem schwarzen Espresso ohne Zucker entartet, weil die Zutaten ausgegangen sind.

Wir hätten nun die Möglichkeit, jedes Statusbit, das wir kontrollieren wollen, einzeln abzufragen. Jedoch gibt es eine schönere Möglichkeit: Wir können mit einer Abfrage alle Statusbits kontrollieren, wenn wir gleichzeitig alle zu überprüfenden Bits in unserer "Check-Maske" setzen. Genau das passiert an zwei Stellen in unserer Funktion:

- In Zeile 157 werden die "lebensnotwendigen" Statusbits gesetzt, die immer abgefragt werden müssen.
- In den Zeilen 170–173 werden die auswahlabhängigen Statusbits bei Bedarf dazumaskiert.

Man kann in den Zeilen 170–173 auch sehr schön erkennen, wie unsere Macros MILK und SUGAR die Tastaturbelegung zugunsten von logischen und leserlichen Statements vor dem Programmierer verstecken.

In Zeile 185 wird noch überprüft, ob die Tasse im Automaten steht (Ja, ich weiß, der Kaffeetrinker könnte auch seinen Schuh statt einer Tasse in den

Automaten stellen, aber der Sensor kann das einfach nicht unterscheiden). Diese Überprüfung erfolgt hier nur deswegen getrennt von den anderen Statusüberprüfungen, da in diesem Fall eine andere Fehlermeldung ausgegeben wird als bei ausgegangenen Ingredienzien. Man könnte ansonsten auch diese Überprüfung noch in die "Check-Maske" mit einbeziehen.
Wenn nun alle Überprüfungen ohne Problem erfolgt sind, dann dürfen wir endlich den heiß ersehnten Kaffee zubereiten (Zeilen 190–198).

Aus Demonstrationsgründen wurde in Zeile 196 noch ein **böser Hack** eingebaut: Die *halbe Wassermenge* ist **hardcodiert**! Und nun stellen wir uns eine spätere Programmänderung durch jemanden vor, der dieses Programm noch nie zuvor gesehen hat. Dieser jemand wird ziemlich lange suchen müssen, bis er findet, wo die halbe Wassermenge programmiert ist. Es ist also auch in diesem Fall unabdingbar, mit Macros zu arbeiten und statt der Division durch zwei an dieser Stelle z.B. eine Division durch einen `STRONG_WEAK_AMOUNT_FACTOR` einzubauen. Dann kann der Auftraggeber in aller Ruhe kommen und mehr Geld verdienen, indem er die Menge für starken Kaffee auf 1/3 korrigiert, damit man öfter den Automaten um Kaffee bemüht. Wer auch immer das ändern muss, ändert einfach oben den Faktor von 2 auf 3, compiliert neu und das war's.

Ein paar Kleinigkeiten sind in diesem Programm nicht implementiert, die zwar für Kaffeetrinker interessant, aber für unseren Geschäftsmann nicht wirklich akzeptabel sind: Ich habe bereits erwähnt, dass die Preisanzeige und die automatische Erhöhungs- bzw. Sonderangebotsfunktion fehlen.

Jedoch fehlt auch noch viel Essentielleres: Der Preis einer Tasse Kaffee wird nicht mit den eingeworfenen Münzen verglichen. Man könnte also auch getrost keine einzige Münze einwerfen, und der Automat spuckt trotzdem Kaffee aus. Wer also mittlerweile süchtig nach der Programmierung eines Kaffeeautomaten geworden ist, soll einfach einmal Schritt für Schritt versuchen, die geforderten Funktionen einzubauen. Das Ändern von fremdem Code ist in der Softwareentwicklung eine absolut essentielle Anforderung, je früher man damit beginnt, desto besser. Schlimmeres als ein Programmabsturz kann ja nicht passieren. Viel Spaß dabei!

Für die ganz Mutigen: Auch im API selbst, in Zeile 395, sollte noch eine Änderung stattfinden. Das API unterscheidet nämlich im Augenblick noch nicht, welche Münze eingeworfen wurde.

Auf einen Aspekt möchte ich noch hinweisen, für die echten Fanatiker: Die Maschine rechnet noch in Schillingen. Weil aber die Umstellung auf Euro erfolgen muss, wird es notwendig werden, auch Kommabeträge anzunehmen. Und wenn jemand das ändern will, gleich ein kleiner Tipp: Gleitkommazahlen sind bei kleinen Microprozessoreinheiten nicht sehr beliebt, zumeist funktionieren sie gar nicht, also ist wohl gefragt, dass man beim Betrag weiter bei Ganzzahlen bleibt und sich bei den Einheiten etwas ausdenkt...

Wem das bereits zu langweilig ist: Der Phantasie sind ja keine Grenzen gesetzt. Wieso soll nicht in 5 Jahren unser Geschäftsmann genug Geld verdient haben, dass er neue Maschinen mit Becherzufuhr einkauft, die auch noch Kakao und Tee kochen können.

10. Pointer

In diesem Kapitel wenden wir uns dem Konstrukt zu, für das C berühmt und auch berüchtigt ist, den *Pointern.* Gleich vorweg möchte ich anmerken, dass C nicht umsonst berüchtigt für seine Pointer ist, denn diese stellen ein extrem mächtiges Konstrukt dar, das man wirklich vollständig begreifen und umsichtig anwenden muss. Wenn man sauber mit Pointern arbeitet, dann eröffnen sie ungeahnte Perspektiven. Bei unsachgemäßer Anwendung öffnen sie aber auch ungeahnte Fehlermöglichkeiten!

Fehler, die durch schlechte Handhabung von Pointern entstehen, sind äußerst heimtückisch und zumeist unheimlich schwer zu lokalisieren, denn oft hat ein Fehler keine unmittelbar sichtbare Auswirkung. Programme, in denen Pointerfehler versteckt sind, neigen dazu, zu irgendeiner völlig unbestimmten Zeit und ohne erkennbaren Grund ihrem durcheinandergekommenen Heap (=Bereich, in dem Programmvariablen abgelegt werden) zum Opfer zu fallen. Wir werden uns also in diesem Kapitel sowohl mit den guten Seiten von Pointern als auch mit den Stolpersteinen beschäftigen, die die Pointer so in Verruf gebracht haben.

So sehr ich auch vor ungeahnten Fehlermöglichkeiten der Pointer warnen möchte, eines muss an dieser Stelle gesagt werden: *Die Pointer sind im Prinzip nicht schuld an den Fehlern, für die sie in Verruf gekommen sind. Die wahren Schuldigen sind Entwickler, die mit zu wenig Wissen und Verständnis, aber auch mit zu wenig Umsicht programmieren!*

Einfach zum Nachdenken sei das ganze Problem auf ein anderes Gebiet umgelegt: Wenn jemand mit einem Auto viel zu schnell in eine Kurve fährt und deswegen aus der Kurve fliegt, ist dann das Auto schuld?

10.1 Das Prinzip von Pointern

Bevor es ans Eingemachte geht, stellt sich vor allem einmal die Frage, was denn ein Pointer eigentlich ist. Nun, ganz einfach, ein Pointer ist ein **Zeiger auf eine Speicherstelle**. Denken wir kurz einmal daran, wie wir bisher mit Variablen gearbeitet haben: Wir haben eine Variable definiert, damit wurde gleichzeitig der notwendige Speicherplatz angelegt, in dem deren Inhalt gespeichert wird. Ein Zugriff auf die Variable liefert dann den entsprechenden aktuellen Inhalt. Wenn wir z.B. eine `int`-Variable anlegen, dann liefert der

Zugriff auf diese Variable immer eine Ganzzahl, nämlich die, die der Variable zuletzt im Programm zugewiesen wurde.

Auch ein Pointer ist im Prinzip einfach eine Variable, aber deren Inhalt ist ein besonderer. Ein Pointer hält nämlich als Wert eine Adresse. Diese Adresse zeigt auf eine Speicherstelle. Wenn wir also auf einen Pointer direkt zugreifen, so liefert dieser immer eine Adresse, nämlich die, die dem Pointer zuletzt im Programm zugewiesen wurde. Schön, aber was tun wir nun mit dieser Adresse? Ganz einfach - man kann dadurch z.B. *indirekt* auf eine Variable zugreifen. Dazu erinnern wir uns noch einmal an das Prinzip von Variablen, wie wir sie bisher kennen gelernt haben. Wir haben gesagt, dass eine Variable ein symbolischer Name ist für den Speicherbereich, der für sie reserviert ist. Der symbolische Name wird von Compiler und Linker automatisch hinter den Kulissen in eine Referenz auf eine Speicherstelle verwandelt. Bei einem Pointer passiert dies nun nicht hinter den Kulissen, sondern wir verwenden ganz bewusst gleich eine Adresse, um auf eine Speicherstelle zu zeigen. Dieses Prinzip ist schematisch in Abbildung 10.1 dargestellt.

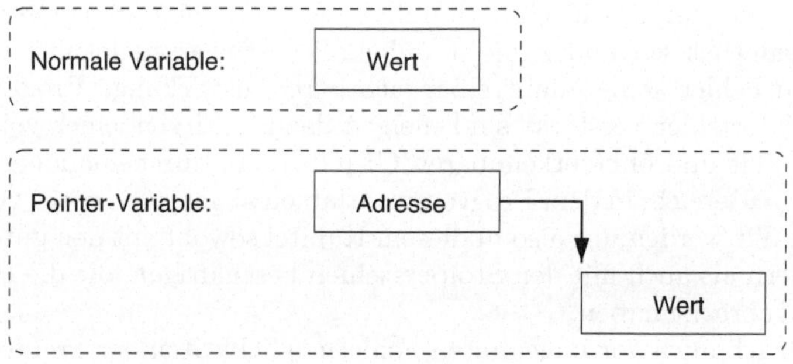

Abbildung 10.1: "Normale" Variablen vs. Pointer

Wollen wir den Inhalt erfahren, der an der Speicherstelle steht, auf die ein Pointer zeigt, so müssen wir selbst explizit für die Adressauflösung sorgen (=Dereferenzieren). Damit nun ein korrekter Zugriff stattfinden kann, müssen wir wissen, welcher Datentyp sich hinter dieser Adresse verbirgt, denn eine Adresse ist immer dieselbe, egal, ob man nun auf einen `char`, einen `int` oder auf irgendetwas anderes zeigt.

Das Wichtigste bei Pointern ist, dass sie immer auf die **Startadresse eines Speicherblocks** zeigen. Nehmen wir z.B. einen `int`-Wert, und nehmen wir weiter an, dass ein `int` auf unserem Rechner 32 Bit lang wäre. Ein Pointer auf diesen `int` zeigt dann auf die Startadresse der 4 Bytes, die für den `int` reserviert sind, also auf das erste der 4 Bytes. Würde dort nur Platz für einen `char` reserviert sein, wäre die Startadresse auch dieselbe.

Dies bringt uns zu einer ganz wichtigen Eigenschaft von Pointern: Es gibt keine Möglichkeit herauszufinden, wie viel Speicher an der Stelle regulär reserviert ist, auf die der Pointer zeigt!

Vorsicht Falle: Diese an und für sich oft sehr brauchbare Eigenschaft, dass man die Interpretation des Typs beeinflussen kann, führt dazu, dass sich Schlamperei beim Programmieren zu den schlimmsten und am schwersten zu findenden Fehlern aufschaukeln kann! Nehmen wir einmal an, ein Pointer zeigt auf einen Speicherplatz, der für einen char reserviert ist (soll heißen, es ist ein Byte reserviert). Nun behandelt man dann aber fälschlicherweise den dort vermuteten Wert als `int`, z.B. bei uns 4 Bytes lang. Damit liest bzw. in schlimmen Fällen überschreibt man sogar 3 Bytes, die eigentlich jemandem anderen gehören! Und dies muss unter gewissen Umständen nicht sofort bemerkt werden! Wie dieses Szenario aussieht, zeigt uns Abbildung 10.2

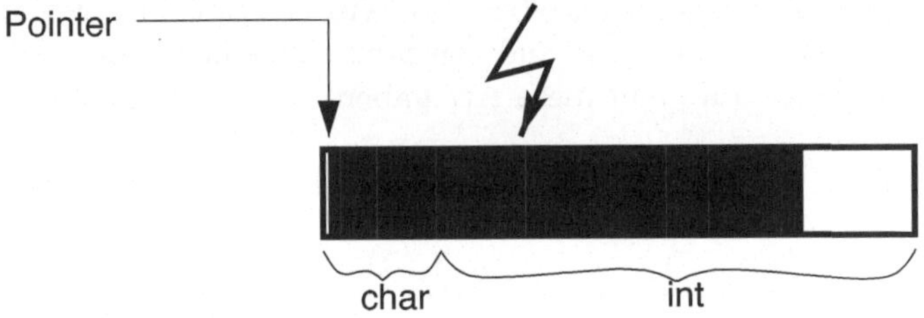

Abbildung 10.2: Pointerfehler durch Typ-Fehlinterpretation

Bei diesem Szenario nehmen wir an, dass hintereinander im Speicher ein `char`-Wert und ein `int` Wert stehen. Ein Pointer zeigt auf den `char`-Wert, wird aber durch Schlamperei als Pointer auf `int` interpretiert, und es wird ein Wert an diese Stelle geschrieben (grau hinterlegt). Und dabei passiert die Katastrophe:

- Dadurch, dass der Speicherplatz gleich hinter dem `char` auch einer programmeigenen Variable zugewiesen war (kommt häufig vor!), sieht das Betriebssystem keine Veranlassung, sich über den falschen Zugriff aufzuregen.
- Dadurch, dass wir im Programm die Anweisung gegeben haben, einen `int` zu schreiben, wird sowohl auf den Speicher geschrieben, der für den `char` reserviert ist, als auch auf 3 von 4 Bytes, die für den `int` reserviert sind, den wir eigentlich gar nicht angreifen dürfen.
- Solange wir nicht auf die Variable zugreifen, die wir gerade zufällig überschrieben haben, fällt der Fehler gar nicht auf!
- Die Variable kann von "irgendwo" im Programm stammen, es kann also ein Zugriff erst zu einem sehr viel späteren Zeitpunkt stattfinden.

- Sobald auf die Variable lesend zugegriffen wird, wird Unsinn ausgelesen, nämlich genau der Unsinn, den wir irrtümlich durch unser teilweises Überschreiben dort hinterlassen haben.
- Nehmen wir an, der Wert der `int` Variablen enthält ein Berechnungsergebnis, dann werden wir uns wundern, dass unser Programm falsch rechnet, und dort den Fehler suchen. Nur werden wir den Fehler dort nicht finden!
- Nehmen wir noch schlimmer an, es wäre nicht Speicherplatz für eine `int`-Variable reserviert, sondern für einen Pointer. Dann wird alles gleich noch viel lustiger! Sobald wir den mittlerweile korrupten Pointer verwenden, zeigt dieser "irgendwohin" im Speicher und verursacht, wenn wir Glück haben, eine Segmentation-Violation. Natürlich ist dann gleich die erste Vermutung, dass dieser Pointer ein Problem macht. Aber weit gefehlt! Es ist nicht dieser Pointer, sondern ein ganz anderer!
  Wenn wir Pech haben, dann zeigt der "verbogene" Pointer auf eine Stelle im Speicher, die tatsächlich noch uns gehört. Damit wird der Effekt noch viel besser, denn wir überschreiben nun wieder etwas anderes, und damit fällt uns wieder an einer ganz anderen Stelle, zu einem ganz anderen Zeitpunkt, ein Fehler auf. Auf diese Art haben wir eine tolle Kettenreaktion hervorgerufen.
- Man kann das Szenarion beliebig weiterspinnen – eines ist allerdings klar: Die Fehlersuche wird zum Verzweiflungsakt!

Durch das mögliche Horrorszenario aufgeweckt? Gut! Dann gehen wir wieder zu den Vorteilen, die Pointer für uns haben. Eine der positivsten Eigenschaften, die Pointer zu einem der mächtigsten Werkzeuge für uns machen, ist folgende: Man kann nicht nur einen Pointer auf eine bereits durch eine Variable reservierte Speicherstelle zeigen lassen, sondern man kann dynamisch (d.h. zur Laufzeit) beliebig Speicher anfordern. Diesen bekommt man dann zur eigenen Verwaltung. Man muss ihn aber auch wieder explizit freigeben. Womit wir gleich bei der nächsten großen Gefahr wären, denn es passiert bei Unachtsamkeiten schneller als man glaubt, dass man vergisst, Speicher freizugeben. Auf diese Art hat man den netten Effekt, dass ein Programm "wächst", also im Lauf der Zeit immer mehr Speicher braucht. Ich denke mir, ich brauche nicht näher darauf einzugehen, wozu das nun wieder führen kann, und wie man solche Fehler sucht...

10.2 Pointer und Adressen

Wie das Prinzip von Pointern und Adressen funktioniert, ist am besten an einem einfachen Beispiel erklärt. Nehmen wir an, wir haben eine Variable `my_var` vom Typ `int`. Nun wollen wir noch einen Pointer `my_ptr` haben, der auf die Adresse von `my_var` zeigt. Hiermit kann man also auf zwei verschiedene Arten ein- und dieselbe Speicherstelle verändern, einmal direkt über `my_var` und ein andermal indirekt über unseren Pointer. Wie das in der Praxis aussieht, zeigt das folgende Beispiel (`first_pointer_try.c`):

```
1 // first_pointer_try.c - a first little try to demonstrate
2 //                       how pointers work in C
3
4 #include <stdio.h>
5
6 int main()
7 {
8   int my_var = 17;
9   int *my_ptr = &my_var;
10
11   printf("my_var: %d, accessed via my_ptr: %d\n",
12          my_var, *my_ptr);
13
14   // now changing the value of my_var directly
15   my_var = 173;
16   printf("my_var: %d, accessed via my_ptr: %d\n",
17          my_var, *my_ptr);
18
19   // it is also possible to change the value
20   // indirectly via the pointer
21   *my_ptr = 728;
22   printf("my_var: %d, accessed via my_ptr: %d\n",
23          my_var, *my_ptr);
24
25   return(0);
26 }
```

Dieses Programm erzeugt den folgenden Output:

```
my_var: 17, accessed via my_ptr: 17
my_var: 173, accessed via my_ptr: 173
my_var: 728, accessed via my_ptr: 728
```

Man sieht also: Egal auf welchem Weg man auf die Speicherstelle zugreift, direkt über die Variable oder indirekt über den Pointer, es bezieht sich beides auf dieselbe Speicherstelle. Weist man auf einem Weg den Wert zu, so kann man auf beide Arten denselben Wert wieder herausbekommen.
Um das Bild endlich zu vervollständigen: Es stehen grundsätzlich zwei Operatoren zur Arbeit mit Pointern zur Verfügung:

- Der *address-of* Operator `&`. Diesen haben wir bereits in Zusammenhang mit `scanf` kennen gelernt. Stellt man diesen Operator einer Variablen voran, so bekommt man nicht mehr ihren Inhalt, sondern ihre Adresse.
- Der *dereference* Operator `*`. In der Literatur wird dieser oft auch als *Verweis-Operator* bezeichnet. Diese Bezeichnung ist aber leider schlicht und ergreifend falsch, denn sie bedeutet das Gegenteil dessen, was passiert. Durch den dereference Operator verweist man ja nicht auf eine Speicherstelle (das tut der Pointer selbst), sondern man löst den Verweis auf. Der dereference-Operator bewirkt also, dass man den Wert bekommt, der in der Speicherstelle steht, auf die eine Adresse zeigt.

Der address-of und der dereference Operator sind also von ihrer Funktionsweise her komplementär. Mit & bekommt man eine Adresse, mit * löst man diese wieder auf und kommt auf den Inhalt, der sich an der Speicherstelle verbirgt, auf die die Adresse zeigt.

Dem * kommt auch noch eine andere Bedeutung bei der Definition bzw. Deklaration von Variablen zu: Man erklärt damit eine Variable zum Pointer. In unserem Beispiel finden wir in Zeile 9 das Statement

`int *my_ptr = &my_var;`

Dieses bedeutet: Es wird eine Variable namens `my_ptr` angelegt, deren Typ *Pointer auf* `int` ist. Dieser Variable wird die Adresse der Variable `my_var` zugewiesen. Nach der Zuweisung zeigt also `my_ptr` auf den Speicher, der für `my_var` reserviert ist. Betrachten wir noch den Typ *Pointer auf* `int`: Dies ist genau der Punkt, wie man typrichtig auf eine Speicherstelle zugreift. Deklariert man etwas als Pointer auf `int`, dann wird bei Anwendung des *dereference* Operators (`*`) der Inhalt, auf den der Pointer zeigt, als `int` behandelt. Würde man ihn als Pointer auf `char` deklarieren, dann würde der Inhalt als `char` behandelt werden etc.

Wenn wir nun ein `printf` Statement (z.B. in Zeile 11) genauer unter die Lupe nehmen, dann sehen wir bei einem Blick auf den Format-String, dass wir zwei `int`-Werte ausgeben. Die Ausgabe von `my_var` erfolgt wie gewohnt, bei `my_ptr` veranlassen wir durch den vorangestellten * das Dereferenzieren der Adresse, und somit kommen wir zum entsprechenden dahinter verborgenen `int`.

Zuweisung eines neuen Wertes auf `my_var` in Zeile 15 zeigt uns, dass sich tatsächlich beide Variablen auf dieselbe Speicherstelle beziehen, denn das nachfolgende `printf` Statement gibt wieder zwei gleiche Werte aus.

Und dass das auch in die umgekehrte Richtung geht, wird in Zeile 21 gezeigt. Dieses Statement bedeutet: Schreibe den Wert 728 an die Speicherstelle, die durch `my_ptr` adressiert wird. Dereferenzieren funktioniert also nicht nur zum Lesen, sondern auch, um an die entsprechende Speicherstelle zu schreiben.

Und genau das ist die Systematik, wie man in C ein *call-by-reference* bewirken kann, obwohl Funktionen ja bekannterweise nur ein *call-by-value* unterstützen. Wir haben dieses Phänomen bereits bei `scanf` kennen gelernt, dem wir eine Adresse übergeben haben, und magischerweise hat ein Aufruf von `scanf` dann den Inhalt unserer Variablen verändert. Wie man das bewerkstelligt, sieht man im folgenden Programm (`call_by_reference_test.c`):

```
1 // call_by_reference_test.c - demo for call-by-reference in C
2
3 #include <stdio.h>
4
5 void changeVariable(int *var_to_change);
6
7 //-----------------------------------------------------------
8 int main()
```

```
9 {
10   int test_var = 0;
11
12   printf("test_var before call to changeVariable(...): %d\n",
13          test_var);
14   changeVariable(&test_var);
15   printf("test_var after call to changeVariable(...): %d\n",
16          test_var);
17
18   return(0);
19 }
20
21 //----------------------------------------------------------
22 void changeVariable(int *var_to_change)
23 {
24   *var_to_change = 985;
25 }
```

Dieses Programm liefert den folgenden Output:

```
test_var before call to changeVariable(...): 0
test_var after call to changeVariable(...): 985
```

Wie man am Output sieht, haben wir den Inhalt von `test_var` verändert, aber wie ist das vor sich gegangen? Nun, wir haben als Parameter der Funktion `changeVariable` einen Pointer auf `int` festgelegt (Zeile 22). Also müssen wir auch beim Aufruf der Funktion in unserem Programm eine Adresse übergeben – tun wir auch, wie man in Zeile 14 sieht. Diese Adresse wird laut C-Definition als Value übergeben. Trotzdem aber zeigt sie natürlich immer noch auf dieselbe Speicherstelle. Und diese Eigenschaft machen wir uns zunutze, indem wir in der Funktion auf die Speicherstelle, die durch `var_to_change` adressiert wird, unseren neuen Wert schreiben (Zeile 24). Und siehe da – wir haben den Wert der Variablen `test_var` damit verändert.

Was bedeutet das nun für uns? Ganz einfach – wenn wir einen call-by-reference machen wollen, dann müssen wir einfach einen zusätzlichen Indirektionsschritt einbauen, um einen Pointer auf den entsprechenden Speicherbereich zu bekommen. Dazu eine kleine Denkaufgabe: Was muss man tun, wenn man den Inhalt einer Pointer-Variablen selber verändern will, also die Adresse, die sie hält? Genau! Man übergibt einfach einen *Pointer auf einen Pointer*, wie das nächste C-Schnipsel demonstriert (`double_pointer_test.c`):

```
1 // double_pointer_test.c - Pointers to pointers are also possible
2
3 #include <stdio.h>
4
5 int my_var_1_ = 0;
6 int my_var_2_ = 320;
7
8 void changePointer(int **var_to_change);
9
10 //----------------------------------------------------------
11 int main()
12 {
13   int *test_ptr = &my_var_1_;
14
15   printf("*test_ptr before calling changePointer(...): %d\n",
```

```
16           *test_ptr);
17    changePointer(&test_ptr);
18    printf("*test_ptr after calling changePointer(...): %d\n",
19           *test_ptr);
20
21    return(0);
22 }
23
24 //----------------------------------------------------------------
25 void changePointer(int **var_to_change)
26 {
27    *var_to_change = &my_var_2_;
28 }
```

Dieses Programm liefert den folgenden Output:

```
*test_ptr before calling changePointer(...): 0
*test_ptr after calling changePointer(...): 320
```

Man sieht also, dass unser Pointer `test_ptr` zuerst die Adresse von `my_var_1_` enthält, dann aber in der Funktion `changePointer` die Adresse von `my_var_2_` zugewiesen bekommt. Damit zeigt er also nun auf `my_var_2_`. Im Klartext könnte man die Funktion `changePointer` folgendermaßen beschreiben:

- Sie nimmt als Parameter einen Pointer, der selbst wieder auf einen Pointer auf `int` zeigt. Soll heißen, der Pointer hält eine Adresse (was sonst, sonst wär's ja kein Pointer), und an der Speicherstelle, die durch diese Adresse referenziert wird, steht als Wert wieder eine Adresse. Diese Adresse zeigt dann endgültig auf einen `int`.
- Sie dereferenziert den übergebenen Doppelpointer einmal damit greift sie auf die Speicherstelle zu, die den Pointer auf den `int` enthält. Also findet hier ein call-by-reference auf einen Pointer statt.
- Sie weist dieser Speicherstelle einen neuen Wert zu, nämlich die Adresse der Variable `my_int_2_`.

Wie wir sehen, können wir also beliebig viele Indirektionen hintereinandersetzen und uns so von Adresse zu Adresse vorwärts bewegen, bis wir beim endgültigen Wert angekommen sind.

Vorsicht Falle: Bei Verwendung von mehrfachen Indirektionen ist **äußerste Vorsicht** geboten! Wenn man z.B. eine Indirektion vergisst aufzulösen, sich also noch auf Pointer-Ebene bewegt, aber glaubt, dass man es z.B. bereits mit einem `int` zu tun hat, und eine entsprechende Zuweisung macht, dann ist schon Böses passiert. Man hat dann nämlich einen `int` zugewiesen, der andernorts als Adresse interpretiert wird. Diese Adresse zeigt allerdings irgendwo ins Niemandsland. Mit etwas Glück zeigt sie tatsächlich in einen Bereich, der uns nicht gehört. Dann kommt es (unter Unix) zu einer *Segmentation Violation* bzw. (unter Windows) zu einer *allgemeinen Schutzverletzung*. Diese ist ein starkes Indiz dafür, dass mit Pointern etwas schief gelaufen ist. Wenn man allerdings Pech hat, dann ist vielleicht der als Adresse interpretierte `int` einer, der rein zufällig auf einen Speicherbereich zeigt, der tatsächlich dem eigenen Programm gehört. Damit bekommen wir keine Segmentation Violation, sondern wir schreiben ganz wild an irgendwelchen Stellen im Speicher herum, an denen andere Variablen von uns stehen. So verändern wir unabsichtlich ihre Werte, und das fällt dann irgendwann viel später einmal auf. Und wieder ist ein Verzweiflungsakt fällig, um von der Auswirkung zur Ursache zurückzufinden.

Vorsicht Falle: ... ja, gleich noch eine. Und diese Falle ist eine, in die vor allem C-Anfänger sehr gerne hineintappen! Wir wissen, dass man über Pointer auf Variablen zugreifen kann, die außerhalb des Scopes des gerade ausgeführten Programmteils liegen. Die Adresse bleibt ja dieselbe, egal, ob die Variable nun mit ihrem symbolischen Namen für uns sichtbar ist oder nicht. Das ist ja auch der Trick beim call-by-reference. Nun wird aber oft der Fehler gemacht, dass man Pointer auf Variablen weitergibt, die nicht nur außerhalb des Scopes liegen, sondern die auch bereits schon ihre Lifetime hinter sich haben! In diesem Fall zeigt die im Pointer gespeicherte Adresse auf einen Speicherbereich, zu dem keine Variable mehr existiert und der dementsprechend nicht mehr uns gehört! Die Ergebnisse eines solchen Zugriffs bewegen sich zwischen Zufall und Katastrophe, mit Glück bekommen wir eine Segmentation Violation. In unserem Beispiel kann nichts Böses passieren, denn wir arbeiten mit globalen Variablen, die also ganz sicher während unseres Programmablaufs am Leben bleiben.

Welche Umstände führen aber dazu, dass man auf eine bereits nicht mehr existente Variable zeigt? Ein möglicher und leider auch der häufigste, durch Unwissenheit ausgelöste Fall ist folgender: Man hat in einer Funktion eine auto-Variable definiert und liefert einen Pointer auf diese Variable als return-Value nach außen. Sobald aber die Funktion verlassen wird, ist die Lifetime der auto-Variable vorbei, dementsprechend zeigt der Pointer ins Niemandsland!

Konvention: NULL pointer. Per Konvention erfolgt die Initialisierung eines Pointers immer mit dem Wert `NULL` oder `null`. Dieser Wert ist eigentlich bei allen verschiedenen C-Compilern in einem der Standard Header-Files definiert. Wenn man `NULL` verwendet, und der Compiler bemängelt, dass `NULL` nicht definiert wäre, dann sollte man versuchen zumindest einmal `stdlib.h` mittels `#include`-Anweisung einzubinden. Sollte der Compiler immer noch nicht zufrieden sein, dann kann man es einmal mit `null` statt `NULL` versuchen, denn bei manchen Compilern ist dies definiert. Wenn das noch immer nicht hilft, dann kann man versuchen, jemanden zu fragen, der diese Umgebung besser kennt. Und wenn das immer noch nicht hilft, dann kann man auch selbst zur Tat schreiten, und `NULL` von Hand mittels folgendem Statement definieren:

```
#define NULL (void*)0
```

Und ich schwindle mich jetzt noch schnell um die genaue Erklärung des obigen Statements herum, denn eines der Konstrukte, die darin vorkommen, nämlich der Type-Cast, ist noch nicht bekannt. Deswegen bitte ich einfach, diese Zeile so hinzunehmen, die Erklärung folgt später.

Um die Erwähnung des Typs `void *`, der innerhalb des Type-Casts verwendet wird, schwindle ich mich aber nicht herum, denn das passt genau zum Kapitel: ein `void *` ist ein Pointer, der so definiert ist, dass er auf keinen bestimmten Typ (also `void`) zeigt. Aus diesem Grund kann man auf etwas, das als `void*` deklariert ist, auch nicht schreibend zugreifen, ohne zuerst dem Compiler mitzuteilen, wie man den Inhalt jetzt interpretiert haben möchte.

10.3 Dynamische Memory-Verwaltung

Wir wissen zwar jetzt, wie man einen Pointer auf den Speicherbereich einer Variable zeigen lassen kann, aber das ist nur die kleinere seiner Stärken. Die viel größere Stärke und auch der häufigste Anwendungsfall von Pointern ist die dynamische Speicherverwaltung. Im Normalfall weiß man zur Compilezeit nicht, wie viel Memory man für etwas braucht (z.B. array-Größen etc., die sich erst zur Laufzeit ergeben). Was man garantiert nicht will, ist der Ansatz, dass man einfach zur Sicherheit "alles groß genug" macht, denn das geht in einem real-World Programm einfach nicht. Erstens weiß man nie, wie viel "groß genug" ist, zweitens allokiert man sinnloserweise viel zu viel Speicher (*allokieren* = anfordern und damit belegen). Im Normalfall allokiert man sogar mehr, als die Maschine verkraften kann. Man denke nur an einen Texteditor – wie viel Text ist "genug"? Wenn der Editor noch mehrere Files gleichzeitig bearbeiten kann, wie viele Files sind "genug"? Und für jedes einzelne File muss man "genug" Textspeicher haben. Ich glaube, es ist jedem klar, dass da etwas Besseres gefunden werden muss.

Und dieses Bessere nennt sich dynamische Memory-Verwaltung. Zu dem Zeitpunkt, zu dem man weiß, wie viel man braucht, fordert man diese Menge an. Wenn man später mehr braucht, dann fordert man noch ein Stück dazu an. Wenn man weniger braucht, dann gibt man wieder ein Stück her, wenn man gar nichts mehr braucht, dann gibt man den Speicher ganz frei. Alles also zur Laufzeit, nicht zur Compilezeit.

Und was hat das nun mit Pointern zu tun? Nun, ganz einfach – wenn man einen Speicherblock anfordert, dann muss man ja auch irgendwie auf ihn zugreifen. Dazu bekommt man einen Pointer geliefert, der auf den Beginn des Blocks zeigt. In Abschnitt 10.4 werden wir sehen, wie man mit einem solchen dynamisch allokierten Block genau umgeht. Im Augenblick interessiert uns hier einfach nur, wie man einen Block anfordern, vergrößern, verkleinern und wieder aufgeben kann.

Zu diesem Zweck stehen in C mehrere Funktionen zur Verfügung, deren Deklarationen in `stdlib.h` zu finden sind. Wenn man also mit den hier genannten Funktionen arbeiten will, dann muss man zu Beginn des Source-Files das folgende Statement einfügen:

```
#include <stdlib.h>
```

Das Anfordern von Speicher geschieht durch Aufruf der Funktion

```
void *malloc(size_t size);
```

Ohne uns hier auf genauere Betrachtungen zum (speziell definierten, nicht Core-C) Datentyp `size_t` einzulassen, nehmen wir einfach hier als gegeben an, dass `size` ein ganzzahliger Wert vom Typ `unsigned` ist. Man ruft also `malloc` mit der gewünschten Größe des Memory-Blocks **in Bytes** auf und bekommt als return-Wert einen (nicht typisierten, also `void`) Pointer. Der tatsächliche Typ des Pointers, also die Art, wie wir ihn verwenden wollen (z.B. `int*`), wird durch die Definition unserer Pointervariable bestimmt, der wir den Block zuweisen.
Will man also z.B. einen Block anfordern, der maximal 30 `int` Werte halten können soll, so wäre das folgende Statement angebracht:

```
int *my_block = malloc(30 * sizeof(int));
```

Nach Aufruf von `malloc` hält `my_block`, also einen Pointer, der auf den neu angelegten Memory-Block zeigt.

Vorsicht Falle: Der Speicherblock, den man erhält, ist in keiner Weise initialisiert, enthält also rein zufällige Werte. Wie auch schon bei Variablen muss man sich um die Initialisierung selbst kümmern. Wie diese geschieht, werden wir in der Folge noch sehen.

Vorsicht Falle: Die Funktion `malloc` nimmt als Größe des gewünschten Blocks immer die angegebene Größe in **Bytes** an. Dementsprechend darf man also niemals die Multiplikation mit der tatsächlichen Größe des gewünschten Typs vergessen, ansonsten wird nicht die richtige Menge an Memory reserviert! Und dass man die Größe eines Elements **immer mit** `sizeof` feststellen muss und niemals als Zahl im Code verewigen darf, versteht sich von selbst.

Vorsicht Falle: Und gleich noch einmal... Der Pointer, den man von `malloc` geliefert bekommt, ist immer der so genannte Base-Pointer (=Startpointer) des Blocks. Diesen darf man **niemals verlieren**, sei es dadurch, dass man einfach diesem Pointer einen anderen Wert gibt, oder sei es, dass er seine Lifetime hinter sich hat, bevor man den Block wieder freigegeben hat. Der Startpointer eines Blocks ist die einzige Möglichkeit, wie man mit dem Block später noch arbeiten kann, also ihn vergrößern, verkleinern, oder freigeben kann. Hat man den angeforderten Block noch nicht freigegeben, aber den *Base-Pointer* darauf verloren, so bleibt dieser Block im Speicher erhalten und wird von niemandem weggeräumt, bis das Programm beendet ist! Für dynamisch allokierte Blöcke ist immer der Programmierer selbst verantwortlich, nicht der Compiler und nicht das Betriebssystem!

Nur, damit hier nichts missverstanden wird: Es geht beim Verlieren des Base-Pointers natürlich nicht darum, dass man genau die Variable, in die man ihn gespeichert hat, nicht verliert, sondern es geht um die Adresse, die darin gespeichert wurde. Diese darf man nicht verlieren.

Jetzt, da wir wissen, dass wir für dynamisch allokierte Blöcke selbst verantwortlich sind, wollen wir natürlich umso dringender erfahren, wie man die Geister, die man rief, auch wieder los wird. Dies geschieht durch Aufruf der Funktion

```
void free(void *base_ptr);
```

wobei `base_ptr` **genau** der Pointer ist, den wir von `malloc` (bzw. `realloc`, dazu später) erhalten haben. Ein Aufruf von `free` auf irgendetwas anderes als einen von `malloc` oder `realloc` erhaltenen Pointer ist der sicherste Garant für einen kapitalen Programmabsturz. Mit etwas Glück passiert dieser Absturz gleich in Form einer Segmentation Violation, aber das ist nicht garantiert. Es kann auch jeder nur erdenkliche und auch nicht erdenkliche komische Effekt bei der weiteren Ausführung des Programms auftreten, denn zumindest hat man die Speicherverwaltung und Zuordnung gehörig durcheinander gebracht.

Und noch einmal zur Wiederholung: Wenn man den Aufruf der Funktion `free` vergisst, dann bleibt der allokierte Block als Speicherfresser erhalten. Dies führt dann zu den netten, allseits bekannten, wachsenden Programmen, die minütlich größer werden, bis entweder der Benutzer aufgibt, weil alles immer langsamer wird, oder der Computer aufgibt, weil ihm endgültig der Speicher ausgegangen ist.

Wenn wir also den Speicherblock wieder loswerden wollen, den wir allokiert haben, dann geschieht dies durch den Aufruf

```
free(my_block);
```

Jeder Zugriff auf den Inhalt von `my_block`, nachdem `free` aufgerufen wurde, ist natürlich nicht mehr definiert und führt mit etwas Glück zu einer Segmentation Violation, mit Pech wird Speicher unbeabsichtigt überschrieben. Daher ist es sehr ratsam, eine freigegebene Pointervariable gleich nach dem Aufruf von `free` explizit auf `NULL` zu setzen, denn ein Versuch, mit einem `NULL`-Pointer zu arbeiten, führt wenigstens immer garantiert zu einer Segmentation Violation.

Weil wir auch bei dynamischer Memory-Allokierung nicht immer gleich im Vorhinein wissen müssen, wie viel wir brauchen, weil sich die Anforderungen zur Programmlaufzeit ändern können, steht noch eine weitere Funktion zur Verfügung, die uns das Verändern der Blockgröße eines bereits allokierten Blocks gestattet:

```
void *realloc(void *base_ptr,size_t size);
```

Dieser Funktion übergibt man den Base-Pointer auf den Speicherblock, den man entweder von `malloc` oder auch von `realloc` erhalten hat, und gibt die neue gewünschte Größe an. Als Resultat bekommt man dann einen neuen Base-Pointer auf den reallokierten Block, den man sich wieder merken muss.

Mit dem Inhalt des zuvor existenten Speicherblocks wird dabei folgendermaßen umgegangen:

- Wird der Block vergrößert, so ist garantiert, dass der gesamte Inhalt des alten Blocks auch an derselben Stelle im neuen Block steht. Der zusätzliche Platz, der angefordert wurde, steht wie erwartet hinten am bereits existenten Block dran und ist, wie auch zu erwarten, nicht initialisiert.
- Wird der Block verkleinert, so ist garantiert, dass der Teil des Inhalts des alten Blocks, der im neuen Block untergebracht werden kann, an derselben Stelle erhalten bleibt. Der Inhalt des alten Blocks, der über den neuen Block hinausgehen würde, wird (logischerweise) verworfen.

Nehmen wir also wieder unser Beispiel und nehmen wir an, dass es sich ergibt, dass wir anstatt der bisher 30 `int` Werte auf einmal 120 `int` Werte im Block unterbringen wollen. Dann wäre folgender Aufruf angebracht:

```
my_block = realloc(my_block,120 * sizeof(int));
```

Somit erhalten wir einen neuen Base-Pointer auf den vergrößerten Speicherblock. Der Inhalt des zuvor 30 `int` großen Blocks bleibt natürlich erhalten, der für die zusätzlichen 90 `int`-Werte angelegte Speicher ist uninitialisiert. Auch hier wieder gilt dasselbe wie bei `malloc`: Die gewünschte Größe wird immer in Bytes angegeben, also darf niemals die Umrechnung mittels `sizeof` fehlen!

Vorsicht Falle: Es gibt **keine Möglichkeit**, die Größe eines allokierten Blocks nachträglich zu erfahren. Man muss sich diese also immer merken, um sicher zu gehen, dass man sich innerhalb des erlaubten Bereichs bewegt!

10.4 Dynamische Arrays

Nun haben wir gerade gehört, dass man Speicherbereich für z.B. 30 `int`-Werte anlegen kann, und dass man dafür einen Pointer erhält, der auf den Beginn dieses Blocks zeigt. Wie aber arbeitet man nun mit diesem Speicherbereich? Wir haben ja auch gehört, dass ein Pointer mit dem `*` Operator dereferenziert werden kann, und dass man damit den Inhalt der Speicherstelle verändern kann, auf die der Pointer zeigt. Bloß, das bringt uns zum ersten `int` im allokierten Block, was ist mit den anderen 29 Stück?

Logisch wäre es ja, wenn wir einen Block von z.B. 30 `int` Werten haben, dass man diesen einfach als Array verwenden kann. Und es ist nicht nur logisch, es ist tatsächlich genau so! Wir haben also mit unseren Pointern und mit der Möglichkeit, dynamisch Speicher zu allokieren, ein Werkzeug in der Hand, mit dem wir dynamische Arrays verwalten können, wie uns das folgende Beispiel zeigt (`dyn_array_test.c`):

```
1 // dyn_array_test.c - demo of dynamic arrays with pointers
2
3 #include <stdio.h>
4 #include <stdlib.h>
5
6 #define INITIAL_NUM_ELEMENTS 5
7 #define REALLOC_NUM_ELEMENTS 10
8
9 //------------------------------------------------------------
10 int main()
11 {
12   // requesting dynamic allocation of memory for the array
13   int *test_array = malloc(INITIAL_NUM_ELEMENTS * sizeof(int));
14
15   int count = 0;
16
17   // assigning values to the elements of the array
18   while(count < INITIAL_NUM_ELEMENTS)
19     test_array[count++] = count * 2;
20
21   // now let's have a look what the array contains
22   for (count = 0; count < INITIAL_NUM_ELEMENTS; count++)
23     printf("Element %d has the value %d\n",count,
24            test_array[count]);
25
26   // now let's make the array bigger
27   test_array = realloc(test_array,
28                        REALLOC_NUM_ELEMENTS * sizeof(int));
29
30   // just assign values to the new elements
31   for (count = INITIAL_NUM_ELEMENTS;
32        count < REALLOC_NUM_ELEMENTS; count++)
33     test_array[count] = count * 2;
34
35   // let's have a look what the array contains after that
36   printf("\n***** after realloc *****\n");
37   for (count = 0; count < REALLOC_NUM_ELEMENTS; count++)
38     printf("Element %d has the value %d\n",count,
39            test_array[count]);
40
41   // ok, now we don't need the array any more, let's free it
42   free(test_array);
43   test_array = NULL;
44
45   return(0);
46 }
```

Dieses Programm liefert den folgenden Output:

```
Element 0 has the value 0
Element 1 has the value 2
Element 2 has the value 4
Element 3 has the value 6
Element 4 has the value 8

***** after realloc *****
Element 0 has the value 0
Element 1 has the value 2
Element 2 has the value 4
```

```
Element 3 has the value 6
Element 4 has the value 8
Element 5 has the value 10
Element 6 has the value 12
Element 7 has the value 14
Element 8 has the value 16
Element 9 has the value 18
```

In unserem Beispiel allokieren wir in Zeile 13 einen Block, der 5 `int` Elemente halten kann. Diesen Elementen weisen wir in den Zeilen 18–19 entsprechende Werte zu. Dabei fällt auf, dass wir unseren Pointer `test_array` ganz gleich behandeln, wie wir auch ein statisch angelegtes `int` Array behandeln würden (Achtung: erster Index ist 0!). Wir greifen einfach über den Index auf die Elemente zu. Keine magischen Adressen oder Dereferenzierungen, einfach nur mittels Index in eckigen Klammern. Der Index-Operator selbst bewirkt implizit eine Dereferenzierung. Und dies legt gleich einen Schluss nahe: Ob man nun ein Array statisch oder dynamisch allokiert, es ist doch eigentlich immer dasselbe. Und damit müssten die beiden Datentypen ja direkt gegeneinander austauschbar sein. Stimmt (zumindest größtenteils)! Wenn man ein statische Array anlegt, z.B. mittels des Statements

```
int my_array[20];
```

dann ist `my_array` tatsächlich ein Pointer, und man kann ihn auch als solchen verwenden (obwohl `my_array` nie explizit als Pointer deklariert bzw. definiert wurde). Die Austauschbarkeit von statischen und dynamischen Arrays hat allerdings eine Grenze...

Vorsicht Falle: In Bezug auf den Datentyp sind ein statisches Array und sein dynamisches Pendant 1:1 austauschbar. Man kann ein statisches Array als Parameter übergeben, wenn ein Pointer erwartet wird, und auch umgekehrt. Eines allerdings darf man mit statischen Arrays niemals machen: **Man darf niemals eine der `...alloc`-Funktionen oder auch `free` auf statischen Arrays aufrufen!** Eigentlich klar, wozu erwähne ich das hier? Nun, oft sieht man in Programmen das (zumeist nicht angebrachte!) Konstrukt, dass eine Funktion einen Pointer als Parameter nimmt, mit ihm arbeitet und diesen dann z.B. mittels `free` freigibt. Dies funktioniert genau so lange, wie man tatsächlich einen "echten" Pointer übergibt. Es kommt allerdings sofort zum Absturz, wenn man ein statisch allokiertes Array als Parameter übergibt!

Ganz wichtig für das Verständnis von dynamischen Arrays ist es zu wissen, dass der Typ des Pointers den Index-Operator beeinflusst. Das *n-te* Element bezieht sich immer auf den angegebenen Datentyp, nicht auf Bytegrenzen. Hat man also einen Pointer auf `int`, so ist das 20. Element der 20. Integer in diesem Feld. Hat man hingegen einen Pointer auf `char`, so ist das 20. Element eben der 20. Character in diesem Feld. Es ist nicht notwendig, beim Index-Operator mittels sizeof selbst einzugreifen, das erledigt zum Glück der Compiler für uns.

Nun aber zurück zum Programm: Nachdem wir die einzelnen Elemente des dynamischen Arrays ausgegeben haben, bekommen wir Lust auf mehr. Also fordern wir ein Reallokieren unseres Blocks an, damit er mehr Elemente enthält (Zeilen 27–28). Den neu dazugekommenen Elementen weisen wir wieder Werte zu, und dann geben wir das Ganze nach gewohnter Manier noch aus (Zeilen 31–39). Wir sehen, dass die alten Werte erhalten geblieben sind.

Jetzt sind wir zufrieden und wir geben den Speicher, der für unser Array allokiert wurde, wieder frei (Zeile 42). Und danach sehen wir eine **äußerst wichtige Sicherheitsmaßnahme**: Wir weisen unserem Pointer den Wert NULL zu (Zeile 43)! Wie bereits besprochen, ist der Speicher, den wir allokiert haben, nach dem Freigeben nicht mehr für uns reserviert, und damit darf auf ihn nicht mehr zugegriffen werden. Jedoch enthält unsere Pointervariable immer noch die Adresse, die unser Block einmal hatte, also seinen inzwischen ungültigen Base-Pointer. Wenn man unachtsam ist, dann kann es schon einmal passieren, v.a. in komplexen Programmen, dass man vergisst, dass der Speicher schon freigegeben wurde und dass man versucht, mit dem Pointer weiterzuarbeiten, obwohl er inzwischen ungültig ist. Durch Zuweisung von NULL ist dieser Versuch bereits im Ansatz unterbunden, denn jeder Zugriffsversuch ergibt sofort einen Fehler in Form einer Segmentation Violation. Natürlich ist es ausgerechnet hier in diesem Programm nicht wirklich notwendig, den Pointer auf NULL zu setzen, denn das Programm ist ja sowieso gleich danach zu Ende. Aber wer sagt uns denn, dass nicht später einmal genau dieses Programm erweitert wird? Und dann ist hier das Ende noch nicht erreicht!

Weil es gerade so lustig war, mit einem dynamischen Array zu arbeiten, wieso nehmen wir nicht gleich eine Matrix? Das folgende Programm (dyn_matrix_test.c) demonstriert am Beispiel von zwei Dimensionen, wie man mit mehrdimensionalen Feldern arbeitet:

```
1 // dyn_matrix_test.c - demo of dynamic matrix with pointers
2
3 #include <stdio.h>
4 #include <stdlib.h>
5
6 #define INITIAL_NUM_ROWS 5
7 #define INITIAL_NUM_COLS 8
8 #define REALLOC_NUM_ROWS 10
9 #define REALLOC_NUM_COLS 16
10
11 //----------------------------------------------------------
12 int main()
13 {
14   // indexing of the matrix here is interpreted as the first
15   // index being the row, the second index being the column.
16   // e.g. test_matrix[2][4] means the element of the
17   // 4th column of the second row in the matrix. Allocation
18   // of rows and columns has to be done accordingly.
19
```

```
20  // allocate the rows (they are pointers! the columns hold
21  // the values!)
22  int **test_matrix = malloc(INITIAL_NUM_ROWS * sizeof(int*));
23
24  int col_count = 0;
25  int row_count = INITIAL_NUM_ROWS;
26  // allocate the rows one by one
27  while(row_count--)
28    test_matrix[row_count] = malloc(INITIAL_NUM_COLS * sizeof(int));
29
30  // assign whatever values to the elements of the matrix
31  for (row_count = 0; row_count < INITIAL_NUM_ROWS; row_count++)
32  {
33    for (col_count = 0; col_count < INITIAL_NUM_COLS; col_count++)
34      test_matrix[row_count][col_count] = (row_count +
35                                           col_count) * 2 + 10;
36  }
37
38  // now let's have a look what the matrix contains
39  for (row_count = 0; row_count < INITIAL_NUM_ROWS; row_count++)
40  {
41    for (col_count = 0; col_count < INITIAL_NUM_COLS;
42         col_count++)
43      printf("%d ",test_matrix[row_count][col_count]);
44    printf("\n");
45  }
46
47  // ***** now let's make the matrix bigger
48
49  // step 1: reallocate test_matrix (=the array holding the cols)
50  test_matrix = realloc(test_matrix,REALLOC_NUM_ROWS * sizeof(int*));
51
52  // step 2: reallocate the existing rows of the matrix
53  for (row_count = 0; row_count < INITIAL_NUM_ROWS; row_count++)
54    test_matrix[row_count] = realloc(test_matrix[row_count],
55                                     REALLOC_NUM_COLS * sizeof(int));
56
57  // step 3: allocate the new rows of the matrix
58  for (row_count = INITIAL_NUM_ROWS;
59       row_count < REALLOC_NUM_ROWS; row_count++)
60    test_matrix[row_count] = malloc(REALLOC_NUM_COLS * sizeof(int));
61
62  // ***** now assign whatever values to the new elements
63
64  // step 1: fill the rest of the previously existing rows
65  for (row_count = 0; row_count < INITIAL_NUM_ROWS; row_count++)
66  {
67    for (col_count = INITIAL_NUM_COLS;
68         col_count < REALLOC_NUM_COLS; col_count++)
69      test_matrix[row_count][col_count] = (row_count +
70                                           col_count) * 2 + 10;
71  }
72
73  // step 2: fill the new rows completely
74  for (row_count = INITIAL_NUM_ROWS;
75       row_count < REALLOC_NUM_ROWS; row_count++)
76  {
77    for (col_count = 0; col_count < REALLOC_NUM_COLS; col_count++)
78      test_matrix[row_count][col_count] = (row_count +
79                                           col_count) * 2 + 10;
80  }
81
82  printf("\n***** matrix after reallocation *****\n");
83
84  // now let's have a look what the matrix contains
85  for (row_count = 0; row_count < REALLOC_NUM_ROWS; row_count++)
```

```
86   {
87     for (col_count = 0; col_count < REALLOC_NUM_COLS; col_count++)
88       printf("%d ",test_matrix[row_count][col_count]);
89     printf("\n");
90   }
91
92   // **** ok, now we don't need the matrix any more, let's free it
93
94   // step 1: free the single rows
95   row_count = REALLOC_NUM_ROWS;
96   while(row_count--)
97     free(test_matrix[row_count]);
98
99   // step 2: free the matrix (pointer) itself
100  free(test_matrix);
101  test_matrix = NULL;
102
103  return(0);
104 }
```

Dieses Programm liefert den folgenden Output:

```
10 12 14 16 18 20 22 24
12 14 16 18 20 22 24 26
14 16 18 20 22 24 26 28
16 18 20 22 24 26 28 30
18 20 22 24 26 28 30 32

***** matrix after reallocation *****
10 12 14 16 18 20 22 24 26 28 30 32 34 36 38 40
12 14 16 18 20 22 24 26 28 30 32 34 36 38 40 42
14 16 18 20 22 24 26 28 30 32 34 36 38 40 42 44
16 18 20 22 24 26 28 30 32 34 36 38 40 42 44 46
18 20 22 24 26 28 30 32 34 36 38 40 42 44 46 48
20 22 24 26 28 30 32 34 36 38 40 42 44 46 48 50
22 24 26 28 30 32 34 36 38 40 42 44 46 48 50 52
24 26 28 30 32 34 36 38 40 42 44 46 48 50 52 54
26 28 30 32 34 36 38 40 42 44 46 48 50 52 54 56
28 30 32 34 36 38 40 42 44 46 48 50 52 54 56 58
```

Die erste Auffälligkeit in unserem Programm ist gleich die Definition von `test_matrix` als *Doppelpointer* (Zeile 22). Was um Himmels willen wollen wir denn damit wieder erreichen? Nun, ganz einfach: Wenn ein Pointer auf `int` ein dynamisches Array von `int`-Werten bezeichnet, dann bezeichnet ein Doppelpointer auf `int` logischerweise ein dynamisches Array von dynamischen Arrays von `int`-Werten. `test_matrix` ist also nichts anderes als ein dynamisches Array, dessen Inhalt selbst wieder Pointer sind. Und hinter jedem dieser einzelnen Pointer steckt ein dynamisches `int`-Array.

Und genau dadurch ist auch die zweite Auffälligkeit in Zeile 22 zu erklären, die für Ungeübte leider nur zu leicht zum Stolperstein wird: Bei `malloc` geben wir im `sizeof` Operator einen `int*` als Größenfaktor an! Ganz klar, denn wie bereits erwähnt, hält `test_matrix` ja Pointer, und genau für diese muss der Platz reserviert werden.

Vorsicht Falle: Ein ganz typischer Schlampigkeitsfehler ist die Anforderung von Speicher für `int` anstatt für `int*`. Dieser Fehler ist allerdings besonders heimtückisch, denn auf sehr vielen Architekturen haben `int` und ein Pointer denselben Speicherbedarf! Damit fällt ein solcher Fehler oft für sehr lange Zeit nicht auf! Aber es gibt auch Architekturen, auf denen die beiden nicht dieselbe Größe haben, z.B. auf DEC-Alpha Maschinen. Dort ist ein `int` 4 Bytes lang, aber ein `int*` braucht 8 Bytes! Und schon kann man sich vorstellen, warum die Portierung einiger großer Softwaresysteme auf DEC-Alpha Architekturen viel längere Zeit in Anspruch genommen hat, als ursprünglich angenommen... :-)

Mit dieser ersten Speicherblock-Anforderung in Zeile 22 ist also erst einmal nur der Speicher angefordert, der zum Halten der einzelnen Pointer gebraucht wird. Nun haben wir aber noch keinen Speicherplatz für die einzelnen Elemente. Dieser wird in den Zeilen 27–28 Array für Array gesondert angefordert und dem entsprechenden Element von `test_matrix` zugewiesen.

Die beiden soeben beschriebenen Schritte, die zu einer dynamischen Matrix führen, sind in Abbildung 10.3 kurz skizziert, damit man sich eine bessere Vorstellung machen kann, was genau passiert.

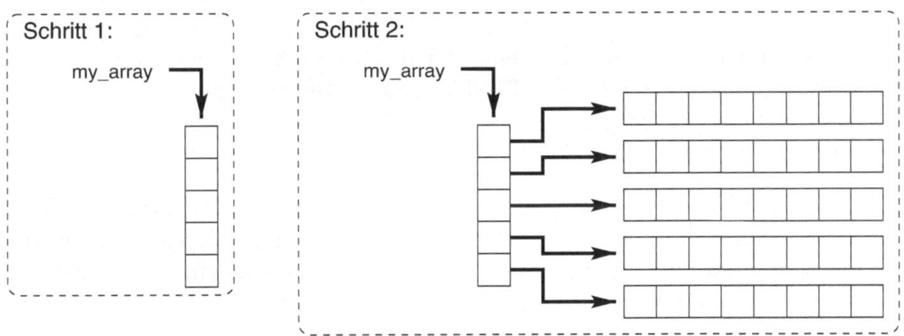

Abbildung 10.3: Prinzip einer dynamischen Matrix

Nach der zweistufigen Allokierung haben wir den gesamten Speicherbereich, den wir für unsere Matrix brauchen. Wollten wir 3 Dimensionen haben, z.B. um einen Quader von Zellen zu allokieren, dann wäre eben der äußerste Teil ein Dreifachpointer, der wiederum Doppelpointer hält, die einzeln allokiert werden müssen. Alle Doppelpointer wiederum halten Pointer etc. Man kann dieses Spiel für beliebig viele Dimensionen spielen. Vorsicht ist allerdings geboten, damit man den Überblick nicht verliert.

Vorsicht Falle: Oft werden von Anfängern gefährliche Fehlannahmen über die Organisation der einzelnen Blöcke im Speicher getroffen. Beispielsweise hört man oft, dass die nacheinander allokierten Blöcke hintereinander im Speicher zu liegen kommen, und diese fälschlich angenommene Organisation wird dann in trickreichen Konstrukten ausgenützt. Leider passiert es dann, dass auf manchen Architekturen und unter ganz bestimmten Bedingungen solche Annahmen sogar noch zutreffen, aber das ist reiner Zufall! Grundregel Nummer eins beim Arbeiten mit dynamischem Speicher: **Man kann niemals vorherbestimmen, wie der angeforderte Speicher organisiert ist! Das Einzige, was garantiert wird, ist, dass ein einzelner angeforderter Speicherblock für den Programmierer so aussieht, als stünden alle Elemente genau hintereinander!**

Fehlannahmen dieser Art gibt es nicht nur bei dynamischer Speicherverwaltung, oftmals werden solche Annahmen auch bei statischen Arrays getroffen und zu besonders böser, trickreicher Programmierung verwendet. Z.B. meinen viele Programmierer zu wissen, dass eine statisch angeforderte Matrix "mit Sicherheit" in Spalten organisiert ist. Andere wiederum wissen "mit Sicherheit", dass sie in Reihen organisiert ist etc. Auch hier gilt wieder: **Es ist nicht eindeutig festgelegt, wie mehrdimensionale statische Arrays im Speicher abgelegt werden!**

Da wir den Speicherbereich nun haben, wollen wir auch den einzelnen Elementen etwas zuweisen. Dies machen wir in zwei ineinander geschachtelten `for`-Schleifen für alle Elemente wieder in unserer gewohnten Array-Schreibweise mit Indizes (Zeilen 31–36). Ein Statement wie z.B.

```
test_matrix[3][5]
```

ist folgendermaßen zu verstehen:

- Nimm das dritte Element des dynamischen Arrays `test_matrix`. Nach unserer Definition von `test_matrix` wissen wir, dass dieses Element ein `int*` sein muss (zur Erinnerung: Der Index-Operator bewirkt einen Schritt der Dereferenzierung, und `test_matrix` ist ein `int**`).
- Auf dieses Ergebnis der ersten Dereferenzierung, also auf diesen `int*`, wird ein zweiter Schritt der Dereferenzierung durch den zweiten Index-Operator mit Index 5 ausgeführt. Und dies führt uns direkt zum `int` selbst.

Man kann sich leicht überlegen, dass eine Indizierung nicht nur für eine, sondern für beliebig viele Dimensionen funktioniert. Es wird ja immer zuerst ein Index-Operator ausgewertet, und auf das Ergebnis dieser Auswertung wird der nächste Index-Operator angewandt.

Nachdem wir die Matrix in den Zeilen 39–45 ausgegeben haben, wollen wir sie reallokieren. Ein einfaches `realloc` geht nicht, da wir ja in unserem Fall mehrstufig Speicher angelegt haben. Also müssen wir diese Mehrstufigkeit auch beim Reallokieren beibehalten:

Schritt 1: Reallokieren des Doppelpointers.
Schritt 2: Reallokieren der bereits existenten Arrays.
Schritt 3: Dazuallokieren der noch fehlenden Arrays.

Diese drei Schritte, die in den Zeilen 50–60 passieren, sind zum besseren Verständnis in Abbildung 10.4 graphisch dargestellt. Die Teile, die in der Graphik grau hinterlegt sind, stellen die reallokierten Bereiche dar.

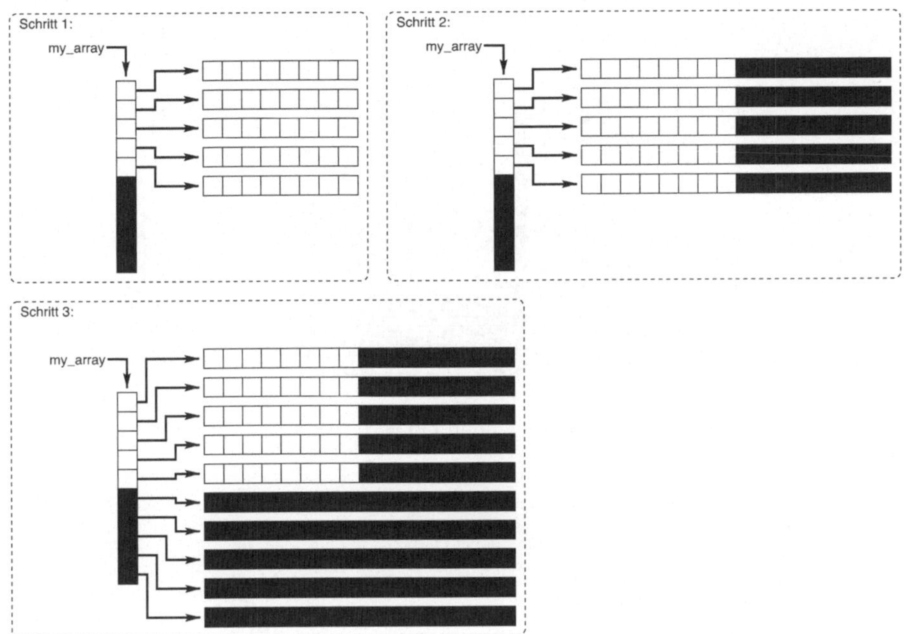

Abbildung 10.4: Reallokieren einer dynamischen Matrix

Auch die Initialisierung der dazugekommenen Bereiche erfolgt logischerweise mehrstufig, wie wir in den Zeilen 65–80 sehen.

Und weil wir schon die Anforderung der Speicherblöcke mehrstufig vornehmen mussten, erfolgt natürlich auch die Freigabe des Speichers nach demselben Prinzip (Zeilen 96–100). Zum besseren Verständnis sind auch diese beiden Schritte in Abbildung 10.5 graphisch dargestellt.

Vorsicht Falle: Beim Freigeben des Speichers muss man immer **von innen nach außen** vorgehen, wie im Beispiel gezeigt. Wenn man z.B. nur einfach `free(test_matrix)` aufrufen würde, dann würde zwar der Speicherbereich freigegeben werden, der die einzelnen Base-Pointer für die Reihen hält, der Speicher aber, der für die einzelnen Reihen tatsächlich allokiert war, würde übrig bleiben! Schlimmer noch: Er würde nicht nur übrig bleiben, wir hätten gar keine Chance mehr, ihn nachträglich freizugeben, wenn wir das auch wollten. Wir haben nämlich durch das Freigeben der "umschließenden Hülle" unsere einzelnen Base-Pointer verloren! Oftmals trifft man bei unerfahrenen C Programmierern auf die Fehlannahme, dass bei einem `free` auf das äußerste Array auch die inneren Blöcke implizit freigegeben werden. Aber wie gesagt – dies ist eine **Fehlannahme**, und diese führt zu munter in ihrem Speicherbedarf wachsenden Programmen!

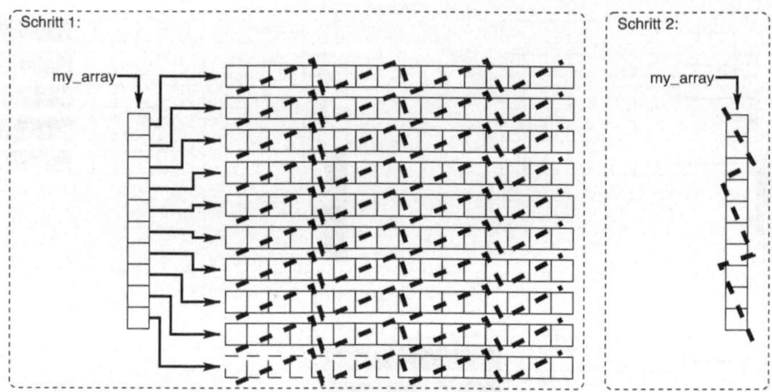

Abbildung 10.5: Freigeben einer dynamischen Matrix

10.5 Pointerarithmetik

Bisher wissen wir, wie man mit dynamischen Arrays umgeht, und wie man mit dem Index-Operator auf die einzelnen Elemente zugreift. Es gibt da in C aber noch etwas... Man kann mit Pointern auch rechnen und eine so berechnete Adresse dereferenzieren. Dies ist gleichwertig damit, dass man den Index-Operator "zu Fuß" implementiert. Das folgende Beispiel (`pointer_arithmetic_test.c`) soll dies kurz demonstrieren:

```
1 // pointer_arithmetic_test.c - Demonstration pointer arithmetic
2
3 #include <stdio.h>
4 #include <stdlib.h>
5
6 #define NUM_ELEMENTS 5
7
8 //------------------------------------------------------------
9 int main()
10 {
11   // requesting dynamic allocation of memory for the array
12   int *test_array = malloc(NUM_ELEMENTS * sizeof(int));
13
14   int count = NUM_ELEMENTS;
```

```
15    int *help_ptr = test_array;
16
17    // assign whatever values to the elements of the array
18    while(count--)
19      *help_ptr++ = count * 2;
20
21    // now let's have a look what the array contains
22    count = NUM_ELEMENTS;
23    help_ptr = test_array;
24    while(count--)
25      printf("%d ",*help_ptr++);
26    printf("\n");
27
28    // what does element 3 of the array contain?
29
30    printf("Element 3 contains the value %d\n",
31           *(test_array + 3));
32    // ok, now we don't need the array any more, let's free it
33    free(test_array);
34    test_array = NULL;
35
36    return(0);
37 }
```

Dieses Programm liefert den folgenden Output

```
8 6 4 2 0
Element 3 contains the value 2
```

In diesem Programm haben wir wieder ein dynamisches Array, das wir wie gewohnt allokieren. Auffällig wird erst die Definition einer Pointer Variablen `help_ptr`, die wir zur Initialisierung auf den Beginn des für `test_array` allokierten Blocks zeigen lassen (Zeile 15). Die Zuweisung eines Inhalts an die einzelnen Felder des Arrays in den Zeilen 18–19 sieht allerdings für C-Anfänger dann doch sehr abstrus aus... Was um alles in der Welt bedeutet

```
*help_ptr++ = count * 2;
```

in Zeile 19? Sezieren wir also das Statement, damit es klarer wird:

1. `*help_ptr` bedeutet bekanntermaßen ein Dereferenzieren des Pointers, damit man zu seinem Inhalt kommt.
2. Darauf wird `count * 2` zugewiesen.
3. Und erst danach greift unser post-increment Operator (`++`) ins Geschehen ein, und der Pointer (also die Adresse, nicht der Wert, der dahintersteckt!) wird inkrementiert. Ein solcherart durchgeführtes Inkrementieren führt uns adressmäßig zur Startadresse des nächsten Elements im allokierten Block. In unserem Fall also zum nächsten `int`.

Ganz wichtig hierbei ist, dass wir für die Laufvariable aus Sicherheitsgründen eine eigene Variable (`help_ptr`) genommen haben, um nur keinesfalls den Base-Pointer des allokierten Blocks zu verlieren!

Die Ausgabe der einzelnen Werte des Arrays erfolgt analog, wieder mit unserem `help_ptr`. Wichtig hierbei ist, dass man natürlich nicht vergessen darf, den Pointer vorher wieder auf die Startadresse von `test_array` zurückzusetzen!

Man kann Pointer natürlich nicht nur inkrementieren und dekrementieren, man kann selbstverständlich auch alle anderen Ganzzahloperationen auf ihnen ausführen (sofern dies einen Sinn ergibt). Dies sehen wir in Zeile 30. Dort wollen wir das Element mit dem Index 3 (also das vierte Element, der Index startet bei 0!) wissen. Dazu verwenden wir das Konstrukt

```
*(test_array + 3)
```

Dies bedeutet nun Folgendes:

- Nimm den Base-Pointer von `test_array` (also die Startadresse, die im Prinzip auf das erste Element (mit dem Index 0) zeigt).
- Rücke mit der Adresse um 3 Elemente vor, also im Prinzip: Lasse die Adresse auf das vierte Element zeigen.
- Dereferenziere diese Adresse, um zum `int` zu gelangen, der an dieser Stelle steht.

10.6 Strings in C

Viele mögen sich gefragt haben, warum ich mich zum Thema Strings in C bisher so bedeckt gehalten habe. Nun, ganz einfach: Bisher waren Pointer noch nicht bekannt, und die brauchen wir für Strings!

Im Prinzip ist ein String in C nichts anderes als ein `char*`, allerdings mit einer besonderen Eigenheit: Der letzte `char` im dafür allokierten Array ist ein `'\0'`-Character. Nur der Vollständigkeit halber: Es ist ja bereits bekannt, dass `char*` und ein statisches `char[]` mit den gewohnten Einschränkungen gegeneinander austauschbar sind. Man kann also auch ein statisches `char`-Array dafür verwenden. Nur ist dies in den meisten praktischen Anwendungsfällen nicht sinnvoll.

Genau mit dieser kurzen Beschreibung ist eigentlich schon alles über Strings in C gesagt, was es zu sagen gibt. Also soll nur noch an einem kleinen Programm demonstriert werden, wie man mit ihnen arbeitet (Anm: Es gibt in C viele String-Manipulations Funktionen, diese sind aber hier im Augenblick nicht Gegenstand der Abhandlung, uns interessiert derzeit nur das Prinzip).
Nach bekannter Manier gibt es hier wieder ein Testprogramm (`string_test.c`):

```
1 // string_test.c - Demonstration of strings in C
2
3 #include <stdio.h>
4 #include <stdlib.h>
5
6 #define MAX_STR_LEN 256
7
8 #define ILLEGAL_ARGUMENTS -1
9
10 int readLine(char *str,unsigned max_length);
11 unsigned stringLength(char *str);
12 void stringCopy(char *dst,char *src);
```

```
13
14 //--------------------------------------------------------------
15 int main()
16 {
17   // requesting dynamic allocation of memory for the array
18   char *test_string = malloc((MAX_STR_LEN + 1) * sizeof(char));
19   int length;
20
21   length = readLine(test_string,MAX_STR_LEN);
22   if (length != ILLEGAL_ARGUMENTS)
23   {
24     char *copied_string = malloc((MAX_STR_LEN + 1) * sizeof(char));
25
26     printf("Input was: %s\n",test_string);
27     printf("Length of String is: %u\n",
28            stringLength(test_string));
29
30     stringCopy(copied_string,test_string);
31
32     printf("Copied String is: %s\n",copied_string);
33     printf("Length of String is: %u\n",
34            stringLength(copied_string));
35
36     free(copied_string);
37   }
38
39   free(test_string);
40   return(0);
41 }
42
43 //--------------------------------------------------------------
44 int readLine(char *str,unsigned max_strlen)
45 {
46   char character_read = '\0';
47   unsigned num_chars = 0;
48
49   if ((max_strlen <= 0) || (str == NULL))
50     return(ILLEGAL_ARGUMENTS);
51
52   while((character_read = getchar()) != '\n')
53   {
54     *str++ = character_read;
55     if (++num_chars >= max_strlen)
56       break;
57   }
58   *str = '\0';
59   return(num_chars);
60 }
61
62 //--------------------------------------------------------------
63 unsigned stringLength(char* str)
64 {
65   unsigned length = 0;
66   while(*str++)
67     length++;
68   return(length);
69 }
70
71 //--------------------------------------------------------------
72 void stringCopy(char *dst,char *src)
73 {
74   while(*dst++ = *src++)
75     ;
76 }
```

In Zeile 18 sieht man, dass ein String wirklich nichts anderes als ein `char*` ist, bloß... Zuerst schreibe ich in diesem Buch, dass man niemals hardcodierte Werte ins Programm schreiben soll, dann schreibe ich aber selbst einfach `+ 1` hin. Außerdem, wieso gibt es eine Definition von `MAX_STR_LEN`, wenn dann doch wieder 1 dazuaddiert wird. Und da soll sich dann noch jemand auskennen?!?

Ich sage es gleich, es ist im Augenblick gerade 2 Uhr am Nachmittag, und ich bin stocknüchtern. Das Konstrukt hat tatsächlich einen tieferen Sinn: Die Länge eines Strings ist immer so definiert, dass der abschließende `'\0'`-Charakter **nicht mitgezählt** wird. Also ist der Platz, der für einen String gebraucht wird, immer um genau 1 größer als die Länge des darin gespeicherten Strings. Wenn man jetzt schon einen sprechenden Namen für die maximale Länge eines Strings definiert, dann muss man sich auch an diese Konvention halten und um einen `char` mehr Platz allokieren. Ansonsten kommt es leicht zu Missverständnissen!

Man sollte sich also von vornherein immer gleich angewöhnen, eine Längenangabe bei einem String immer so zu verstehen und zu verwenden, dass der **abschließende `'\0'`-char immer extra dazugerechnet** wird!

Vorsicht Falle: Ich habe es zwar gerade erwähnt, aber man kann es nicht oft genug sagen: Beim Allokieren von Speicher für einen String muss immer **ein Zeichen mehr als seine Länge** allokiert werden, denn der 0-Character zählt extra! Wenn man dies vergisst oder vielleicht über eine missverständliche Konstantendefinition suggeriert, dass ohnehin richtig allokiert wurde, dann stolpert man schon wieder in ein tiefes Loch, weil man wild in Speicherbereichen herumschreibt, die einem nicht gehören!

Die Funktion `readLine` ab Zeile 44 ist ein wenig mit Vorsicht zu genießen, denn sie funktioniert in dieser Form nur unter den verschiedenen Unix-Plattformen vollständig korrekt. Auf DOS bzw. MS-Windows Plattformen ist die in Zeile 52 gewählte Abfrage auf den `'\n'`-char als Zeilenende nicht korrekt, denn dort wird eine Zeile durch die Sequenz CR-LF abgeschlossen. Eine Version von `read_line`, die nicht nur unter Unix funktioniert, findet sich in Anhang E.
Nun stellt sich die Frage: Was tut `readLine` eigentlich?

- Zeile 52 enthält gleich ein sehr typisches, prägnantes C-Konstrukt: Es wird nach einer Zuweisung gleich das Ergebnis der Zuweisung für einen Vergleich herangezogen, der die Laufbedingung der `while`-Schleife darstellt. Diese ominöse Zeile 52 ist folgendermaßen zu interpretieren:
  - Lies ein Zeichen.
  - Weise dieses Zeichen der Variable `character_read` zu.
  - Vergleiche den Inhalt von `character_read` mit *Newline*, und brich ab, wenn wirklich ein *Newline* gelesen wurde. Dies entspricht einem "normalen" Terminieren der Schleife.

Leider ist der Begriff *lies ein Zeichen* etwas irreführend, denn es wird eine Zeile erst dann zur zeichenweisen Bearbeitung an das Programm übergeben, wenn der Benutzer die `<enter>`-Taste gedrückt hat. Aber das nur der Vollständigkeit halber.

- Im Schleifenrumpf wird Character für Character nach den Regeln der Pointerarithmetik in den Speicherblock geschrieben, der für `str` reserviert ist (Zeile 54). Auffällig ist hier, dass wir einfach den Parameter `str` heranziehen und diesen inkrementieren, obwohl wir ja zuvor gesagt haben, dass wir den Base-Pointer keinesfalls verlieren dürfen. Nun, `str` ist für uns nicht wichtig, denn der "echte" Base-Pointer liegt ja außerhalb unserer Funktion. Und weil in C immer call-by-value stattfindet, verändern wir den Wert des Pointers "draußen" ja nicht (sehr wohl aber den Inhalt des Speicherblocks, auf den er zeigt!).
  Als Sicherheitsmaßnahme terminiert die Schleife "gezwungen" durch ein `break` (Zeile 56), wenn die Zeilenlänge die angegebene Maximallänge überschreitet. Diese Maßnahme ist notwendig, denn sonst würde eine zu lange Eingabe eine tolle Segmentation Violation oder Schlimmeres hervorrufen.
- Interessant ist auch noch das Statement in Zeile 58: Dort wird dem letzten `char` des Strings `'\0'` zugewiesen! Dies ist auch unbedingt notwendig, denn vom Keyboard bekommen wir keinen korrekt abgeschlossenen C-String!
- Auch sehr typisch für C ist es, bei lesenden Funktionen als return-Wert die Anzahl der gelesenen Zeichen zu retournieren (Zeile 59).
- Zu guter Letzt findet sich in `readLine` noch ein wichtiger Faktor zum Thema *Robustheit von Programmen*: Zu Beginn werden noch die Parameter auf ihre Gültigkeit überprüft, und im Falle eines Fehlers wird der entsprechende Fehlerwert retourniert. Als Fehlerwert ist hier ein "unmöglicher" Wert definiert, nämlich eine Zahl kleiner als 0. Solche Überprüfungen sollte man unbedingt immer machen und entsprechende Fehlermeldungen zurückliefern, denn eine definierte Fehlermeldung ist behandelbar, ein unkontrollierter Absturz nicht!
  Und noch eine kurze Zusatzanmerkung: Das Vorgehen, einen Fehlerwert als return-Value mitzuteilen, wurde in moderneren Sprachen durch *Exceptions* ersetzt.

Nach dieser ausführlichen Behandlung unserer Lesefunktion wenden wir uns kurz dem typischen C-Konstrukt zur Bestimmung der Länge eines Strings zu, wie es in der Funktion `stringLength` ab Zeile 63 implementiert ist. Zur Wiederholung: Die Länge eines Strings ist bestimmt durch die Anzahl der Characters **exclusive `'\0'`-Character**. Nun, dass der `'\0'`-Charakter tatsächlich den Zahlenwert 0 besitzt, ist nicht weiter verwunderlich. Damit brauchen wir also nur noch unser Wissen über die Definition von boolschen Werten in C wieder anzuwenden, und schon verstehen wir, was in Zeile 66 passiert: Alle Characters, die nicht 0 sind, lassen die Schleife weiterlaufen, und damit wird `length` jeweils um 1 erhöht. Sobald der 0-Character gefunden wird, bricht die Schleife ab. Damit haben wir die Länge des Strings.

Und jetzt wird es ganz nett... Wir kommen zu einem der Lieblingskonstrukte von und für C-Freaks, das gleichzeitig für C-Anfänger außerordentlich abstrus und undurchschaubar wirkt: die Implementation von `stringCopy` von Zeile 72 an. Im Prinzip besteht das Kopieren eines Strings nur aus der `while`-Schleife in Zeile 74, die nicht einmal einen echten Schleifenkörper besitzt! Ja, dieses Konstrukt arbeitet wirklich korrekt, es passiert nämlich Folgendes:

- Zuerst einmal wird `src`, also der Ursprungs-String, dereferenziert, um zum aktuellen Character zu kommen.
- Danach wird `dst` dereferenziert, und es wird der zuvor erhaltene aktuelle Character an die Stelle im Speicher geschrieben, auf die `dst` gerade zeigt.
- Danach wird das Ergebnis der Zuweisung auf 0 überprüft. Im Falle, dass es 0 ist, ist also der abschließende `'\0'`-Character des Source Strings erreicht und die Schleife terminiert.
- Nach der Überprüfung des Ergebnisses werden sowohl `src` als auch `dst` inkrementiert (auch noch in dem Durchlauf, in dem die Schleife terminiert). Damit zeigen beide Pointer auf das jeweils nachfolgende Feld im Speicherblock.
- Weil also schon alles in der Laufbedingung passiert, bleibt für den Schleifenrumpf nicht mehr wirklich etwas zu tun. Also besteht er nur noch aus einer leeren Anweisung (=allein stehender Strichpunkt in Zeile 75). Diese leere Anweisung darf niemals vergessen werden, sonst wird das darauf folgende Statement als Schleifenrumpf verstanden. In unserem Fall hätten wir Glück, denn es würde sich der Compiler aufregen, da kein Statement folgt, aber das muss nicht immer so sein.

10.7 Funktionspointer

Pointer dienen nicht nur dazu, mit Speicherbereichen zu hantieren, es gibt auch noch eine andere sehr brauchbare Anwendung: Man kann Pointer auch auf Funktionen zeigen lassen und diese Funktionen auf Umweg über Pointer aufrufen. Warum das funktioniert, ist relativ klar, wenn man sich überlegt, wie für einen Computer intern ein Funktionsaufruf aussieht: Im Prinzip wird einfach an eine gewisse Adresse gesprungen, und wenn die Funktion zu Ende ist, wird wieder zurückgesprungen. Weil wir es also erstens mit dem Anspringen von Adressen zu tun haben und weil zweitens Pointer dazu da sind, Adressen zu halten, kann man also über Pointer auch einen Funktionsaufruf machen. Hinter den Kulissen passiert zwar noch ein wenig mehr als nur das, aber das würde den Rahmen dieses Buchs sprengen. Also begnüge ich mich hier einmal mit dieser Pseudo-Erklärung.

Es stellt sich jetzt nur noch die Frage, wie man einen Pointer deklariert, der auf eine Funktion zeigt, und wie man ihm dann auch noch die Adresse der aufzurufenden Funktion mitteilt. Das lässt sich am besten am Beispiel zeigen (`function_pointer_first_test.c`):

```
1 // function_pointer_first_test.c - a tiny demo that shows the
2 //                                 principle of function pointers
3
4 #include <stdio.h>
5 #include <stdlib.h>
6
7 void displayVariantOne(char *text);
8 void displayVariantTwo(char *text);
9
10 //------------------------------------------------------------
11 int main()
12 {
13   void (*display_function)(char *text);
14
15   display_function = displayVariantOne;
16   display_function("a text");
17
18   display_function = displayVariantTwo;
19   display_function("a text");
20
21   return(0);
22 }
23
24 //------------------------------------------------------------
25 void displayVariantOne(char *text)
26 {
27   printf("\n%s\n",text);
28 }
29
30 //------------------------------------------------------------
31 void displayVariantTwo(char *text)
32 {
33   printf("\n***********\n%s\n***********\n",text);
34 }
```

Der Output dieses Programms sieht dann folgendermaßen aus:

```
a text

***********
a text
***********
```

Die Deklaration bzw. Definition eines Funktionspointers erfolgt im Prinzip ganz gleich, wie wir es schon von Pointern auf Daten kennen gelernt haben, auch wenn dies auf den ersten Blick nicht so aussieht (Zeile 13). Diese Deklaration ist folgendermaßen zu lesen:

Es wird eine Variable `display_function` definiert, die ein Pointer auf eine Funktion ist, die einen `char *` als Parameter nimmt und die `void` als return-Wert hat. Wichtig hierbei ist, dass man die Klammern rund um `*display_function` nicht vergisst, sonst würden wir nicht einen Pointer auf eine Funktion definieren, die `void` liefert, sondern wir würden eine Variable `display_function` definieren, die den Typ `void*` hat, und bei den darauf folgenden Klammern kennt sich dann der Compiler nicht mehr aus und beschwert sich. Man zwingt also durch die Klammerung den Compiler, den `*` auf die Variable zu beziehen, und damit wird erkannt, dass es sich um einen Funktionspointer handelt.

Wenn wir jetzt schon einen Pointer auf eine Funktion haben, dann müssen wir ihm auch einen Wert zuweisen, denn irgendeine Funktion wird er ja aufrufen müssen. Dies geschieht in den Zeilen 15 bzw. 18. Und dort sieht man auch gleich, wie eine solche Zuweisung aussieht: Man nimmt einfach den Funktionsnamen ohne irgendetwas. Also kein `&` Operator und keine Klammern. Erkenntnis daraus: Ein Funktionsname ist einfach selbst ein Pointer!

Deklariert haben wir den Funktionspointer, eine aufzurufende Funktion zuweisen können wir ihm auch, bleibt also nur noch zu klären, wie wir diese hinter dem Pointer versteckte Funktion jetzt aufrufen. Nun, eigentlich ganz gleich, wie wir immer Funktionen aufrufen, wie man in Zeile 16 sieht: einfach den Variablennamen nehmen, Parameter in Klammern dahinterschreiben, und das war es.

Na schön, man kann also Funktionen über Pointer aufrufen, bloß stellt sich jetzt die Frage: *"Wozu braucht man denn das überhaupt?"* Es gibt oft Fälle, in denen ein Teil des Programms weiß, *wann* etwas geschehen soll, aber nicht genau, *wie* es geschieht. Ein anderer Teil des Programms weiß wiederum, *wie* es geschehen soll, aber nicht *wann*. Ein dritter Teil des Programms, weiß, *was* geschehen soll, wenn dieses *Wann* eintritt, also kann dieser dritte Teil das richtige *Wann* mit dem richtigen *Wie* verknüpfen, und schon wird zum richtigen Zeitpunkt das Richtige aufgerufen.
Einer dieser typischen Fälle, in dem das beschriebene Programmierproblem auftritt, ist bereits im obigen Beispiel angedeutet:

- Es gibt mehrere Varianten, etwas anzuzeigen.
- Der Benutzer gibt zur Laufzeit vor, welche Variante er gerne hätte.
- Die gewünschte Variante (=das *Wie*) wird mit dem Aufruf (=das *Wann*) verbunden. Somit wird ohne viele `if` oder ähnliche Abfragen immer das Richtige aufgerufen.

Nun kann man sagen, dass der hier beschriebene Fall auch wirklich noch durch irgendwelche `if`-Abfragen und Merker-Variablen in den Griff zu bekommen ist. Ok, in diesem Fall ja, auch wenn der Code dadurch sicherlich nicht lesbarer wird. Aber es gibt auch andere Fälle, in denen das wirklich nicht mehr anders geht, ohne völlig wirren Code zu erzeugen. Einer dieser Fälle begegnet einem, wenn man ein frei definierbares graphisches User-Interface programmiert. Man möchte, dass die Benutzer einen beliebigen Menüpunkt oder Button oder sonst etwas definieren können, diesen können sie dann noch an beliebiger Stelle platzieren, und diesem können sie eine beliebige aus einer Unmenge von vordefinierte Aktionen (z.B. *drucken*, ...) zuordnen.

Noch schlimmer wird es, wenn man als Entwickler ein Application-Framework für andere Entwickler schaffen will, das eben diese anderen Entwickler mit Leben füllen sollen (soll heißen, sie sollen Funktionen dazuprogrammieren, die dann automatisch aufgerufen werden).

Mit Funktionspointern haben wir ein sehr flexibles und vielseitiges Konstrukt in der Hand, das es uns erlaubt, Funktionsaufrufe nach Belieben einzusetzen oder auszutauschen, ohne neu compilieren zu müssen.

Vorsicht Falle: Ja, natürlich... Kein Pointer-Konstrukt ohne Falle... Man muss unbedingt immer darauf achten, dass nur eine Funktion einem Pointer zugewiesen wird, die genau dieselben Vereinbarungen für Parameter und return-Wert besitzt wie die Deklaration bzw. Definition des Pointers. Sonst passieren, je nachdem, welchen Maschinencode der Compiler nun erzeugt, die unglaublichsten Dinge, da ja ein völlig falscher Aufruf einer Funktion passiert (mehr, weniger oder andere Parameter, ein anderer return-Wert). Und der Compiler macht leider oft keine besonderen Anstalten, einen falschen Funktionspointer bei der Übersetzung auch als schweren Fehler zu betrachten. Üblicherweise gibt er sich mit einer Warning zufrieden, die man aber keinesfalls ignorieren darf (außer, man weiß **sehr genau**, was man tut. Nur ist das eine Art der trickreichen Programmierung, von der ich nur abraten kann).

---

11. Structures

Ich bin wahrscheinlich schon einigen Lesern ein wenig auf die Nerven gegangen mit meinen ständigen Wiederholungen, dass ein Programm so gut strukturiert und lesbar wie möglich sein soll. Aber ich bin hartnäckig und muss gleich noch einmal in dieselbe Kerbe schlagen.

Mit dem Konzept der Funktionen haben wir bereits eines der Mittel zur Strukturierung in der Hand. Funktionen helfen uns allerdings nur, die Programmlogik zu strukturieren. Zur guten Lesbarkeit fehlt also noch ein Mittel zur Strukturierung von Daten. Je nach Abstraktionslevel der Betrachtung gibt es immer wieder Fälle, in denen mehrere Merkmale logisch zusammengehören, auch wenn zu ihrer Speicherung mehrere Variablen notwendig sind.

Nehmen wir als einfaches Beispiel dafür eine Mitarbeiterliste in einer Firma. Zu jedem Mitarbeiter werden ein Name, die Büronummer und die Telefonnummer gespeichert, um nur die wichtigsten Merkmale zu nennen. Was liegt also näher, als dieses Konglomerat von verschiedenen Variablen (auch verschiedenen Typs!) durch irgendein Konstrukt zusammenzufassen? Sonst müsste man verschiedene Arrays (üblicherweise dynamisch) für die einzelnen Merkmale anlegen, und alle immer getrennt behandeln. Man muss also immer genau wissen, wo und wie die Merkmale gespeichert sind, und das wird leider sehr schnell unüberschaubar. Dadurch entarten solche Konstruktionen sehr schnell zu einer unerschöpflichen Fehlerquelle, vor allem bei späteren Änderungen.

Genau zu diesem Zweck, also um die logische Zusammengehörigkeit zu signalisieren und die Arbeit mit zusammengehörigen Daten zu erleichtern, gibt es in C das Konstrukt der Structures, die als `struct` definiert werden. Mit diesen kann man high-level Datenstrukturen einfach modellieren und Variablen definieren, hinter denen sich komplexe Datentypen verbergen. Die einzelnen Elemente einer `struct` werden als *Members* bezeichnet. Members können entweder primitive Datentypen sein oder sie können auch selber wieder `structs` sein, wobei es dabei gilt, eine gewisse Vorsicht walten zu lassen, wie wir noch sehen werden.

Schauen wir uns im folgenden Programm kurz an, wie man nun eine solche `struct` in C definiert und auf ihre Elemente zugreift (`first_struct_try.c`):

```
1 // first_struct_try.c - demonstration how to define structs
2 //                      and how to access the members
```

```
3
4 #include <stdio.h>
5 #include <stdlib.h>
6
7 // a typical address
8 struct Address
9 {
10   char *country;     // the country, e.g. Austria
11   char *state;       // the state in the country if applicable
12                      // e.g. Minnesota for addresses in the USA
13                      // NULL if not applicable
14   char *zip_code;    // the zip code, e.g. A-8010
15   char *city;        // the city, e.g. Graz
16   char *street;      // the streetname
17   char *number;      // the number of the building in the
18                      // street. This is a string, because there
19                      // can also be numbers containing letters!
20 };
21
22
23 //------------------------------------------------------------
24 int main()
25 {
26   struct Address test_address;
27
28   test_address.country = "Austria";
29   test_address.state = NULL;
30   test_address.zip_code = "A-8010";
31   test_address.city = "Graz";
32   test_address.street = "Inffeldgasse";
33   test_address.number = "16c";
34
35   printf("Address:    %s %s\n           %s %s\n",
36          test_address.street,
37          test_address.number,
38          test_address.zip_code,
39          test_address.city);
40
41   if (test_address.state)
42     printf("           %s, %s\n",test_address.state,
43                        test_address.country);
44   else
45     printf("           %s\n",test_address.country);
46   return(0);
47 }
```

Dieses Programm liefert den folgenden Output:

```
Address:  Inffeldgasse 16c
          A-8010 Graz
          Austria
```

In diesem Programm wollen wir einfach alles, was typisch für eine Adresse ist, zu einer Einheit in Form eines logischen Datenobjekts zusammensetzen. Dazu definieren wir in den Zeilen 8–20 eine `struct Address`, die alle für eine Adresse typischen Members besitzt (Staat, Bundesland etc.). In unserem Fall sind alles Strings, es könnte aber auch jeder andere Datentyp sein. Wie wir auch sehen können, werden die einzelnen Members zwischen geschwungenen Klammern, also quasi in einem Block, deklariert, aber es gibt einen entscheidenden Unterschied zu "normalen" Blöcken: Nach der geschlossenen

geschwungenen Klammer **muss ein Strichpunkt stehen**! Vergisst man diesen, dann gibt der Compiler allerhand kryptische Fehlermeldungen von sich.
Nun haben wir einmal definiert, wie eine solche Structure aussehen soll. Jetzt müssen wir diese nur noch verwenden können:

- Die Definition einer Variable in Zeile 26 zeigt uns, dass wir unsere definierte `struct` gleich verwenden können wie auch alle anderen Datentypen, mit denen wir es bisher zu tun hatten.
- Der Zugriff auf die einzelnen Members der entsprechenden Variable folgt immer demselben Schema: Man nimmt den Variablennamen und schreibt den Namen des gewünschten Members *getrennt durch einen Punkt* dahinter. Der Ausdruck
  `test_address.country = "Austria";`
  ist also folgendermaßen zu interpretieren: Dem Member `country` aus der Variablen `test_address` (die vom Typ `struct Address` ist) weist man den String `"Austria"` zu.
- Wie überall, so gilt auch bei Structures erwartungsgemäß, dass deren Inhalt nicht automatisch initialisiert wird.

Zur Namensgebung von Structures möchte ich hier noch Folgendes erwähnen: Eine Structure darf denselben Namen besitzen wie eine Variable, ohne dass dadurch ein Konflikt entsteht. Ist eigentlich klar, denn der Name der `struct`, in unserem Fall `Address`, wird in einem anderen Kontext verwendet, nämlich im Typdeklarationsteil einer Variablendefinition (also "vorne"). Es hat sich im Übrigen v.a. durch OO-Sprachen wie C++ eingebürgert, dass Namen von Structures (z.B. `Address`) vollständig *capitalized* und ohne Underlines geschrieben werden. Was heißt das nun schon wieder? Nun, es bedeutet, dass ein Name einer `struct`, der aus mehreren Worten besteht, so geschrieben wird, dass die einzelnen Worte nicht durch Underlines getrennt werden, sondern, dass einfach jedes Wort für sich wieder mit einem großen Anfangsbuchstaben beginnt. Innerhalb eines Namens gibt es also eine Mischung aus Groß- und Kleinschreibung (z.B. `PhoneNumber`).

Structures können selbstverständlich selbst Members von anderen Structures sein, und man kann sie beliebig ineinander verschachteln, falls dies aus Gründen der Strukturierung von Daten notwendig sein sollte. Dass man dabei aber auch sehr schnell unleserlichen und unwartbaren Code erzeugen kann, zeigt das folgende Programmbeispiel (`complex_struct_unreadable.c`):

```
1 // complex_struct_unreadable.c - complex structs may be unreadable
2 //                               if used naively
3
4 #include <stdio.h>
5 #include <stdlib.h>
6
7 // an office number in our institute consists of the letter that
8 // stands for the single building, a floor-number in this
9 // building and an office number on this floor. E.g.: D 1.15
```

```
10 struct OfficeNumber
11 {
12   char building;        // the single letter for the building
13   short floor;          // the floor number
14   short office_number;  // the office number on the floor
15 };
16
17 // a typical address
18 struct Address
19 {
20   char *country;    // the country, e.g. Austria
21   char *state;      // the state in the country if applicable
22                     // e.g. Minnesota for addresses in the USA
23                     // NULL if not applicable
24   char *zip_code;   // the zip code, e.g. A-8010
25   char *city;       // the city, e.g. Graz
26   char *street;     // the streetname
27   char *number;     // the number of the building in the
28                     // street. This is a string, because there
29                     // can also be numbers containing letters!
30 };
31
32 // an office is exactly defined
33 struct Office
34 {
35   struct Address building_address; // address of the building
36   struct OfficeNumber office_num;  // the office in the building
37 };
38
39 // constant for extension in struct PhoneNumber below
40
41 #define NO_EXTENSION -1L
42
43 // a telephone number
44 struct PhoneNumber
45 {
46   unsigned short country_prefix; // the prefix for the country,
47                                  // e.g. 43 for Austria
48   unsigned short region_prefix;  // the prefix for the region,
49                                  // e.g. 316 for Graz
50   unsigned long phone_number;    // the actual phone number. Please
51                                  // note that we assume here that
52                                  // a long has to be long enough to
53                                  // store a number. For demo only!
54   long extension;                // the extension, if applicable
55                                  // please note that we take a
56                                  // signed type here, because
57                                  // a neg. number signals us that
58                                  // there is "no extension".
59 };
60
61 // employees in a company
62 struct Employee
63 {
64   char *first_names;          // the first name(s) of the employee
65   char *second_name;          // the name of the employee
66   struct Office office;       // the office of the employee
67   struct PhoneNumber phone;   // the phone number of the employee
68   struct PhoneNumber fax;     // the fax number of the employee
69   char *email;                // the email address of the employee
70                               // or NULL if not available
71 };
72
73 //--------------------------------------------------------------
74 int main()
75 {
```

```
76   struct Employee test_employee;
77
78   test_employee.first_names = "Otto";
79   test_employee.second_name = "Muster";
80   test_employee.office.building_address.country = "Austria";
81   test_employee.office.building_address.state = NULL;
82   test_employee.office.building_address.zip_code = "A-8010";
83   test_employee.office.building_address.city = "Graz";
84   test_employee.office.building_address.street = "Inffeldgasse";
85   test_employee.office.building_address.number = "16c";
86   test_employee.office.office_num.building = 'D';
87   test_employee.office.office_num.floor = 1;
88   test_employee.office.office_num.office_number = 15;
89   test_employee.phone.country_prefix = 43;
90   test_employee.phone.region_prefix = 316;
91   test_employee.phone.phone_number = 87341;
92   test_employee.phone.extension = 3208;
93   test_employee.fax.country_prefix = 43;
94   test_employee.fax.region_prefix = 316;
95   test_employee.fax.phone_number = 873461;
96   test_employee.fax.extension = NO_EXTENSION;
97   test_employee.email = "otto@nowhere.nocom";
98
99   printf("Employee: %s %s\n",test_employee.first_names,
100                             test_employee.second_name);
101  printf("Office:   %s %s\n           %s %s\n",
102         test_employee.office.building_address.street,
103         test_employee.office.building_address.number,
104         test_employee.office.building_address.zip_code,
105         test_employee.office.building_address.city);
106  if (test_employee.office.building_address.state)
107    printf("          %s, %s\n",
108           test_employee.office.building_address.state,
109           test_employee.office.building_address.country);
110  else
111    printf("          %s\n",
112           test_employee.office.building_address.country);
113  printf("          Room: %c %d %d\n",
114                   test_employee.office.office_num.building,
115                   test_employee.office.office_num.floor,
116                   test_employee.office.office_num.office_number);
117  printf("Phone:    +%d-%d-%d",
118                   test_employee.phone.country_prefix,
119                   test_employee.phone.region_prefix,
120                   test_employee.phone.phone_number);
121  if (test_employee.phone.extension != NO_EXTENSION)
122    printf("-%d\n",test_employee.phone.extension);
123  else
124    printf("\n");
125  printf("Fax:      +%d-%d-%d",
126                   test_employee.fax.country_prefix,
127                   test_employee.fax.region_prefix,
128                   test_employee.fax.phone_number);
129  if (test_employee.fax.extension != NO_EXTENSION)
130    printf("-%d\n",test_employee.fax.extension);
131  else
132    printf("\n");
133  printf("Email:    %s\n",test_employee.email);
134 }
```

Dieses Programm liefert den folgenden Output:

```
Employee: Otto Muster
Office:   Inffeldgasse 16c
          A-8010 Graz
```

```
         Austria
         Room: D 1 1 5
Phone:   +43-316-87341-3208
Fax:     +43-316-873461
Email:   otto@nowhere.nocom
```

Eine **Anmerkung** vorweg: Im obigen Programm habe ich bewusst im Code auf `NULL`-Abfragen für Namen etc. verzichtet, da bereits so alles schon unübersichtlich genug ist. In einem "echten" Programm sind diese Abfragen aber **unbedingt notwendig**!

Man sieht (nicht nur am Namen des Programms :-)), dass auch die Verwendung von Structures kein Garant dafür ist, dass ein Programm lesbar bleibt. Bei der Verwendung der `struct Employee` in den Zeilen 78–133 kann man schon sehr einfach den Überblick verlieren.

Heißt das jetzt, dass die Verwendung von Structures doch nicht so toll ist und dass man besser die Finger davon lassen sollte, oder fehlt uns hier bloß noch etwas, das die Durchschaubarkeit wieder herstellt?

Werfen wir einen Blick auf die Idee hinter den hier verwendeten Datenstrukturen. Im Prinzip ist doch die gewählte Strukturierung recht gut und logisch. Es wurde versucht, allgemeine, wiederverwendbare Teile zu identifizieren und in Structures zu kapseln, eine Vorgangsweise, wie man sie auch vor allem in der objektorientierten Programmierung findet.

Das vorrangige Endziel bei der Definition der einzelnen Structures war hier, eine `struct Employee` zu definieren, in der die Daten eines Mitarbeiters einer Firma zu einem logischen Block zusammengefasst sind. Gehen wir also die einzelnen Schritte der Strukturierung einmal durch, die zu den endgültigen Definitionen geführt haben:

- Ein Mitarbeiter hat einen Vornamen und einen Zunamen. Weiters arbeitet er in einem bestimmten Büro und ist über eine bestimmte Telefonnummer und Faxnummer erreichbar, außerdem hat er auch noch eine E-mail-Adresse. Das ist alles, was rein logisch mit dem Mitarbeiter zu tun hat.
- Es gibt aber nicht nur die Sicht dessen, der mit Mitarbeitern zu tun hat, es gibt auch andere Sichten. Ein solches Beispiel findet sich bei unserem `phone`-Member der `struct Employee`. Eine Telefonnummer folgt per Definition immer genau einem vorgegebenen Schema: Sie besteht aus einem Landespräfix, einem Regionspräfix, dem Hauptteil der Nummer und eventuell einer Nebenstelle.
  Wir identifizieren hier also wiederum eine gewisse Systematik, die wir kapseln wollen, denn was geht es den Programmierer, der mit Mitarbeitern zu tun hat, an, wie eine Telefonnummer aufgebaut ist? Vor allem stelle man sich vor, dass alle, die mit Telefonnummern zu tun haben, immer von neuem durchdenken müssen, wie denn nun eine Telefonnummer funktioniert. Also definieren wir eine `struct PhoneNumber`, die genau diese einzelnen Felder enthält.

- Noch einen kapselnswerten Teil identifizieren wir: Das Büro des Angestellten. Wir wollen im Prinzip ja nur wissen, dass alle Angestellten in Büros sitzen. Es interessiert uns aber wiederum nicht, wie ein solches Büro nun genau identifiziert wird, denn dies ist von der jeweiligen Firma vorgegeben. Im Programm ist also das Büro in der `struct Office` definiert wie folgt: Ein Büro hat eine Adresse, die das Gebäude identifiziert, und eine Nummer in diesem Gebäude. Das ist wiederum die Sicht desjenigen, der jemanden in seinem Büro besuchen will.
- Die Adresse ist international spezifiziert, das haben wir bereits in unserem ersten `struct`-Beispiel kennen gelernt. Aus diesem Grund wollen wir hier nicht näher auf die `struct Address` eingehen.
- Interessant wird es aber wieder bei der Büronummer: In unserem Fall ist eine Büronummer etwas, das von der Gebäudeverwaltung des Betriebs definiert wird. Diese Verwaltung legt fest, dass es einen Ein-Buchstaben-Code für das Gebäude gibt (kurzsichtig, denn was tut man, wenn die Firma zu einem späteren Zeitpunkt an einem Standort mehr Gebäude besitzt?). In einem Gebäude gibt es Stockwerke mit Nummern (beginnend bei 1), und in jedem Stockwerk gibt es Büronummern. Also würde z.B. die "Büronummer" D 1.15 ein Büro bezeichnen, das in Gebäude D im Erdgeschoss zu finden ist, und die Nummer 15 hat.

Wir sehen also bei diesem Design, dass verschiedene Personen unabhängig voneinander für die Spezifikation der Einzelteile verantwortlich sind. Andere Personen übernehmen einfach diese Einzelteile, indem sie die entsprechenden Structures verwenden.

Genau damit sind wir auch gleich beim Prinzip der Datenkapselung, die ein wichtiges Konstrukt der objektorientierten Programmierung ist. Dort kann man zwar noch ein bisschen mehr machen, aber nichts, was man nicht mit etwas Selbstdisziplin so einigermaßen in C nachbilden könnte. Wie schon einmal, bei unserem Beispiel mit dem Kaffeeautomaten, stellt sich die Frage: Warum sollen wir uns nicht die Konstrukte aus der OO-Programmierung ausborgen, damit sie uns auch bei unserer imperativen Sprache weiterhelfen?

Die Idee der sauberen Trennung und Kapselung durch Structures in unserem Programm ist ja wirklich gut und leicht logisch nachzuvollziehen. Bloß die Ausführung, also die endgültige Verwendung der sauber identifizierten Typen, ist absolut mangelhaft. Somit wird das Programm zum undurchsichtigen bösen Hack, denn plötzlich ist es mit der Kapselung gar nicht mehr so weit her. Man muss bei der Verwendung immer selbst wissen, was alle einzelnen Felder bedeuten, damit man die (verschachtelte) `struct Employee` überhaupt initialisieren kann. Konstrukte wie z.B.

```
test_employee.office.building_address.country = "Austria";
```

in Zeile 80 sind nun sicher nicht der Weisheit letzter Schluss, was Klarheit und Einfachheit angeht. Schreiben wir einmal im Klartext hin, was dieses Konstrukt bedeutet:

Nimm aus `test_employee` *den Member* `office`. *Dieser ist vom Typ* `struct Office`. *Von diesem nimm den Member* `building_address`. *Dieser ist vom Typ* `struct Address`. *Und von diesem nimm schließlich den Member* `country`, *der vom Typ* `char*` *ist.*

Das kann es also nicht wirklich gewesen sein, denn jedem Programmierer, der dieses Programm noch nie vorher gesehen hat, der aber etwas ändern will, dem treibt es die Schweißperlen auf die Stirn, wenn er sich durch dieses `struct`-Wirrwarr durchkämpfen muss. Wir müssen also hier irgendetwas besser machen.

Was wollen wir erreichen? Wir wollen, dass wir einfach eine Structure anlegen und initialisieren können, ohne allzuviel Vorwissen über die Interna dieser Structure außerhalb unseres Interessensbereichs. Außerdem wollen wir mit einer Structure arbeiten können, ohne deren interne Struktur allzu genau kennen zu müssen. Wenn etwas zur Initialisierung oder zu sonstigen Zugriffen auf eine Structure gebraucht wird, dann soll das gefälligst in Form von Funktionen zur Verfügung stehen. Denn aus den Parameterlisten der Funktionen kann man ablesen, *was denn nun wirklich gebraucht wird*, statt suchen zu müssen, *wie es denn nun realisiert wird*. Schlimmer wird es, wenn die einzelnen Members einer `struct` vielleicht noch reihenfolgeabhängig sind. Man muss zuerst den einen Member setzen, bevor man den anderen setzen darf, weil sonst im Programm etwas Böses passiert etc.

Also machen wir uns im nächsten Schritt daran, das Wissen um die Interna einer `struct` in speziellen Zugriffsfunktionen zu verstecken (=kapseln). Um dies vollständig machen zu können, fehlt uns allerdings noch ein wenig Zusatzwissen über Structures, denn im Gegensatz zur Verwendung von primitiven Datentypen gibt es in C bei `struct`-Datentypen ein paar kleinere Einschränkungen.

Das Arbeiten mit einer `struct` beschränkt sich im Prinzip auf den Zugriff auf die einzelnen Members und auf die Verwendung des Address-of Operators (`&`). Freundlicherweise kann man auch noch mit `sizeof` abfragen, wie viel Speicher die entsprechende Structure belegt. Aber das war es dann schon so ziemlich! Man kann vor allem eines mit `struct`-Variablen nicht tun: Man kann sie **nicht direkt in Zuweisungen verwenden**! Das folgende Konstrukt ist also **ungültig:**

```
struct Address my_addr;
struct Address your_addr;
//... initializing my_addr here;
your_addr = my_addr; // not allowed!!!!
```

Das Problem hierbei ist, dass eine Zuweisung eigentlich eine *Kopie* des Inhalts sein muss, sonst würde man ja bei Änderungen einer Variable gleich die andere mitändern! Was ist aber nun eine Kopie im Fall einer `struct`? Einfach eine low-level Kopie des Speichers, der belegt wird? Nun ja, manchmal. Aber was, wenn es Members in der `struct` gibt, die Pointer sind, wie z.B. in unserem Fall bei der `struct Address`? Hier würden durch die einfache

Speicherkopie zwar die Inhalte der Pointer kopiert, aber nicht das, was dahintersteht, denn das ist ja niemandem mehr bekannt. Zur Erinnerung: Es gibt keine Möglichkeit, nachträglich festzustellen, wie viel Speicher allokiert wurde. Wenn also nur die Pointer selbst kopiert werden, dann zeigen im Fall unserer Adresse die Pointer beider Kopien auf denselben Memory-Block. Also wird bei einer Änderung des Inhalts einer Variable automatisch der Inhalt der anderen Variable mitgeändert. Das kann natürlich fatale Folgen haben und ist sicherlich in vielen Fällen nicht erwünscht!
An dieser Stelle möchte ich noch kurz zwei Begriffe zum Thema "Copy" erwähnen, die in diesem Zusammenhang wichtig sind, aber oft nicht richtig verwendet werden:

Shallow Copy: Dieser Begriff bezeichnet eine Kopie, die nur auf oberster Ebene stattfindet. Die oberste Structure wird kopiert, aber es bleiben alle Pointers erhalten, wie sie sind. Der Inhalt des Speicherbereichs, auf den sie zeigen, wird nicht kopiert. Damit zeigen nach dem Kopiervorgang die Pointer aus Original und auch die Pointer aus der Kopie auf dieselben Memory-Bereiche.

Deep Copy: Dieser Begriff bezeichnet eine tiefe (genau genommen *vollständig in die Tiefe gehende*) Kopie, bei der für alle durch Pointer referenzierte Bereiche auch Kopien angelegt wurden.

Vorsicht Falle: Bei Implementation einer Funktion zum Erstellen einer *deep Copy* muss unbedingt sicher gestellt werden, dass auch bei ineinander verschachtelten Structures vollständig in die Tiefe kopiert wird. Oft wird dieser Aspekt übersehen und nur die oberste Ebene wird wirklich kopiert, aber von darunter liegenden Ebenen werden wieder shallow Copies angelegt (z.B. weil ein Entwickler schlampig war). Die Implementation einer solchen "halben" deep-Copy ist tödlich, denn jeder nimmt an, dass es sich um eine *echte* deep-Copy handelt!

Zurück zum Ausgangspunkt – es ist also eine Variablen-Zuweisung nicht definiert, da das Kopieren von Structures nicht eindeutig definierbar und daher auf automatische Art nicht korrekt durchführbar ist. Wenn wir jetzt daran denken, wie in C Funktionen definiert sind, nämlich als Call-by-Value, dann können wir uns sofort überlegen, dass wir noch etwas mit Structures nicht machen können: Wir können sie **nicht als Parameter bei Funktionsaufrufen** verwenden, genau so, wie wir sie **nicht als return-Values verwenden** können.

Vorsicht Falle: Manche Compiler erlauben es, abweichend vom C-Standard, `struct`-Datentypen als Parameter bzw. als return-Value zu verwenden. Dieses "Feature" soll aber keinesfalls benutzt werden, denn erstens wird man damit compilerabhängige Programme produzieren, was nicht im Sinne des Erfinders ist. Und zweitens – viel schlimmer noch – wird von diesen Compilern eine shallow-Copy der struct an die Funktion übergeben. Dementsprechend wiegt man sich bei gewissen Zuweisungen in Sicherheit, denn man "hat ja sowieso eine Kopie", in Wirklichkeit ändert man aber munter die Daten von jemandem anderen mit. Und dass das ausgesprochen lustige Effekte nach sich ziehen kann, kann man sich ja ausmalen.

Aber wenn das jetzt alles nicht geht – wie bekommt man eigentlich Structures als Parameter in eine Funktion hinein bzw. als return-Wert wieder heraus? Wir haben doch gerade gesagt, wir wollen Zugriffsfunktionen definieren. Jetzt heißt es auf einmal, das geht gar nicht. Oder kommt da noch etwas?

Des Rätsels Lösung nennt sich Pointer! Damit ist definiert, dass jeder mit derselben Referenz einer struct arbeitet und diese tatsächlich verändern kann. Sollte dies nicht erwünscht sein, so muss man explizit Funktionen zur Verfügung stellen, die mit der entsprechenden struct so umgehen können, dass sie ordnungsgemäß entsprechend der Anwendung eine deep-copy durchführen können.

Definieren wir also jetzt in unserem zuvor unlesbaren Programm zu allen Structures sinnvolle Zugriffsfunktionen. Nicht erschrecken – das Programm wird dadurch natürlich deutlich länger, als es war. Nur ist das kein Nachteil, denn es erhöht die Robustheit und es erlaubt ein intuitives Arbeiten. Vor allem haben wir ja bei unserem ersten (unleserlichen) Versuch viele Dinge außer Acht gelassen, die für ein Programm, das in der Praxis eingesetzt werden soll, niemals vernachlässigbar sind. Und genau diese Aspekte sind über die Zugriffsfunktionen wieder in das Programm eingeflossen.

Noch ein Aspekt ist zu beachten, was die Länge des Programms angeht: Jede Verlängerung des Codes bei der Implementation von Zugriffsfunktionen zieht bei der Verwendung derselben eine x-fache Verkürzung des Codes nach sich. Real-World Programme mit Zugriffsfunktionen werden also in Summe um einiges kürzer, aber gleichzeitig auch robuster werden.

Das vollständige Programm complex_struct_clean.c ist in Anhang F abgedruckt, hier sollen nur die interessanten Teile daraus genauer unter die Lupe genommen werden.
Gleich ganz oben im Programm stellen wir fest, dass in Zeile 6 ein bisher unbekannter Header includiert wird:

```
6 #include <string.h>
```

Wie zu erwarten, sind dort die Funktionen deklariert, die C zum Arbeiten mit Strings bereitstellt. Wir verwenden im Programm aus dieser Sammlung die folgenden Funktionen:

```
size_t strlen(const char *s);
char *strcpy(char *dest, const char *src);
```

Wie zu erwarten, liefert strlen die Länge eines Strings (ohne den '\0'-char mitzuzählen), und strcpy kopiert den Inhalt des Strings src auf dest.

Nun aber zurück zum Wesentlichen in diesem Beispiel. Wir wissen bereits, dass man Structures im Normalfall sehr gerne dynamisch verwendet, also mit Pointern auf Structures arbeitet. Nehmen wir nur unseren Fall des Angestellten als Beispiel – Normalerweise werden bei Programmen, die mit solchen Dingen zu tun haben, Listen von Angestellten verwaltet, und dies zumeist in Verbindung mit Datenbanken. Wir können uns also sicher sein, dass wir mit "normaler" Verwendung von Structures nicht weit kommen und dass sicher irgendwo Pointer und dynamische Verwaltung derselben zum Einsatz kommen. Intern arbeiten wir auch lieber mit Pointern, da bei geschachtelten Structures sonst unnötiger Speicher verbraucht werden kann. Also werden im Programm aus Gründen der Einheitlichkeit alle Structures **ausschließlich dynamisch** verwaltet und eben über Pointer angesprochen. Dies ist eine durchaus übliche und empfehlenswerte Vorgehensweise.
Die Deklaration von `struct OfficeNumber` mit den dazugehörigen Funktionen sieht folgendermaßen aus:

```
17 struct OfficeNumber
18 {
19   char building;            // the single letter for the building
20   short floor;              // the floor number
21   short office_number;      // the office number on the floor
22 };
23
24 // access functions
25
26 struct OfficeNumber *newOfficeNumber(char building_id,
27                                      short floor_num,
28                                      short office_num);
29
30 void deleteOfficeNumber(struct OfficeNumber *office_num);
31
32 struct OfficeNumber *cloneOfficeNumber(struct OfficeNumber
33                                        *office_num);
```

`struct OfficeNumber` ist noch eine sehr einfache Structure, da sie keine dynamischen Members besitzt. Trotzdem wollen wir, dass (v.a. bei dynamischer Verwendung!) eine solche Structure immer nur wohldefiniert initialisiert verwendet werden kann. Es ist nichts leichter, als eine Initialisierung zu vergessen, und die daraus resultierenden Fehler sind schwer zu finden.

Zu diesem Zweck deklarieren wir in Zeile 26 eine *Konstruktorfunktion* `newOfficeNumber`, die bei Aufruf eine Instanz von `struct OfficeNumber` erzeugt, und die auch gleich ihre Felder mit den übergebenen Werten füllt. Der return-Wert dieser Funktion ist dann die (dynamisch) neu erzeugte und initialisierte Structure.

Hier möchte ich noch anmerken, dass unsere hier *Konstruktorfunktion* getaufte Funktion sehr an Konstruktoren in OO-Sprachen erinnert und durchaus ähnliche Funktion erfüllt. Der Unterschied besteht darin, dass in OO-Sprachen das Allokieren des Speichers schon zuvor intern passiert und dass der so genannte Konstruktor nur noch die Initialisierung übernimmt. So

weit die sehr bewusst gewählte Ähnlichkeit. Zurück zu unserem grandiosen Programm...
Die Implementation der Konstruktorfunktion sieht dann folgendermaßen aus:

```
272 struct OfficeNumber *newOfficeNumber(char building_id,
273                                      short floor_num,
274                                      short office_num)
275 {
276   struct OfficeNumber *off_num = malloc(sizeof(struct OfficeNumber));
277   if (!off_num) // malloc failed
278     exitOnFatalErrorOutOfMemory();
279   off_num->building = building_id;
280   off_num->floor = floor_num;
281   off_num->office_number = office_num;
282   return(off_num);
283 }
```

Unsere erste Aktion ist das Anfordern von Speicher mittels `malloc` (Zeile 276). Gleich darauf in Zeile 277 folgt eine Abfrage, die leider von den meisten Entwicklern immer wieder vergessen wird, was zu fatalen Fehlern führen kann: Wir **müssen überprüfen, ob wir den Speicher überhaupt bekommen haben!** Per Definition liefert `malloc` bei Erfolg einen Pointer auf den reservierten Speicher. Wenn der Request fehlschlägt, dann liefert `malloc` `NULL`, um zu signalisieren, dass etwas schief gegangen ist. Sollte tatsächlich etwas schief gegangen sein, dann ist eine entsprechende Aktion zu setzen, die je nach Programm natürlich sehr verschieden ausfallen kann. Bei uns ist es der Aufruf von `exitOnFatalErrorOutOfMemory`, wodurch das Programm definiert mit Fehlermeldung beendet wird.

Stellen wir uns vor, wir machen diese Abfrage nicht. Dann fliegt uns beim ersten Zugriff auf die vermeintlich existierende neue `struct` das Programm mit einer *Segmentation Violation* um die Ohren. Und das soll man dann auch noch nachvollziehen können!

Wann geht der verfügbare Speicher zur Neige? Wenn man Glück hat, dann passiert es bei einem Request, der irrtümlich im Stück zu viel Speicher anfordert. Ein solcher Fall ist relativ gut nachvollziehbar, bloß leider ist er selten. Der übliche Fall, der dazu führt, dass der Speicher ausgeht, ist ein wachsendes Programm, das nach langer Zeit einmal den Punkt erreicht, wo es keinen Speicher mehr gibt (und das kann Tage und Wochen dauern, z.B. bei Server-Applications).

Wenn unser Programm nun so freundlich ist und uns meldet, dass der Speicher aus ist, dann wissen wir, dass wir nach einem *Memory-Leak* suchen müssen. Allein dieses Wissen treibt einem Entwickler schon die Schweißperlen auf die Stirn und verursacht schwere Magenkrämpfe. Wenn wir allerdings unsere Abfrage nicht machen und in eine Segmentation Violation laufen, dann kann vom wild gewordenen Pointer über den falschen Zugriff auf Members und vergessene Adress-of Operatoren bis zum ausgegangenen Speicher alles passiert sein. Und damit haben wir uns ins eigene Fleisch geschnitten, denn nun spielen wir Don Quichote und kämpfen gegen unsere programminternen Windmühlen, nur weil wir nicht nachvollziehen können, was passiert ist.

Nun gut, wir haben also Speicher angefordert, und wir nehmen an, dass wir ihn auch bekommen haben. Dann weisen wir den einzelnen Members der Structure ihre Werte zu, die wir als Parameter bekommen haben (Zeilen 279–281), und danach retournieren wir die neu erstellte `struct`.

Die Punkt-Operatoren beim Structure-Zugriff sind absichtlich anderen Operatoren gewichen, die wir bisher noch nicht kennen, nämlich den *Pfeil-Operatoren.*

Zur Erinnerung: Der Zugriff auf Members einer `struct` erfolgt über einen Punkt, gefolgt vom Namen des gewünschten Members. Nehmen wir an, wir hätten folgende Variable:

```
struct OfficeNumber off_num;
```

Dann würden wir z.B. auf den Member `building` folgendermaßen zugreifen:

```
off_num.building
```

Nur haben wir es in unserem Fall aber mit einem Pointer auf die Struktur zu tun, also mit folgender Definition:

```
struct OfficeNumber *off_num;
```

Also müssten wir im Prinzip folgendermaßen auf den Member zugreifen: Zuerst den Pointer dereferenzieren (mittels `*`-Operator) und danach auf das Ergebnis den Punkt-Operator anwenden. Dies sieht folgendermaßen aus:

```
(*off_num).building
```

Wir sehen, das ist gar nicht so gut lesbar, wie wir uns das wünschen würden.

Anmerkung: Die Klammern sind notwendig, denn sonst würde versucht werden, zuerst `off_num.building` aufzulösen und danach die Dereferenzierung davon vorzunehmen. Wir wollen aber zuerst `off_num` dereferenzieren, und dann wollen wir davon den Member `building` haben.

Vor allem stellen wir uns vor, wir hätten es mit mehreren Ebenen bei verschachtelten Strukturen zu tun, dann wird es noch besser. Greifen wir einfach den Fall heraus, dass wir wissen wollen, in welchem Staat das Büro unseres Angestellten ist (der Angestellte sei in der Pointer-Variablen `test_employee` gespeichert). Dies führt uns zum wunderbar unleserlichen Konstrukt:

```
(*(*(*test_employee).office).building_address).country
```

Toll, oder? Und um solche Orgien zu verhindern, gibt es in C einen Operator, der automatisch zuerst den Pointer dereferenziert und dann auf den entsprechenden Member zugreift: den Pfeil-Operator (`->`). Verwendet man diesen, dann lichtet sich unser Konstrukt zu:

```
test_employee->office->building_address->state
```

Dieses Konstrukt bedeutet: Dereferenziere `test_employee`, dann greife auf den Member `office` zu. Dieser Member ist selbst wieder ein Pointer auf eine `struct`, also wieder ein `->`. Damit dereferenziert man diesen Member und greift auf einen darin enthaltenen Member zu usw., bis man dort angelangt ist, wo man hinwill. Man sieht, die Erfinder von C waren sich von vornherein bewusst, dass man Structures zu einem sehr großen Teil über Pointer realisieren wird, und haben darauf reagiert.

Was sehen wir allerdings noch? Nun, die Konstruktorfunktion lohnt sich, denn ansonsten müssten wir überall im Programm, wo wir eine solche `struct` anlegen wollen, das gesamte Konstrukt schreiben, das hier in der Funktion steht. Erstens einmal ein sinnloser *Copy-and-Paste* Job, zweitens eine fehleranfällige Geschichte! Einmal wird die Abfrage auf `NULL` vergessen, dann wieder wird die Abfrage nicht vergessen, aber dafür wird nicht die Funktion `exitOnFatalErrorOutOfMemory` aufgerufen, sondern anders reagiert usw. Wir sparen uns also Codezeilen, und noch viel wichtiger, wir gewinnen an Einheitlichkeit und Erweiterbarkeit.

Wo es eine Funktion zum Anlegen einer `struct` gibt, dort sollte es natürlich auch eine Funktion geben, mit der man das Angelegte wieder loswird, nennen wir sie hier angelehnt an OO-Sprachen *Destruktorfunktion*. Eine solche stellt `deleteOfficeNumber` in Zeile 30 dar, der wir als Parameter die freizugebende `struct` übergeben. Die Implementation der Destruktorfunktion liest sich dann so:

```
287 void deleteOfficeNumber(struct OfficeNumber *office_num)
288 {
289   if (office_num)
290     free(office_num);
291 }
```

Das Einzige, was hier Beachtung verdient, ist die Sicherheitsabfrage, ob man nicht irrtümlich einen `NULL` Pointer bekommen hat, denn `free` auf einen solchen ließe uns unser Programm wieder in eine Segmentation Violation laufen. Grundregel Nummer eins: **Man darf sich niemals darauf verlassen, dass alles immer ok ist!** Dementsprechend sind die notwendigen Sicherheitsabfragen (sinnvoll!) einzubauen. Um dies nicht auf Kosten der Effizienz eines Programms gehen zu lassen, ist es sehr wichtig, dass es ein klares Design gibt, das es erlaubt, keine unnötigen Doppelüberprüfungen zu machen (z.B. eine Funktion prüft auf `NULL`, dann ruft sie eine andere Funktion auf. Diese prüft dieselbe Variable wieder auf `NULL`, denn man weiß ja nie. Dann wird von dort aus die nächste Funktion aufgerufen, die wiederum überprüft etc.)

Wie wir bereits wissen, bedeutet die Zuweisung ein- und desselben Pointers an mehrere Variablen, dass alle mit demselben Speicherplatz arbeiten. Also im Falle von Structures arbeiten alle mit derselben `struct`, was manchmal durchaus wünschenswert ist. Manchmal aber will man eine Kopie einer solchen Structure haben, z.B. um jemandem die Möglichkeit zu geben, mit einer Structure zu arbeiten, ohne das Original verändern zu können. Für solche vollständigen Kopien ist der Name *Clone* gebräuchlich, und genau so haben wir auch die Funktion genannt, die diese Aufgabe übernimmt: `cloneOfficeNumber` in Zeile 32. Diese Funktion liefert uns als return-Wert eine (dynamisch) neu angelegte `struct`, die eine exakte Kopie der übergebenen Structure darstellt, und sie ist so implementiert:

```
296 struct OfficeNumber *cloneOfficeNumber(struct OfficeNumber
297                                          *office_num)
298 {
299   if (!office_num)
300     return(NULL);
301   return(newOfficeNumber(office_num->building,
302                          office_num->floor,
303                          office_num->office_number));
304 }
```

Sehr wichtig dabei ist, dass in unserem Programm als *Clone* **immer ein deep-Clone** definiert ist, also eine Kopie, die alle Ebenen dupliziert, nicht nur die oberste (analog zu einer *deep Copy*). Je nach Anwendung ist manchmal auch die getrennte Definition von zwei Funktionen sinnvoll, nämlich einer Funktion, die einen *deep Clone* liefert, und einer anderen, die einen *shallow Clone* erstellt.

Was haben wir also jetzt erreicht? Wir können eine neue Instanz unserer `struct` anfordern, wobei wir der Konstruktorfunktion gleich alles mitgeben, was zur Initialisierung gebraucht wird. Damit haben wir die Garantie, dass jeder, der diese Funktion verwendet, keine Fehler mehr beim Anlegen des Speichers (z.B. `sizeof` vergessen o.ä) und bei der Initialisierung machen kann (sofern wir keinen Fehler in unserer Funktion haben :-)). Weiters haben wir mit unserer Destruktorfunktion erreicht, dass beim "Aufräumen", also beim Freigeben des Speichers, alles exakt weggeräumt wird. Natürlich wieder nur, sofern wir keinen Fehler in der Funktion haben. Und wir können einfach einen Clone anfordern, ohne uns um die Interna der `struct` kümmern zu müssen.

So gesehen ist es natürlich wünschenswert, dass jeder, der eine `struct` schreibt, auch gleich die entsprechenden drei Funktionen zur Verfügung stellt, und wir führen dazu folgende Konvention ein:

- Die Konstruktorfunktion besitzt immer das Präfix `new`, gefolgt vom Namen der `struct`.
- Die Destruktorfunktion besitzt immer das Präfix `delete`, gefolgt vom Namen der `struct`.
- Die Clone-Funktion besitzt immer das Präfix `clone`, gefolgt vom Namen der `struct`.

In unserem Beispiel gibt es für alle Structures die entsprechenden drei Funktionen. Diese Vorgehensweise sollte man sich unbedingt angewöhnen, denn damit hat man die kritischen Teile der Arbeit mit dynamischen Structures immer sauber gekapselt, und sie sind leicht testbar. Weiters muss man sich angewöhnen, immer im Programm genau diese Funktionen zu verwenden, und niemals mehr selbst "per Hand" eine Structure neu anzulegen etc., denn sonst wird der gute Effekt wieder zunichte gemacht. **Konsequenz bei der Entwicklung ist also gefragt!** Aber wir werden sehen, dass uns die defi-

nierten Funktionen das Leben um so vieles erleichtern, v.a. bei komplexeren Structures, dass man sie ohnehin freiwillig verwendet.
Ein wenig umfangreicher fällt der Deklarationsteil schon bei `struct Address` aus:

```
37 struct Address
38 {
39   char *country;      // the country, e.g. Austria
40   char *state;        // the state in the country if applicable
41                       // e.g. Minnesota for addresses in the USA
42                       // NULL if not applicable
43   char *zip_code;     // the zip code, e.g. A-8010
44   char *city;         // the city, e.g. Graz
45   char *street;       // the streetname
46   char *number;       // the number of the building in the
47                       // street. This is a string, because there
48                       // can also be numbers containing letters!
49 };
50
51 // access functions
52
53 struct Address *newAddress(char *country, char *state,
54                            char *zip_code, char *city,
55                            char *street, char *number);
56
57 void deleteAddress(struct Address *addr);
58
59 struct Address *cloneAddress(struct Address *addr);
60
61 void setCountryInAddress(struct Address *addr, char *country);
62
63 void setStateInAddress(struct Address *addr, char *state);
64
65 void setZipCodeInAddress(struct Address *addr, char *zip);
66
67 void setCityInAddress(struct Address *addr, char *city);
68
69 void setStreetInAddress(struct Address *addr, char *street);
70
71 void setNumberInAddress(struct Address *addr, char *number);
```

Wie zu erwarten, finden sich auch hier wieder entsprechende Konstruktor-, Destruktor- und Clone-Funktionen. Sehen wir uns stellvertretend die Implementation von `newAddress` an:

```
309 struct Address *newAddress(char *country, char *state,
310                            char *zip_code, char *city,
311                            char *street, char *number)
312 {
313   struct Address *addr = malloc(sizeof(struct Address));
314   if (!addr)
315     exitOnFatalErrorOutOfMemory();
316   addr->country = cloneString(country);
317   addr->state = cloneString(state);
318   addr->zip_code = cloneString(zip_code);
319   addr->city = cloneString(city);
320   addr->street = cloneString(street);
321   addr->number = cloneString(number);
322   return(addr);
323 }
```

Die struct Address besitzt intern nur dynamische Variablen, dementsprechend vorsichtig muss man mit ihnen auch umgehen, damit man keine bösen Überraschungen erlebt. Anfordern des Speichers und Überprüfen des Ergebnisses von malloc geschieht hier genau so wie vorher. Danach allerdings wird es etwas interessanter: Wir wissen, dass Strings de facto einfach char* sind. Weil wir niemals sicher sein können, was der Aufrufende mit den Strings macht (verändern, freigeben etc.), oder auch, wie diese generiert wurden (dynamisch, statisch), müssen wir sie clonen. Denn was würde z.B. passieren, wenn jemand uns einen String übergibt, der nicht dynamisch erzeugt wurde? Wir dürfen ihn nicht mit free freigeben, wenn wir die Structure löschen. Wenn wir aber nun per Konvention festlegen, dass von uns aus gar nichts freigegeben wird (was die logische Konsequenz wäre), dann müssen sich alle Programmierer selbst beim Freigeben um die richtige Freigabe der einzelnen Strings kümmern. Das wollen wir sicher auch nicht. Also gehen wir auf Nummer Sicher und speichern in unserer struct ausschließlich Clones von den übergebenen Strings. Damit wissen wir, dass wir sie freigeben müssen, außerdem wissen wir, dass es nicht möglich ist, diese noch unabsichtlich von außerhalb zu verändern. Somit können wir wieder ruhiger schlafen. Die Funktion cloneString wird später noch ein wenig näher besprochen werden.

Es sind aber zum Zugriff auch andere Funktionen deklariert, die bisher noch nicht vorkamen: Es gibt eine Reihe von set-Funktionen. Diese werden dazu gebraucht, um einzelne Members in der entsprechenden struct zu setzen. Der Grund, warum wir sie bei unserer vorherigen struct OfficeNumber noch nicht hatten, ist, dass wir dort interne Werte ohne besondere Gefahr für die Robustheit des Programms ändern können, denn wir haben es dort ja nicht mit dynamischem Speicher etc. zu tun. Dies ist hier in struct Address schon anders, denn diese arbeitet exzessiv mit Strings. Wenn nun jemand einem Member einen anderen String zuweisen will und dabei vergisst, den alten freizugeben, dann haben wir sofort ein unkontrolliert wachsendes Programm.

Also bleiben wir auf der sicheren Seite und implementieren die notwendigen Funktionen, die genau diese Arbeit beim Setzen von Variablen für uns übernehmen. Stellvertretend sei hier die Funktion setCountryInAddress abgedruckt:

```
358 void setCountryInAddress(struct Address *addr, char *country)
359 {
360   if (!addr)
361     return;
362   if (addr->country)
363     free(addr->country);
364   addr->country = cloneString(country);
365 }
```

Auf diese Art haben wir wieder ein Stück Robustheit gewonnen. Außerdem haben wir natürlich auch ein Stück Einfachheit des Codes gewonnen, denn es ist leichter, eine Funktion aufzurufen, als jedesmal nachdenken zu müssen, was noch alles passieren muss, damit nichts schief geht. Vor allem müsste man ja an jeder einzelnen Stelle alle Schritte per Hand ausführen, was den Code garantiert deutlich verlängert.

Wir haben also wieder ein Konstrukt, das uns hilft, uns auf das *"Was will ich?"* zu konzentrieren, statt auf das *"Wie erreiche ich das?"*. Wir können uns also um unser Problem kümmern, ohne Rücksicht auf interne Details zu nehmen, die mit unserem Problem nichts zu tun haben. Haben wir die Funktion einmal genau durchdacht, geschrieben und getestet, dann ist dieses Problem, das auf einem anderen Abstraktionslevel als unsere tatsächlich zu lösende Aufgabe existiert, für uns als erledigt zu betrachten. Wir kümmern uns nur mehr um das Wesentliche.

Per Konvention bekommen unsere entsprechenden Funktionen immer das Präfix `set`, gefolgt von dem, was man setzen will, gefolgt von `In`, gefolgt vom Namen der Structure.

Wieder ist hier **äußerste Disziplin** gefragt: Wenn eine entsprechende `set...` Funktion existiert, dann **muss** diese verwendet werden. Jede Zuweisungsoperation, die direkt (also ohne Funktionsaufruf) erfolgt, ist hiermit verboten, denn dies würde unser schönes Konzept zunichte machen (Anm: Deshalb hat man in OO-Sprachen Konstrukte, die einen solchen direkten Zugriff erst gar nicht zulassen.) Da es in C keine Möglichkeit gibt, Zugriffe zu verhindern, müssen wir uns also auf unsere eigene Konsequenz verlassen!

Was nun "gefährliche" Operationen sind, ist immer wieder Geschmackssache. Aber ich würde die Grundregel einführen: *Alle Operationen, die irgendwelche Member-Variablen verändern, sind gefährlich oder können bei späteren Änderungen gefährlich werden.* Also muss man noch konsequenter sein als in unserem Beispielprogramm und auch bei `struct OfficeNumber` die entsprechenden `set...` Funktionen einführen!

Man kann (und soll!) eigentlich noch einen Schritt weiter gehen: Sofern es für einen Member einer Structure keine entsprechende `set...` Funktion gibt, ist es offensichtlich vom Autor der Structure nicht beabsichtigt gewesen, dass jemand auf diesen Member zugreift! Also wird ausschließlich über Funktionen auf Members zugegriffen, und Members, für die keine solche Funktion existiert, lassen wir tunlichst in Frieden! Mir ist schon bewusst, dass sehr viele C-Programme nicht diesen Regeln folgen, aber zumindest für unsere eigenen Programme hilft es immens, wenn wir sie auf diese Art so robust und durchschaubar wie möglich machen.

Eine weitere Konvention für Zugriffe auf Members soll an dieser Stelle noch eingeführt werden, obwohl dies einen Vorgriff darstellt und auch bewusst in unserem Beispielprogramm noch nicht so ausgeführt wurde: Es soll nicht nur `set...` Funktionen geben, sondern auch die dazu inversen `get...` Funktionen für den lesenden Zugriff auf Members.

Per Konvention sollen diese entsprechenden Funktionen immer das Präfix `get` bekommen, gefolgt von dem, was man erfahren will, gefolgt von `From`, gefolgt vom Namen der Structure. Der return-Wert ist natürlich in diesem

Fall bestimmt durch den Member, den man erfahren will. Auch hier gelten wieder dieselben Regeln, wie bei den `set...` Funktionen, was die Verwendung betrifft.

Der Grund für solche `get...` Funktionen ist wiederum, dass es eventuell gewisse Überprüfungen, vorherige Umrechnungen und andere zu beachtende Dinge geben kann.

Ein weiterer Aspekt spricht noch unbedingt für die Verwendung von Funktionen statt den direkten Zugriff auf Members zu gestatten: Bei späteren Programmänderungen kann es vorkommen, dass aus irgendwelchen Gründen plötzlich einzelne Operationen zu "gefährlichen" Operationen werden. Oft passiert dies bei bestimmten Optimierungsmaßnahmen, wie z.B. der Einführung von *lazy Creation* (=es wird erst beim ersten Zugriff Speicher angefordert). Wenn man die Zugriffe wie hier beschrieben sauber über Funktionen realisiert hat, dann ändert man genau an einer Stelle, nämlich in der Funktion, den Code ab, testet genau diese eine Funktion nochmals ausgiebig, und damit ist für das gesamte Programm der Fall erledigt. Würde man den direkten Zugriff gestatten, dann müsste man im gesamten Programm alle zugreifenden Teile suchen und ändern (und bei solchen Arbeiten kann man sich bei größeren Programmen mit z.B. mehr als 100000 Zeilen dann das Lachen kaum mehr verbeißen).

Das Prinzip hinter allen diesen Maßnahmen ist also recht einfach: Alle Entwickler, die etwas verwenden, sollen nur wissen, *was* sie verwenden und *wie* sie auf *ihrer Abstraktionsebene* damit umgehen. Keinesfalls sollen sie wissen müssen, *wie etwas implementiert ist*, um überhaupt damit umgehen zu können. Und jede Maßnahme, die eine solche eindeutige Abstraktionsebene einzieht, ist uns recht, denn sie nimmt die Verantwortung vom Verwendenden und schiebt sie auf den, der etwas entworfen hat. Wenn jemand eine `struct` entwirft, dann weiß er ja auch, was er damit erreichen will, und wie mit ihr gearbeitet werden soll. Dementsprechend sind die Funktionen dazu zur Verfügung zu stellen, und alle, die die Structure verwenden, verwenden sie damit sicherlich im Sinne des Erfinders, solange sie nur nicht an den verfügbaren Zugriffsfunktionen vorbeiprogrammieren. Es kommt ja bei einem Auto auch niemand auf die Idee, einfach per Spaß neben dem Bremspedal vorbei auf die Bremsleitungen zuzugreifen, indem man z.B. eine Bremsflüssigkeitspumpe an der Türschnalle der Beifahrertür montiert, die mit der Bremsleitung verbunden ist, die man vorher aufgeschnitten hat. Wieso soll man dann also bei der Programmierung auf solche Ideen kommen?
Ich hoffe, die Sinnhaftigkeit der Existenz von Zugriffsfunktionen ist nun ausreichend erklärt.

Vorsicht Falle: In der Konstruktorfunktion legen wir sehr viel Wert auf Sicherheit und clonen die Strings. Wenn wir für die einzelnen Members nun die entsprechenden `get...` Funktionen implementieren, dann gehört entweder per Konvention geklärt, dass die erhaltenen Ergebnisse nicht direkt verändert werden dürfen (leider gibt es in C kein Konstrukt, mit dem man dies erreichen könnte), oder man muss auch in diesem Fall einen Clone liefern, damit nichts Böses passieren kann. Je nach Anwendung und geforderter Performance muss man dann auf Nummer Sicher gehen oder auch nicht. Unbedingt aber muss man die einmal getroffene Entscheidung durch das gesamte Programm durchziehen, sonst geht die Einheitlichkeit verloren, was wieder Fehler nach sich zieht.

Vorsicht Falle: In der Implementation der Funktion `deleteAddress` ist noch ein Stolperstein versteckt:

```
327 void deleteAddress(struct Address *addr)
328 {
329   if (!addr)
330     return;
331   if (addr->country)
332     free(addr->country);
333   if (addr->state)
334     free(addr->state);
335   if (addr->zip_code)
336     free(addr->zip_code);
337   if (addr->city)
338     free(addr->city);
339   if (addr->street)
340     free(addr->street);
341   if (addr->number)
342     free(addr->number);
343   free(addr);
344 }
```

Es findet in Zeile 329 die obligatorische Überprüfung statt, ob die zu löschende Adresse vielleicht gar `NULL` ist. Und hier scheiden sich die Geister bei der Reaktion auf einen solchen Fehler. In unserem Programm wird dieser Fehler, so wie alle anderen, die in die gleiche Kategorie fallen, stillschweigend ignoriert.

Das sollte aber eigentlich nicht passieren! Im Normalfall muss ein solcher Fehler zu einer *Exception* führen, nur gibt es diesen Mechanismus in C nicht. Also muss man sich, je nach Programm, für einen bestimmten Mechanismus entscheiden, wie denn in einem solchen Fall vorzugehen ist. **Stillschweigend ignorieren**, wie in unserem Programm, sollte **nicht gemacht werden**! In unseren folgenden Programmen werden wir dazu bessere Lösungen finden.

Eine weitere Implementation einer Konstruktorfunktion möchte ich noch aufgrund ihres Beispielcharakters herausgreifen, nämlich `newOffice`:

```
416 struct Office *newOffice(struct Address *address,
417                          struct OfficeNumber *office_num)
418 {
419   struct Office *office = malloc(sizeof(struct Office));
420   if (!office)
421     exitOnFatalErrorOutOfMemory();
422   office->building_address = address;
423   office->office_num = office_num;
424   return(office);
425 }
```

Hier entdecken wir eine Eigenheit, die je nach Geschmack implementiert werden muss: Wir haben bei `newAddress` gesehen, dass von jedem String zuerst ein Clone erzeugt wird, und erst diese Clones werden dann gespeichert. Dass dieses Verfahren Geschwindigkeitsnachteile bringt, ist nicht von der Hand zu weisen, aber bei Strings wirken sich diese nicht so extrem negativ aus. Sehr negativ hingegen können sich die Geschwindigkeitsnachteile auswirken, wenn wir verschachtelte Structures clonen, denn je nach Verschachtelungstiefe kann das eine ganze Menge sein. Also wurde hier die Entscheidung getroffen, keine Clones anzulegen. Stattdessen ist in der Dokumentation zu dieser Funktion festgelegt, dass die übergebenen Structures erstens dynamisch erzeugt worden sein müssen, und dass sie zweitens nach Konstruktion der Instanz nicht mehr von außen verändert werden dürfen, da dies sonst Inkonsistenzen hervorrufen könnte. Man sieht, es gibt viele Gründe, die zu einem Design führen. Bei anderen Anwendungen würde man vielleicht wieder anders entscheiden und auf jeden Fall auch Structures clonen. Zur Demonstration ist dies hier einmal auf diese Art implementiert.

Noch eine Konvention zieht sich durch das gesamte Programm: Immer derjenige, der direkt eine Operation auf einen Pointer ausführen muss, überprüft den Pointer, ob er `NULL` ist, und reagiert entsprechend. Dies kann man z.B. bei allen Destruktorfunktionen sehen. Die Funktionen überprüfen selber die Gültigkeit des Requests, also braucht der Aufrufende die Überprüfung nicht zuvor von Hand durchzuführen. Das ist auch eine sinnvolle Entscheidung, denn nur allzu leicht wird vom Aufrufenden dieser Plausibilitätstest vergessen. Außerdem muss der Aufrufende ja nicht wissen, was alles überprüft werden soll, und noch dazu wollen wir ja nicht bei jedem einzelnen Aufruf von `delete...` denselben Code mit der Überprüfung hinschreiben.
Die Helper-Funktion `exitOnFatalErrorOutOfMemory` enthält auch noch etwas Neues:

```
627 void exitOnFatalErrorOutOfMemory()
628 {
629   printf("Fatal Error: Out of Memory\n");
630   exit(-1);
631 }
```

In Zeile 630 findet sich das bisher unbekannte `exit`-Statement. Bei Aufruf von `exit` wird das Programm genau an dieser Stelle beendet, und der als Paramter übergebene `int` stellt den Return-Value des Programms nach außen dar.

Vorsicht Falle: Obwohl hier ein *Abbruch bei Fehler* implementiert ist, soll dieses Verhalten auch gleich in Frage gestellt werden. In real-World Programmen ist es ganz und gar nicht erwünscht, dass die Applikation einfach von sich heraus den gesamten Ablauf abbricht, denn dabei kann sehr viel passieren. Man stelle sich nur vor, es existiert in der Application ein Cache für schreibende Zugriffe auf Files. Mit diesem wird nur periodisch neuer Inhalt auch tatsächlich auf Platte geschrieben. Wenn nun einfach eine Funktion aufgrund eines Fehlers einen Abbruch des Programms erzwingt, dann geht der Inhalt verloren, der noch nicht zurückgeschrieben wurde!

Der korrekte Weg, mit solchen Fehlern umzugehen, ist ein zentraler Dreh- und Angelpunkt für die Behandlung. Dort trägt sich jeder ein, der unbedingt noch wichtige Dinge zu erledigen hat, sofern das Programm beendet werden muss. **Niemals darf an anderer als dieser zentralen Stelle ein Abbruch des Programmablaufs veranlasst werden!**

In der Helper-Funktion `cloneString` werden anstatt selbst geschriebener Konstrukte die Standard-String-Funktionen `strlen` (=Länge bestimmen) `strcpy` (=String kopieren) verwendet:

```
638 char *cloneString(char* str)
639 {
640   char* ret = NULL;
641   if (str)
642   {
643     if (!(ret = malloc(sizeof(char) * (strlen(str) + 1))))
644       exitOnFatalErrorOutOfMemory();
645     strcpy(ret,str);
646   }
647   return(ret);
648 }
```

Und noch einmal möchte ich hier die Warnung aussprechen, dass man niemals vergessen darf, dass jeder String am Ende einen `'\0'`-Character besitzt, also ist dafür ein `char` mehr zu allokieren, als seine Länge ergibt (Zeile 643).
Der Vollständigkeit halber soll hier noch eine besondere Art der Initialisierung erwähnt werden, wie wir sie bereits bei Arrays kennen gelernt haben. Diese ist am besten gleich am Beispiel erklärt:

```
1 // struct_initializing.c - how to initialize structs and arrays
2
3 struct _Test_
4 {
5   int number;
6   char *text;
7 };
8
9 typedef struct _Test_ Test;
10
11 int main(int argc,char *argv[])
12 {
13   Test my_test = { 0, "a string" };
14
15   Test my_test_array[] = {{ 1, "string 1"},
16                           { 2, "string 2"},
17                           { 3, "string 3"}};
18 }
```

Es ist in Zeile 13 leicht zu erkennen, dass die Werte für die Initialisierung einer `struct` einfach durch Beistriche getrennt in einem Block angegeben werden können. Der Vollständigkeit halber wird in den Zeilen 15–18 noch gezeigt, dass man natürlich auch ein Array von Structures initialisieren kann. Hierbei trennt man Block für Block die einzelnen Structure-Initializers durch Beistriche und fasst alles gemeinsam im Array-Initialisierungsblock zusammen. Im Prinzip könnte man die geschwungenen Klammern für die einzelnen Structures sogar weglassen, aber davon wird aufgrund der Unleserlichkeit dringend abgeraten.

Vorsicht Falle: Ein Initializer für eine Structure muss nicht vollständig sein, d.h. es dürfen auch Elemente **am Ende** fehlen. Damit sind diese eben einfach nicht initialisiert. Von dieser Verwendung sei allerdings abgeraten, denn das kann leicht zu Fehlern führen. Es brauchen nur Entwickler nicht genau hinzusehen, und schon glauben sie, dass die Structure "ohnehin initialisiert ist". Damit arbeiten sie unwissentlich mit nicht initialisierten Daten.

Es ist wieder Zeit für eine kleine Übung!
Jetzt wäre der ideale Zeitpunkt, um die Herangehensweise an ein Softwaredesign und das Wissen um Pointer und Structures ein wenig am Beispiel zu üben. Eine dazu geeignete Aufgabenstellung findet sich in Abschnitt 23.2.

12. Arbeitsprioritäten – ein kleines Beispiel

Probieren wir nun, unser Wissen über Pointer und Structures noch in einem kleinen Beispiel zusammenzufassen. Um hier keinen Roman zu schreiben, übergehe ich diesmal URD und SRD und beschränke mich auf die saloppe Formulierung der Aufgabenstellung sowie auf die Erklärung wichtiger Design-Entscheidungen. Ich möchte hier aber gleich noch einmal darauf hinweisen, dass dies **keine gute Herangehensweise an ein Problem** ist, sondern nur deswegen hier so gehandhabt wird, weil bereits bekannt ist, wie man ein URD und ein SRD schreibt, und dies somit hier ein langweiliges nochmaliges Durchkauen von etwas bereits Bekanntem darstellen würde.

12.1 Aufgabenstellung

Wenn die Liste der zu erledigenden Dinge, die man einfach auf Papier schreibt oder irgendwo in ein Textfile eintippt, einmal gewisse Ausmaße erreicht hat, die nur noch in laufenden Metern zu messen sind, dann wünscht man sich üblicherweise dafür eine bessere Lösung. Besonders dringend wünscht man sich diese bessere Lösung, wenn dauernd etwas besonders wichtig ist, und dementsprechend in der Liste nach vorne gereiht gehört, wohingegen andere Dinge noch immer in der Hoffnung, dass sie sich von selbst erledigen, immer weiter nach hinten gereiht werden. Spätestens nachdem man einmal probiert hat, 7 Sachen gleichzeitig zu ändern und dann endgültig hoffnungslos den Überblick verloren hat, kommt man auf die Idee, dass ein kleines Programm hier Abhilfe schaffen könnte.

Also wollen wir ein kleines Programm schreiben, das es erlaubt, zu erledigende Arbeiten einzutippen und mit einer beliebigen Priorität zu versehen. Die erlaubten Prioritätslevel sollen von 0 bis zum maximalen Fassungsvermögen eines `unsigned`-Wertes frei definierbar sein, wobei 0 die höchste Priorität darstellt, und höhere Werte automatisch niedrigere Priorität bedeuten. Diese Definition von Prioritätslevels wurde aus der üblichen Praxis genommen.

Es muss auch möglich sein, immer die aktuelle Arbeit (=die mit der derzeit höchsten Priorität) anzuzeigen, nach dem Motto "Was kommt als Nächstes dran?" Weil mehrere Arbeiten die gleiche, im Augenblick höchste Priorität haben können, müssen in diesem Fall alle diese Arbeiten angezeigt werden. Auch möchte man eine gesamte Liste anzeigen können, um das wahre Ausmaß der Katastrophe am Bildschirm zu sehen.

Wenn nun der Boss ins Büro kommt, dann muss man in der Lage sein, alle Arbeiten, die ihm am wichtigsten sind, mit sehr hoher Priorität zu versehen, um sie nach seinem Verschwinden aus dem Büro wieder hintanstellen zu können.

Weil man als echter Softwareentwickler viel lieber mit der Tastatur arbeitet und die Maus noch immer ein besonderer Fremdkörper auf dem Schreibtisch ist, da man ja kein Weichling ist, muss alles per Tastatureingabe steuerbar sein. Damit man auf diese Art eine einzelne Aufgabe identifizieren kann, bekommen alle Aufgaben fortlaufende Nummern zugewiesen, die sie auch behalten. Die erste eingegebene Arbeit bekommt also 0, die zweite bekommt 1 etc. Frei gewordene Nummern werden nicht neu vergeben. Da wir natürlich nur stabile Programme schreiben, die wir deswegen nie abstellen, und außerdem unsere Rechner nie abstürzen, entscheiden wir uns gleich dazu, einen `int` Wert für den Index zu verwenden, der reicht sicherlich für längere Zeit, ohne dass ein Overflow auftritt.
Folgende Kommandos werden akzeptiert:

`i <prio> <task>` (insert): eine neue Arbeit mit Priorität `<prio>` einfügen.
`n` (next tasks): alle Arbeiten mit derzeit höchster Priorität anzeigen.
`a` (all tasks): alle Arbeiten anzeigen. Die Anzeige erfolgt sortiert nach Prioritäten. Bei gleicher Priorität ist die Reihenfolge egal.
`d <id>` (delete): eine Arbeit mit der angegebenen `id` löschen (wurde erledigt oder hat sich von selbst erledigt, Hauptsache sie muss nicht mehr gemacht werden).
`c <id> <prio>` (change priority): einer Arbeit mit der angegebenen `id` eine neue Priorität zuweisen.
`q` (quit): Ausstieg aus dem Programm.

12.2 Designentscheidungen

Weil es sicher ist, dass wir immer neue Anforderungen an unsere Arbeitslistenverwaltung haben werden und weil wir diese ganz einfach ins System bringen wollen, entscheiden wir uns dazu, das Modell mit Keyboard-Events und resultierenden Callbacks zu implementieren, wie es bei unserem früher programmierten Kaffeeautomaten im API zu finden war. Wir lesen Zeile für Zeile vom Keyboard, und ein eigener sogenannter *Dispatcher* übernimmt die Verteilung der geforderten Aktionen. Die resultierenden *Callbacks* sollen allerdings aus Gründen der Erweiterbarkeit nicht fix vorgegeben sein, sondern zur Laufzeit für die entsprechenden Aktionen "eingehängt" werden können.

Dadurch, dass die Liste mit unseren Arbeiten sicher immer sehr lang ist und sortiert nach Prioritäten ausgegeben werden soll, entscheiden wir uns gleich zu Beginn, eine Liste zu implementieren, die immer sortiert gehalten wird. Wenn wir bei jedem Zugriff erst sortieren müssen, dann wird das bei unserem Arbeitspensum sicher zu langsam.

Aus denselben Gründen kommt für uns die Implementation mittels eines Arrays, das die Arbeiten hält, nicht in Frage. Denn bei jeder neuen Arbeit, die mittendrin eingefügt wird, müssten bei Implementation mittels eines Arrays alle nachfolgenden Arbeiten um eins nach hinten kopiert werden, vom oftmaligen `realloc` des Arrays einmal ganz abgesehen.

Also fällt unsere Entscheidung auf die Implementation einer *einfach verketteten Liste* (siehe auch: Abschnitt 22.1. Bei dieser hat man direkten Zugriff auf das erste Element der Liste. Jedes Element der Liste (also auch das erste) besitzt einen Zeiger auf das darauf folgende Element. Dadurch kann man also die Liste Schritt für Schritt durchgehen. Wenn eine neue Arbeit eingefügt wird, dann wird nur der Zeiger des Vorgängerelements auf das neue Element gelegt, und der Zeiger des neuen Elements zeigt auf den ehemaligen Nachfolger. Auf diese Art kann man ohne zu kopieren ein Element gleich an der richtigen Stelle einfügen.

Mit den obligatorischen (hier nicht abgedruckten) Dokumenten – URD, SRD, ADD und DDD – bewaffnet, machen wir uns an die weitere Arbeit und implementieren die Arbeitsliste.

12.3 Implementation

Die vollständige, beispielhafte Implementation der Arbeitsprioritäten-Liste findet sich in Anhang G. Nach gewohnter Manier werden in der Folge nur die beachtenswerten Stellen des Programms herausgegriffen und diskutiert. Der Designentscheidung entsprechend wird eine einfach verkettete Liste implementiert. Diese besteht bei uns aus Elementen vom Typ `struct ListNode`:

```
40 struct ListNode
41 {
42   unsigned char *task;
43   unsigned priority;
44   unsigned id;
45   struct ListNode *next;
46 };
```

Eine Liste wird aus einzelnen Knoten dergestalt aufgebaut, dass jeder Knoten immer einen Pointer auf seinen Nachfolger hält (Member: `next`). Der tatsächliche Inhalt eines Knotens wird in den folgenden Members gehalten:

`task`: Dies ist ein String, der unsere Beschreibung des Tasks hält. Es wurde bewusst auf eine Funktion verzichtet, die das Ändern dieses Strings erlaubt, denn wir wollen hier diesen Zugriff nicht gestatten. Natürlich gibt es keinen vernünftigen Grund dafür, dies nicht zu gestatten, aber dies soll zur Demonstration dienen, wie man per Konvention etwas verbietet. Jeder, der sich an diesen Programmierstil gewöhnt hat, weiß sofort, dass er den Member `task` bestenfalls abfragen, aber nicht umsetzen kann, und wird auch der Versuchung widerstehen, direkt auf den Member zuzugreifen :-)

`priority`: Hier ist die aktuelle Priorität des entsprechenden Tasks gespeichert.

`id`: Hier ist die (vom Programm selbst vergebene und unveränderbare!) Id des Tasks gespeichert. Hier ist es wirklich begründet, dass es keine Funktion zum Umsetzen gibt, denn die Ids werden einzig und allein intern vom Programm verwaltet, und diese hat niemand anzugreifen (was wäre, wenn jemand irrtümlich zwei gleiche Ids vergibt? Dann sind die Elemente der Liste nicht mehr eindeutig identifizierbar!).

Aufmerksamen Lesern wird aufgefallen sein, dass `task` ein String ist, dass er aber nicht als `char *`, sondern als `unsigned char *` deklariert ist. Im Prinzip ist diese Deklaration als `unsigned` die richtige(re) Typ-Bezeichnung für Strings, denn in der ASCII-Tabelle sind ja Werte von 0–255 definiert und nicht von -128–127. In beinahe allen Fällen macht dies zwar keinen Unterschied (beide Typen sind gleich groß, und ein `char` wird immer richtig interpretiert), aber im Prinzip wollen wir natürlich immer die korrektestmögliche Schreibweise anwenden.

Eine Konvention, die wir bereits bei der Diskussion der Structures herausgearbeitet haben, legen wir für dieses Programm (und für alle Programme in der Zukunft) als bindend fest:

- Wir verwenden Structures ausschließlich dynamisch, d.h. wir arbeiten nur mit Pointern.
- Wir definieren zu jeder `struct` auch immer gleich alle notwendigen Funktionen, die den Umgang mit ihr regeln. Das bezieht sich sowohl auf den Zugriff auf Members als auch auf das Allokieren und Freigeben von Speicher (= *Konstruktor* und *Destruktor*) sowie auf das Erstellen einer vollständigen Kopie.
- Ein direkter Zugriff von außen auf Members einer Structure ist weder lesender- noch schreibenderweise gestattet. Es ist nur die Verwendung der zur Verfügung gestellten Zugriffsfunktionen erlaubt. Damit wird erreicht, dass niemand die Interna einer Structure aufgrund von Unwissenheit über Abhängigkeiten zerstören kann.

Warum diese harten Regeln gelten, kann man sich leicht vorstellen, wenn man die Verkettung der Liste durchdenkt: Wird einmal ein Pointer beim Einfügen oder Löschen falsch umgehängt, dann haben wir das perfekte Chaos! Haben wir aber eine Zugriffsfunktion, die wir vollständig ausgetestet haben, dann ist dieses Problem ein für alle Mal vom Tisch, sofern niemand von außen störend eingreifen kann.

Nach diesen harten Regeln gibt es dann folgende, notwendige Zugriffsfunktionen, die die Verwendung von `struct ListNode` regeln:

```
48 struct ListNode *newListNode(unsigned char *task,
49                              unsigned priority);
50 void deleteListNode(struct ListNode *node);
51 void setNextInListNode(struct ListNode *node,
52                        struct ListNode *next);
53 struct ListNode *getNextFromListNode(struct ListNode *node);
54 void setPriorityInListNode(struct ListNode *node,
55                            unsigned priority);
56 unsigned getPriorityFromListNode(struct ListNode *node);
57 unsigned getIdFromListNode(struct ListNode *node);
58 unsigned char *getTaskFromListNode(struct ListNode *node);
```

Bevor wir einen Blick auf die Implementation der Zugriffsfunktionen werfen, sehen wir uns noch die folgenden zwei Programmzeilen an:

```
62 struct ListNode *first_node_ = NULL;
63 unsigned current_id_ = 0;
```

In Zeile 62 sehen wir, wie wir intern die Liste von Knoten für uns zugreifbar halten: Wir speichern einen Pointer auf den ersten Knoten in der Liste. Die Verkettung der Knoten untereinander erledigt dann den Rest für uns.

Weiters wird in Zeile 63 noch die Variable `current_id` definiert, deren Wert immer der nächsten freien (=noch nicht vergebenen) Knoten-Id entspricht. Mit jedem dazukommenden Knoten wird also der Inhalt dieser Variable inkrementiert, damit kann es nie zu Doppelvergaben von Ids kommen. Nehmen wir unsere Konstruktorfunktion `newListNode` genauer unter die Lupe:

```
239 struct ListNode *newListNode(unsigned char *task,
240                              unsigned priority)
241 {
242   struct ListNode *node = malloc(sizeof(struct ListNode));
243   if (!node)
244     exitOnFatalErrorOutOfMemory();
245   node->task = cloneString(task);
246   node->priority = priority;
247   node->id = current_id_++;
248   node->next = NULL;
249   return(node);
250 }
```

Auf den ersten Blick fällt gleich auf, dass man für gewisse Members der Structure keine Initialwerte angeben kann: Man kann keine `id` und auch keinen Wert für `next` bestimmen. Den Grund für die Id kennen wir schon, diese wird ja intern verwaltet. Beim Pointer auf den Nachfolger ist es wichtig, dass man ausschließlich über die Listenfunktionen die Beziehungen zueinander setzt, denn bei jeder Operation des Einfügens in die Liste, des Entfernens aus der Liste und des Umsetzens in der Liste können immer 3 Knoten beteiligt sein: der Vorgänger, der Knoten selbst und der Nachfolger. Dementsprechend hat es keinen Sinn, hier einen Nachfolger setzen zu können, denn es müssen mit Sicherheit noch andere Operationen ausgeführt werden.
Folgende Funktionen, die die Liste manipulieren, wurden implementiert:

```
 9 void insertTask(unsigned char *task,unsigned priority);
10 void showNextTasks(unsigned char *input_line);
11 void showAllTasks(unsigned char *input_line);
12 void deleteTask(unsigned id);
13 void changePriority(unsigned id,unsigned priority);
```

Stellvertretend für alle Manipulationsfunktionen sei hier `insertTask` abgedruckt:

```
82 void insertTask(unsigned char *task,unsigned priority)
83 {
84   struct ListNode *node = newListNode(task,priority);
85   struct ListNode *current = NULL;
86   struct ListNode *previous = NULL;
87
88   if (!first_node_) // this is the first node in the list
89   {
90     first_node_ = node;
91     return;
92   }
93
94   // find the correct position
95   current = first_node_;
96   while(current && (getPriorityFromListNode(current) < priority))
97   {
98     previous = current;
99     current = getNextFromListNode(current);
100  }
101  if (!previous) // first node
102    first_node_ = node;
103  else
104    setNextInListNode(previous,node);
105  setNextInListNode(node,current);
106 }
```

Im Prinzip haben alle Manipulationsfunktionen ähnliche Aufgaben: Sie suchen einen bestimmten Knoten, und entweder fügen sie danach einen weiteren Knoten an dieser Stelle ein oder sie nehmen den Knoten aus der Liste oder aber sie hängen den Knoten um, sodass er einen anderen Platz in der Liste bekommt. Dazu sind prinzipiell die folgenden Operationen notwendig, die in allen Manipulationsfunktionen in der einen oder anderen Form vorkommen:

Suche Knoten: Egal, nach welchem Kriterium man sucht (Id, Priorität), das Schema ist immer dasselbe. Beginnend mit dem ersten Knoten (`first_node_`) wird die Liste in einer Schleife Knoten für Knoten durchgegangen, bis man gefunden hat, was man braucht. Man kann auch sehr leicht erkennen, dass hier ein guter Ansatzpunkt für eventuelle Optimierungsmaßnahmen ist, denn dauerndes lineares Durchsuchen ist sicher nicht besonders schnell, zumindest wenn die Liste lang wird.

Füge Knoten ein: Dabei wird immer der `next` Pointer des Vorgängers mit dem einzufügenden Knoten, und der `next` Pointer des einzufügenden Knotens mit dem ehemaligen Nachfolger des Vorgängers verbunden. Natürlich ist hier immer sehr genau auf eventuelle Sonderfälle zu achten (z.B. Einfügen vor dem ersten Knoten).

Lösche Knoten: Dabei wird immer der `next` Pointer des Vorgängers mit dem Nachfolger des zu entfernenden Knotens verbunden. Wieder muss man sehr genau auf eventuelle Sonderfälle aufpassen.

Ich überlasse es den Lesern (nicht nur den interessierten!), sich einmal das vollständige Listing aller Listen-Manipulationsfunktionen in Anhang G genau anzusehen, und zu versuchen zu verstehen, was dort vorgeht. Der Code sollte für sich selbst sprechen und keiner weiteren Erklärung bedürfen.

Ich gebe ja zu, dass die Funktion `changePriority` ab Zeile 169 etwas komplizierter ist, da z.B. in der ersten Schleife gleich zwei Dinge zugleich gesucht werden, nämlich der Knoten, dessen Priorität geändert werden soll, und die Stelle, wo er dann hinkommen soll. Außerdem gibt es gerade hierbei sehr große Fallen, in die man hineintappen und dabei die Konsistenz der Liste zerstören kann, weil man z.B. die halbe Liste "verliert". Es sind absichtlich im gesamten Programm sehr viele Kommentare eingestreut, die man in der Praxis nicht machen würde, einfach nur, um auch für ungeübtere Softwareentwickler das Lesen zu erleichtern.

Es ist in der Praxis notwendig, und also auch gleich jetzt eine gute Übung, wenn man einfach einmal probiert, Funktion für Funktion zu verstehen. Zettel und Bleistift, um daneben Knoten (nein, nicht die im Kopf, die der Liste meine ich) und Verbindungen (=Pointer) zu zeichnen, helfen sicherlich enorm.

Der Aufbau und die Manipulation einer Liste ist aber nicht das Einzige, was in diesem Programm versteckt ist. In den Designentscheidungen stand ja auch noch etwas davon, dass die Callbacks nicht fix vorgegeben sein sollen, sondern zur Laufzeit "eingehängt werden sollen". Und das riecht schon förmlich danach, dass wir es hier auf irgendeine Art und Weise mit Funktionspointern zu tun bekommen werden.

Im Programm wurde die einfachst mögliche Form eines entsprechenden Dispatchers implementiert, der immer auf den ersten Buchstaben einer Eingabe reagiert, denn die Festlegung auf *ein-Buchstaben-Befehle* erlaubt dies. In der Praxis wird man sicherlich eine bessere Datenstruktur wählen. Jedoch wurde aus Demonstrationsgründen, dass man auch mit Characters ein Array indizieren kann, die primitive Vorgehensweise gewählt.

Wir brauchen zu Beginn einmal eine Möglichkeit, einem zur Laufzeit vorgegebenen Character einen, auch zur Laufzeit vorgegebenen Funktionsaufruf zuzuordnen. Diesen Bezug müssen wir irgendwie speichern können, und das geht in unserem Fall sehr einfach:

```
64 void (*handler_[256])(unsigned char *input_line);
```

Diese Definition legt einfach ein Array mit fixer Größe von 256 Einträgen fest (für jeden möglichen Character einen), in dem die Pointer auf die Funktionen gespeichert werden, die dem Kommando (=Character) entsprechen.
Über die folgenden Funktionen wird dann der *Dispatcher* realisiert:

```
17 void addToDispatcher(unsigned char input,
18                      void (*handler)(unsigned char *input_line));
19 void removeFromDispatcher(unsigned char input);
20 void dispatch(unsigned char *input_line);
```

Mittels `addToDispatcher` wird eine Callback-Funktion einem Kommando zugeordnet, mittels `removeFromDispatcher` wird die Zuordnung wieder gelöscht. Die Implementation der beiden Funktionen ist denkbar einfach:

```
364 void addToDispatcher(unsigned char input,
365                      void (*handler)(unsigned char *input_line))
366 {
367   handler_[input] = handler;
368 }
```

```
371 void removeFromDispatcher(unsigned char input)
372 {
373   handler_[input] = NULL;
374 }
```

Man sieht hier Folgendes: Ein `NULL`-Wert bedeutet, dass keine Funktion dem entsprechenden ein-Buchstaben-Kommando zugeordnet ist.

Wird nun ein Kommando gelesen, so wird die Behandlung entsprechend an ein eingetragenes Callback weitergegeben. Dies geschieht in der Funktion `dispatch`:

```
379 void dispatch(unsigned char *input_line)
380 {
381   if (handler_[*input_line] != NULL)
382     handler_[*input_line](input_line);
383   else
384     commandNotRecognized(input_line);
385 }
```

In der Funktion `main` sieht man noch, wie die einzelnen Callbacks bekannt gegeben werden:

```
67 int main()
68 {
69   addToDispatcher('i',callInsertTask);
70   addToDispatcher('n',showNextTasks);
71   addToDispatcher('a',showAllTasks);
72   addToDispatcher('d',callDeleteTask);
73   addToDispatcher('c',callChangePriority);
74   addToDispatcher('q',quitProgram);
75   run();
76   return(0);
77 }
```

Durch Aufruf der run-Funktion wird die Kontrolle an die Keyboardsteuerung übergeben. Die Funktion `run` tut, wie man sieht, nicht besonders viel:

```
320 void run()
321 {
322   unsigned char *input_line = malloc(sizeof(unsigned char) *
323                                      (MAX_LINE_LENGTH + 1));
324   int chars_read = 0;
325
326   for(;;)
327   {
328     printf("Worklist> ");
329     if ((chars_read = readLine(input_line,MAX_LINE_LENGTH) ==
330         ILLEGAL_ARGUMENTS))
331     {
332       printf("Error: readLine returned ILLEGAL_ARGUMENTS\n");
333       exit(-1);
334     }
335     dispatch(input_line);
336   }
337 }
```

Hier wird einfach immer Zeile für Zeile der Input gelesen und an den Dispatcher weitergegeben.

Eine Auffälligkeit gibt es noch, die der besseren Strukturierung des Programms dient: Es wurde bei manchen Funktionen eine Zweiteilung vorgenommen. Dort gibt es immer paarweise eine `call...`-Funktion und die "tatsächliche" Funktion selbst (z.B. `callInsertTask` und `insertTask`). Hier ist die Konvention dermaßen, dass die `call...`-Funktion den Keyboard-Input verarbeitet und nach erfolgter Zerlegung desselben die tatsächliche Funktion aufruft. Würde man beides im Stück in einer Funktion erledigen, dann wird das sehr schnell undurchsichtig.

13. Typendefinitionen und Casts

Zur Definition von symbolischen Konstanten haben wir bereits die `#define` Preprocessor-Anweisung kennen gelernt. Wir wissen auch, dass symbolische Konstanten die Lesbarkeit und Wartbarkeit von Code deutlich verbessern. Wieso soll man also nur für Konstanten ein solches Konstrukt zur Verfügung haben, für Datentypen wäre das Ganze ja auch sehr brauchbar.

Nehmen wir einfach einmal als Beispiel ein Koordinatensystem an, bei dem alle Koordinaten als sogenannte *World-Coordinates* angegeben werden, die so funktionieren, dass der Wert einer Koordinate immer zwischen 0.0 und 1.0 liegt. Das bedeutet, dass eine Koordinate immer als `float` oder `double`-Wert angenommen werden muss (aus Gründen der Genauigkeit verwenden wir hier `double`). Nun wäre es doch schön, wenn man einfach einen Datentyp `coord` festlegen könnte, der direkt einem double entspricht. Auf diese Art bekäme ein Datentyp einen sprechenden Namen, und außerdem ist eine solche Definition relativ einfach später zu ändern, wenn dies notwendig wird. Hierzu gibt es in C die `typedef` Anweisung, mit der dies möglich ist. Das Statement

```
typedef double coord;
```

definiert einen (symbolischen) Datentyp `coord`, der einem `double` entspricht. Eine Variablendefinition

```
coord x_coordinate = 0.0;
```

ist also durch diese Definition möglich, und unser definierter Datentyp symbolisiert auch gleich die Verwendung der Variablen. Der Compiler löst intern dieses Konstrukt natürlich wieder zu einem "echten" `double` auf, dementsprechend ist unsere Variable voll kompatibel zu einem `double`-Wert.

Wenn man nun z.B. zu einem späteren Zeitpunkt den Typ der Koordinaten in `float` ändern will, weil man draufgekommen ist, dass man die Präzision eines `double` für die eigenen Zwecke gar nicht nutzen kann, so ändert man einfach die entsprechende Typdefinition ab, und alle als `coord` definierten Variablen sind plötzlich auch wirklich vom Typ `float`. Natürlich ist bei späteren Typänderungen unbedingt darauf zu achten, dass nicht durch den geänderten Typ andere Komplikationen auftreten, aber zumindest ist eine solche Änderung viel leichter durchzuführen, als im gesamten Code nach `double`-Variablen zu suchen, und dann zu entscheiden, ob diese nun als Koordinaten verwendet werden, um sie entsprechend abzuändern.

Sehr beliebt ist die Typendefinition auch bei der Arbeit mit Structures. Hier kann man durch ein einfaches `typedef` das lästige (und unleserliche) Hinschreiben des Keywords `struct` vor jeder einzelnen Deklaration und Definition ersparen. Sehen wir uns dazu ein kleines Programm an (`typedef_test.c`):

```
1 // typedef_test.c - small example to show the use of typedef
2
3 #include <stdio.h>
4 #include <stdlib.h>
5
6 typedef int coord;
7
8 struct _Point_
9 {
10   coord x;
11   coord y;
12 };
13
14 typedef struct _Point_ Point;
15
16 Point *newPoint(coord x,coord y);
17 void deletePoint(Point *point);
18 coord getXFromPoint(Point *point);
19 coord getYFromPoint(Point *point);
20 void setXInPoint(Point *point,coord x);
21 void setYInPoint(Point *point,coord y);
22
23 typedef struct _Rect_
24 {
25   Point *bottom_left;
26   coord width;
27   coord height;
28 } Rectangle;
29
30 Rectangle *newRectangle(Point *bottom_left,
31                         coord width,coord height);
32 void deleteRectangle(Rectangle *rect);
33 Point *getBottomLeftFromRectangle(Rectangle *rect);
34 coord getWidthFromRectangle(Rectangle *rect);
35 coord getHeightFromRectangle(Rectangle *rect);
36 void setBottomLeftInRectangle(Rectangle *rect,
37                               Point *bottom_left);
38 void setWidthInRectangle(Rectangle *rect,coord width);
39 void setHeightInRectangle(Rectangle *rect,coord height);
40
41 int main()
42 {
43   Point *my_point = NULL;
44   Rectangle *my_rect = NULL;
45     // here we do whatever we want with
46     // the variables. I leave this up to you to
47     // play around a little.
48   return(0);
49 }
```

Wie leicht zu erkennen ist, ist in diesem Beispiel nichts tatsächlich auscodiert, sondern es wurden nur die wichtigsten Deklarationen und zwei Beispiel-Variablendefinitionen implementiert. Ich überlasse es an dieser Stelle dem Spieltrieb der Leser, gewisse Dinge auch tatsächlich zu implementieren.

Deutlich ist zu erkennen, dass sich die Lesbarkeit des Programms durch Verwendung von `typedef` doch drastisch erhöht hat. Die Definition des

Koordinaten-Datentyps in Zeile 6 kennen wir bereits, bloß haben wir hier einen `int` dafür herangezogen. Die `struct _Point_` ist ein altbekanntes Konstrukt. Neu hingegen ist das Statement

```
typedef struct _Point_ Point;
```

in Zeile 14. Von diesem Punkt an braucht man nicht mehr überall `struct _Point_` hinzuschreiben, sondern man verwendet einfach den neuen Datentyp `Point`. Auffällig hierbei ist die Verwendung von Underlines vor und nach dem Namen der `struct`. Dies wird gemacht, da unser mit `typedef` definierter Datentyp den "richtigen" Namen bekommen soll, und über unsere Konvention vermeiden wir an dieser Stelle eine Namenskollision durch die Verwendung der Underlines.

Bei der `struct _Rect_` in den Zeilen 23–28 sieht man, dass man Typendefinition und Strukturdeklaration auch gleich gemeinsam in einem Schritt machen kann. Obwohl diese Schreibweise sehr üblich und weit verbreitet ist, ist die getrennte Schreibweise, wie sie bei `Point` angewandt wurde doch deutlich lesbarer. Aus diesem Grund würde ich vorschlagen, die getrennte Schreibweise zu bevorzugen.

Man könnte natürlich auch noch weiter gehen, und z.B. folgenden Typ definieren:

```
typedef struct _Point_ *PointPtr;
```

Damit hat man einen Pointer auf `struct _Point_` als eigenen Datentyp definiert, was die Lesbarkeit auch manchmal erhöhen kann. Eine Variablendefinition für einen solchen Pointer kann dann z.B. folgendermaßen aussehen:

```
PointPtr my_point;
```

Es ist zwar Geschmackssache, aber ich würde eher davon abraten, einen Pointer-Typ auf diese Art zu definieren. Der Grund ist einfach der, dass ein `*` schnell hingeschrieben ist, und dass man damit auf den ersten Blick erkennt, dass es sich um einen Pointer handelt. Und eine spätere Typen-Änderung von Pointer auf Nicht-Pointer zieht sowieso viele Korrekturen im Programm nach sich, sodass man durch die Typdefinition nicht wirklich etwas gewonnen hat. Aber wie gesagt, das ist Geschmackssache, und der Phantasie, wie man ein Programm durch Typen mit symbolischen Namen lesbarer machen kann, sind keine Grenzen gesetzt. Man sollte nur im Hinterkopf behalten, dass auch Überdefinitionen ein Programm unleserlich machen können.

Nun noch zu einer anderen Sache, die mit Typen zu tun hat, zu den *Casts*. Das Wort *casting* bzw. auch *type-casting* bedeutet die Umwandlung eines Datentyps in einen anderen. Wir haben bereits ganz zu Beginn kennen gelernt, dass bei gewissen Operationen, wie z.B. Zuweisungen etc., implizit eine Umwandlung von Datentypen stattfinden kann. Nicht zu vergessen, dass wir auch kennen gelernt haben, wie fatal solche impliziten Umwandlungen enden können, wenn man unvorsichtig ist. Was aber nun, wenn wir aus gewissen Gründen (hoffentlich auch guten Gründen...) eine Zuweisung machen wollen, bei der der Compiler keine implizite Typumwandlung mehr vornehmen kann bzw. will? In diesem Fall gibt es ein Mittel, den Compiler davon zu überzeugen, dass er doch etwas unternehmen soll, nämlich den expliziten *Cast*.

Dabei schreibt man den gewünschten Zieldatentyp zwischen zwei runde Klammern und stellt diesen sogenannten *Cast*-Operator dem umzuwandelnden Wert voran. Sehen wir uns das kurz am Beispiel an (`cast_test.c`):

```
1 // cast_test.c - demonstration of explicit typecasting
2
3 #include <stdio.h>
4 #include <stdlib.h>
5
6 int main()
7 {
8   int a_number = 0;
9   unsigned count = 0;
10  unsigned char *help = NULL;
11
12    // now we want to access all single bytes of the
13    // int-value separately to find out about the
14    // byte order of the machine that we run on
15  help = ((unsigned char*)&a_number) + sizeof(int);
16  count = sizeof(int);
17  while(count--)
18    *--help = (unsigned char)(count | 0xf0);
19
20    // let's have a look, how the bytes are ordered
21  printf("%x\n",a_number);
22  return(0);
23 }
```

Wenn wir dieses Programm auf einem Intel-Rechner laufen lassen, dann liefert es uns folgenden Output:

```
f3f2f1f0
```

In unserem Programm "missbrauchen" wir also einen `unsigned char*`, um in die einzelnen Bytes eines `int`-Wertes der Reihe nach von "rechts" nach "links" absteigend Werte hineinzuschreiben. Der höchste Wert steht also ganz "rechts". Und jetzt sehen wir uns einmal den Output an, in dem unser `int` wieder im Stück betrachtet wird – hier steht der höchste Wert plötzlich ganz "links". Das heißt, dass auf Intel-Architekturen ein `int` so interpretiert wird, dass die niedrigstwertigen Bits im "rechten" Byte stehen, und die höherwertigen Bits "links" davon.

Dass das nicht überall so sein muss zeigt sich, wenn man dasselbe Programm auf einer Sun compiliert und ausführt, denn dort bekommt man als Ergebnis:

```
f0f1f2f3
```

Es wird also dort ein `int` genau in umgekehrter Reihenfolge gespeichert. Wem schon einmal diese Begriffe untergekommen sind: die Byte-Order, die einem Intel zugrunde liegt, nennt sich *Little-Endian*, die Order, die der Sun zugrunde liegt, nennt sich *Big-Endian*. Damit nicht genug, es gibt Prozessoren, bei denen man die Byte-Order umstellen kann.

Ja, ja, ich weiß schon... "Wen interessiert denn das? Ich will einfach nur wissen, was es mit den Casts auf sich hat" ... Ich wollte hier nur darauf aufmerksam machen, dass man bei solchen Konstrukten viele Fehler machen kann, wenn man nicht gut aufpasst, und solche Konstrukte sind in der Programmierung in vielen Bereichen durchaus üblich, gerade wenn es um Netzwerkprogrammierung geht.

Jetzt aber wirklich – was passiert eigentlich in unserem Programm? Wir nehmen die Adresse von `a_number`. Das logische Resultat des Address-of-Operators ist hier natürlich ein `int*`, denn die Variable, von der wir die Adresse haben, ist ja ein `int`. Nur wollen wir in diesem Fall keinen `int*`, sondern einen `unsigned char*`, denn wir wollen ja den `int` Byte für Byte durchgehen. Also erklären wir dem Compiler, dass dies tatsächlich unsere Absicht ist, und dass er daran gefälligst nichts aussetzen soll, indem wir explizit einen *Cast* auf `unsigned char*` vornehmen. Da wir unsere Bytes von rechts nach links durchgehen wollen, addieren wir noch zu unserem Startpointer die entsprechende Größe. Damit erhalten wir einen `unsigned char*`, der auf das Byte zeigt, das rechts von unserem `int` steht (also nicht uns gehört!).

Vorsicht Falle: In unserem Beispiel addieren wir die Größe eines `int`-Wertes in Bytes zu unserem Pointer. Dies bringt uns genau auf das Byte "rechts" neben unserem erlaubten Bereich, den unser `int` belegt. Wenn wir uns an Pointerarithmetik erinnern, wird immer den Typvereinbarungen entsprechend addiert. Machen wir aber nun die Klammerung falsch und schreiben folgendes Konstrukt:

```
(unsigned char*)(&a_number + sizeof(int))
```

dann passiert Fatales! `&a_number` ergibt ja einen `int*`, und damit gehen wir nicht um n Bytes nach rechts, sondern gleich um n `int`s! Und das wollen wir natürlich überhaupt nicht! Wir sehen also, dass *Casts* sehr wohl einigen Einfluss auf das Verhalten unseres Programms haben, auch wenn dies auf den ersten Blick gar nicht so weltbewegend aussehen mag.

In unserem Beispiel gehen wir dann in der folgenden Schleife unseren `int`-Wert Byte für Byte von rechts nach links durch und schreiben unseren "Index" in jedes einzelne Byte. Hier machen wir wieder einen expliziten Cast auf `unsigned char`, auch wenn der Compiler dies noch implizit richtig machen würde. Es wird einfach als guter Programmierstil angesehen, dies explizit zu machen, und manche Compiler würden auch auf implizite Casts in diesem Kontext (zu Recht) mit Warnings reagieren. Die Maske mit `0xf0` dient nur dazu, dass garantiert immer zwei hex-Stellen ausgegeben werden, denn sonst würden z.B. auf der Sun durch das erste Byte führende Nullen entstehen, die bei der Ausgabe von `printf` unterdrückt werden. Somit bekäme man dort eine komische, nicht auf den ersten Blick interpretierbare Ausgabe.

Vorsicht Falle: Durch explizites Casting zwingt man den Compiler zu einer bestimmten Interpretation eines Wertes. Dies bedeutet nicht, dass die erzwungene Interpretation auch korrekt sein muss! Man muss also sehr vorsichtig zur Sache gehen, um nicht kleinere oder größere Katastrophen hervorzurufen! Nur allzu oft sieht man explizites Casting zwischen irgendwelchen Pointern und `int` bzw `unsigned`, weil "sowieso beide Datentypen dieselbe Länge haben". Diese Annahme ist schlicht und ergreifend **falsch!** Wer es nicht glaubt, soll einmal versuchen auf einer DEC-Alpha zwischen Pointern und `int` hin- und herzucasten... wird sicher eine spannende Angelegenheit :-)

---

14. Rekursion

Im Prinzip stellt eine Rekursion gar nichts dar, was wir nicht bereits wüssten, seit wir mit Funktionen arbeiten. Als Rekursion bezeichnet man, wenn eine Funktion sich direkt oder indirekt selbst aufruft. Dabei bedeutet *direkte Rekursion*, dass sich die Funktion selbst in ihrem Rumpf aufruft, *indirekte Rekursion* bedeutet, dass die Funktion "auf Umweg" über eine andere Funktion aufgerufen wird. Vorsicht ist natürlich immer geboten, dass es eine erreichbare Abbruchbedingung gibt, denn sonst haben wir es mit einer *endlosen Rekursion* zu tun.

Der Rekursion kommt nur deswegen hier ein besonderer Platz zu, da sie die Lösung mancher Probleme deutlich erleichtert und gewissen Code lesbarer macht. Aus diesem Grund sollte man sich einmal die Denkweise verdeutlichen, die dahintersteckt. Trotzdem möchte ich vor unnötigen Rekursionen warnen, denn Funktionsaufrufe, die noch dazu ineinander geschachtelt sind, brauchen relativ viel Rechenzeit und Platz am Aufrufstack des Systems, was bei falscher Anwendung die Performance eines Programms deutlich beeinträchtigen kann.

Um den Unterschied zwischen einem rekursiven und einem iterativen Lösungsansatz zu verdeutlichen, soll versucht werden, die Faktorielle einer Zahl auf beide Arten zu berechnen und die beiden Ansätze gegenüberzustellen. Zuerst nehmen wir den iterativen Ansatz, wir führen also unsere Berechnung in einer Schleife durch (`fact_iterative.c`):

```
1 // fact_iterative.c - iterative solution for fact calculation
2
3 #include <stdio.h>
4
5 unsigned fact(unsigned num);
6
7 //------------------------------------------------------------
8 int main()
9 {
10   unsigned num = 0;
11
12   printf("Please enter a positive number: ");
13   scanf("%u",&num);
14   printf("%u! is %u\n",num,fact(num));
15   return(0);
16 }
17
18 //------------------------------------------------------------
19 unsigned fact(unsigned num)
```

```
20 {
21   unsigned result = num;
22   if (num <= 1) // attention! otherwise an underflow occurs
23     return(num);
24   while(--num)
25     result *= num;
26   return(result);
27 }
```

Der iterative Ansatz ist also eine straightforward-Implementierung der Definition von *Faktorielle*: *Multipliziere den Input jeweils einmal mit jeder Zahl, die kleiner als der Input, aber größer als 0.*
Und nun zum rekursiven Lösungsansatz (`fact_recursive.c`):

```
1 // fact_recursive.c - recursive solution for factcalculation
2
3 #include <stdio.h>
4
5 unsigned fact(unsigned num);
6
7 //------------------------------------------------------------
8 int main()
9 {
10   unsigned num = 0;
11
12   printf("Please enter a positive number: ");
13   scanf("%u",&num);
14   printf("%u! is %u\n",num,fact(num));
15   return(0);
16 }
17
18 //------------------------------------------------------------
19 unsigned fact(unsigned num)
20 {
21   if (num <= 1)
22     return(num);
23   return(num * fact(num - 1));
24 }
```

Der rekursive Ansatz beruht darauf, dass diese Definition ebenso umgeschrieben werden kann als *Multipliziere den Input mit der Faktoriellen des um 1 verringerten Inputs.*
Die Abbruchbedingung der Rekursion ist hier, dass die Zahl größer als 1 sein muss.

Anmerkung: Um die beiden Ansätze nicht unnötig zu verschleiern, wurde bewusst auf (üblicherweise notwendigen) Ballast, wie z.B. das Erkennen einer Overflow-Situtation, verzichtet. Auf Maschinen, die mit 32 Bit Integers arbeiten, können Faktorielle bis zur Zahl 33 ohne Overflow berechnet werden, bei Eingabe von größeren Zahlen kommt Unsinn heraus.

Vorsicht Falle: Es passiert nur allzu leicht, dass eine Abbruchbedingung bei einer Rekursion falsch formuliert oder gar ganz vergessen wird. Das kann sehr leicht zu einer Endlos-Rekursion führen. Nicht außer Acht zu lassen ist hierbei ja auch noch, dass die Denkweise, die einer Rekursion zugrunde liegt, erst erlernt werden muss, da sie nicht unbedingt der natürlichen Denkweise eines Menschen entspricht.

Sollte also ein Programm, das mit Rekursionen arbeitet, mit Meldungen wie z.B. *unexpected stack growth* oder *stack overflow* abstürzen, so deutet dies sehr stark auf eine zumindest zu tiefe, wenn nicht gar endlose Rekursion hin.

Vorsicht Falle: Rekursionen müssen nicht immer gleich auf den ersten Blick ersichtlich sein und können sogar unabsichtlich auf Umwegen passieren. Es kann bei genügender Unachtsamkeit sein, dass nach einer Kette von Funktionsaufrufen wieder die ursprünglich *aufrufende* Funktion von irgendwoher selbst *aufgerufen* wird, und somit hat man schon eine indirekte Rekursion erzeugt. Leider haben unabsichtliche Rekursionen so an sich, dass sie nicht als solche gedacht sind, und entsprechend auch keine Abbruchbedingungen programmiert wurden. So entarten sie zumeist zu endlosen Rekursionen.

Wie kann das nun unabsichtlich passieren? Nun, nehmen wir einfach den Fall, dass ein Programm in seiner Ursprungsversion irgendwelche Operationen zum Dateizugriff ausführt. Später soll in dieses Programm ein Sicherheitskonzept eingebaut werden, das jeden Zugriff zuerst überprüft, bevor er ausgeführt wird. Also wird diese Überprüfung einfach in die Datei-Zugriffsfunktion eingebaut. So weit noch kein Problem, aber dann kommt der Wunsch, dass die Prüf-Funktion selbst über ein File konfigurierbar gemacht werden soll. Damit findet innerhalb dieser Funktion ein Dateizugriff statt. Ein solcher muss natürlich genehmigt werden, weswegen die Funktion auf Umweg wieder aufgerufen wird, woraufhin sie selbst wieder einen Dateizugriff machen will, worauf sie wieder aufgerufen wird etc. Und schon haben wir unsere unabsichtliche endlose Rekursion!

Am Beispiel der Berechnung der Faktoriellen einer Zahl erkennt man leicht, dass für die rekursive Berechnung weniger Code notwendig ist, und sie ist auch mit etwas Übung lesbarer als das iterative Pendant. Der große Nachteil liegt allerdings im Laufzeitverhalten: Während beim iterativen Ansatz nur ein einziger Funktionsaufruf stattfindet und der Rest in der Schleife passiert, finden beim rekursiven Ansatz viele Funktionsaufrufe statt. Und Funktionsaufrufe sind immer zeitintensiv, da hinter den Kulissen im Computer dabei sehr viel passiert. Ich würde also z.B. im Fall unserer Berechnung der Faktoriellen aus Performancegründen nicht den rekursiven Ansatz wählen.

Jedoch gibt es andere Problemstellungen, in denen dieser Nachteil nicht zum Tragen kommt, sondern der Vorteil der leichteren Lesbarkeit bei weitem überwiegt, wie wir in der folgenden minimalen Implementation eines binären Baumes sehen (`bin_tree_recursive.c`). Wie schon andere Programme zuvor, so ist auch dieses nicht in seiner Gesamtheit hier abgedruckt. Das vollständige Listing findet sich in Anhang H.

Bevor wir uns nun direkt mit dem Beispiel beschäftigen, möchte ich noch darauf hinweisen, dass auch in diesem Beispiel bewusst auf Ballast, wie z.B. eine Funktion zur Anzeige des gesamten Baums, verzichtet wurde.
Der wichtige Teil, in dem der rekursive Ansatz zum Tragen kommt, ist in der Funktion `insertNodeInSubtree` zu finden:

```
112 void insertNodeInSubtree(Node *sub_root,Node *node)
113 {
114   if (!sub_root)
115     exitOnInternalError("insertNodeInSubtree");
116   if (node->value == sub_root->value) // already existing, ignore
117     return;
118   if (node->value > sub_root->value)
119   {
120     if (sub_root->greater)
121       insertNodeInSubtree(sub_root->greater,node);
122     else
123       sub_root->greater = node;
124     return;
125   }
126   if (sub_root->smaller)
127     insertNodeInSubtree(sub_root->smaller,node);
128   else
129     sub_root->smaller = node;
130 }
```

Für alle, die nicht genau wissen, wie ein binärer Baum aufgebaut ist, gehen wir kurz auf dessen Prinzip ein (näheres dazu findet sich in Abschnitt 22.2:

- Jeder Knoten in einem solchen Baum speichert genau einen ihm zugeordneten Wert.
- Jeder Knoten in einem solchen Baum kann maximal zwei Kinder haben. Hierbei gilt die Regel, dass alle Kinder mit Werten, die kleiner als der Wert des Knotens sind, auf einer Seite stehen, und die Knoten mit Werten größer als der Wert des Knotens auf der anderen Seite stehen. Durch diese Anordnung kann man mit wenigen Schritten einen gesuchten Wert finden, da man durch die kleiner / größer Relationen immer mit einem einzigen Vergleich einen gesamten Teilbaum bei der Suche ausschließen kann.
- In unserem hier implementierten Baum wird das doppelte Vorkommen von Werten aus Einfachheitsgründen nicht erlaubt.

Also wieder von unserem Exkurs zurück zum Programm. Die Eigenschaften des binären Baums, die gerade skizziert wurden, sind die Grundlage der Einfüge-Funktion, die sich rekursiv mit Teilbäumen beschäftigt, wobei ein Teilbaum immer durch einen Knoten definiert ist, der seine Wurzel darstellt. In der Funktion `insertNodeInSubtree` passiert also Folgendes:

1. Das Programm ist so geschrieben, dass bei fehlerfreier Implementation der Fall des Aufrufs mit einem nicht existenten Teilbaum (`sub_root == NULL`) nicht passieren kann. Dementsprechend wird der Fall überprüft, und gegebenenfalls wird durch einen *Internal Error* auf

ein Implementationsproblem hingewiesen (Zeilen 114–115). Diese Behandlung eines Falls, der "nicht passieren darf", kommt aus der Grundregel der *Robustheit* eines Programms, die fordert, dass das Programm niemals undefiniert reagiert, auch wenn "unmögliche" Fälle auftreten.

2. Die erste Abfrage erfolgt auf Gleichheit der Knotenwerte. Wir haben in unserer Definition des Baumes festgelegt, dass im Baum keine zwei gleichen Werte vorkommen dürfen. Daher werden doppelte Werte an dieser Stelle einfach stillschweigend ignoriert (nicht so toll – besser wäre eine Fehlermeldung). Je nach Einsatz eines solchen Baums in der Praxis sind eventuell andere Strategien zu wählen.
3. Ist der Wert des neuen Knotens größer als der Wert, der in der aktuellen Wurzel des Teilbaums gespeichert ist, so muss er im "größer"-Zweig des Baums gespeichert werden. Hier sind wieder zwei Fälle zu unterscheiden:
   a) Es gibt noch keinen Knoten in diesem Zweig $\Rightarrow$ der Knoten wird direkt an die aktuelle Wurzel des Teilbaums angehängt, und wir sind fertig (=Abbruchbedingung der Rekursion).
   b) Es gibt bereits einen "größer"-Zweig. In diesem Fall wird die Funktion rekursiv mit der neuen Wurzel aufgerufen.
4. Ist der Wert des neuen Knotens kleiner als der Wert, der in der aktuellen Wurzel des Teilbaums gespeichert ist, so wird äquivalent zum "größer"-Fall vorgegangen, nur eben mit dem anderen Teilbaum.

Unsere Abbruchkriterien für die Rekursion sind also immer an das Vorhandensein von Teilbäumen geknüpft, wir arbeiten uns rekursiv durch den Baum in die Tiefe, bis wir keine entsprechenden Teilbäume mehr finden können.

Der Vorteil der rekursiven Lösung in diesem Fall ist, dass wir uns bei der Implementation immer nur um genau eine einzige Ebene im Baum kümmern müssen, und dass wir uns schwer lesbare und fehlerträchtige Schleifenkonstrukte mit Merkervariablen ersparen. Wir haben also den Vorteil, dass wir immer nur einen einzigen (=den aktuellen) Knoten betrachten, statt uns gleich im Stück um den ganzen Baum zu kümmern. Damit bleibt alles viel leichter durchschaubar.

Der Nachteil der oftmaligen "teuren" (bezüglich der Laufzeit) Funktionsaufrufe im Gegensatz zu "billigen" Statements in einer Schleife kommt hier auch nicht zum Tragen, denn ein Binärbaum hat die Eigenschaft, dass im Durchschnitt $log_2(n)$ Ebenen existieren bei n Elementen, die darin gespeichert sind. Wer sich näher mit Datenstrukturen beschäftigt, der wird noch den Einwand haben, dass ein einfacher Binärbaum im worst-Case zu einer linearen Liste entarten kann. Das ist zwar richtig, aber erstens gibt es auch balancierte Binärbäume, die immer garantiert logarithmische Tiefe haben, und zweitens ist das hier nicht Teil unseres Problems. Es geht hier einfach um das Prinzip.

15. Arbeiten mit mehreren Files: `make`

Das allerwichtigste Werkzeug, ohne das kein größeres Projekt mehr in irgendeiner Form handhabbar wäre, ist `make` (in seinen verschiedensten Implementationen). Irgendeine Form von `make` ist in jeder Entwicklungsumgebung, egal von welchem Hersteller, immer enthalten. Wir werden uns hier mit Gnu-Make beschäftigen, das im Prinzip den Standard definiert.

In der Folge werden wir nur die einfachen Dinge betrachten, die vonnöten sind, um kleine bis mittelgroße Projekte handhaben zu können. Es ist allerdings `make` bei weitem mächtiger und flexibler, als es hier in dieser Kürze dargestellt werden kann. Aus diesem Grund möchte ich jenen, die es einmal mit größeren Projekten zu tun bekommen, ans Herz legen, das Handbuch zu Gnu-Make eingehender zu studieren.

15.1 Das Prinzip von Make

Worum geht es hier eigentlich? Nun, bei größeren Projekten gibt es immer eine mehr oder minder hohe Anzahl verschiedener Files, aus denen ein Projekt besteht. Die Anzahl kann, je nach Projektgröße, auch in die Tausende gehen. Zwischen den einzelnen Files bestehen auch noch verschiedene Abhängigkeiten, die beachtet werden müssen. Stellen wir uns nur ein Header-File vor, das von vielen anderen inkludiert wird. Wenn wir in diesem Header etwas ändern, dann müssen auf jeden Fall alle Files compiliert werden, die diesen inkludieren, denn die Änderungen müssen ja wirksam werden.

Nun wäre der naive Ansatz, der bei sehr kleinen Projekten noch gangbar ist, dass man einfach nach jeder Änderung alles neu compiliert und sich somit sicherlich alle Änderungen im Resultat wiederfinden. Bei großen Projekten bedeutet dies aber eine Katastrophe, da ein vollständiges Neuübersetzen eines Programms oft viele Stunden dauern kann. Was man also erreichen will, ist eine möglichst effiziente Neuübersetzung. Alles, was von einer Änderung betroffen ist, wird neu übersetzt, der Rest bleibt unangetastet.

Wir haben bereits gehört, dass es am Weg vom Source-Code zum ausführbaren Programm mehrere Zwischenstufen gibt. Eine der Zwischenstufen sind die sogenannten *Object-Files*, die vom Compiler erzeugt werden und prinzipiell bereits Maschinencode enthalten, aber bei denen der letzte Schritt des Auflösens symbolischer Referenzen zu tatsächlichen Adressen noch nicht vollzogen wurde. Beliebig viele dieser Object-Files werden dann im letzten Schritt vom Linker zu einem gesamten ausführbaren Programm zusammengebunden. Jedes Object-File ist aus einem einzigen Source-File entstanden.

Nun ist die Idee beim inkrementellen Compilieren, dass man diese *Object-Files* behält, denn wenn sich am entsprechenden Source-File, aus dem es entstanden ist, nichts geändert hat, dann ist es ja unnötig, ein neues Object-File zu erstellen. Dieses würde ja ganz gleich aussehen, wie das, das wir sowieso schon haben. Man will also immer nur diejenigen Objects neu erstellen, die tatsächlich unbedingt erstellt werden müssen, und danach den Linker aufrufen, der alle Objects dann zu einem Executable zusammenbindet. Dieser Schritt des Linkens geht prinzipiell sehr schnell, da außer dem Auflösen von Adressen nicht mehr viel zu tun ist.

Im Prinzip kann man das alles per Hand machen, also einfach nur den Source compilieren, bei dem es notwendig ist, und dann den Linker aufrufen. Nur ist diese Methode nicht gerade ratsam. Erstens muss man über alle Auswirkungen von Änderungen Bescheid wissen, also z.B. beim Ändern eines Header Files wissen, von welchen Files dieses inkludiert wird. Zweitens will man sicher nicht jedes Mal den Compiler per Hand für alle verschiedenen Files aufrufen.

Und genau dazu gibt es das Tool `make`, das uns erlaubt, diesen Prozess zu automatisieren. Wir finden einmal alle Abhängigkeiten zwischen den verschiedenen Files heraus, schreiben sie in ein so genanntes Make-File (das üblicherweise den Filenamen `Makefile` besitzt), und `make` handelt dann bei Aufruf entsprechend dieser Abhängigkeiten und übersetzt nur alles tatsächlich Notwendige. Im Makefile wird nicht nur definiert, unter welchen Umständen etwas zu tun ist, sondern auch, was genau zu tun ist. Alle Abhängigkeiten und die notwendigen Aktionen werden in einem Makefile als sogenannte *Rules* formuliert, die `make` anweisen, was genau unter welchen Umständen zu tun ist.

15.2 Make Rules

Im Prinzip haben Regeln in einem Makefile die folgende Form:

```
target ... : dependencies ...
        command
        ...
        ...
```

- Hier ist `target` "das, was gemacht werden soll", also entweder der Name eines Files, das von einem Programm generiert wird (z.B. ein Object File), oder `target` kann auch einfach eine abstrakte Aktion darstellen (z.B. `clean`).

- `dependencies` sind immer Files, die als Input dienen, um das gewünschte `target` zu erstellen. Wenn keine `dependencies` notwendig sind (z.B. bei `clean`), dann wird dieser Teil einfach leer gelassen.
- Schlussendlich ist `command` eine Aktion, die `make` ausführen soll, um das `target` zu erstellen. Es kann beliebig viele solcher Aktionen geben.

Wichtig: Es ist **unbedingt notwendig**, dass eine Zeile mit einem `command` mit einem **Tabulatorzeichen** beginnt. Sollte dies nicht der Fall sein, so meldet `make` einen Fehler.

Vorsicht Falle: Abgesehen davon, dass viele `make` Anfänger in die Falle mit dem notwendigen Tabulatorzeichen tappen, gibt es noch eine Falle, die sich stellt: Die Form einer Regel (also zuerst `target`, dann ein Doppelpunkt, dann die `dependencies`, und das alles **in einer Zeile**, und danach jedes `command`, auch jeweils **in einer Zeile**) muss unbedingt immer eingehalten werden. Sollte eine Zeile zu lang und damit unleserlich werden, so ist diese mit einem Backslash zu beenden. Damit wird die folgende Zeile automatisch als Fortsetzung der vorangegangenen Zeile genommen.

Bevor alles hier zu theoretisch wird, versuchen wir uns am besten an einem Beispiel. Zu diesem Zweck machen wir endlich bei unserem Kaffeeautomaten aus Kapitel 9 eine Aufteilung in einzelne Files, wie sie auch in der Realität vorkommen könnte:

- Die Implementation des APIs kommt in ein File namens `coffeemachine_api.c`.
- Die Deklarationen all dessen, was das API zur Verfügung stellt, kommen in einen entsprechenden Header, der von verwendenden Programmteilen inkludiert werden muss. Wir nennen ihn `coffeemachine_api.h`
- Unsere Implementation der Funktionalität kommt in ein File namens `coffeemachine_functionality.c`.
- Die Deklarationen all dessen, was unser Funktionalitätsmodul zur Verfügung stellt, kommen wiederum in einen eigenen Header: `coffeemachine_functionality.h`
- Unser "Hauptprogramm", also der Teil, der alles in Gang setzt, kommt in ein eigenes File namens `coffeemachine_main.c`

Diese Aufteilung mit den notwendigen Inklusionen von Headers ist auf der beiliegenden CD-ROM zu finden und wird aus Platzgründen hier nicht abgedruckt, da es sich hierbei nur um eine Wiederholung mit kleinen Änderungen handelt.

Wie machen wir nun aus diesen Einzelteilen ein Programm? Im Prinzip recht einfach – wir starten für jedes einzelne `.c` File den Compiler und weisen ihn durch den Parameter -c an, nur ein Object File zu erzeugen, aber den Linker nicht zu starten. Und dann werfen wir noch explizit den Linker an, den wir anweisen, die einzelnen Object Files zu einem Executable zu verbinden. Dies geschieht auch über gcc, und zwar einfach dadurch, dass wir ihm als "Source" Files unsere Object Files übergeben. Damit versteht er dann von selbst, dass nur noch das Linken vonnöten ist.

Nun formulieren wir noch die einzelnen Regeln für diese Operationen in einem Makefile. Dazu brauchen wir die Abhängigkeiten zwischen den Files, die in unserem Fall folgendermaßen sind:

- coffeemachine ist das Executable, das durch Linken der einzelnen Object Files (Extension: .o) entsteht. Dementsprechend ist es von allen Objects abhängig. Es muss neu gelinkt werden, falls sich zumindest eines davon ändert.
- coffeemachine_api.o entsteht durch Compilieren von coffeemachine_api.c, und dieses inkludiert coffeemachine_api.h. Also muss dieses Object File neu compiliert werden, falls sich eines dieser Files ändert.
- coffeemachine_functionality.o entsteht durch Compilieren von coffeemachine_functionality.c, und dieses inkludiert coffeemachine_functionality.h, wobei dieses wiederum coffeemachine_api.h inkludiert. Dementsprechend ist es von allen diesen Files abhängig und muss neu compiliert werden, wenn eines dieser Files sich ändert.
- coffeemachine_main.o entsteht durch Compilieren von coffeemachine_main.c, welches wiederum coffeemachine_api.h includiert. Damit haben wir wieder unsere Abhängigkeiten, die zum Neucompilieren führen.

Nun sprechen wir die ganze Zeit von Abhängigkeiten, bloß was bringt uns dieses Wissen? Und genau hier liegt eine der wichtigsten Eigenschaften von make, die es so mächtig macht: make vergleicht das letzte Änderungsdatum des Targets mit dem letzten Änderungsdatum der Files, von denen dieses Target abhängig ist. Sollte eines dieser Files jünger sein als das Target selbst, dann werden die in den Rules angegebenen Operationen ausgeführt, sonst nicht. Damit wird immer nur das compiliert, was tatsächlich notwendig ist.

Also formulieren wir nun noch unsere Abhängigkeiten formal in einem Makefile, damit wir make für unsere Kaffeemaschine verwenden können (Anm: Wir nennen es hier absichtlich nicht Makefile, sondern CoffeeSimpleMakefile, denn wir werden in unserem Verzeichnis mit den C Programmen noch mehrere Makefiles haben, und damit müssen sie verschiedene Namen bekommen.)

```
1 coffeemachine : coffeemachine_api.o \
2                 coffeemachine_functionality.o\
3                 coffeemachine_main.o
```

```
4   gcc -o coffeemachine coffeemachine_api.o \
5                        coffeemachine_functionality.o \
6                        coffeemachine_main.o
7
8 coffeemachine_api.o : coffeemachine_api.c \
9                       coffeemachine_api.h
10  gcc -c coffeemachine_api.c
11
12 coffeemachine_functionality.o : coffeemachine_functionality.c \
13                                 coffeemachine_functionality.h \
14                                 coffeemachine_api.h
15  gcc -c coffeemachine_functionality.c
16
17 coffeemachine_main.o : coffeemachine_main.c \
18                        coffeemachine_api.h
19  gcc -c coffeemachine_main.c
20
21 all : coffeemachine
22
23 clean :
24  rm coffeemachine_api.o coffeemachine_functionality.o \
25     coffeemachine_main.o coffeemachine
```

Nun genügt ein Aufruf von

`make -f CoffeeSimpleMakefile`

um das Programm vollständig zu erstellen (Anm: Hätte unser Makefile einfach den Namen `Makefile` gehabt, so hätte einfach der Aufruf `make` genügt.) Jetzt gilt es noch, *genau zu verstehen*, was passiert, wenn `make` aufgerufen wird:

- `make` liest bei Aufruf das File mit den Rules und "merkt" sich alle davon. Zu diesem Zeitpunkt werden aber noch keine Regeln ausgewertet, es wird nur registriert, *was zu tun ist, wenn...*
- Ruft man `make` ohne ein besonderes Target auf, so wird das erste Target genommen, das gefunden wird, in unserem Fall also `coffeemachine`.
- Bei Auswertung der Dependencies für ein bestimmtes Target werden die einzelnen Dependencies so lange aufgelöst, bis es keine weitere Auflösung mehr gibt. Also z.B. im Fall unseres Targets `coffeemachine`, das von den einzelnen Object Files abhängig ist, werden diese Abhängigkeiten gleich weiter aufgelöst, und für jedes einzelne Target wird entschieden, ob es nun neu gebaut werden muss oder nicht. Es wird also quasi ein gesamter Abhängigkeitsbaum durchgegangen, wobei die einzelnen Dependencies die Verzweigungen darstellen. Genau dieser Punkt wird bei `make` oft missverstanden – `make` wertet bei Aufruf immer nur **eine einzige Regel** aus, nämlich entweder die, deren Target explizit angegeben wurde, oder die, deren Target als Erstes gefunden wird. Es wird **nicht automatisch das gesamte File von oben bis unten Regel für Regel ausgewertet!** Stattdessen werden alle Dependencies aufgelöst, die in der auszuwertenden Regel vorkommen, und zu diesen Dependencies werden entsprechende Targets gesucht. Nur auf diese Art kommt es dazu, dass bei einem Durchlauf viele Regeln ausgewertet werden.

- make kann auch mit Targets arbeiten, die nur Dependencies besitzen, aber keine Commands. In unserem Fall ist all ein solches Target, das nur auf das Target coffeemachine verweist und so die Auswertung dieser Regel erzwingt.
- make kann auch mit Targets arbeiten, die keine Dependencies besitzen, aber dafür Commands. In diesem Fall werden einfach die Commands ausgeführt, und damit wird die Abarbeitung beendet. Dies ist z.B. bei unserem Target clean der Fall.

15.3 Variablen in Makefiles

Man kann bereits in unserem kleinen Makefile feststellen, dass oft einzelne Dinge mehrfach geschrieben werden, und dass man beim Hinzufügen neuer Targets oft an mehreren Stellen dasselbe editieren muss. Außerdem kann es z.B. vorkommen, dass man nicht auf jeder Plattform denselben Compileraufruf verwendet, weil auf verschiedenen Plattformen verschiedene Optionen gefordert sind etc. Kurz gesagt, wir wollen unser Makefile noch etwas flexibler und auch lesbarer gestalten, und hierzu stehen uns bei make Variablen zur Verfügung.
Eine Variable in einem Makefile wird prinzipiell durch folgende Anweisung gesetzt:

```
varname = value
```

Wieder gilt, dass sich eine solche Anweisung nur über eine einzige Zeile erstrecken kann bzw. eben wieder eine Zeile mit einem Backslash abgeschlossen werden muss, um mehrzeilige Anweisungen zu gestatten. Es ist auch gestattet, value einfach leer zu lassen, womit die Variable dann auf "nichts" gesetzt wird.

Den Inhalt einer Variable bekommt man, indem man den Variablennamen in runde Klammern setzt und ein $-Zeichen voranstellt, z.B.:

```
$(varname)
```

Durch die Verwendung von Variablen können wir unser Makefile sinnvoll umgestalten. Dies könnte dann folgendermaßen aussehen (CoffeeMakefile):

```
1 OBJS = coffeemachine_api.o \
2        coffeemachine_functionality.o\
3        coffeemachine_main.o
4 CC = gcc
5 LD = gcc
6 CC_FLAGS = -c
7 LD_FLAGS = -o
8 EXECUTABLE = coffeemachine
9
10 coffeemachine : $(OBJS)
11     $(LD) $(LD_FLAGS) $(EXECUTABLE) $(OBJS)
12
13 coffeemachine_api.o : coffeemachine_api.c \
14                       coffeemachine_api.h
15     $(CC) $(CC_FLAGS) coffeemachine_api.c
16
```

```
17 coffeemachine_functionality.o : coffeemachine_functionality.c \
18                                 coffeemachine_functionality.h \
19                                 coffeemachine_api.h
20   $(CC) $(CC_FLAGS) coffeemachine_functionality.c
21
22 coffeemachine_main.o : coffeemachine_main.c \
23                        coffeemachine_api.h
24   $(CC) $(CC_FLAGS) coffeemachine_main.c
25
26 all : coffeemachine
27
28 clean :
29   rm $(OBJS) $(EXECUTABLE)
```

Hierbei ist alles, was in irgendeiner Form maschinenabhängig ist, wie z.B. Compiler- und Linkeraufruf, sowie die dazugehörigen Flags in Variablen gespeichert. Dementsprechend kann man durch einfaches Umsetzen der Variablen die einzelnen Aufrufe für das gesamte Makefile umdefinieren. Die Object Files und der endgültige Programmname wurden ebenfalls in Variablen verpackt, denn diese werden öfter gebraucht. Also braucht man ein neu dazugekommenes Object File nur noch dort eintragen und die entsprechende Regel für dieses eine File zu schreiben, und der Rest passiert automatisch.

Mit diesem Grundwissen über Makefiles kann man meiner Meinung nach genug anfangen, um kleine bis mittelgroße Projekte in den Griff zu bekommen. Aus diesem Grund möchte ich hier auch nicht weiter auf die zusätzlichen, vielen guten Features und Konstrukte eingehen, die `make` sonst noch zu bieten hat, denn dies würde den Rahmen sprengen. Vor allem existieren in den verschiedenen Softwareentwicklungsteams üblicherweise relativ komplexe `make`-Umgebungen, in die man sich im Falle des Falles sowieso von Grund auf einarbeiten muss.

16. Der C-Preprocessor

Der C-Compiler ist so aufgebaut, dass, bevor er seine Arbeit des Übersetzens von Source-Code aufnimmt, noch die einzelnen Source-Files durch den so genannten Preprocessor bearbeitet werden. Dieser Preprocessor hat die einzige Aufgabe, dass er **bestimmten Text im Code durch anderen Text ersetzt**. Angesprochen wird der Preprocessor gezielt durch Zeilen im Code, die mit einem # beginnen. Der C-Compiler bekommt dann das Resultat, das der Preprocessor durch seine Ersetzungen aus dem originalen C-Source generiert hat.

Ein ganz wichtiger Punkt beim Preprocessor ist, dass Anweisungen für ihn an beliebigen Stellen im Source vorkommen können. Der Effekt dieser Zeilen hält immer bis zum Ende des gerade bearbeiteten Source-Files an, die C-Regeln für Scope und Lifetime gelten für den Preprocessor nicht, sehr wohl aber für den Code, der als Resultat aus dem Preprocessor kommt und der "reiner" C-Code (also ohne Preprocessor-Anweisungen) ist. Außerdem soll hier nochmals wiederholt werden, dass Anweisungen für den Preprocessor **nicht mit Strichpunkt abgeschlossen werden** (dafür kann ein Strichpunkt ein Teil einer Ersetzung durch ein Macro sein, wie wir später noch sehen werden). Das bedeutet, dass Preprocessor-Anweisungen immer mit dem Ende der Zeile, auf der sie stehen, abgeschlossen sein müssten, denn es gibt ja keinen Delimiter mehr. Es kann aber auch sein, dass eine Anweisung ziemlich lang ist und prinzipiell nicht mehr in eine einzige Zeile passt. In diesem Fall gibt es die Lösung, dass vor dem Zeilenumbruch ein Backslash steht, der im Prinzip den Zeilenumbruch "escaped". Damit kann man eine Anweisung auch über mehrere Zeilen schreiben.

Wenn man sich interessehalber (z.B. zum Debuggen) ansehen will, was der Preprocessor aus einem File macht, dann kann man den C-Compiler auch dazu veranlassen, nur den Preprocessor laufen zu lassen und als Output das fertig umgearbeitete File zu liefern, statt es tatsächlich zu compilieren. Hierzu dient die Option `-E` bei `gcc`. Wenn wir also z.B. wissen wollen, was der Preprocessor aus sagen wir einem File namens `my_test.c` macht, so erfahren wir dies mit folgendem Kommando:

```
gcc -E -o my_test.i my_test.c
```

Hierdurch wird der Output des Preprocessors in das File `my_text.i` geschrieben. Die File-Extension `.i` hat sich für solche Files eingebürgert (steht für

Intermediate). Wenn man kein bestimmtes Output-File mittels -o angibt, dann wird automatisch auf stdout geschrieben, also wird der Output direkt angezeigt. Dieser Output kann natürlich auch umgeleitet werden.

In der Folge werden die wichtigsten Preprocessor-Anweisungen und ihre Effekte näher betrachtet. Auf besondere Anweisungen, wie z.B. das Deklarieren von inline Assembler-Code und andere Compiler-spezifische Dinge (Stichwort: #pragma), wird in dieser Betrachtung verzichtet, denn diese sind sehr abhängig vom verwendeten Compiler und der verwendeten Plattform.

16.1 Macros

Macros haben wir prinzipiell bereits in Verbindung mit Konstantendefinitionen kennen gelernt, wir haben uns aber bisher noch nicht näher mit ihnen auseinander gesetzt. Es gibt zwei Arten von Macros, die einfache Art, die keine Parameter nimmt, und eine komplexere Definition, die auch mit Parametern umgehen kann.

16.1.1 Macros ohne Parameter

Die einfachen Macros ohne Parameter haben immer die folgende Form:

```
#define identifier replacement
```

Hierbei bezeichnet identifier den Text, der ersetzt werden soll, und replacement bezeichnet, wodurch er ersetzt werden soll.
Zum Beispiel bewirkt das Preprocessor Macro

```
#define MAX_LENGTH 128
```

dass im gesamten nachfolgenden C-Source (niemals davor!) das Token MAX_LENGTH durch die Zahl 128 (als Text gesehen!) ersetzt wird. Der Begriff *Token* bezeichnet hier salopp gesagt ein vollständiges Wort. Es passiert also nicht, dass durch das obige Macro z.B. ein Wort wie MY_MAX_LENGTH plötzlich vom Preprocessor zu MY_128 verstümmelt wird, denn es ist ja kein ganzes Wort, das identisch mit einem Macro wäre.

Man muss sich immer bewusst sein, dass der Preprocessor eine **textuelle Ersetzung** durchführt und der C-Compiler das Resultat davon bekommt. Das heißt, dass auch z.B. "echter" C-Code in Macros vorkommen kann, z.B. ein bestimmtes C-Statement, das man zwecks leichter Austauschbarkeit in ein Macro verpackt hat.
Damit man sich nun leichter vorstellen kann, was der Preprocessor bewirkt, sehen wir uns folgendes Codeschnipsel an (preproc_test1.c):

```
1 // preproc_test1.c - small test, what the preprocessor does
2
3 #define MY_VALUE        128
4 #define YOUR_VALUE      256
5
6 #define HER_VALUE MY_VALUE
```

```
 7
 8 int main()
 9 {
10   int my_array[MY_VALUE + 1][YOUR_VALUE + 1];
11   int her_array[HER_VALUE];
12   return(0);
13 }
```

Nach dem Durchlaufen des Preprocessors erhalten wir folgenden Output (der dann im Normalfall an den C-Compiler weitergereicht wird):

```
 1 # 1 "preproc_test1.c"
 2
 3
 4
 5
 6
 7
 8
 9 int main()
10 {
11   int my_array[128   + 1][256   + 1];
12   int her_array[128   ];
13   return(0);
14 }
```

Man sieht, dass alle Macros aufgelöst und durch ihr *Replacement* textuell ersetzt wurden. Zusätzlich sieht man, dass der Preprocessor selbst noch ganz oben seine Spuren hinterlassen hat, aber das braucht uns hier nicht zu interessieren, denn solche Spuren sind abhängig vom jeweiligen Preprocessor und Compiler. Der letzte Punkt, der auch noch auffällig ist, ist die Möglichkeit, ein Macro so zu definieren, dass das Replacement selbst ein Macro ist. In diesem Fall ersetzt der Preprocessor so lange den Text, bis nichts Ersetzbares mehr übrig bleibt, und fährt erst dann fort. Natürlich ist das genau das Verhalten, das man intuitiv erwartet, aber trotzdem verdient es hier diese kleine Anmerkung, da oftmals gerade bei Anfängern Scheu davor herrscht, Definitionen über mehrere Stationen zu machen.

16.1.2 Macros mit Parametern

Mit Macros kann man aber noch mehr machen, als einfach nur statischen Text zu ersetzen. Man kann Macros auch mit Parametern versehen, womit Macros zu einem außerordentlich mächtigen Tool in der Hand erfahrener Programmierer werden. Ich möchte davor warnen, zu trickreiche Macros zu schreiben, die dann nicht nur in ihrer Definition, sondern auch in ihrer Anwendung undurchsichtig werden, aber der Vollständigkeit halber werden wir uns mit ein paar einfacheren Dingen an dieser Stelle auseinander setzen. Im Prinzip sieht ein Macro mit Parametern folgendermaßen aus:

```
#define identifier(param_1, ... ,param_n) replacement
```

Sehen wir uns zum besseren Verständnis ein Programmchen an, in dem ein Macro definiert und verwendet wird, das zwei `int`-Variablen vertauscht (`preproc_test2.c`):

```
1 // preproc_test2.c - test for preprocessor macros with params
2
3 #define SWAP(a,b) { int swap = a; a = b; b = swap; }
4
5 int main()
6 {
7   int my_var1 = 17;
8   int my_var2 = 25;
9   printf("Before swap: %d, %d\n",my_var1,my_var2);
10  SWAP(my_var1,my_var2);
11  printf("After swap: %d, %d\n",my_var1,my_var2);
12  return(0);
13 }
```

Der Preprocessor generiert daraus folgenden Output:

```
1 # 1 "preproc_test2.c"
2
3
4
5
6 int main()
7 {
8   int my_var1 = 17;
9   int my_var2 = 25;
10  printf("Before swap: %d, %d\n",my_var1,my_var2);
11  { int swap =  my_var1 ;  my_var1  =  my_var2 ;  my_var2  = swap; } ;
12  printf("After swap: %d, %d\n",my_var1,my_var2);
13  return(0);
14 }
```

Wenn man dann das Programm ganz normal compiliert und exekutiert, dann bekommt man den erwarteten Output, nämlich dass die beiden Werte vertauscht werden.

Auf ein paar Kleinigkeiten ist hier zu achten, da man sonst nur allzu leicht unerwartete Resultate bekommt:

- Wenn mehrere zusammengehörige Statements ausgeführt werden, so sollte man unbedingt diese, wie hier gezeigt, bereits im Macro in einem Block zusammenfassen. Weil ja der Preprocessor nur reine textuelle Ersetzungen vornimmt, kann sonst Schlimmes passieren: Stellen wir uns vor, das Vertauschen der Zahlen passiert nur unter einer gewissen Bedingung, dementsprechend wird ein `if`-Statement geschrieben, dessen Körper der "Aufruf" von `SWAP` sein soll. Wenn aber nun das Macro nicht selber einen Block darstellt, dann fällt nur das erste Programmstatement, also die Zuweisung auf `swap` dem `if` zu, der Rest wird bedingungslos ausgeführt!
- Ich habe absichtlich hinter den "Aufruf" von `SWAP` einen Strichpunkt geschrieben, da eben ein "normales" C-Statement so aussehen würde. Nun evaluiert aber das Macro selbst bereits zu einem vollständigen Statement (in unserem Fall zu einem Block). Damit ist nach der textuellen Ersetzung dieser eine Strichpunkt überflüssig, wie man im Preprocessor-Output erkennen kann. In unserem Fall ist dies egal, da ein Strichpunkt vom Compiler als leeres Statement akzeptiert wird und dementsprechend auch kein

Problem auftritt. Es gibt allerdings andere Fälle, wo dies ein Problem werden kann, denn nach der Evaluierung haben wir eben zwei Statements. Das eine, das aus dem Macro entsteht, und das zweite (leere), das aus unserem Strichpunkt entsteht.

- Per Konvention schreibt man alle Macros immer durchgehend mit Großbuchstaben, um sie eindeutig bereits beim Lesen als Macros erkennen und sie richtig (und vorsichtig!) deuten zu können.

Man sieht also, dass bei der Verwendung von Macros eine gewisse Vorsicht angebracht ist.

16.1.3 Definitionen rückgängig machen

Wir haben bereits gehört, dass Macros vom Zeitpunkt ihrer Definition bis zum Ende des jeweiligen Files gültig und sichtbar sind. Manchmal will man aber eine Definition ab einer bestimmten Stelle wieder "verschwinden lassen". Dazu dient das Statement

```
#undef identifier
```

und das betroffene Macro wird vom Preprocessor verworfen. Dementsprechend wird auch ab diesem Zeitpunkt keine Ersetzung des entsprechenden Texts mehr vorgenommen.

16.2 Einfügen von Files

Auch die Preprocessor Anweisung zum Einfügen von Files haben wir bereits kennen gelernt:

```
#include file_identifier
```

Ich habe hier absichtlich den Begriff `file_identifier` statt dem Begriff des File*namens* verwendet, denn mit diesem hat es noch eine Kleinigkeit auf sich: Es gibt 2 verschiedene Formen, wie man einen Filenamen angeben kann, die Unterschiedliches bewirken.

1. Zum Inkludieren von "Standard"-Headers, also solchen, die mit dem Compiler (oder mit besonderen Libraries) mitgeliefert werden, wird der Filename in spitzen Klammern angegeben (also z.B. `<stdio.h>`). Die spitzen Klammern weisen den Preprocessor an, im Standard-Pfad für Header-Files nach dem angegebenen File zu suchen.
2. Zum Inkludieren von eigenen Headers, die eben nicht im Standard-Pfad zu finden sind, wird der Name durch doppelte Anführungszeichen begrenzt. Damit wird der Preprocessor angewiesen, im aktuellen Verzeichnis nach dem File zu suchen.

Bei beiden Varianten sind nicht nur einfache Filenamen, sondern auch (teil-)vollständige Pfade erlaubt. Hier ist es immer angebracht als Separator einen `/` zu verwenden, also sowohl auf Unix als auch auf DOS und

MS-Windows xx Systemen. Der Preprocessor interpretiert dies auf allen Systemen korrekt, während es bei Verwendung von Backslash zu Problemen kommt, und zwar lustigerweise nicht nur auf Unix-Systemen, sondern auch, je nach Compiler, manchmal auf DOS und MS-Windows xx Systemen.

Eines muss einem aber bei der Verwendung von Headers immer bewusst sein: Wie wir bereits aus der Definition des Preprocessors wissen, macht dieser nichts anderes, als Text zu **ersetzen**. Dementsprechend bewirkt das Inkludieren eines Files, dass das gesamte File **textuell in den Source eingefügt** wird, also den Source dementsprechend verlängert. Wer Lust hat, kann sich ja zum Spaß den Preprocessor-Output ansehen, der entsteht, wenn man viele Files inkludiert. Weil also auf diese Art der Source Code, der dem Compiler vorgesetzt wird, drastisch verlängert wird, muss man natürlich mit umso stärker verlängerten Compile-Zeiten rechnen, je mehr Files man inkludiert. Daher ist es nicht ratsam, "einfach einmal zur Vorsicht" ein paar Headers zu inkludieren, wenn man diese gar nicht braucht.

16.3 Bedingte Übersetzung

Um mit dem Preprocessor noch flexibler arbeiten zu können, gibt es darin auch Bedingungen. Die folgenden Abfragen werden unterstützt:

- `#if constant` prüft, ob die angegebene Zahlenkonstante einen Wert ungleich 0 besitzt.
- `#ifdef identifier` prüft, ob der gegebene Identifier zuvor mittels `#define` definiert wurde.
- `#ifndef identifier` prüft, ob der gegebene Identifier zuvor noch nicht mittels `#define` definiert wurde.

Alle diese Bedingungen werden immer mit einer `#endif` Preprocessor Anweisung beendet, natürlich ist auch ein `#else` definiert.

Mit dem Wissen um Macros und Bedingungen möchte ich hier das Prinzip eines sehr brauchbaren Macros vorstellen, das zum Debuggen von Code dient. Das Problem bei Debugging-Anweisungen im laufenden Code ist immer, dass man bei der endgültigen Version eines Programms den Debug-Code darin wieder entfernen muss. Eigentlich wäre es aber wünschenswert, wenn man einfach einen kleinen Schalter umlegen könnte, und automatisch würde der Debugging-Code entfernt. Natürlich kann man mit Variablen und entsprechenden `if`-Abfragen arbeiten, aber damit hat man unnötige Laufzeitverluste. Es wäre also schön, wenn der Debugging-Code wirklich restlos eliminiert würde. Genau das gelingt, wenn man mit dem Preprocessor arbeitet.

Weil ja inzwischen erwähnt wurde, wie man Headers inkludiert, schreiben wir an dieser Stelle endlich zum ersten Mal einen "richtigen" Header, den man einfach in Programme einbinden kann, um mit den dort deklarierten und definierten Sachen zu arbeiten (`debug.h`):

```c
1 // debug.h - demo of a useful macro for debugging
2
3 #ifndef __DEBUG_H__ // avoid multiple inclusion
4 #define __DEBUG_H__
5
6 #define DEBUG_ON
7
8 #ifdef DEBUG_ON
9 static unsigned __active_debug_flags__ = 0;
10 #endif
11
12 // some example flags
13
14 #define DEBUG_COMMON       0x00000001
15 #define DEBUG_SPECIAL      0x00000002
16 #define DEBUG_NETWORK      0x00000004
17
18 #ifdef DEBUG_ON
19 #define DEBUG(flag,output) \
20 {if (flag & __active_debug_flags__) \
21   printf("%s\n",output);}
22 #else
23 #define DEBUG(flag,output) ;
24 #endif // DEBUG_ON
25
26 #endif // __DEBUG_H__
```

Bei diesem Header fällt gleich in Zeile 3 auf, dass dort abgefragt wird, ob `__DEBUG_H__` bereits definiert wurde. Wenn ja, dann wurde das File bereits inkludiert, denn genau dieses Macro wird ja genau in diesem Header (gleich in der nächsten Zeile) definiert. Sollte es also zu einer Mehrfachinklusion kommen, dann wird bis zum allerletzten `#endif` in Zeile 26 alles vom Preprocessor übersprungen, es wird also gar nichts getan. Dieses vollständige Einklammern eines Header-Files wird unbedingt empfohlen, um Mehrfachinklusionen, die zu bösen Compilermeldungen führen können (z.B. Mehrfachdefinition von Variablen...), zu verhindern.

Das erste "wichtige" Macro, das wir definieren, ist `DEBUG_ON`. Sollte dies definiert sein, so ist Debugging aktiv, sonst (z.B durch Auskommentieren der Zeile oder ein `#undef` irgendwo im Programm) wird Debugging deaktiviert.

Ich möchte hier noch erwähnen, dass dies nicht der übliche Weg ist, denn es gibt die viel bessere Möglichkeit, beim Compileraufruf eine Macro-Definition mitzugeben. Dies geschieht bei den meisten Compilern mittels der Option `-D`. Im Prinzip also müsste man Zeile 6 im Header weglassen und dann

```
gcc -DDEBUG_ON -o <output_file> <input_file.c>
```

aufrufen, sofern man Debugging aktivieren will. **Anm:** Ich habe absichtlich zwischen `-D` und `DEBUG_ON` kein Leerzeichen geschrieben, das ist kein Tippfehler.

Im Prinzip unüblich, aber in unserem Fall hier nicht umgehbar, ist die Definition der Variable `__active_debug_flags__` in einem Header. Normalerweise sollten nur Deklarationen in einem Header vorkommen, und keine Definitionen. Man sieht auch, dass bei nicht-erwünschtem Debugging gleich die gesamte Definition der Flags nicht stattfindet, denn es würde in diesem Fall die Variable ja doch nur Platz brauchen und nichts bringen.

In den Zeilen 14–16 werden verschiedenste Flags definiert, die bestimmten Debug-Levels entsprechen, die man gezielt ein- und ausschalten kann. Wichtig ist hierbei die Definition als Bitmasken, also jeweils ein Bit ist für ein Flag verantwortlich, denn sonst funktioniert die Abfrage nicht.
Und in den Zeilen 18–24 kommt endlich unser spezielles Konstrukt:

- Im Falle, dass `DEBUG_ON` definiert wurde, wird ein parametrisiertes `DEBUG`-Macro definiert, das abprüft, ob der Debug-Level, zu dem der Output gehört, überhaupt aktiv ist. Wenn ja, wird die Meldung ausgegeben, wenn nein, wird sie unterdrückt. Durch dieses Verhalten kann man im Programm durch beliebiges Modifizieren der Variable `__active_debug_flags__` bestimmen, welchen Output man jetzt sehen will (dynamische Anpassung).
- Zusätzlich haben wir noch die statische Anpassung, also das vollständige Entfernen jeglichen Debug-Codes durch den Preprocessor, denn wenn wir `DEBUG_ON` nicht definiert haben, dann wird der `#else`-Zweig des Macros aktiv. Und dieser definiert unser `DEBUG`-Macro einfach als leeres Statement.

Vorsicht Falle: Die Definition als leeres Statement ist wichtig, denn sonst kann es schon zu Problemen kommen, falls eine Debug-Anweisung an einer Stelle steht, die ein Statement verlangt (z.B. ein `if`). Lässt man dort mittels Preprocessor das Statement verschwinden, dann können die Effekte sehr interessant werden, denn dann meckert entweder der Compiler, wenn wir Glück haben, oder aber es wird einfach das nächste Statement nach unserem Debugging-Code als das dazugehörige Statement interpretiert. Dieser Fall sollte zwar bei sauberer Programmierung nicht passieren, aber man weiß ja nie...

Wie man nun mit unserem Debugging-Macropaket arbeitet, sehen wir in (`debug_test.c`):

```
1 // debug_test.c - demo of a useful macro for debugging
2
3 #include "debug.h"
4
5 int main()
6 {
7   __active_debug_flags__ = DEBUG_COMMON | DEBUG_NETWORK;
8
9   DEBUG(DEBUG_COMMON,"This is common debug output")
10  DEBUG(DEBUG_SPECIAL,"This is special debug output")
11  DEBUG(DEBUG_NETWORK,"This is network debug output")
12 }
```

Man setzt einfach die entsprechenden Flags für den Output, und schon werden gewisse Meldungsgruppen ausgegeben oder auch unterdrückt. In unserem Fall wird die zweite `DEBUG` Zeile unterdrückt, denn `DEBUG_SPECIAL` ist nicht gesetzt, der Rest erscheint am Bildschirm.

17. Speicherklassen

Ohne dies zu bemerken, haben wir bisher in unseren Programmen mit zwei verschiedenen Speicherklassen für Variablen gearbeitet: *extern* (=globale Variablen) und *auto* (=lokale Variablen). Es bestand auch bisher keine Notwendigkeit, sich mit diesen Speicherklassen auseinander zu setzen, da es Sache des Compilers ist, diese intern korrekt zu behandeln.

17.1 Die Speicherklasse `extern`

Mit der Speicherklasse *extern* hat es etwas auf sich, das wir sehr gut gebrauchen können, wenn wir mit mehreren Files arbeiten:

Durch das Voranstellen des Keywords `extern` bei der Vereinbarung einer Variablen signalisiert man, dass man hier explizit nur eine **Deklaration** vornimmt, aber keine **Definition**. Man teilt dem Compiler mit, dass die Definition "irgendwo anders" erfolgt, und dass er sich mit diesem Wissen zufrieden geben soll.

Wenn man z.B. mit mehreren Files arbeitet und eine Variable aus allen diesen Files heraus zugreifbar sein soll, so wissen wir bereits, dass man diese in einen Header verpacken muss, genauso wie die Deklaration von Funktionen. Wenn man aber dabei vergisst, diese Variable als `extern` zu deklarieren, so würde sie tatsächlich *definiert* werden, was wir aber nicht wollen! Sonst hätte es plötzlich der Linker mit mehreren Variablen zu tun, die denselben Namen und dieselbe Sichtbarkeit im Programm hätten. Da dann die Referenzen auf diese Variablen mehrdeutig wären, bricht er mit einer Fehlermeldung ab.
Der richtige Weg, eine Variable in mehreren Files sichtbar zu machen (ihre Lifetime ist ohnehin "durchgehend"), ist also folgendermaßen:

- In **einem der C Files** wird die Variable tatsächlich **definiert**.
- In **einem Header** wird die Variable als `extern` **deklariert**
- In alle Files, in denen auf die Variable zugegriffen wird, wird der Header eingebunden, in dem die Deklaration steht. Damit ist der Compiler beim Übersetzen dieser Files beruhigt.

Nehmen wir als Beispiel an, wir hätten eine globale Variable `my_global_` vom Typ `int`. Weiters haben wir es mit zwei C-Files (`my_definitions.c` und

my_program.c) zu tun, die beide diese Variable verwenden wollen. Außerdem gibt es noch den Header my_definitions.h.
In my_definitions.c definieren wir die Variable wie gewohnt:

```
int my_global_;
```

Und in my_definitions.h wird nur die Deklaration verewigt:

```
extern int my_global_;
```

Weiters wird my_definitions.h von my_program.c inkludiert. Damit hat man dem Compiler über die in my_definitions.h existente Deklaration mitgeteilt, dass my_global_ existiert, und man kann getrost darauf zugreifen, obwohl sie in einem anderen File definiert wurde. Der Linker löst diese Referenz beim Zusammenbinden der beiden Object-Files korrekt auf.

17.2 Die Speicherklasse register

In C gibt es eine besondere Speicherklasse, die für Optimierungszwecke gedacht ist. Der Name register für diese Speicherklasse sagt auch gleich aus, was es mit ihr auf sich hat: Stellt man das Keyword register einer Variablendefinition voran, so ist dies ein Hinweis für den Compiler, dass er Code erzeugen soll (wenn möglich), der diese Variable tatsächlich in einem Register des Prozessors ablegt, statt sie im Hauptspeicher abzulegen. Damit wird der Zugriff auf diese Variable stark beschleunigt. Wichtig hierbei sind drei Aspekte:

1. Nur auto-Variablen können überhaupt als register deklariert werden, denn es ist natürlich nicht möglich, dass eine globale Variable die ganze Zeit ein Register belegt.
2. Prozessoren haben nur eine sehr beschränkte Anzahl von (freien) Registern. Dementsprechend ist dort nur Platz für die allerwichtigsten Variablen. Es hat also überhaupt keinen Sinn, zu viele Variablen als register zu deklarieren zu versuchen.
3. Auch wenn man eine Variable als register deklariert, so heißt das noch lange nicht, dass sie tatsächlich dazu wird. Dies hängt davon ab, ob überhaupt noch in ein freies Register zur Verfügung steht und ob dieser Datentyp überhaupt in einem Register gehalten werden kann. Der Compiler nimmt die register Deklaration nur als Hinweis und versucht, das Beste daraus zu machen.

Vorsicht Falle: Es gibt tatsächlich den Fall, dass Programme durch register-Variablen plötzlich langsamer werden, als sie dies zuvor ohne register-Variablen waren. Das passiert dann, wenn der Compiler bei seinen durchgeführten Optimierungen durch register-Variablen behindert wird und der Zeitgewinn durch register sowieso nicht besonders hoch gewesen wäre. Wie kann man den Compiler behindern? Nun, ganz einfach – je nach Compiler werden bei seinen Optimierungsschritten automatisch "viel gebrauchte" Variablen in Registern abgelegt. Wenn man den Compiler nun zwingt, ein Register für eine "weniger gebrauchte" Variable zu reservieren, dann nimmt man ihm dieses Register eventuell für eine zielführendere Optimierungsmaßnahme weg.

Wenn man also `register`-Variablen einführt, so sollte man immer sofort testen, ob man damit überhaupt etwas erreicht!

17.3 Die Speicherklasse `static`

Es gibt noch eine weitere Speicherklasse, die von sehr großem Nutzen sein kann: die Speicherklasse `static`. Wird eine *auto-Variable* als `static` deklariert, so bedeutet das, dass sie die Lebensdauer einer globalen Variable bekommt, aber ihre Sichtbarkeit wie üblich auf den Block begrenzt bleibt, in dem sie definiert wurde. Solche Variablen behalten also ihren Wert z.B. von einem Funktionsaufruf bis zum nächsten, obwohl sie im Prinzip keine globalen Variablen sind.

Wird eine *globale Variable* als `static` definiert, so tritt ein ähnlicher Effekt auf: Hier bleibt die Lebensdauer der Variablen zwar gleich (wie sollte sie auch länger leben als über die gesamte Programmdauer hinaus), aber es wird die Sichtbarkeit der Variable auf das File reduziert, in dem sie definiert ist! Außerhalb dieses Files ist sie unsichtbar.

Dieses Verhalten ist besonders sinnvoll, wenn man aus irgendwelchen Gründen globale Variablen in Files braucht, die mit vielen anderen Files gemeinsam zu einem Programm verbunden werden. Dabei kann es schon zu Konflikten kommen, wenn z.B. in zwei Files zufällig eine globale Variable mit demselben Namen definiert ist. Und damit würde der Linker mit einer Fehlermeldung über doppelte Definition abbrechen. Deklariert man aber die "gefährdeten" globalen Variablen als `static`, dann ist damit der Konflikt aufgelöst, da jede der Variablen nur noch in ihrem eigenen File sichtbar ist. Sehen wir uns noch kurz die beiden besprochenen Fälle von `static`-Variablen (`static_test.c`):

```
1 // static_test.c - test for static Variables
2
3 #include <stdio.h>
4
5 static int my_invisible_test_global_ = 0;
6
7 void testFunction();
8
9 //------------------------------------------------------------
10 int main(int argc,char *argv[])
11 {
12   int count = 5;
13   while(count--)
14     testFunction();
15   return(0);
16 }
```

```
17
18 //------------------------------------------------------------
19 void testFunction()
20 {
21   static int my_testvar = 17;
22
23   printf("my_testvar has the value: %d\n",my_testvar++);
24 }
```

Das Programm liefert den folgenden Output:

```
my_testvar has the value: 17
my_testvar has the value: 18
my_testvar has the value: 19
my_testvar has the value: 20
my_testvar has the value: 21
```

Man sieht an diesem Output zwei essentielle Dinge, die als `static` deklarierte *auto-Variablen* auszeichnen:

1. Die `static` Variable behält ihren Wert zwischen den einzelnen Funktionsaufrufen.
2. Die Initialisierung dieser Variable (Zeile 21) erfolgt genau einmal, nämlich beim ersten Funktionsaufruf. Danach wird diese Zuweisung (natürlich) nie mehr ausgeführt.

Zu Demonstrationszwecken wurde in Zeile 5 auch eine globale Variable als `static` definiert. Würde in irgendeinem anderen File, das mit diesem zu einem Programm zusammengelinkt wird, eine Variable mit demselben Namen definiert werden, so würde dies trotz Namensgleichheit keine Probleme beim Linken hervorrufen.

18. Der Datentyp enum

Zur Definition von Konstanten haben wir bisher immer den Preprocessor herangezogen. Dieser hat allerdings einen Nachteil: Er setzt immer nur reinen Text ein, nimmt also keine Typ-Überprüfungen vor.

In C gibt es für Zahlenwerte neben dem Preprocessor noch eine andere Möglichkeit, symbolische Konstanten für Zahlenwerte festzulegen, die auch die Typensicherheit gewährleistet: den Datentyp `enum`. Am besten betrachten wir die Verwendung von `enum` gleich an einem Beispiel:

```
1  // enum_test - small test for the enum datatype
2
3  #include <stdio.h>
4
5  // single constant as enum
6  enum { BITS_PER_COLOR = 8 };
7
8  // index of the single color channels
9  enum { RED, GREEN, BLUE };
10
11 // some palette indices for predefined colors
12 enum _ColorPalette_ { CYAN = 3, MAGENTA, YELLOW, NUM_ENTRIES };
13
14 typedef enum _ColorPalette_ ColorPalette;
15
16 int main(int argc,char *argv[])
17 {
18   ColorPalette a_color = YELLOW;
19   unsigned *colors = (unsigned *)malloc(sizeof(unsigned) *
20                                          NUM_ENTRIES);
21
22   unsigned full_brightness = 0x0;
23   unsigned count = BITS_PER_COLOR;
24
25   while(count--)
26     full_brightness = (full_brightness << 1) | 0x01;
27
28   colors[CYAN] = (full_brightness << (BITS_PER_COLOR * GREEN)) |
29                  (full_brightness << (BITS_PER_COLOR * BLUE));
30
31   colors[MAGENTA] = (full_brightness << (BITS_PER_COLOR * RED)) |
32                     (full_brightness << (BITS_PER_COLOR * BLUE));
33
34   colors[YELLOW] = (full_brightness << (BITS_PER_COLOR * GREEN)) |
35                    (full_brightness << (BITS_PER_COLOR * RED));
36
37   printf("Cyan has index %u and is defined as %x\n",CYAN,
38          colors[CYAN]);
39   printf("Magenta has index %u and is defined as %x\n",MAGENTA,
40          colors[MAGENTA]);
```

```
41   printf("Yellow has index %u and is defined as %x\n",YELLOW,
42          colors[YELLOW]);
43   printf("a_color has the value %u\n",a_color);
44   return(0);
45 }
```

Dieses Programm liefert den folgenden Output:

```
Cyan has the index 3 and is defined as ffff00
Magenta has the index 4 and is defined as ff00ff
Yellow has the index 5 and is defined as ffff
a_color has the value 5
```

Man sieht hier mehrere Möglichkeiten, wie man symbolische Konstanten mittels enum definieren kann:

- Man kann, wie in Zeile 6, direkt einen Wert zuweisen.
- Man kann, wie in Zeile 9, einfach eine Aufzählung von symbolischen Konstanten hinschreiben. Diese bekommen vom Compiler Werte zugewiesen, und zwar immer bei 0 beginnend und in Einserschritten aufsteigend. Dementsprechend hat `RED` hier den Wert 0, `GREEN` steht auf 1 und `BLUE` hat den Wert 2.
- Wie in Zeile 12 angedeutet, kann man auch einer der Konstanten einen Wert zuweisen, und von dort weg wird aufsteigend nummeriert. Es ist sogar möglich, zwischendrin wieder einer Konstanten einen Wert zuzuweisen, der dann als neuer Initialisierer von dort weg gilt. Auf diese Art erzeugt man Aufzählungen, die auch Lücken haben können. Was allerdings niemals passieren darf und auch vom Compiler bemängelt wird, ist eine doppelte Definition innerhalb eines `enum` Typs.

In Zeile 12 ist auch zu sehen, dass man aus einem `enum` direkt einen "echten" Datentyp machen kann, indem man ihm einen Namen gibt. Mittels `typedef` wird er in Zeile 14 noch etwas handlicher gemacht, wie wir es bereits bei Structures kennen gelernt haben. In Zeile 18 wird der neu gewonnene Typ dann einfach in einer Variablendefinition verwendet.

Wenn eine Variable einen solchen besonderen `enum`-Typ hat, so ist einzig und allein die Zuweisung der durch ihn vordefinierten Konstanten zulässig. Ein impliziter Cast durch den Compiler, z.B. wenn einfach die Zahl einer definierten Konstanten verwendet wird, findet nicht mehr statt und wird vom Compiler bemängelt. Z.B. würde die Zuweisung

```
a_color = 3;
```

zu einem Compilerfehler führen, obwohl die Konstante `CYAN` den Wert 3 besitzt.

Vorsicht Falle: Obwohl die Vereinbarung gilt, dass bei automatischer Nummerierung immer bei 0 begonnen wird, aufsteigend zu nummerieren und obwohl negative Werte hier nicht zulässig sind, generieren einige Compiler hier keine `unsigned`-Werte, sondern `int`-Werte. Und hier kann man dann schon einmal über Typenprobleme stolpern!

Anmerkung: Meiner Meinung nach ist `enum` nicht gerade eines der gelungensten Konstrukte in C, da der Code zu dessen Verwendung manchmal leider etwas kryptisch wird. Wahrscheinlich aus diesem Grund wird `enum` auch nicht allzu häufig verwendet, obwohl es seine Vorteile hat. Im Normalfall ist die Konstantendefinition mittels Preprocessor bei weitem die verbreitetere Methode. Auf diesen Umstand wurde später in C++ reagiert, und so steht dort ein eigenes Konstrukt (nämlich `const`) für Konstantendefinitionen zur Verfügung.

19. Unions

In C gibt es ein Konstrukt, das die Vereinbarung von so genannten *Varianten* erlaubt, also von Variablen, die je nach Kontext verschiedenen Typ haben. Dieses Konstrukt nennt sich `union`. Im Prinzip kann man eine Union folgendermaßen definieren:
Eine Union ist eine Structure, in der sich die einzelnen Members ***denselben Speicherplatz teilen.***
Diese Definition von Unions impliziert Folgendes:

- Der Speicherbedarf einer Union richtet sich immer nach dem größten der einzelnen Members.
- Es besitzt immer nur genau einer der Members Gültigkeit, denn es können sich ja die verschiedensten Typen von Members denselben Speicherbereich teilen.
- Die Deklaration einer Union erfolgt äquivalent zur Deklaration einer Structure, nur wird eben das Keyword `union` statt `struct` verwendet.
- Der Zugriff auf Members einer `union` wird äquivalent zum Zugriff auf Members einer `struct` mittels Punkt-Operator durchgeführt.

Sehen wir uns einmal die prinzipiellen Eigenschaften einer Union am Beispiel an (`union_test.c`):

```
1 // union_test.c - example for the use of unions
2
3 #include <stdio.h>
4
5 union _Numbers_
6 {
7   int int_val;
8   float float_val;
9   double dbl_val;
10 };
11
12 typedef union _Numbers_ Numbers;
13
14 int main(int argc,char *argv[])
15 {
16   Numbers test_union;
17
18   test_union.int_val = 17;
19   printf("Union holding an int, correctly interpreted: %d\n",
20          test_union.int_val);
21   printf("Union holding an int, wrongly interpreted!!!: %f\n",
```

```
22          test_union.float_val);
23    test_union.dbl_val = 26.8;
24    printf("Union holding a double, correctly interpreted: %f\n",
25          test_union.dbl_val);
26    printf("Union holding a double, wrongly interpreted!!!: %d\n",
27          test_union.int_val);
28    return(0);
29 }
```

Dieses Programm erzeugt den folgenden Output:

```
Union holding an int, correctly interpreted: 17
Union holding an int, wrongly interpreted!!!: 0.000000
Union holding a double, correctly interpreted: 26.800000
Union holding a double, wrongly interpreted!!!: -858993459
```

In den Zeilen 5–10 wird eine `union` definiert, die einen `int`-Wert, einen `float`-Wert und einen `double`-Wert in sich vereinigt. Alle drei Members teilen sich denselben Speicherplatz, und die hier definierte Union belegt genau so viel Speicher, wie der größte in ihr enthaltene Member.

Das bedeutet natürlich, dass man die einzelnen Members **nur alternativ** verwenden kann! Zuerst verwenden wir in Zeile 18 die Union als `int`, indem wir mit dem Member `int_val` arbeiten. Solange wir unsere `union` richtig interpretieren, ist das auch kein Problem, wie das `printf` Statement in Zeile 19 zeigt.

Bloß, wer hindert uns daran, die `union` falsch zu verwenden? Ganz einfach – niemand! Was das dann für Auswirkungen haben kann, zeigt sich am Output der Statements von Zeile 21 und 26.

Es gibt **keine Möglichkeit, zur Laufzeit herauszufinden, welcher Member einer `union` im Augenblick richtigerweise verwendet werden darf!**

Durch diese Eigenschaft ist eine **schlecht eingesetzte Union** natürlich eine **unerschöpfliche Fehlerquelle**, und es wurden auf diese Art schon jede Menge Zeitbomben in die verschiedensten Programme eingebaut. Als Prediger von sauberem Programmierstil müsste ich also an dieser Stelle gleich sagen, dass man die Finger von Unions lassen soll... gäbe es da nicht doch noch Möglichkeiten, wie man sie bei der nötigen Konsequenz auch sauber verwenden kann. Eine solche Möglichkeit zeigt uns das folgende Beispiel (`union_clean.c`):

```
1 // union_clean.c - example for a clean use of unions
2
3 #include <stdio.h>
4 #include <stdlib.h>
5
6 //************************************************************
7 // IMPORTANT! Please note that access functions and
8 // NULL-queries are missing throughout the program, because
9 // it's just for demo purposes. In a real-world program we
10 // would define access functions for every allowed access to
11 // members of the structs and of the union! We would also make
12 // all functions robust by adding the appropriate queries!
```

```
13 //*********************************************************
14
15 //------------------------------------------------------------
16 typedef struct _KeyboardEvent_ KeyboardEvent;
17 typedef struct _MouseEvent_    MouseEvent;
18
19 typedef union _Event_   Event;
20
21 //------------------------------------------------------------
22 #define KBD_EVENT       1
23 #define MOUSE_EVENT     2
24
25 //------------------------------------------------------------
26 struct _KeyboardEvent_
27 {
28   int type;
29   unsigned char key;
30 };
31
32 //------------------------------------------------------------
33 struct _MouseEvent_
34 {
35   int type;
36   int x;
37   int y;
38   int num_clicks;
39 };
40
41 //------------------------------------------------------------
42 union _Event_
43 {
44   int type;                       // must be the first element
45   KeyboardEvent keyboard_event;
46   MouseEvent    mouse_event;
47 };
48
49 //------------------------------------------------------------
50 void handleEvent(Event *event)
51 {
52   switch(event->type)
53   {
54   case KBD_EVENT:
55     printf("got keyboard event\n");
56     printf("key is: %c\n",event->keyboard_event.key);
57         // the following works too!!!!
58     printf("key is (other way): %c\n\n",
59            ((KeyboardEvent*)event)->key);
60     break;
61   case MOUSE_EVENT:
62     printf("got mouse event\n");
63     printf("coordinates are: %d, %d\n",
64            event->mouse_event.x,
65            event->mouse_event.y);
66         // the following works too!!!!
67     printf("coordinates are (other way): %d, %d\n\n",
68            ((MouseEvent*)event)->x,
69            ((MouseEvent*)event)->y);
70     break;
71   default:
72     printf("got unknown event with type %d",
73            event->type);
74   }
75 }
76
77 //------------------------------------------------------------
78 int main(int argc,char *argv[])
```

```
79 {
80   Event *event = malloc(sizeof(Event));
81 
82   event->type = KBD_EVENT;
83   event->keyboard_event.key = 'x';
84   handleEvent(event);
85 
86   event->type = MOUSE_EVENT;
87   event->mouse_event.x = 100;
88   event->mouse_event.y = 100;
89   handleEvent(event);
90 
91       // other method with type-casting works too!
92   {
93     KeyboardEvent *kbd_event = (KeyboardEvent*)event;
94     kbd_event->type = KBD_EVENT;
95     kbd_event->key = 'y';
96     handleEvent((Event*)kbd_event);
97   }
98   return(0);
99 }
```

Dieses Programm erzeugt den folgenden Output:

```
got keyboard event
key is: x
key is (other way): x

got mouse event
coordinates are: 100, 100
coordinates are (other way): 100, 100

got keyboard event
key is: y
key is (other way): y
```

Gleich vorweg: Ich habe absichtlich alle notwendigen `NULL`-Abfragen und Zugriffsmethoden nicht implementiert, um den Blick auf das Wesentliche nicht zu verschleiern. Und wesentliche Dinge sind hier gleich ein paar versteckt!

Das Allerwesentlichste zuerst: Wie machen wir nun eine Union typsicher, sodass wir auch wissen, wie sie verwendet werden darf? Wir speichern einfach den Typ per Hand! Das geht nur, wenn wir eine Union als *Union von Structures* verwenden, und alle Structures **an derselben Stelle den Typ gespeichert haben**.

Was bedeutet nun wieder *an derselben Stelle*? Dazu brauchen wir ein wenig Hintergrundwissen, wie ein C-Compiler Structures und Unions behandelt:

- Bei Structures werden die einzelnen Members immer in der Reihenfolge ihrer Deklaration hintereinander im Speicher abgelegt.

- Hintereinander im Speicher bedeutet **nicht**, dass nicht zwischen den einzelnen Members auch Lücken sein könnten, aber das ist hier belanglos. Uns interessiert die Reihenfolge.
- Die Adresse des ersten Elements einer Structure ist immer identisch mit der Adresse der Structure selbst (=Base Pointer).
- Eine Union ist im Speicher so abgelegt, dass jeder Member der Union immer an derselben Stelle im Speicher beginnt, also denselben Base-Pointer besitzt.

Mit diesen Gesetzmäßigkeiten ist es jetzt einfach, unsere Typ-Information unterzubringen: Jede einzelne der Structures, die zu einer Union zusammengefasst werden sollen, erhält als **ersten Member den Typ**, bei uns als `int`.

Nur um zu signalisieren, dass unbedingt immer ein Typ vorhanden sein muss, wurde auch in Zeile 44 in unserer `union`-Deklaration der Typ noch als eigener Member aufgenommen und mit einem Kommentar versehen. Dies wäre nicht notwendig, ist aber als Signal für andere, die eventuell neue Events schreiben, wichtig.

Was haben wir jetzt erreicht? Ganz einfach – egal, was in unserer Union gespeichert ist, eine Abfrage auf `type` sagt uns, welche der Alternativen gültig ist. Die `switch`-Anweisung ab Zeile 52 macht genau davon Gebrauch.

Sehen wir uns die Behandlung eines Keyboard-Events an: Zeile 56 zeigt uns, was wir schon über die Verwendung von Unions wissen. Es wird dort einfach der korrekte Member (also die korrekte Variante) genommen, und mit diesem Member wird gearbeitet. Aber was um alles in der Welt passiert im `printf`-Statement in den Zeilen 57–58???? Hier wird doch glatt unser `Event *`, der ja den Pointer auf die Union darstellt, auf einen ganz anderen Typ gecastet, nämlich auf `KeyboardEvent*`!

Dieser Cast ist vollkommen zulässig, wenn wir uns die Regeln zur Speicherorganisation von zuvor noch einmal in Erinnerung rufen: Jeder der Members einer Union beginnt immer an derselben Stelle im Speicher. Und damit haben wir genau die Voraussetzung, die wir für den Cast brauchen. Dasselbe Spiel mit dem Type-Cast findet sich auch noch einmal in den Zeilen 92–97. Die Klammern wurden nur deshalb eingeführt, um mitten im laufenden Code eine neue Variable definieren zu können (Zeile 93), was ja ansonsten in C verboten wäre.

Als Quintessenz zu Unions sollte man also im Hinterkopf behalten:

- **Unions falsch angewandt sind äußerst gefährlich!**
- **Es gibt nicht allzu viele Gründe, Unions einsetzen zu müssen!**
- **Unions richtig einzusetzen erfordert viel Wissen und absolute Konsequenz!**

20. Weitere wichtige C-Konstrukte

Ich möchte hier nur noch ganz kurz auf einige Funktionen und Konstruktionen eingehen, die das Thema Programmierung in C in seinen Grundzügen abrunden. Dies sind vor allem Dinge, die immer wieder gebraucht werden, wie z.B. das Entgegennehmen von Argumenten von der Command-Line und das grundsätzliche Arbeiten mit Files. Genau beim Arbeiten mit Files gibt es viele Konstrukte, die nicht plattformunabhängig sind. Es werden dementsprechend ganz bewusst nur die Operationen erwähnt, die auch auf allen Plattformen gleich einsetzbar sind. Auch hier gilt leider wieder, dass man unter Unix bei weitem schöner programmieren kann, als dies unter DOS bzw. MS-Windows der Fall wäre, vor allem, wenn es um non-blocking Behandlung von Files geht.

20.1 Command-Line Arguments

Im Prinzip nehmen alle Programme in der einen oder anderen Form Argumente von der Command-Line entgegen, man denke nur z.B. an `ls` oder an alle Programme, die etwas mit Files zu tun haben und denen man einen Filenamen als Argument übergibt etc. In C ist das Entgegennehmen solcher Argumente überhaupt keine Hexerei, wir müssen nur endlich einmal unsere Funktion `main` vollständig deklarieren, dann war es das auch schon. Die tatsächliche, vollständige Deklaration der `main`-Funktion sieht nämlich folgendermaßen aus:

```
int main(int argc,char *argv[]);
```

Man bekommt über `argc` (=Argument Counter) mitgeteilt, wie viele Argumente auf der Command-Line übergeben wurden. Die tatsächlichen Parameter stehen dann in `argv` (=Argument Vector). Wie man erkennen kann, ist `argv` ein Array von Strings, das genau so viele Elemente enthält, wie uns über `argc` mitgeteilt wird.

Eine Besonderheit ist allerdings wichtig: Es gibt immer **zumindest ein Argument**, denn `argv[0]` enthält **immer den Namen, unter dem das Programm aufgerufen wurde**. Dies hat seinen Ursprung darin, dass in Unix ein- und dasselbe Programm über Links unter mehreren verschiedenen Namen im Filesystem existieren kann. Und durch das Wissen um den

Namen, unter dem es aufgerufen wurde, kann es darauf sogar verschieden reagieren. Allerdings ist dieses Verhalten nicht unbedingt als nachahmenswert zu bezeichnen.

Praktischer ist das Verhalten schon, wenn das Programm selbst wissen will, wie es eigentlich heißt, weil es seinen eigenen Namen in irgendeiner Meldung nach außen verwenden will. Hier wird oft der Fehler gemacht, den Namen im Code zu verewigen, und dann benennt jemand das Programm um, und schon passt die Meldung eigentlich nicht mehr zum Programm, was ein unschönes Bild ergibt.
Sehen wir uns dazu noch kurz ein Beispiel an (`commandline_test.c`):

```
1 // commandline_test.c - a short test for commandline arguments
2
3 #include <stdio.h>
4
5 int main(int argc,char *argv[])
6 {
7   int count = 0;
8
9   printf("The program was called as %s",argv[0]);
10  if (argc > 1)
11    printf(" with the parameters\n");
12  else
13    printf(" without any parameters\n");
14  for(count = 1; count < argc; count++)
15    printf("%s\n",argv[count]);
16  return(0);
17 }
```

Hier werden einfach der Aufruf und jeder Parameter für sich ausgegeben, der an das Programm übergeben wurde. Ich denke, eine genauere Diskussion dieses Programms ist nicht notwendig, denn es kommt nicht wirklich etwas Neues darin vor.

Noch ein letztes Mal ist es Zeit für eine kleine Übung!
Um das gesamte Wissen über Softwaredesign, Arbeiten mit mehreren Files und natürlich alle C-Sprachkonstrukte noch einmal gründlich zu üben, gibt es noch ein Beispiel, das ich jedem ans Herz legen möchte. Die Aufgabenstellung hierzu findet sich in Kapitel 23.3.

20.2 File Handling

Da (zumindest unter Unix) praktisch alle irgendwie gearteten Ein- und Ausgabemechanismen, sei es nun tatsächlich ein File, eine Netzwerkverbindung oder sei es die Verbindung zum X-Server, immer über vollwertige File-Handles laufen, ist im Prinzip das Handling solcher Files ein unerschöpfliches Thema. Vor allem gibt es unheimlich viele gute Tipps und Tricks, wie man unter gewissen Umständen mit gewissen Arten von Files am besten umgeht.

Leider ist aber die Welt unter DOS bzw. MS-Windows nicht so heil, denn dort ist File-Handle nicht gleich File-Handle, und weiters ruft eben genau dieser Umstand große Probleme bei plattformübergreifender Programmierung hervor. Aus diesem Grund möchte ich mich in der Folge nur auf die allerwichtigsten Grundlagen bei der Arbeit mit Files beschränken, die in beiden Welten einigermaßen konform laufen. Sogar hier gibt es leider bereits genug Probleme, denn auch wenn die zur Verfügung stehenden Funktionen dieselben sind, so gibt es doch große Differenzen bei den zu inkludierenden Header-Files. Manchmal existieren auch kleine, aber in Spezialfällen sehr unangenehme Differenzen in der Funktionsweise, wie z.B. bei der Funktion `unlink`. Wo es solche Differenzen gibt, werden sie in der Folge explizit aufgezeigt.
Im Prinzip läuft die Arbeit mit Files auf tiefster Ebene immer gleich ab:

- Man öffnet ein File und dafür bekommt man einen sogenannten *File-Handle*. Dieser Handle ist schlicht und ergreifend ein `int`-Wert, der intern vom System richtig zugeordnet wird.
- Man kann (je nach File) in dieses schreiben, von diesem lesen oder auch die aktuelle Position, von der gelesen bzw. auf die geschrieben wird, verändern.
- Man kann ein File wieder schließen, womit der entsprechende File-Handle nicht mehr gültig ist.

Alle Lese- bzw. Schreiboperationen laufen immer als Byte-Operationen ab, man kann also eine gewisse Anzahl von Bytes lesen oder schreiben. Es gibt höhere Abstraktionslevels für den Zugriff, bei denen dies nicht mehr der Fall ist, aber diese lassen wir bei unserer Diskussion im Augenblick einmal außer Betracht.
Sehen wir uns nach bewährter Methode einfach ein Beispiel an (`file_test.c`):

```
1 // file_test.c - a tiny demo how to work with files
2
3 #include <stdio.h>
4 #include <stdlib.h>
5 #include <sys/types.h>
6 #include <sys/stat.h>
7 #include <fcntl.h>
8 #include <unistd.h>
9
10 int main(int argc,char *argv[])
11 {
12   char *filename = NULL;
13   char *output = "This is written to the file";
14   char *out2 = "bla";
15   char *buf = NULL;
16   int handle = 0;
17   int bytes_written = 0;
18   int bytes_read = 0;
19
20   if (argc < 2)
21   {
22     printf("usage: %s <filename>\n",argv[0]);
23     return(-1);
24   }
```

```
25
26   filename = argv[1];
27   handle = open(filename,O_CREAT | O_RDWR | O_TRUNC,
28                 S_IRUSR | S_IWUSR);
29   if (handle < 0)
30   {
31     printf("something went wrong with creation\n");
32     return(-1);
33   }
34   bytes_written = write(handle,output,strlen(output));
35   printf("%d bytes were written to %s\n",bytes_written,filename);
36   if (close(handle) < 0)
37   {
38     printf("something went wrong with close\n");
39     return(-1);
40   }
41       // open it again for reading and writing
42   handle = open(filename,O_RDWR);
43   if (handle < 0)
44   {
45     printf("something went wrong with re-open\n");
46     return(-1);
47   }
48   buf = malloc(sizeof(char) * 10);
49   bytes_read = read(handle,buf,9);
50   buf[9] = '\0';
51   printf("read from file: %s\n",buf);
52   bytes_written = write(handle,out2,strlen(out2));
53   printf("%d bytes were written to %s\n",bytes_written,filename);
54   if (close(handle) < 0)
55   {
56     printf("something went wrong with close\n");
57     return(-1);
58   }
59 }
```

Dieses Programm liefert den folgenden Output:

```
27 bytes were written to myfile.bla
read from file: This is w
3 bytes were written to myfile.bla
```

Zur Erklärung der genauen Funktionsweise von `open`, `close`, `read` und `write` möchte ich auf die entsprechenden Man-Pages verweisen. Der Grund ist einfach: Man sieht, dass z.B. beim ersten Aufruf von `open` bereits viele verschiedene Flags im Spiel sind, die bewirken, dass das File im Falle der Nichtexistenz erzeugt wird (`O_CREAT`), dass es zum Schreiben und Lesen geöffnet wird (`O_RDWR`), und dass es im Falle der Existenz auf 0 gesetzt wird (`O_TRUNC`). Weiters werden noch die korrekten Permissions gesetzt, was nur unter Unix mit dem dritten Parameter möglich ist. Unter MS-Windows muss man den dritten Parameter weglassen.

Zu allen Funktionen, die mit Files zu tun haben, gibt es jede Menge verschiedener Flags. Ich glaube, es ist nicht sinnvoll, diese alle hier genau zu beschreiben, denn zu diesem Thema existiert sehr viel Dokumentation in Form von Man-Pages.

Aus diesem Grund möchte ich auch hier nur noch kurz eine schnelle Übersicht über ein paar Funktionen geben, damit interessierte Leser einen Startpunkt für ihre Recherche haben.

`open`: Diese Funktion gibt es in mehreren Varianten, und sie dient dazu, ein File zu öffnen.

`creat`: Diese Funktion ist eine Alternative zum *Erzeugen* eines Files mittels `open` und `O_CREAT`-Flag.

`close`: Diese Funktion schließt ein offenes File.

`read`: Mit dieser Funktion liest man von einem File.

`write`: Mit dieser Funktion schreibt man auf ein File.

`link`: Mit dieser Funktion erstellt man (nur unter Unix!) einen Hardlink auf ein File. Man lässt es also quasi unter einem zweiten Namen im Filesystem auftauchen.

`unlink`: Mit dieser Funktion löscht man einen Link auf ein File. Sollte dies der letzte Link gewesen sein (=File kommt nur noch einmal im Filesystem vor), so wird das File **gelöscht**.
Unter Unix kann man ein File mit `open` öffnen, und sobald man den Handle in der Hand hat, kann man das offene File sofort mit `unlink` löschen. Damit verschwindet das File nach außen hin, es taucht also unter keinem ansprechbaren Namen mehr im Filesystem auf. Solange man allerdings den Handle in der Hand hat, also noch nicht mit `close` das File geschlossen hat, bleibt es **trotzdem existent** und funktioniert ganz normal. Erst beim `close`, oder auch bei Beenden des Programms, bei dem das System ein implizites `close` aller noch offenen Handles macht, wird auch der Inhalt des Files dann tatsächlich aus dem Filesystem endgültig entfernt.
Dies ist ein guter Trick, denn auf diese Art und Weise kann man temporäre Files erzeugen, die auch im Falle eines Programmabsturzes garantiert wieder aus dem Filesystem verschwinden, statt dort bis zum Nimmerleinstag herumzuliegen und die Platte immer voller zu machen. Nochmal: Dieser Trick funktioniert **nicht unter DOS oder MS-Windows**.

`fcntl`: Dies ist eine der mächtigsten Funktionen zum Beeinflussen des Verhaltens eines Files. Über diese Funktion können Dinge wie File-Locking, blocking- und non-blocking-read und -write etc. gesteuert werden. Ich möchte allerdings vor verfrühter Euphorie warnen, denn diese Funktion ist *for experts only*. In den Händen ungeübter oder unachtsamer Programmierer tun sich bei der Verwendung von `fcntl` ungeahnte Perspektiven für lustige Effekte und auch Abstürze auf.

Eine Besonderheit gibt es noch zu erwähnen, die sehr hilfreich ist: *Standard-Input*, *Standard-Output* und auch *Standard-Error* sind über File-Handles direkt ansprechbar. Dazu gibt es die besonderen Konstanten
`STDIN_FILENO`, `STDOUT_FILENO` und `STDERR_FILENO`. Diese Handles kann man direkt verwenden, ohne sie vorher zu öffnen, denn diese drei sind

natürlich immer schon offen, wenn das Programm läuft. Man soll natürlich auf diese Handles auch kein `close` aufrufen (außer man weiß ganz genau, was man tut, wieder mal *for experts only*).

Einen kurzen Exkurs zu Filezugriffen auf höherem Level als nur mit File-Handles möchte ich an dieser Stelle noch machen, weil dies zum Debugging sehr praktisch ist:

Es gibt die Funktion `fprintf`. Diese funktioniert im Prinzip ganz gleich wie unser bekanntes `printf`, nur nimmt sie zusätzlich noch als ersten Parameter etwas vom Typ `FILE*`, wobei `FILE` eine, in der Standard Library definierte Struktur darstellt. Wie es bereits vordefinierte *Handles* für Standard-Output und Konsorten gibt, so gibt es auch vordefinierte `FILE`-Structures für diese. Will man also einfach eine Meldung auf *Standard-Error* ausgeben (Fehlermeldung!), so geschieht dies durch den Aufruf von

```
fprintf(stderr,...);
```

Bis auf `stderr` ist der Rest der Parameterliste äquivalent zu `printf`.

21. Diverse hilfreiche Befehle und Tools

Zur Unterstützung der Softwareentwicklung gibt es Unmengen von hilfreichen Tools, und man könnte Bücher füllen, wenn man auch nur die wichtigsten davon einigermaßen im Detail behandelt. Es sollen in der Folge nur einige wenige Tools kurz vorgestellt werden, um einen Denkanstoß zu geben, was man mit ihnen machen kann. In jedem Fall ist es sehr empfehlenswert, sich im Lauf der Zeit mit dem einen oder anderen Tool einmal genauer zu beschäftigen, aber das kann ich leider nur jedem selbst überlassen.

Bei der Programmierung hat man es nicht immer nur mit Source Code und Compiler zu tun, es gibt auch viele verschiedene Problemstellungen, die man mit ein paar einfachen (Unix-)Befehlen (eigentlich mit Programmen, die aber im Standard immer dabei sind) in den Griff bekommen kann. Es ist hier absichtlich von *Unix* die Rede, da die meisten dieser nützlichen Tools nicht standardmäßig unter DOS bzw. MS-Windows zur Verfügung stehen. Allerdings gibt es glücklicherweise mittlerweile einige Portierungen dieser Tools, sodass man sie nach vorheriger Installation auch dort zur Verfügung hat. Eine Sammlung dieser Tools für MS-Windows ist auch auf der beiliegenden CD-ROM zu finden. Lesern, die sich ein wenig intensiver mit Unix beschäftigen wollen, sei [Robbins 2000] als Einstieg empfohlen.

Ich möchte hier nicht allzu genau auf die vielen nützlichen Helfer eingehen, sondern nur skizzenhaft eine kurze, problembasierte Betrachtung geben. Genaueres zu den einzelnen Programmen und ihren Optionen erfährt man aus den entsprechenden Man-Pages.

Auch soll hier keine tief gehende Einschulung in die Syntax von *Unix Shells* stattfinden, z.B. *wann man wofür welche Anführungszeichen setzt* oder *wie man in den verschiedenen Shells mit Pipes und Redirection arbeitet.* Dies bleibt dem Interesse der Leser überlassen, ob und wann sie sich mit diesen Dingen näher beschäftigen wollen. Jedoch möchte ich wirklich allen ans Herz legen, sich einmal eingehend mit diesen Dingen zu befassen, denn dieses Wissen erleichtert die Arbeit ungemein.

Alle in der Folge vorgestellten Befehlszeilen gelten bei Verwendung der *C-Shell* (`csh`) oder einer ihrer Verwandten (z.B. `tcsh`).

21.1 Suche nach Textstellen in Files

Oft kommt es vor, dass man in mehreren Files gleichzeitig nach dem Auftreten einer bestimmten Textstelle sucht (z.B. `FIXXME`). Hierzu gibt es den Befehl `grep`, der dies erledigt. Mehrere Anwendungsfälle kommen häufig vor:

- Man will einfach nur wissen, ob eine bestimmte Textstelle in einem bestimmten File vorkommt. Dies geschieht mittels
  `grep the_text filename`
  also um z.B. herauszufinden, ob `FIXXME` im File `my_prog.c` vorkommt, ist das folgende Kommando zuständig:
  `grep FIXXME my_prog.c`
  Man kann `grep` auch anweisen, nicht case-sensitive zu suchen, indem man den Parameter `-i` angibt. Dann wird Groß- und Kleinschreibung ignoriert. Als Output liefert grep immer die Zeile, die den gesuchten Text enthält. Allerdings ist das nicht immer hilfreich, denn manchmal will man auch wissen, in welcher Zeile im File dieser Text vorkommt. Dazu gibt es den Parameter `-n`, der bewirkt, dass in der Ausgabe zuerst die Zeilennummer, gefolgt von einem Doppelpunkt und dann erst die Zeile steht.
- Man will wissen, in welchen Files eine bestimmte Textstelle vorkommt. Dazu kann man bei `grep` statt eines einzelnen Filenamens auch mehrere Filenamen angeben oder auch mit Wildcards arbeiten. Sobald man mit mehreren Files arbeitet, wird automatisch beim Ergebnis der Filename am Beginn der Zeile, gefolgt von einem Doppelpunkt ausgegeben. Diesem folgt dann wieder der Rest der Zeile. Dies kann man natürlich wieder mit anderen Optionen kombinieren. Der Befehl
  `grep -i -n fixx *.c`
  findet alle Vorkommen des Strings `fixx` in allen `.c` Files im aktuellen Directory ohne Rücksicht auf Groß- und Kleinschreibung und gibt die einzelnen Textstellen entsprechend mit Filenamen und Zeilennummer zu Beginn aus.
- Sollten im gesuchten Text Leerzeichen vorkommen, so ist der Text entsprechend in Anführungszeichen einzufassen.

Es soll hier noch angemerkt werden, dass die wahre Stärke von `grep` darin liegt, dass man nicht einfach nur nach einem bestimmten Text suchen kann, sondern dass man ganze *Regular Expressions* als Suchbegriffe definieren kann. Eine *Regular Expression* ist im Prinzip ein Pattern, nach dem gesucht wird, z.B. "Suche nach etwas, das mit dem Prefix `FIXX` beginnt, danach zwischen 0–n weitere `X` hat und mit `ME` endet". Ich möchte jedem nahe legen, sich einmal bei Lust und Laune mit *Regular Expressions* auseinander zu setzen, auch wenn diese zu Beginn recht kryptisch und kompliziert erscheinen mögen. Die Flexibilität, die man dadurch gewinnt, ist unbezahlbar! Und wenn man sich mit Regular Expressions auseinandersetzt, so möchte ich bei dieser Gelegenheit auch gleich darauf hinweisen, dass die Programmiersprache `perl` besondere Flexibilität bietet und unbedingt eine nähere

Betrachtung verdient. Als Einstiegsliteratur zum Erlernen von perl möchte ich [Schwartz, Christiansen 1998] empfehlen.

21.2 Suche nach bestimmten Files im Filesystem

Gerade in großen (und/oder fremden) Projekten kommt es öfter vor, dass man nach einem bestimmten File sucht, das sich irgendwo in einem Dschungel von Subdirectories versteckt hat. Um ein solches zu finden, gibt es das Programm find, mit dem man nach allen möglichen Kriterien suchen kann, sei es nun nach Namen, Typ etc.

Nehmen wir an, wir suchen nach einem File namens my_file.h, von dem wir wissen, dass es irgendwo unterhalb unseres aktuellen Subdirectories steht. Das machen wir mit dem Befehl:

```
find . -name my_file.h -print
```

Hierbei ist . das Directory, wo die Suche starten soll, also unser aktuelles Directory. Der Parameter -name besagt, dass nach dem darauf folgenden Filenamen gesucht werden soll, und die Option -print besagt, dass das Ergebnis ausgegeben werden soll. Will man mittels Wildcards suchen, so muss man den Namen entsprechend in Anführungszeichen klammern, ansonsten wird er bereits von der Shell beim Aufruf ausgewertet. Durch die Klammerung wird er unausgewertet an find weitergegeben. Wenn man z.B. alle .c Files finden will, die irgendwo unterhalb von /usr/local/src angesiedelt sind, so kann man das folgendermaßen bewerkstelligen:

```
find /usr/local/src -name '*.c' -print
```

Das Ergebnis ist dann eine Liste aller Files, die die Extension .c haben.

Natürlich kann man mittels einer einfachen Regular Expression auch nach allen .c-Files und nach allen .h Files gleichzeitig suchen. Das Kommando dazu wäre dann

```
find /usr/local/src -name '*.[ch]' -print
```

Hier wird durch die eckigen Klammern eine Alternative definiert. Das nur als Anregung dazu, dass Regular Expressions wirklich etwas sehr Brauchbares sind.

21.3 Kombination von Text- und Filesuche

Es ist bereits bekannt, wie man mit grep nach Textstellen in allen C Files im aktuellen Subdirectory sucht. Nun wollen wir in allen C Files in und unterhalb unseres aktuellen Subdirs nach dem Vorkommen des Texts FIXX suchen. Mittels einfacher Wildcards ist dies nicht mehr vernünftig zu bewerkstelligen, sehr wohl aber mittels einer Kombination aus find und grep, wobei find die Liste aller Files generiert, in der von grep gesucht wird. Der Befehl hierzu lautet:

grep -n FIXX find . -name '*.c' -print"
Was passiert hier schon wieder? Eigentlich ganz einfach: Die Backquotes rund um das find Command bewirken in der Shell, dass der so eingeklammerte Teil als Kommando interpretiert und ausgeführt wird. Das Ergebnis wird dann als Parameterliste an grep übergeben.

Nun kann es vorkommen, dass die Parameterliste, die auf diese Art generiert wird, ziemlich lang wird, für manche Programme sogar zu lang. Dementsprechend gibt es noch ein weiteres Programm, das diese lange Gesamtliste in mehrere kurze Teillisten zerlegt, nämlich xargs. Das folgende Kommando ist also ein "sichere" Version des zuvor Vorgestellten:

```
find . -name '*.c' -print | xargs grep -n FIXX
```

Hierbei wird zuerst find ausgeführt, das Ergebnis wird über eine Pipe (dies ist der komische | in der Zeile) an xargs weitergegeben, und von xargs aus wird grep mit kurzen Teilen der Liste gestartet, so lange, bis die Liste abgearbeitet ist. Man kann bei xargs auch noch jede Menge an Randbedingungen einstellen, z.B. wie groß diese Teillisten werden sollen. Die entsprechende Man-Page gibt hierzu bereitwillig Auskunft.

21.4 Löschen von Files

Ich gehe davon aus, dass jeder bereits einmal mittels rm Files gelöscht hat. Dies geht natürlich auch mit Wildcards, aber auch hier kann es wieder vorkommen, dass Wildcards nicht mächtig genug sind. Nun, anstatt find und grep zu kombinieren, kann man natürlich auch find und rm kombinieren, und so rm mit einer Liste von Filenamen füttern. Nehmen wir an, wir schreiben ein Makefile, in dem typischerweise ein clean-Target vorkommt. Und dieses clean soll alle .o Files sowie auch alle .i Files löschen. Das kann man äquivalent zu unserem Beispiel vorher folgendermaßen formulieren:

```
find . -name '*.[ci]' -print | xargs rm
```

21.5 Erstellen eines tar-Archivs

Der Befehl tar dient zum Erstellen eines Archivs. Das bedeutet, dass mehrere Files oder auch ein ganzer Directory-Baum gemeinsam in ein Archiv gepackt werden. Der Name tar (=tape **ar**chive) ist ein wenig irreführend, denn tar ist nicht nur zum Beschreiben von Bändern zu brauchen, sondern es kann auch ein ganzes Archiv in ein einzelnes File packen.

Ich möchte hier die Kenntnis über die grundsätzliche Funktionalität von tar voraussetzen bzw. auf die entsprechenden Man-Pages verweisen. Interessant für die folgenden Betrachtungen sind die Möglichkeiten, die tar bietet, wenn man es mit anderen Commands in Verbindung verwendet.

Will man z.B. ein Archiv namens all_source_files.tar anlegen, in dem alle .c und .h Files enthalten sind, so geht das in gewohnter Manier mittels

`tar cvpf all_source_files.tar` find . -name '*.[ci]' -print"
Bei `tar` sei vor der Verwendung von `xargs` gewarnt, denn dabei kommt es je nach Version von `tar` zu Problemen mit der Parameterübergabe. Dementsprechend wurde auch hier die "unsichere" Variante gewählt. Es gibt bei `tar` als sichere Variante die Möglichkeit, die Liste der ins Archiv zu packenden Files selbst in einem File zu speichern, und tar einfach diese Liste lesen zu lassen.

Eine sehr brauchbare und interessante Anwendung von `tar` ist das Kopieren von ganzen Directory-Bäumen mit allen Files (also auch solchen, die mit '.' beginnen), wobei man alle Permissions etc. erhalten will. Dazu gibt es das folgende nette Konstrukt, bei dem man sich in das Zieldirectory stellt, und Folgendes aufruft:

```
(cd /whatever/dir ; tar cpf - .) | tar xvpf -
```

Kryptisch für Uneingeweihte, aber gut: Durch die runden Klammern wird der Befehl in einer eigenen Subshell ausgeführt. Und in dieser wechselt man zuerst das Directory zu dem, woher man kopieren will. Danach führt man als zweites Kommando ein `tar` vom dann aktuellen Directory aus, wobei das Ergebnis auf `stdout` geschrieben wird (bezeichnet durch das '-'). Und mit der Pipe holt man das Archiv in das zweite, in der aktuellen Shell gestartete `tar`, dem man sagt, dass es alles wieder auspacken soll. Und schon hat man alles inclusive aller Subdirs etc. kopiert.

21.6 Versionskontrolle von Source-Code

Bei der Arbeit an einem Projekt muss man unbedingt immer auch vorangegangene Versionen des Source-Codes griffbereit haben. Zu diesem Zweck gibt es zwei Tools, die man in diesem Bereich als Standard bezeichnen kann: `RCS` (=Revision Control System) und `CVS` (=Concurrent Versions System). Wobei hier `RCS` für kleinere Teams und `CVS` für die Arbeit in größeren Teams ausgelegt ist. Mit diesen Tools kann man sich auch schnell einmal die Unterschiede zwischen zwei Varianten eines Files bestimmen lassen etc. Dass beide vollkommen transparent aus Emacs heraus funktionieren, versteht sich hier von selbst. Ich möchte an dieser Stelle jedem empfehlen, sich zumindest mit RCS einmal näher zu beschäftigen. Spätestens nachdem man zum ersten Mal ein bereits funktionierendes Programm "zu Tode geändert" hat, ist man für diese Unterstützung dankbar.

21.7 Emacs

Eigentlich ist Emacs ein Texteditor. Allerdings besitzt er Fähigkeiten, die bei keinem anderen Editor auch nur annähernd zu finden sind, denn er ist als vollständige, frei konfigurierbare und erweiterbare Entwicklungsumgebung am besten charakterisiert. Obwohl man einiges wissen muss, um mit Emacs vernünftig umgehen zu können, bekommt man ein Vielfaches der investierten Zeit durch seine Fähigkeiten zurück. Ich verwende Emacs seit vielen Jahren für praktisch alles, was man im Alltagsleben eines Softwareentwicklers braucht:

- Editieren von Source in verschiedensten Programmiersprachen. Hierbei kann man getrennt für alle Sprachen automatisches, selbstdefiniertes Syntax-Highlighting, automatische Formatierung des Codes, automatische Ergänzungen von Identifiers, automatisches Generieren von Funktions- und Klassenrümpfen, File-Headers etc. definieren. Der Phantasie sind keine Grenzen gesetzt, und es gibt praktisch für alle existenten Programmiersprachen volle Unterstützung.
- Compilieren und Debuggen von Programmen, wobei man die hierzu verwendeten Programme selbst bestimmen kann, und diese nicht wie bei üblichen IDEs vorgeschrieben sind.
- Schreiben, Lesen und Verwalten von Email.
- Schreiben und Lesen von Newsgroups.
- Automatisches Editieren großer Mengen von Files mittels Macros, statt diese per Hand editieren zu müssen (z.B. bei Umstrukturierungen in großen Projekten).
- Time-Management mit einem der darin verfügbaren Kalender.
- Und bevor das jetzt zum Roman ausartet – es gibt noch viele Dinge, die ich immer damit mache, unter anderem kann man auch verschiedene Kommandos, wie z.B. `grep`, direkt aus Emacs ausführen und dann mittels eines einfachen Tastendrucks von Search-Hit zu Search-Hit springen, wobei die Files automatisch geladen werden.
- Last, but not least – natürlich wurde auch dieses Buch ausschließlich mit Emacs getippt (und in LaTeXgeschrieben, das ich auch jedem einmal ans Herz legen möchte).

Unter allen Tools, die hier erwähnt werden, nimmt Emacs allerdings nicht nur aufgrund seiner außergewöhnlichen Fähigkeiten eine Sonderstellung ein. Ihm ist auch ein eigenes Kapitel (Anhang I) gewidmet, um den Einstieg zu erleichtern.

So weit einmal ein kurzer Ausflug in die Welt der verschiedenen unterstützenden Tools. Eine genaue Beschreibung würde viele Bücher füllen (tut sie sogar...), dementsprechend kann ich hier nicht mehr dazu bringen, ohne den Rahmen des Buchs völlig zu sprengen. Ich möchte aber auf jeden Fall jedem Einzelnen nahe legen, sich ein wenig mit der Literatur (und natürlich der Anwendung) zu diesem Thema auseinander zu setzen.

22. Ein paar Datenstrukturen

Mehrfach werden in diesem Buch Datenstrukturen, wie z.B. Bäume oder ein Stack, angesprochen. Deshalb möchte ich an dieser Stelle eine ganz kurze Abhandlung zur Funktionsweise dieser Datenstrukturen niederschreiben. Gleich vorweg möchte ich sagen, dass dieses Kapitel keinesfalls mehr beinhaltet als zum grundsätzlichen Verständnis notwendig ist. Allen Lesern, die Softwareentwicklung im Rahmen von größeren Projekten betreiben, möchte ich daher wärmstens die Lektüre von Spezialliteratur zum Thema *Datenstrukturen und Algorithmen* ans Herz legen (z.B. [Ottmann, Widmayer 1996] oder [Sedgewick 1992]). Die Wahl geeigneter Datenstrukturen zur Lösung von Problemen ist einer der wichtigsten Schritte im Zuge einer Softwareentwicklung und die Qualität des Endprodukts wird dadurch entscheidend beeinflusst!

Vor allem, wenn man sich mit den Themengebieten *Sortieren*, *Suchen* und auch mit *Graphen* eingehender befasst, dann ist das Wissen um gute Algorithmen und ihre Eigenschaften quasi lebensnotwendig für einen Softwareentwickler. Genau die hier erwähnten Kapitel begegnen einem Entwickler praktisch in jedem Programm und naive Implementationen haben oft katastrophale Auswirkungen, wenn es um die Arbeit mit großen Datenmengen geht.

Neben Datenstrukturen und Algorithmen gibt es in der Softwareentwicklung noch ein Kapitel, das wichtig zu beherrschen ist, aber leider in diesem Buch keinen Platz finden kann: *Design Patterns.* Design Patterns sind Mustervorschläge, wie man allgemeingültige Probleme der Informatik sinnvoll lösen kann. Ein gutes Buch hierzu wäre [Gamma et al. 1998].

22.1 Einfach und doppelt verkettete Liste

Eine verkettete Liste, egal ob nun einfach oder doppelt verkettet, dient der linearen Organisation von Daten. Jedes Element in einer Liste hat immer einen Vorgänger und einen Nachfolger, nach welchen Kriterien auch immer diese bestimmt werden. Elemente in einer Liste werden durch Knoten repräsentiert, die über gerichtete Kanten mit ihrem direkten Vorgänger und Nachfolger in Verbindung stehen. Durch "Umhängen" von Kanten können einzelne Knoten in die Liste eingefügt bzw. aus dieser wieder entfernt werden.

Genau diese Eigenschaft ist auch der große Vorteil von verketteten Listen: Das Umhängen von Kanten (z.B. in C durch Pointer realisierbar) ist mit wenig Rechenaufwand verbunden und unabhängig von der Anzahl der Elemente in der Liste. Würde man statt einer verketteten Liste ein Array verwenden, dann müssten immer alle nachfolgenden Elemente umkopiert werden, sobald man ein neues Element einfügt oder eines entfernt.

Bei einer einfach verketteten Liste wird immer nur eine gerichtete Kante vom Vorgänger zum Nachfolger gespeichert. Damit kann man diese Liste auch nur in diese Richtung durchwandern. Bei einer doppelt verketteten Liste wird zusätzlich noch eine weitere Kante zurück zum Vorgänger gespeichert. Damit kann man die Liste dann in beide Richtungen durchwandern. In Abbildung 22.1 sieht man das Prinzip einer einfach verketteten Liste, Abbildung 22.2 zeigt das Prinzip der doppelten Verkettung.

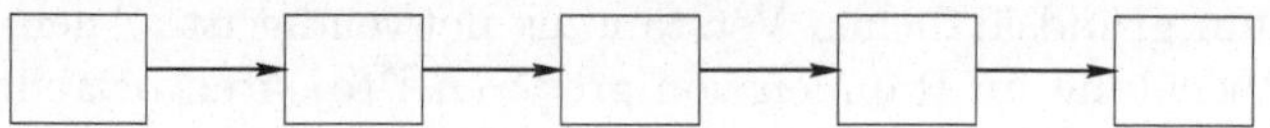

Abbildung 22.1: Prinzip einer einfach verketteten Liste

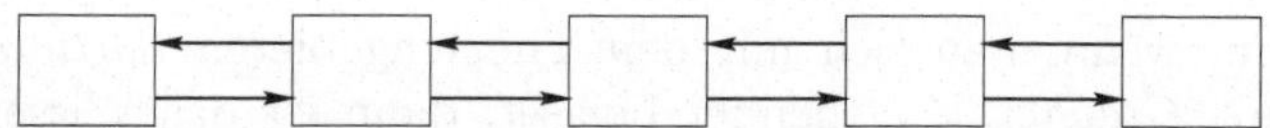

Abbildung 22.2: Prinzip einer doppelt verketteten Liste

Das Einfügen eines neuen Elements in eine doppelt verkettete Liste ist schematisch in Abbildung 22.3 dargestellt. Dabei sind die Verkettungen, die vor der Einfüge-Operation bestanden haben, noch punktiert eingezeichnet. Diese Verbindungen werden gelöst und durch neue Verbindungen zum hinzugekommenen Element ersetzt.

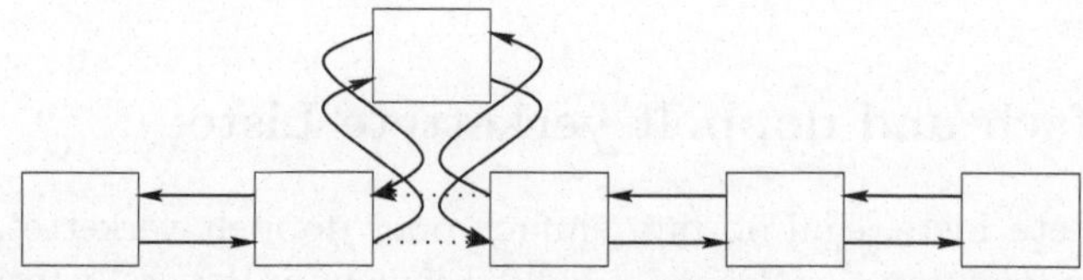

Abbildung 22.3: Einfügen in eine doppelt verkettete Liste

22.2 Binärbaum

Ein Binärbaum dient zur Organisation von Daten, die in einer Ordnungsrelation zueinander stehen (=größer, kleiner oder gleich). Binärbäume werden sowohl beim Sortieren von Daten als auch beim Suchen in Datenbeständen eingesetzt. Es gibt sehr viele verschiedene Arten von Algorithmen zur Behandlung von Binärbäumen, auf diese soll allerdings hier nicht eingegangen werden. Ich möchte hier nur kurz beschreiben, was sich hinter der prinzipiellen Datenstruktur eines Binärbaums versteckt:

- Wie jeder Baum, so ist auch der Binärbaum aus einzelnen Knoten aufgebaut, die Daten speichern.
- Jedem Knoten ist ein Schlüssel zugeordnet, der zu allen anderen Schlüsseln der anderen Knoten in einer Ordnungsrelation steht.
- Jeder Knoten bis auf die Wurzel des Baums hat genau einen Vater. (Ich würde gerne hier den Begriff *Mutter* verwenden, aber trotz aller Gleichberechtigung hat sich in der Literatur der Begriff des *Vaters* eingebürgert.)
- Jeder Knoten hat minimal 0 und maximal 2 Kinder. Ein Knoten, der kein Kind hat, wird auch oft als *Blatt* bezeichnet.
- Die Kinder eines Knotens sind so organisiert, dass auf einer Seite eines Knotens (z.B. links) immer die Kinder hängen, deren Schlüssel *kleiner* ist als der Schlüssel des Knotens selbst. Auf der anderen Seite des Knotens (z.B. rechts) hängen die Kinder, deren Schlüssel *größer* ist.

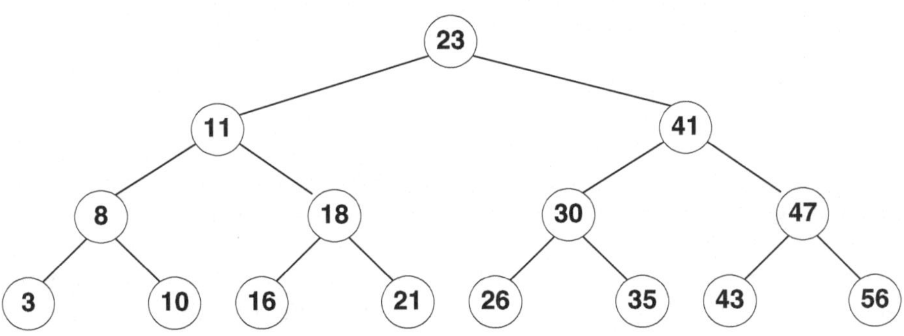

Abbildung 22.4: Grundsätzlicher Aufbau eines Binärbaums

In Abbildung 22.4 ist ein Beispiel für einen solchen Binärbaum zu sehen. Die Zahlen, die bei den Knoten stehen, repräsentieren die Schlüssel. Wie nun genau ein solcher Baum Knoten für Knoten aufgebaut wird, möchte ich hier nicht beschreiben, da dies den Rahmen sprengen würde. Alleine dazu gibt es etliche verschiedene Algorithmen, die diese Aufgabe mehr oder weniger gut für verschiedene Anwendungsfälle lösen.

Ein Thema möchte ich allerdings kurz herausgreifen, da es die Stärke des Binärbaums darstellt: Die Suche nach einem Knoten mit einem bestimmten Schlüssel erfordert im Schnitt nur sehr wenige Vergleichsoperationen im Gegensatz zum Suchen in einer linearen Liste. Wenn man einen Schlüssel in einem Binärbaum auffinden will, dann kann man aufgrund des Kriteriums, dass immer auf einer Seite die *größeren* und auf der anderen Seite die *kleineren* Kinder hängen, mit jedem einzelnen Vergleich die Hälfte der verbleibenden Kinder ausschließen (sofern der Baum balanciert ist). Um sich das besser vorstellen zu können, sind die einzelnen Vergleichsschritte bei einer Suchoperation nach dem Knoten mit dem Schlüssel 43 in Abbildung 22.5 kurz skizziert.

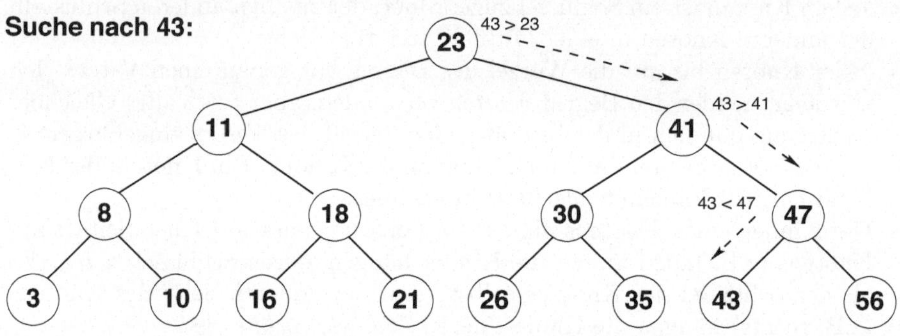

Abbildung 22.5: Suche nach einem Schlüssel in einem Binärbaum

Im ersten Schritt wird der gesuchte Schlüssel 43 mit dem Schlüssel der Wurzel (23) verglichen. Weil 43 größer ist, wird zum rechten Kind weitergegangen. Vergleich von 43 mit 41 ergibt, dass wieder 43 größer ist, also kommen wir wieder zum rechten Kind. Dort wird 43 mit '47' verglichen und weil 43 kleiner als 47 ist, geht es diesmal nach links weiter. Ein letzter Vergleich mit diesem Knoten ergibt Gleichheit, also haben wir unser gesuchtes Element gefunden. Um einen Begriff für die Größenordnung der Zeitersparnis bei der Suche in einem Baum, verglichen mit einer linearen Liste, zu vermitteln, möchte ich ein kurzes Beispiel bringen:
Nehmen wir ein Telefonbuch einer Stadt mit 1 Million Telefonanschlüssen. In diesem Telefonbuch suchen wir einen Namen. Sollte dieses Telefonbuch einfach als lineare Liste organisiert sein, so wären im Durchschnitt pro Suche 500000 Vergleiche notwendig, um den gewünschten Teilnehmer zu finden. Bei Organisation als Binärbaum sind es dagegen im Durchschnitt nur 20. (Nein, das ist kein Tippfehler!)

Je nach Anwendung kommen nicht nur Binärbäume in der Praxis zum Einsatz, sondern auch Bäume mit vielen Kindern. Der grundsätzliche Aufbau eines Baums ist trotzdem immer derselbe. Es liegt also nahe, eine Implementation eines allgemeinen Baums mit einer variablen Anzahl von Kindern in seiner eigenen Programmbibliothek auf Lager zu haben.

22.3 Hashmap

Obwohl wir bereits gesehen haben, dass die Organisation von Daten in einem Baum bei der Suche nach einem Schlüssel sehr effizient ist, gibt es eine Datenstruktur, die je nach Anwendungsfall sogar noch effizienter ist als ein Baum: die *Hashmap*. Auch hier gibt es Unmengen von verschiedenen Algorithmen, wie man eine solche aufbaut, und ich möchte unbedingt auf die Literatur verweisen, wenn man eine solche in einem Projekt implementieren will, denn man kann viele Fehler machen, die eine Hashmap sehr ineffizient werden lassen können.

Das Prinzip einer Hashmap lässt sich am leichtesten erklären, wenn man z.B. ein Telefonbuch betrachtet. Die Schlüssel in einem Telefonbuch sind Strings, denn man sucht ja nach Namen. Alle diese Strings haben verschiedene Längen. Jeder Vergleich von 2 Strings ist relativ rechenaufwendig, denn man muss sie Character für Character miteinander vergleichen.

Es wäre also eine gute Idee, wenn man alle Strings, die überhaupt möglich sind, auf eine ganz bestimmte Menge von Zahlenwerten abbilden könnte, sagen wir einmal auf einige Tausend. Jedem String wird nach einem bestimmten Verfahren ein solcher Zahlenwert zugeordnet, der garantiert in einem bestimmten Bereich liegt. Durch diese Eigenschaft des genau definierten und eingeschränkten Bereichs kann man die Werte in einem Array speichern und der Zahlenwert (der sogenannte *Hash-Value*) ist einfach der Index im Array, in dem alle Elemente gehalten werden. Damit hat man mit einem einzigen Schritt einen direkten Zugriff auf das gesuchte Element.

Eine Sache verdient allerdings noch Beachtung: Wenn man beliebig viele verschiedene Schlüssel auf einen genau definierten kleinen Bereich von Hash-Values abbildet, dann passiert es sicher, dass verschiedene Strings denselben Hash-Value haben. Damit speichert man pro "Zelle" mehrere verschiedene Strings. Hat man also den Hash-Value berechnet und als Index verwendet, dann muss man trotzdem noch einen oder mehrere Vergleichsschritte durchführen, um das richtige Element zu finden. Allerdings hat man die Menge der zu durchsuchenden Elemente durch die Hash-Funktion drastisch eingeschränkt und damit auch die Menge der notwendigen Vergleiche.

Wenn man eine Hash-Funktion definiert, so ist das Ziel dieser Funktion, die einzelnen Elemente möglichst gleichmäßig auf die einzelnen Zellen zu verteilen, denn damit hat man die größte durchschnittliche Reduktion der notwendigen Vergleichsoperationen. Genau mit diesem Thema des Auffindens einer optimalen Hash-Funktion beschäftigen sich sehr viele Mathematiker seit langer Zeit, weswegen ich hier auf die einschlägige Literatur verweisen möchte.

Wir geben uns hier mit einer einfachen Hash-Funktion zufrieden, die nur der Demonstration der Funktionsweise einer Hashmap dienen soll. Diese Funktion möchte ich noch dazu einfach in C formulieren, um hier nicht zu mathematisch zu werden:

```
while(*string)
  hash = ((hash * 31) + *string++) % modulus;
```

wobei hier `string` den Schlüssel darstellt, von dem der Hash-Value gebildet wird, `hash` ist der Hash-Value und `modulus` ist die maximale Anzahl verschiedener Hash-Values, auf die ein String abgebildet werden kann.

Spielen wir nun einfach Schritt für Schritt die Bildung eines Hash-Values für den String `Otto` durch, wobei `modulus` in unserem Beispiel einfach als 12 angenommen wird. Normalerweise nimmt man viel höhere Werte für `modulus`, aber für unsere Demonstrationszwecke reicht das.

Um die folgenden Einzelschritte nachvollziehen zu können, sind hier noch schnell die ASCII-Werte der einzelnen Buchstaben:
`'O'` ⇒ 79
`'t'` ⇒ 116
`'o'` ⇒ 111
In den Einzelschritten ergibt sich also:

1. `hash = ((0 * 31) + 79) % 12` ⇒ 7
2. `hash = ((7 * 31) + 116) % 12` ⇒ 9
3. `hash = ((9 * 31) + 116) % 12` ⇒ 11
4. `hash = ((11 * 31) + 111) % 12` ⇒ **8**

Der Hash-Value für `Otto` ist also 8 und wir verwenden diesen als Index für das Array, in dem die einzelnen Elemente gespeichert werden.

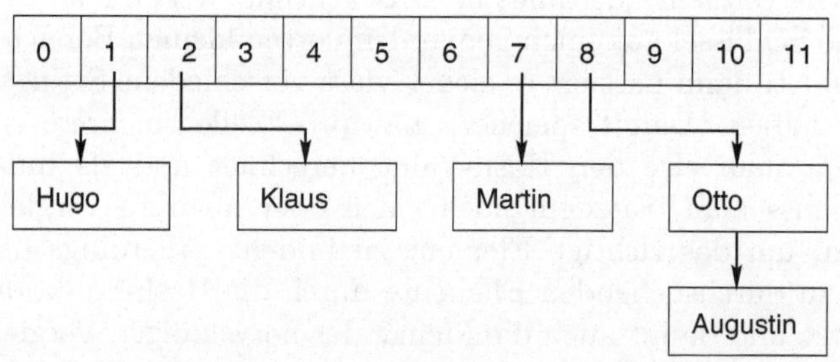

Abbildung 22.6: Prinzip einer Hashmap

In Abbildung 22.6 ist skizziert, wie in einer solchen Hashmap mit unserer zuvor angenommenen Hash-Funktion Elemente mit den Schlüsseln `Otto` (Hash: 8), `Hugo` (Hash: 1), `Klaus` (Hash: 2), `Martin` (Hash: 7) und `Augustin`

(Hash: 8) gespeichert werden. Es wird in diesem Beispiel die Speicherung der Einzelwerte in Form einer einfach verketteten Liste pro Zelle angenommen.

Es soll nicht verschwiegen werden, dass die hier vorgestellte einfache Implementation einer Hashmap für große Datenmengen nicht besonders gut geeignet ist. In diesem Fall greift man dann zu Methoden wie z.B. zum mehrfachen Hashing. Das bedeutet, dass eine Zelle selbst wieder eine Hashmap beinhaltet, wobei der innere Hash-Value nach einer anderen Methode gebildet wird als der äußere. Ich möchte nur noch einmal anmerken, dass das Finden einer oder auch mehrerer geeigneter Hash-Funktionen in die hohe Schule der Mathematik gehört und möchte deswegen ohne geeignetes Literaturstudium niemandem empfehlen, Hash-Funktionen für kritische Anwendungen auf naive Art zu "erfinden". Dies kann sehr leicht ins Auge gehen und eklatant ungleich verteilte Hashmaps ergeben. Damit kann das ganze Verfahren dann äußerst ineffizient werden.

22.4 Stack

Oft kommt es vor, dass man Daten nach dem LIFO (=**L**ast **i**n **f**irst *o*ut) Prinzip verarbeiten will. Denken wir einfach an die Zusammenfassung von einzelnen Statements zu Blöcken in C durch geschwungene Klammern: Es wird mit einer schließenden Klammer immer der innerste Block geschlossen.

Zur Verarbeitung dieser Blöcke eignet sich am besten eine Datenstruktur, die immer den Zugriff auf das zuletzt gespeicherte Element erlaubt. Genau das ist das Prinzip eines Stacks:

- Es gibt zwei Operationen, *push* und *pop*.
- Die Operation *push* legt ein Element auf den Stack.
- Die Operation *pop* nimmt das zuletzt auf den Stack gelegte Element wieder herunter.

Oft werden heiße Diskussionen geführt, ob denn nun das aktuelle Element am Stack bildlich "unten" oder "oben" liegt, und ob der Stack dementsprechend von unten nach oben oder doch eher von oben nach unten wächst. Ich nehme in der Folge an, dass ein Stack **von oben nach unten** wächst, dass also das zuletzt auf den Stack gelegte Element das unterste ist. Der Grund für diese Annahme ist ganz einfach mein langjähriger Umgang mit den entsprechenden Taschenrechnern. Eine schematische Darstellung der push und pop Operationen unter diesen Voraussetzungen findet sich in Abbildung 22.7.
Bei dieser Darstellung geht die Zeitachse von rechts nach links. Eine ausgeführte Operation bewirkt immer eine Änderung des Inhalts des Stacks, die im darauf folgenden Schritt sichtbar ist. Die Darstellung ist also folgendermaßen zu lesen: Im ersten Schritt ist der Stack leer, dann wird ein Push des Wertes 1 durchgeführt. Daraufhin enthält der Stack das Element 1. Mit diesem Stack-Inhalt wird ein Push des Wertes 5 durchgeführt, daraufhin enthält der Stack die Elemente 5 und 1 (von unten nach oben gelesen) etc.

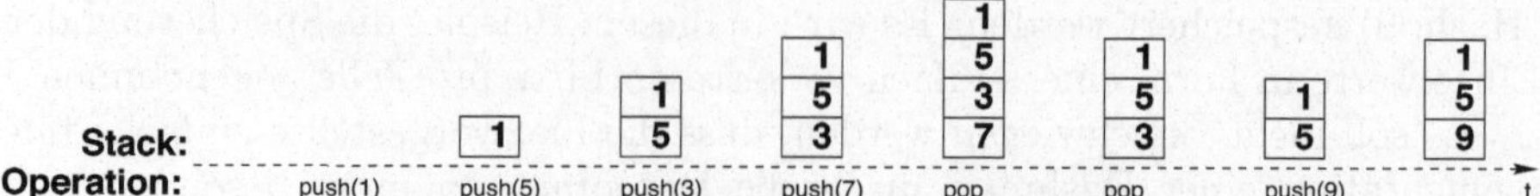

Abbildung 22.7: Operationen bei einem Stack

23. Beispiele zur Übung

Softwareentwicklung lernt man nicht, indem man nur liest. Auch wenn man Code liest und dadurch eine sehr gute Vorstellung entwickeln kann, ist der einzige Weg, der wirklich zum Erfolg führt, der, selbst etwas zu entwickeln. Natürlich existiert dann noch das kleine Problem, wie man denn beurteilt, wie gut die eigene Entwicklung eigentlich war. Einfach nur ein Programm zu schreiben, das seine Aufgaben erfüllt, ist noch kein Erfolg. Der Erfolg ist erst gegeben, wenn ein Programm seine Aufgaben *gut erfüllt* und wenn es obendrein sauber, robust, intuitiv, wartbar und erweiterbar ist.

Deswegen wurden auch die folgenden Übungsbeispiele zusammen mit möglichen dazugehörigen Lösungen (siehe Anhang J) in das Buch aufgenommen. Die Lösungen zeigen einen oder mehrere Wege vor, wie man sauber zum Ziel kommt. Alle Entscheidungen, die auf dem Weg zur Lösung getroffen wurden, werden darin diskutiert, und das *Warum* dahinter erklärt.

Es hat das alles aber nur einen Sinn, wenn die Übungsbeispiele wirklich selbsttätig durchgeführt werden, ohne schon zur Lösung zu blättern, um sich dort Ideen zu holen. Man lernt nur, indem man etwas wirklich selbstständig macht, und dann das Feedback zum Ergebnis bekommt. Nun bekommt man gutes Feedback zwar immer nur, indem jemand das Ergebnis ansieht und direkt darauf eingeht, aber weil das in diesem Fall unmöglich ist, habe ich versucht, in den Musterlösungen vorbeugend gewisse Dinge zu diskutieren, von denen ich die Erfahrung habe, dass sie üblicherweise passieren.

Ich werde auch versuchen, auf der Feedback-Page zu diesem Buch (siehe Abschnitt 1.3) immer wieder neue Beispiele mit dazugehörigen Lösungen zu bringen, an denen sich interessierte Leser versuchen können. Ein Blick auf diese Seite kann also nicht schaden.

23.1 Beispiel 1: Binäre Ganzzahlrepräsentation

Das Ziel dieser Übung ist es, den Lesern den Umgang mit binären Darstellungen von Ganzzahlen und den Umgang mit Bit-Operatoren und Bitmasken näher zu bringen. Auch wenn heutzutage oft gesagt wird, dass bei modernen Programmiersprachen dieses Wissen unnötig ist, so zeigt die Erfahrung genau das Gegenteil. Es gibt auch auf den höchsten und abstraktesten Ebenen immer wieder Fälle, in denen das Wissen über Interna unabdingbar für ein gutes Programm ist. Z.B. kommt man im Bereich der Datenübertragungsprotokolle, die heute die Grundlage aller vernetzten Applikationen darstellen, ohne dieses Wissen zu keinem vernünftigen Ziel.

Außerdem gibt es unzählige C-Funktionen, auch in den Standard-Libraries, die starken Gebrauch von Flags und Bitmasken machen. Mit vielen von diesen kommt garantiert jeder Entwickler mehr als nur einmal in Berührung.

23.1.1 Aufgabenstellung

Es ist ein Programm in C zu schreiben, das die folgende Funktionalität erfüllt:

- Nach dem Start des Programms wird der Benutzer aufgefordert, eine Ganzzahl einzugeben. Intern ist diese Ganzzahl vom Typ `int`.
- Nach Einlesen dieser Zahl gibt das Programm deren binäre Repräsentation als Folge von Nullen und Einsen aus. Es muss hierbei die tatsächliche (maschinenabhängige) Größe eines `int`-Wertes beachtet werden und es müssen immer alle Stellen ausgebeben werden.
  Ein solcher Ablauf könnte bei einer `int` Größe von 32 Bit z.B. wie folgt aussehen:

```
Please enter a number: 19
Binary representation: 00000000000000000000000000010011
```

  Vorsicht, es wird nur allzu leicht vergessen, dass auch negative Werte eingegeben werden können! Der folgende Fall muss natürlich auch funktionieren:

```
Please enter a number: -1
Binary representation: 11111111111111111111111111111111
```

Folgende Randbedingungen sind bei der Entwicklung noch zu beachten:

- Es hat wenig Sinn, sich zum Computer zu setzen und etwas einzutippen, das so lange korrigiert wird, bis es funktioniert (oder bis man in der Lösung nachsieht :-))
- Es ist nicht erlaubt (und auch viel zu umständlich), mittels mathematischer Operationen (also z.B. vielfacher Division durch 2), eine Binärdarstellung zu errechnen. Die Binärdarstellung muss durch Anwendung von Bit-Operatoren ermittelt werden.
- Das Programm muss so gut wie möglich durch die Verwendung von Funktionen strukturiert werden. Das Ziel ist es, klar leserlichen Code zu erzeugen. Klar leserlich bedeutet hier, dass der Code auch ohne viele erklärende Kommentare leicht verständlich sein muss. Dies impliziert z.B. die Verwendung von selbsterklärenden Namen für Variablen und Funktionen etc. Dementsprechend soll auch nur äußerst sparsam kommentiert werden, eben nur dort, nur wo es *unbedingt nötig* ist. *Gute Programme sind selbsterklärend!*

- Die Einhaltung eines Coding-Standards ist obligatorisch. Sofern nicht in der eigenen Arbeitsumgebung ein Coding-Standard zur Verfügung steht, empfehle ich den in Anhang C abgedruckten.

Die Lösung zu diesem Beispiel ist zu finden in Abschnitt J.1

23.2 Beispiel 2: Sortierte Liste

Ein Ziel dieser Übung ist es, den Lesern den Umgang mit Pointern, Structures und Strings näher zu bringen

Ein weiteres Ziel dieser Übung ist es, den Umgang mit zumindest einem kleinen URD einmal zu versuchen, denn die Aufgabenstellung ist als URD formuliert. Wenn schon die Aufgabenstellung als URD formuliert ist, dann versteht es sich von selbst, dass der Lösungsweg auch über die entsprechenden Dokumente gehen soll. Der Umgang mit SRD, ADD und DDD soll also auch den Lesern einmal näher gebracht werden.

Ich bin mir vollkommen bewusst, dass die ersten Versuche, eines dieser Entwurfsdokumente zu schreiben, immer ein wenig mühsam sind. Entweder fällt einem nicht ein, was da überhaupt drinstehen soll, oder man schreibt Dinge rein, die eigentlich bereits ganz woanders hingehören. Genau aus diesem Grund ist es wichtig, frühzeitig den Umgang mit diesen Entwurfsdokumenten zu üben, denn nur die Erfahrung hilft hier weiter.

Noch ein guter Tipp zu den Entwurfsdokumenten: Jedes Problem, das einem in der Softwareentwicklung gestellt wird, soll man immer zuerst aus der oberen Warte betrachten. Wenn man gleich beim Lesen der Problemstellung bleich im Gesicht wird, weil man sich innerhalb von ein paar Sekunden noch nicht vorstellen kann, wie man das z.B. in C umsetzt, dann hat man schon einen Fehler gemacht.

Man wird durch eine solche falsche Denkweise plötzlich selbst zum Teil des Problems, anstatt mit einem Problem umgehen zu lernen. Wichtig ist es, immer cool zu bleiben und das Problem so lange von oben herab in kleine, logisch zusammenhängende Teilprobleme zu zerlegen, bis sich der Dschungel lichtet.

Die Zerlegung in Teilprobleme kann problemlos in beliebig vielen Iterationsschritten erfolgen. Oft sind Zettel und Bleistift die besten Werkzeuge in der Designphase. Ein paar Kästchen hier, ein paar Kreise dort, ein paar Pfeile dazwischen, und schon wird alles klarer.

Wenn man diesen Schritt des coolen Herangehens an ein Problem geschafft hat, dann hat man den Blick für das Wesentliche gelernt und wird mit allen Problemen umgehen können, die sich in der Softwareentwicklung stellen werden.

23.2.1 Aufgabenstellung

Obwohl gerade gesagt wurde, dass die Aufgabenstellung in Form eines URDs vorliegt, möchte ich nicht gleich allzu formal werden. Bevor wir zum URD kommen, wird die Aufgabenstellung etwas salopper formuliert hier niedergeschrieben.

Informelle Formulierung der Aufgabenstellung. Die folgende informelle Formulierung der Aufgabenstellung entspricht quasi einem Protokoll eines Gesprächs mit dem Kunden, der dem Entwickler seine Vorstellungen mitteilt:

Es soll ein Programm geschrieben werden, das eingegebene Zahlen in aufsteigender Reihenfolge in eine dynamische Liste einsortiert. Außerdem muss es möglich sein, über Keyboard-Eingabe die derzeitig vorhandene sortierte Liste anzuzeigen. Zusätzlich ist noch gefordert, dass man gezielt einzelne Elemente aus der sortierten Liste wieder löschen kann, indem man den Index des entsprechenden Elements angibt. Weiters soll es möglich sein, die Summe aller in der Liste vorhandenen Zahlen berechnen lassen.

Die Kommandos, die man über das Keyboard eingibt, bestehen immer aus einem einzelnen Buchstaben für das Kommando selbst sowie der für das Kommando notwendigen Anzahl von Argumenten. Die Anzahl der Argumente kann von Kommando zu Kommando variieren. Folgende Kommandos sollen unterstützt werden:

i *nnn*: (=insert) fügt eine neue Zahl mit Wert *nnn* ein (Anm: *nnn* ist nur ein Platzhalter für eine x-beliebige Zahl; er bedeutet nicht, dass die Zahl z.B. 3-stellig sein muss). Die Zahl wird automatisch an der Stelle eingefügt, an der sie ihrer Sortierreihenfolge nach stehen würde. Sollte es bereits eine andere gleiche Zahl geben, so muss die neu dazugekommene Zahl dahinter eingefügt werden.

d *xxx*: (=delete) löscht die Zahl, die den Index *xxx* besitzt aus der Liste. Der Index des ersten Listenelements ist immer 0 (Anm: auch *xxx* ist nur ein Platzhalter für einen x-beliebigen Index).

s: (=show) bewirkt eine aufsteigend sortierte Anzeige der Liste. Die Einzelelemente der Liste werden dabei immer als Tupel in der Form
`(<index>: <value>)`
angezeigt. Hierbei bezeichnet `<index>` den Index des Elements, und `<value>` bezeichnet seinen Wert. Der Index ist immer einfach die laufende Nummer in der Liste. Die runden Klammern, die ein Tupel einfassen, müssen mit angezeigt werden. Nach dem Doppelpunkt, der hinter dem Index steht, muss ein Leerzeichen folgen und alle Tupel müssen ohne Leerzeichen oder andere Zeichen direkt hintereinander in einer Zeile angezeigt werden. Ein Beispiel für eine gültige Anzeige ist:
`(0: 3)(1: 4)(2: 4)(3: 6)(4: 11)`

c: (=calculate) berechnet die Summe aller Elemente in der Liste und gibt sie ohne textuelle Ausschmückung einfach als Zahl aus.

q: (=quit) beendet das Programm

Bei Fehleingabe (entweder unbekanntes Kommando, falsche Parameter, undurchführbare Operation oder sonstiges Problem) ist eine entsprechende Fehlermeldung auszugeben.
Damit man sich leichter etwas vorstellen kann, soll ein beispielhafter Programmverlauf hier als Pseudo-Screendump skizziert werden:

```
list control> i 17
list control> i 12
list control> i 25
list control> i 1
list control> i 12
list control> s
(0: 1)(1: 12)(2: 12)(3: 17)(4: 25)
list control> d 2
list control> s
(0: 1)(1: 12)(2: 17)(3: 25)
list control> c
55
list control> d 2
list control> s
(0: 1)(1: 12)(2: 25)
list control> x
Error: unknown command
list control> d 4
Error: element with index 4 not existing
list control> q
```

Das laufende Programm meldet sich immer mit dem Prompt `list control>`, um zu signalisieren, dass es eine Eingabe akzeptiert. Die ersten 5 Eingaben im Beispiel bewirken, dass die angegebenen Zahlen an der korrekten Stelle in der Liste eingefügt werden, in diesem Fall werden die Zahlen 17, 12, 25, 1 und 12 eingefügt.

Durch Eingabe von `s` wird eine Anzeige der Listenelemente angefordert. Die Ausgabe erfolgt entsprechend der Forderung in geklammerten Tupeln.

Daraufhin wird angefordert, das Element mit dem Index 2 zu löschen (also `(2: 12)`). In der folgenden Anzeige sieht man, dass dies geschehen ist. Man sieht auch, dass alle Elemente, die hinter dem gelöschten Element standen, einen neuen Index bekommen haben, also das Element 3 wurde zum Element 2 etc.

Als Nächstes wird ein Berechnen der Summe der Elemente angefordert, und die Summe einfach als Zahl ausgegeben. Nochmaliges Löschen des Elements mit dem Index 2 und Anzeige der Elemente reduziert die Liste auf 3 Elemente.

Zwei Fehlerfälle sind auch noch kurz skizziert: Zuerst wird ein unbekanntes Kommando `x` eingegeben, was das Programm mit der entsprechenden Fehlermeldung quittiert. Daraufhin wird versucht, das Element mit dem Index 4 zu löschen. Weil dieses aber nicht existiert, wird auch das mit der entsprechenden Fehlermeldung quittiert.

Eingabe von `q` beendet schließlich das Programm.

User Requirements Document. Bevor wir nun zu den einzelnen Punkten des URD kommen, möchte ich hier noch anmerken, dass sich in diesem URD ein paar Forderungen wiederfinden, die nur sehr spezielle User haben und die normalerweise nicht wirklich in ein URD gehören. Eine dieser Forderungen ist z.B. *Es muss eine doppelt verkettete Liste implementiert werden.* Diese Forderungen existieren deswegen hier in unserem Beispiel, weil ich aus Gründen der Übersichtlichkeit alles in ein einzelnes URD verpacken wollte.

Die Struktur des URDs ist auch geringfügig anders, als wir sie bisher kennen gelernt haben. Ich habe hier immer zuerst das Requirement hingeschrieben und danach eventuelle Erklärungen zum Requirement. Dies ist eine durchaus übliche Schreibweise, sofern man Anforderungen von dritten Personen vorgegeben bekommt. Deshalb wollte ich zu Demonstrationszwecken auch diese Schreibweise hier verwenden.

Im Fall, dass man selbst ein URD entwickelt, ist die z.B. in Abschnitt 9.1.2 verwendete Strukturierung bei weitem übersichtlicher und logischer, denn darin sind immer die Schritte beschrieben, die zu einem UR führen, und das Resultat aus diesen Schritten sind dann ein oder mehrere URs.

Gleich vorweg noch ein Denkanstoß: Die Forderung nach Implementation einer doppelt verketteten Liste ist zwar im URD verewigt (warum auch immer...), aber wenn man sich ansieht, welcher Befehlssatz gefordert ist, dann kommt man schnell drauf, dass genau die Rückwärtsverkettung der Liste darin niemals zum Tragen kommt. Damit implementieren dann viele Entwickler zwar die Liste, aber der Fall der Rückwärtsverkettung wird nie getestet, denn ohne z.B. ein zusätzliches Kommando zur umgekehrt sortierten Anzeige einzubauen, ist dieser Fall ja von außen nicht testbar! Ich habe diesen Stolperstein absichtlich hier eingebaut, denn in der Praxis passiert es nur allzu oft, dass auf diese Art gewisse Codeteile ungetestet ausgeliefert werden. Bei der ersten Änderung dann stellen sich diese Teile nicht selten als riesige Fundgrube für Fehler heraus. Das bedeutet also, dass man bereits beim Durchlesen der Forderungen immer alles auf Vollständigkeit prüfen muss, ohne Rücksicht darauf, wie vollständig ein Dokument auf den ersten Blick wirken mag!

UR 1: Es ist eine doppelt verkettete Liste zu implementieren

Eine doppelt verkettete Liste ist dadurch charakterisiert, dass sie aus einer Reihe einzelner Knoten besteht (für jedes Element einer), die immer eine Referenz (in unserem Fall einen Pointer) auf ihren direkten Vorgänger und auch auf ihren direkten Nachfolger besitzen.

Der erste Knoten der Liste hat keinen direkten Vorgänger, also ist der Pointer in diesem Fall `NULL`, genau so verhält es sich mit dem Nachfolger des letzten Knotens. Man kann also eine solche Liste immer Element für Element vorwärts und rückwärts durchwandern, indem man den entsprechenden Pointern folgt.

Sinnigerweise sollte man "von vorne" und "von hinten" je einen Einstiegspunkt in die Liste haben.

UR 2: Die Werte der Elemente, die in den Knoten gespeichert werden, sind vom Typ int

UR 3: Benutzerinterface Anforderungen

Als Vorlage und Referenz zum Überprüfen der Erfüllung der hier aufgeführten Anforderungen dient der zuvor beschriebene beispielhafte Programmablauf. Das Programm bleibt so lange aktiv und akzeptiert Benutzereingaben, bis der Benutzer explizit das Beenden des Programms anfordert.

UR 3.1: Prompt

Das Benutzerinterface muss sich immer genau mit dem Prompt

```
list control>
```

melden, wenn es eine Eingabe akzeptieren kann. (Anm: Der Prompt ist immer von genau einem Leerzeichen gefolgt.)

UR 3.2: Fehler

Ein Fehler, der angezeigt wird, muss immer genau das Präfix

```
Error:
```

besitzen.

UR 3.3: Anzeige der Liste

Die Anzeige der gesamten Liste hat immer genau folgendes Format zu haben:

- Jedes Element wird als Tupel der Form Index, Wert in folgendem Format dargestellt: `(index: value)`.
- Die dargestellten Tupel werden ohne Leerzeichen oder andere Füllzeichen direkt hintereinander dargestellt.
- Nach dem letzten Tupel erfolgt ein Zeilenumbruch.

UR 3.4: Akzeptierte Kommandos

Jedes Kommando, das akzeptiert wird, hat genau die folgende Form:

- Das Kommando selbst besteht aus einem einzigen Character. Leerzeichen vor dem Kommando werden vom Programm nicht akzeptiert, sondern mit einer entsprechenden Fehlermeldung quittiert.
- Sollte ein Kommando keine Parameter entgegennehmen (z.B. das *show*-Kommando), so folgt direkt auf den Character des Kommandos ein Zeilenumbruch. Sollte dies nicht der Fall sein, so wird das Kommando vom Programm nicht akzeptiert, sondern mit einer entsprechenden Fehlermeldung quittiert.
- Sollte ein Kommando Parameter entgegennehmen, so folgt auf den Character des Kommandos genau ein Leerzeichen, und auf dieses Leerzeichen folgt/folgen der/die Parameter. Die Syntax und Semantik der Parameter ist abhängig vom entsprechenden Kommando. Wir haben zwar hier nur Kommandos mit maximal einem Parameter in unseren Forderungen, aber wer weiß, vielleicht erfindet ja jemand ein neues Kommando, das z.B. von–bis löscht etc.

Die folgenden Kommandos müssen vom Programm akzeptiert werden:

i *nnn*: (=insert) fügt eine neue Zahl mit Wert *nnn* ein (Anm: *nnn* bezeichnet eine x-beliebige Zahl). Diese wird automatisch an der Stelle eingefügt, an der sie ihrer Sortierreihenfolge nach stehen würde. Sollte es bereits eine oder mehrere andere gleiche Zahlen in der Liste geben, so muss die neu dazugekommene Zahl dahinter eingefügt werden.
d *xxx*: (=delete) löscht die Zahl, die den Index *xxx* besitzt aus der Liste (Anm: *xxx* bezeichnet eine beliebige Zahl). Der Index des ersten Listenelements ist immer 0.
s: (=show) fordert eine Anzeige der Liste laut Definition des Outputformats an.
c: (=calculate) berechnet die Summe aller Elemente in der Liste und gibt sie aus. Die Ausgabe hat in diesem Fall eine einzige `int` Zahl, gefolgt von einem Zeilenumbruch zu sein. Weder davor noch danach dürfen Leerzeichen oder andere Zeichen in der Ausgabe vorkommen.
q: (=quit) beendet das Programm (kommentarlos!).

Wahlweise können auch andere Kommandos, wie z.B. `h` für *help* oder das Durchgehen der Liste von hinten nach vorne implementiert werden. Dies ist aber keine notwendige Forderung, sondern nur eine Anregung zum Spielen :-)

23.2.2 Ein paar Tipps

Hier noch ein paar kleine Tipps, die die Arbeit ein wenig erleichtern sollen:

- Es ist immer sinnvoll, schichtenweise von oben nach unten vorzugehen, also vom Großen ins Detail. Sonst verliert man sich zu gerne in philosophischen Abhandlungen über Belangloses und verliert den Überblick.
- Das ADD sollte auch Schicht für Schicht die verschiedenen Abstraktionslevels der Architektur beschreiben.
- Für die Behandlung des User-Inputs und für den Control-Flow des Programms kann man Anleihe beim Source-Code des Kaffeeautomaten nehmen, z.B. das API "stehlen" und nach eigenen Wünschen adaptieren. Das Ablaufmodell mit den Callbacks hat sich gerade bei interfacegesteuerten Programmen seit langer Zeit sehr bewährt, und es hilft, die Übersicht zu bewahren. Bei der Planung des Programms sollte man dieses Modell gleich ein wenig im Hinterkopf haben.

Die Lösung zu diesem Beispiel ist zu finden in Abschnitt J.2

23.3 Beispiel 3: Taschenrechner

Das Ziel dieser Übung ist es, alles Besprochene aus dem gesamten Buch in einem zusammenfassenden Beispiel zu wiederholen. Ein sauberes Design ist hier genauso gefragt wie die Entwicklung kleinerer Datenstrukturen und die Verwendung praktisch aller bekannten C-Konstrukte. Natürlich sind auch eine sinnvolle Aufteilung der Implementation in mehrere Files und die Verwendung von `make` ein Thema.

23.3.1 Aufgabenstellung

Wie bereits beim letzten Beispiel sollen auch hier wieder eine informelle Beschreibung und ein URD die Aufgabenstellung umreißen:

Informelle Formulierung der Aufgabenstellung. Es soll ein Taschenrechner geschrieben werden, der die vier Grundrechnungsarten (Addition, Subtraktion, Multiplikation, Division) beherrscht. Die Eingaben in den Taschenrechner erfolgen in **Postfix-Notation** (wie z.B. bei HP Taschenrechnern), es ist also keine Implementation von Klammerungen oder auch Punkt-vor-Strich-Rechnung notwendig. Der aktuelle Operanden-Stack muss immer angezeigt werden. Alle Operanden sind immer `double`-Werte.

Zusätzlich zu den mathematischen Operatoren sind noch folgende weitere Operatoren zur Manipulation des Operanden-Stacks zu implementieren:

- Löschen des "untersten", also zuletzt eingegebenen Operanden.
- Duplizieren des "untersten" Operanden.
- Vertauschen der beiden "untersten" Operanden.
- Löschen des gesamten Stacks.

Für alle, denen die Postfix-Notation nicht so geläufig ist (Benutzer von HP-Taschenrechnern sind hier ausgenommen :-)), soll hier kurz erklärt werden, worum es eigentlich geht:

- Im Prinzip gibt es *Operanden* und *Operatoren*, die mit diesen Operanden arbeiten. Die Operanden sind in unserem Fall einfach die eingegebenen Zahlen. Die Operatoren bewirken das Ausführen von Operationen (mathematische Operation oder Stack-Manipulation).
- Die Operanden werden einzeln eingegeben, und werden in eben dieser Reihenfolge auf den Operanden-Stack gelegt.
- Wird ein Operator eingegeben, so werden die für ihn benötigten Argumente vom Stack genommen und die Operation ausgeführt. Das Resultat wird auf den Stack gelegt, womit es als Operand für weitere Operationen zur Verfügung steht.
- Es muss natürlich nicht immer sein, dass Operatoren genau einen Operanden als Resultat am Stack hinterlassen. In unserem Fall z.B. liefern die Stack-Manipulationsoperatoren gar kein Resultat. Je nachdem, welche Operationen man definiert, könnte es auch sein, dass ein Operator

mehrere Operanden als Resultat am Stack hinterlässt (z.B. bei Vektor-Operationen). Dieser Fall kommt in unserem Beispiel zwar nicht vor, könnte aber bei zukünftigen Erweiterungen zum Tragen kommen.

Die Eingabe von Operanden bzw. Operatoren wird immer mit `<enter>` abgeschlossen.
Will man also z.B. die Zahlen 3.2 und 4.5 addieren, so tippt man folgendes ein:

```
3.2
4.5
+
```

Woraufhin die Eingabe des `+` Operators die beiden Zahlen vom Stack nimmt, und das Ergebnis auf den Stack legt.

Will man 9 durch 3 dividieren, so tippt man dies folgendermaßen ein:

```
9
3
/
```

Vorsicht auf die Reihenfolge der Operanden!

Die Operanden, die eingegeben werden, sind, wie bereits erwähnt, immer als `double` Werte zu interpretieren. Als Dezimaltrennzeichen dient ein **Punkt**. Sollten keine Dezimalstellen vorhanden sein, so kann man die Zahlen auch einfach als Ganzzahlen ohne Kommastellen eingeben. Intern werden sie trotzdem als `double` interpretiert. Negative Zahlen haben immer ein führendes `-`. Wenn eine Zahl kleiner 1 ist, also z.B. `0.3`, so kann die führende 0 weggelassen und einfach `.3` eingetippt werden. Selbiges gilt auch für negative Zahlen, die größer als `-1` sind, also z.B. `-0.3`. Hier kann ebenso die führende 0 weggelassen und einfach `-.3` eingetippt werden. Ein `+` als positives Vorzeichen ist nicht erlaubt. Bei der Eingabe von Operanden sind dementsprechend außer Zahlen, dem Dezimalpunkt und dem negativen Vorzeichen keine weiteren Zeichen erlaubt.

Die Operatoren, die eingegeben werden, bestehen in unserem Beispiel immer nur aus genau einem Zeichen (hier wäre z.B. Platz für zukünftige Erweiterungen). Bei der folgenden Beschreibung der Operatoren wird folgende Konvention für die Beschreibung des Stacks und der darauf liegenden Operanden verwendet:

- Der Stack selbst wird immer so betrachtet, dass er von "unten" nach "oben" gefüllt wird. Die neuesten Elemente am Stack liegen also immer "unten".
- Der Stack hält immer n Elemente, $n \geq 0$, die (wenn vorhanden) durch $s_0, ..., s_{n-1}$ bezeichnet werden. Das "unterste" Element ist immer s_0. Dies bedeutet implizit, dass jedes neu auf den Stack gelegte Element immer s_0 ist.
- Die Operation, die einen Operanden auf den Stack legt, wird als *push* bezeichnet. Es kann immer nur ein Operand auf einmal auf den Stack gelegt werden.

- Die Operation, die einen Operanden vom Stack nimmt, wird als *pop* bezeichnet. Es kann immer nur ein Operand auf einmal vom Stack genommen werden, nämlich s_0 (wenn vorhanden).

Folgende Operatoren und die ihnen zugrunde liegende Verhaltensweise sind zu implementieren:

+ (=Addition) nimmt s_0 und s_1 vom Stack (=2 Mal *pop*), addiert die beiden Operanden und legt mit einer *push*-Operation das Resultat wieder auf den Stack.
- (=Subtraktion) nimmt s_0 und s_1 vom Stack (=2 Mal *pop*), subtrahiert s_0 von s_1 und legt mit einer *push*-Operation das Resultat wieder auf den Stack.
* (=Multiplikation) nimmt s_0 und s_1 vom Stack (=2 Mal *pop*), multipliziert die beiden Operanden und legt mit einer *push*-Operation das Resultat wieder auf den Stack.
/ (=Division) nimmt s_0 und s_1 vom Stack (=2 Mal *pop*), dividiert s_1 durch s_0 und legt mit einer *push*-Operation das Resultat wieder auf den Stack.
p (=Pop) nimmt s_0 vom Stack (=*pop*) und verwirft diesen Operanden.
d (=Duplicate) nimmt s_0 vom Stack (=*pop*) und legt ihn danach 2 Mal wieder auf den Stack zurück (=2 Mal *push*).
s (=Swap) nimmt s_0 und s_1 vom Stack (= 2 Mal *pop*) und legt diese beiden Operatoren durch entsprechende *push*-Operationen in umgekehrter Reihenfolge auf den Stack zurück.
c (=Clear) nimmt alle vorhandenen Operanden $s_0, ..., s_{n-1}$ vom Stack und verwirft sie.
q (=Quit) beendet das Programm

Nach jeder einzelnen Operation muss der vollständige Stack auf dem Bildschirm ausgegeben werden, und zwar so, dass jeder Operand in einer eigenen Zeile steht.

Im Fehlerfall (Syntaxfehler, fehlende Operanden für eine Operation, Division durch 0 etc.) ist eine entsprechende Fehlermeldung auszugeben, und der Stack ist in dem Zustand zu belassen, den er vor Auftreten des Fehlers hatte.

Damit man sich die Arbeit mit dem Rechner etwas leichter vorstellen kann, soll ein beispielhafter Programmverlauf hier als Pseudo-Screendump skizziert werden:

```
==============================
==============================
calc> 4
==============================
4.0
==============================
calc> 5
==============================
4.0
```

```
5.0
===============================
calc> 10
===============================
4.0
5.0
10.0
===============================
calc> /
===============================
4.0
0.5
===============================
calc> *
===============================
2.0
===============================
calc> -2
===============================
2.0
-2.0
===============================
calc> +
===============================
0.0
===============================
calc> 12
===============================
0.0
12.0
===============================
calc> s
===============================
12.0
0.0
===============================
calc> p
===============================
12.0
===============================
calc> d
===============================
12.0
12.0
===============================
calc> c
===============================
===============================
calc> -.3
===============================
-0.3
===============================
calc> /
```

```
Error: not enough operands on stack
==============================
-0.3
==============================
calc> q
```

Das laufende Programm meldet sich immer mit dem Prompt `calc>`, um zu signalisieren, dass es eine Eingabe akzeptiert. Oberhalb des Prompts wird der aktuelle Zustand des Operanden Stacks angezeigt, optisch hervorgehoben durch eine Reihe von 30 = jeweils direkt über dem "obersten" und unter dem "untersten" Operanden. Sollten keine Operanden am Stack liegen, so sind einfach die beiden optischen Hervorhebungen anzuzeigen. Nach dem Programmstart steht also folgendes am Bildschirm:

```
==============================
==============================
calc>
```

User Requirements Document. UR 1: Robustheit
Für das gesamte Programm gilt, dass Fehlbedienung (z.B. Fehleingabe etc.) nicht zum Absturz führen dürfen, sondern zuvor alles auf Korrektheit überprüft wird und im Fehlerfall die entsprechende Fehlermeldung ausgegeben wird.
UR 2: Die Operanden sind immer vom Typ double
UR 3: Benutzerinterface Anforderungen
Als Vorlage und Referenz zum Überprüfen, ob die hier aufgeführten Anforderungen erfüllt sind, dient der oben gezeigte beispielhafte Programmablauf. Das Programm bleibt so lange aktiv und akzeptiert Benutzereingaben, bis der Benutzer explizit das Beenden des Programms anfordert.
UR 3.1: Prompt
Das Benutzerinterface muss sich immer genau mit dem Prompt

```
calc>
```

melden, wenn es eine Eingabe akzeptieren kann. (Anm: Der Prompt ist immer von genau einem Leerzeichen gefolgt.)
UR 3.2: Fehler
Ein Fehler, der angezeigt wird, muss immer genau das Präfix

```
Error:
```

besitzen.
UR 3.3: Anzeige des Operanden-Stacks
Direkt oberhalb des Prompts ist immer der aktuelle Operanden-Stack anzuzeigen. Diese Anzeige hat folgendes Format:

Zur optischen Trennung beginnt die Anzeige mit einer Reihe von 30 =. Danach wird Zeile für Zeile je ein einzelner Operand angezeigt, und zwar die im Stack "obersten" Operanden oben, gefolgt von den jeweils im Stack darunterliegenden Operanden. Der unterste Operand ist also immer s_0. Sollten keine Operanden am Stack liegen, so werden nur die optischen Trennungen angezeigt.

Das Format der Operanden selbst (wie viele Kommastellen etc.) ist nicht besonders zu beachten, hierbei genügt es, die Funktion `printf` zur Ausgabe der Operanden heranzuziehen. Dementsprechend wird die Ausgabe nicht so "schön" aussehen, wie in unserem Use-Case. (Anm: Wer Lust hat, kann sich einmal mit den Man-Pages von `printf` auseinandersetzen und die Ausgabe entsprechend schöner gestalten.)

UR 3.4: Akzeptierte Kommandos

Die genaue Definition der akzeptierten Kommandos ist der informellen Formulierung der Aufgabenstellung (siehe Abschnitt 23.3.1) zu entnehmen.

Die Lösung zu diesem Beispiel ist zu finden in Abschnitt J.3

A. Binäre Zahlenrepräsentationen

Nicht selten sieht man in Programmen die abstrusesten Konstrukte, wenn es darum geht, mit einzelnen Bits in Ganzzahldatentypen umzugehen. Einerseits haben diese ihren Ursprung in mangelndem Wissen über Bitoperatoren, die in Abschnitt 5.4 behandelt werden. Andererseits hilft auch das Wissen um Bitoperatoren nicht weiter, wenn das grundlegende Wissen über den Aufbau von binären Zahlen fehlt. Aus diesem Grund möchte ich in der Folge kurz den internen Aufbau von Ganzzahlen und der Vollständigkeit halber auch den internen Aufbau von Gleitkommazahlen beschreiben.

A.1 Organisation von Bits und Bytes

Im Prinzip geht es bei allen Datendarstellungen in einem Computer immer um dasselbe, egal, welche Art von Daten nun vorliegt:

- Die kleinste Informationseinheit ist ein *Bit*, das definitionsgemäß die Werte 0 und 1 annehmen kann. Alle größeren Informationseinheiten bestehen aus einer Reihe von solchen Bits, wir haben es also im Computer immer mit einem *binären System* zu tun.
- Weil mit einem Einzelbit nicht sehr viel anzufangen ist, werden immer mehrere Bits zu einer Einheit gruppiert. Die kleinste, direkt adressierbare Einheit in einem Computer ist ein *Byte*, und dieses besteht (üblicherweise) aus 8 Bits. Der Begriff *direkt adressierbar* bezieht sich darauf, dass eine Adresse immer nur auf eine Bytegrenze zeigt und dass man niemals "mitten in ein Byte hinein" adressieren kann.
- Alle Datentypen bestehen immer aus einem oder mehreren Bytes, die entsprechend dem Datentyp **interpretiert werden**. Sollte ein Datentyp aus mehreren Bytes bestehen, so bilden diese im Speicher einen Block, sie stehen also im Adressraum direkt hintereinander. Dies ist logisch, da ja auch Datentypen, die aus mehreren Bytes bestehen, immer über eine einzige Adresse ansprechbar sein müssen.
- Es ist vom jeweiligen Computer abhängig, wie die Reihenfolge der Bytes in einem Block interpretiert wird. Ein Beispiel, das dies illustriert, findet sich in Kapitel 13.

- Im Prinzip kann ein Computer ausschließlich mit Ganzzahl-Datentypen und mit Gleitkomma-Datentypen umgehen. Alle anderen Datentypen (z.B. Characters) werden über so genannte Lookup-Tables implementiert. Ein Character ist z.B. im Prinzip eine Ganzzahl und der Wert dieser Zahl wird herangezogen, um aus einer Character-Tabelle den dazugehörigen Buchstaben herauszufinden, der dann zur Anzeige gebracht werden kann.

Um hier die schematische Beschreibung der binären Zahlendarstellungen nicht unnötig durch verschiedene Reihenfolgen von Bits in einem Byte und von Bytes in einem Block zu komplizieren, gehen wir von der folgenden **vereinfachenden Annahme** aus:

- Die einzelnen Bits in einem Byte sind immer aufsteigend *von rechts nach links* organisiert.
- Wenn ein Datentyp aus mehreren Bytes besteht, so nehmen wir an, dass auch diese *von rechts nach links* organisiert sind.

A.2 Ganzzahlen

Binäre Ganzzahlen sind eine der Interpretationsmöglichkeiten einer Folge von Bits. Jedes Bit darin repräsentiert praktisch eine Stelle der binären Zahl. Um zu verstehen, was eine binäre Stelle ist, denken wir einfach an unsere gewohnten Dezimalzahlen, denn auch diese sind aus beliebig vielen Stellen aufgebaut, die jeweils Werte von 0 bis 9 annehmen können. Die Zahlenbasis ist also 10. Z.B. besteht eben die Zahl 12 aus zwei dezimalen Stellen, die von rechts nach links aufsteigend organisiert sind. Technisch gesehen bedeutet also die Dezimalzahl 124 von rechts nach links gelesen:

$$(4 * 1) + (2 * 10) + (1 * 100)$$

Man kann das auch umschreiben zu

$$(4 * 10^0) + (2 * 10^1) + (1 * 10^2)$$

wodurch besser erkennbar ist, wo sich unsere Zahlenbasis 10 denn nun wiederfindet.

Wenn das also mit der Zahlenbasis 10 geht (=jede Stelle kann die Werte 0–9 annehmen), dann muss dasselbe doch auch mit der Zahlenbasis 2 gehen (=jede Stelle kann die Werte 0–1 annehmen). Und genau das ist die Basis unserer binären Ganzzahlrepräsentationen. Die Binärzahl 1011 bedeutet also von rechts nach links gelesen:

$$(1 * 2^0) + (1 * 2^1) + (0 * 2^2) + (1 * 2^3)$$

Umgerechnet in eine Dezimalzahl ergibt das also 11.

Wir haben schon gesagt, dass wir es im Computer prinzipiell mit Gruppen von 8 Bits zu tun haben, die gemeinsam ein Byte bilden. Ein solches Byte kann also genau acht Binärstellen halten. Jede einzelne dieser Stellen kann gesetzt (also auf 1), oder ungesetzt (also auf 0) sein. Nach unseren vorangegangenen Betrachtungen zu schließen, werden die einzelnen Stellen dieser Binärzahl also folgendermaßen interpretiert:

Von *rechts nach links* ist jedem Bit einer Zweierpotenz zugeordnet, beginnend bei 2^0, aufsteigend um 1 im Exponenten. Ist ein Bit nicht gesetzt, dann entspricht dies dem Wert 0, ist es gesetzt, dann entspricht es der entsprechenden 2-er Potenz. Die Werte aller gesetzten Bits werden addiert, und das ergibt dann den gespeicherten Zahlenwert.
Eine 8 Bit Ganzzahl ist nach all unseren Betrachtungen also so aufgebaut:

(Bit_7) 2^7	(Bit_6) 2^6	(Bit_5) 2^5	(Bit_4) 2^4	(Bit_3) 2^3	(Bit_2) 2^2	(Bit_1) 2^1	(Bit_0) 2^0

Bit_0 steht ganz rechts und entspricht 2^0, Bit_1 steht links daneben und entspricht 2^1 etc. bis zum höchsten Bit. Die hier betrachtete Interpretation einer 8 Bit Zahl entspricht direkt einem `unsigned char`. Wichtig hierbei ist, dass es um `unsigned` geht, denn mit dieser Interpretation haben wir noch keine Möglichkeit in der Hand, eine Zahl kleiner 0 darzustellen!

Der Wertebereich einer n Bit Zahl ohne Vorzeichen geht immer von 0 bis $2^n - 1$, wie sich leicht nachprüfen lässt.

Man sieht auch, dass die Möglichkeiten der Zahlendarstellung mit einem Byte noch nicht berauschend sind – es sind nur Zahlen im Bereich von 0–255 darstellbar. Deshalb gibt es eben andere Datentypen, die mit 2 Bytes (Bereich: 0–65536), 4 Bytes (Bereich: 0–4292967296) und mehr arbeiten. Die hier angegebenen Bereiche gelten natürlich immer nur für die Interpretation als `unsigned`.

Aber leider können wir uns nicht einfach auf die positiven Zahlen beschränken. Dann und wann kann man ja negative Zahlen auch brauchen. Die erste Idee dazu ist, sich einfach eines der Bits zu schnappen und für das Vorzeichen zu reservieren. Wenn das Bit gesetzt ist, dann ist die Zahl negativ, sonst ist sie positiv. Netter Versuch, aber damit haben wir noch das eine oder andere kleine Problem. Ohne jetzt auf die Interna der arithmetischen Einheit eines Prozessors eingehen zu wollen – wir können uns leicht vorstellen, dass ein Prozessor mit den Zahlen möglichst einfach rechnen können muss, je einfacher, desto besser. Aber auch wenn wir diese Betrachtungen einmal außer Acht lassen, dann gibt es da noch eine Sache, die bei unserem Versuch nicht so toll ist: Die Zahl 0 käme jetzt zweimal vor, einmal ohne Vorzeichen und ein andermal mit Vorzeichen. Weil wir aber -0 nicht wirklich als sinnvoll ansehen, sollten wir uns schon aus diesem Grund etwas Besseres einfallen lassen.
Alle Betrachtungen über Rechnen im Prozessor und Vermeidung von doppelter 0-Darstellung in die Überlegungen mit einbezogen, sieht die Lösung dann folgendermaßen aus:

- Eine negative Ganzzahl ist einfach das 2-er Komplement ihres positiven Pendants.
- Das 2-er Komplement wird gebildet, indem man zuerst das 1-er Komplement bildet (=alle Bits invertiert) und danach 1 zum Ergebnis addiert.

- Um eine negative von einer positiven Zahl auseinander halten zu können, müssen wir ein Bit für das Vorzeichen reservieren. Dazu wird (aus verschiedenen Gründen) das *höchste Bit* herangezogen.

Dann versuchen wir uns gleich an der Bit-Darstellung einer negativen 8 Bit Zahl. Nehmen wir z.B. -1:

Schritt 1: Bildung des positiven Pendants (also 1):
`00000001`
Schritt 2: Bildung des 1-er Komplements davon:
`11111110`
Schritt 3: Addieren von 1 zum Ergebnis:
`11111111`

Man kann hier erkennen, dass sich das Vorzeichenbit bei der Komplementbildung von selbst ergibt. Der Wertebereich einer n Bit Zahl mit Vorzeichen geht immer von $-(2^{n-1})$ bis $2^{n-1} - 1$. Der positive Bereich ist um 1 geringer, da 0 im Prinzip als positive Zahl gewertet wird. Eine 8 Bit Zahl mit Vorzeichen kann also Werte zwischen -128–127 einnehmen.

Gleich wie für Ganzzahlen ohne Vorzeichen gilt auch hier wieder, dass beliebig viele Bytes zusammengenommen werden können, um den gewünschten Wertebereich zur Verfügung zu haben.

A.2.1 Verschiedene Shift-Operationen, Over- und Underflow

Ergänzend zur Beschreibung der verschiedenen Shift-Operationen in Abschnitt 5.4 möchte ich hier noch kurz die Auswirkungen derselben auf ganzzahlige Werte demonstrieren.

Nehmen wir für unsere ersten Betrachtungen wieder eine 8 Bit Ganzzahl ohne Vorzeichen an, und geben wir ihr den Wert 4. Dies entspricht dann in Binärdarstellung
`00000100`
Wenden wir auf diese Zahl ein Shift nach links (=`SL`) um ein Bit an, so ergibt sich (rechts wird mit 0-Bit aufgefüllt):
`00001000`
Betrachten wir nun diese Zahl, so erkennen wir, dass sie den Wert 8 repräsentiert. Durchführen eines `SL` ist also offensichtlich äquivalent zu einer *Multiplikation mit 2.* Dass diese Regel tatsächlich für beliebige nicht vorzeichenbehaftete (!) Werte gilt, möchte ich jetzt einfach hier feststellen, ohne einen Beweis dazu zu liefern.

Analog dazu lässt sich auch sehr einfach feststellen, dass die inverse Operation, also ein Shift nach rechts (=`SR`) um ein Bit einer *ganzzahligen Division durch 2* entspricht. Was bedeutet nun wieder *ganzzahlige Division*? Eine ganzzahlige Division bedeutet, dass der Divisionsrest verloren geht. Im Falle unseres Shifts passiert das einfach dadurch, dass Bits rechts “hinausfallen”.

Auch dies lässt sich einfach am Beispiel zeigen. Nehmen wir die Zahl 6 in Binärdarstellung:

`00000110`

und wenden auf sie ein `SL` an, dann ergibt sich (rechts wird mit 0-Bit aufgefüllt)

`00000011`

was der Zahl 3 entspricht. So weit also ist die Division noch genau, weil keine Rundung notwendig war. Wenden wir allerdings noch ein weiteres `SL` an, dann ergibt sich

`00000001`

was der Zahl 1 entspricht. Der Divisionsrest ist verloren und das ist gleichwertig zum Abrunden des Ergebnisses. Dieses Verwerfen des Divisionsrests ist aber eigentlich keine bewusst durchgeführte Operation, sondern sie passiert einfach dadurch, dass eine *underflow*-Situation auftritt (=ein 1-Bit fällt rechts hinaus). Solange also kein 1-Bit rechts hinausfällt, geht keine Information verloren, denn bei der inversen Operation, dem `SL` wird ja von rechts wieder mit 0-Bits aufgefüllt.

Die underflow-Situation, die quasi dem Runden des Ergebnisses entspricht, ist noch einigermaßen in einem Programm verkraftbar (je nachdem, was man braucht). Aber wir können nicht nur bei einem `SR` vor einem solchen Problem stehen. Es kann ja auch bei Anwendung eines `SL` dazu kommen, dass ein 1-Bit links hinausfällt. Damit haben wir es dann mit einer *overflow* Situation zu tun. Und diese wirkt sich auf den Wert einer Zahl viel unangenehmer aus, wie man leicht zeigen kann. Nehmen wir einmal die Binärzahl

`10000000`

was der Zahl 128 entspricht und wenden ein `SL` darauf an, so ist das Ergebnis

`00000000`

was schlicht und ergreifend der Zahl 0 entspricht. Das Ergebnis ist also nicht einmal "irgendwo von der Größenordnung her richtig", sondern vollkommener Unsinn. Oder wenn man z.B. ein `SL` auf die Zahl 221 (also `11011101`) anwendet in der Absicht, sie mit 2 zu multiplizieren, dann ist das Ergebnis dieser Operation 186 (=`10111010`).

Vorsicht Falle: Früher war es in Programmiererkreisen üblich, Ganzzahlmultiplikationen mit 2 bzw. Ganzzahldivisionen durch 2 mit Hilfe der entsprechenden Shift-Operationen durchzuführen, da dies einen kleinen Performancegewinn im Vergleich zur "echten" mathematischen Operation darstellte. Heutzutage ist dieser Performancegewinn nicht mehr vorhanden, da alle derzeitigen Architekturen auf solche Operationen optimiert sind.

Aus Gründen der Leserlichkeit sollte man also heutzutage nicht mehr auf diese Art der trickreichen Programmierung zurückgreifen.

Trotz allem können Overflow- und Underflow-Situationen bei allen möglichen Operationen auftreten, denn irgendwann ist einfach das Fassungsvermögen auch der größten Ganzzahl erschöpft. Solche Fälle müssen unbedingt im Programm vorbeugend behandelt werden, da es sonst zu unsinnigen

Ergebnissen kommen kann. Und ein unsinniges Ergbnis kann leider auch zur Folge haben, dass das Steuerungssystem eines Flugzeugs oder einer Rakete plötzlich verrückt spielt... schon passiert!

Bisher hatten wir es mit Zahlen ohne Vorzeichen zu tun, wie aber verhalten sich die Shift-Operationen bei Zahlen mit Vorzeichen? Betrachten wir zuerst ein `SL`, das auf die Binärzahl

`00100000`

(also 32) ausgeführt wird. Das Ergebnis ist

`01000000`

(also 64), was wir erwartet hätten. Führen wir darauf allerdings noch ein `SL` aus, dann wird es interessant, denn jetzt rutscht unser 1-Bit an die vorderste Stelle, die ja für das Vorzeichenbit reserviert ist:

`10000000`

Und diese Zahl entspricht dann -128. Es tritt also hier der Overflow schon dann auf, wenn das Vorzeichenbit angetastet wird, nicht erst, wenn ein 1 Bit hinausfällt!

Und jetzt betrachten wir, was passiert, wenn `SR` angewendet wird am Beispiel einer negativen Zahl. Nehmen wir z.B.

`10010000`

(also -112) und wenden darauf ein `SR` an. Dann ergibt sich

`01001000`

(also 72), was garantiert nicht im Sinne des Erfinders ist. Und das, obwohl gar kein Overflow passiert ist! Durch das `SR` wurde einfach das Vorzeichenbit plötzlich zum Teil der Zahl.

Damit zumindest ohne Overflow-Situation die Multiplikation mit 2 und die Division durch 2 wie erwartet funktionieren, hat man außer den `SL` und `SR` Operationen andere Shift-Operationen eingeführt, die mit dem Vorzeichenbit richtig umgehen können. Diese Operationen nennen sich *Arithmetic-Shift-Left* (=`ASL`) und *Arithmetic-Shift-Right* (=`ASR`).

Ich habe ja schon erwähnt, dass man das Rechnen mittels Shift-Operationen unterlassen soll. Also will ich jetzt nicht auch noch auf diese beiden Operationen genauer eingehen und ihre Funktionsweise aufzeigen. Es hat einen anderen Grund, warum ich diese Operationen hier erwähne, und dieser Grund ist die nette Falle, in die viele Entwickler schon getappt sind:

Vorsicht Falle: In C gibt es die Bit-Shift Operatoren nach rechts und nach links. Es gibt allerdings keine explizite Unterscheidung, ob nun ein `SL` bzw `SR` oder ein `ASL` bzw. `ASR` durchgeführt werden soll! Jedoch kennt C sehr wohl die beiden verschiedenen Arten des Bit-Shifts, und es werden auch beide verwendet! Dies geschieht nach folgendem Schema:

- Wird ein Bit-Shift-Operator auf einen Ganzzahl-Datentyp ohne Vorzeichen (also z.B. `unsigned` oder `unsigned char`) angewandt, so wird automatisch `SL` bzw. `SR` verwendet.

- Wird ein Bit-Shift-Operator auf einen Ganzzahl-Datentyp mit Vorzeichen (also z.B. `int` oder `char`) angewandt, so wird automatisch `ASL` bzw. `ASR` verwendet.

Wenn man also irgendwelche Bitmasken mittels Shift-Operationen manipulieren will, dann sind dafür tunlichst `unsigned`-Typen zu verwenden. Sonst erlebt man bei der ersten Verwendung des höchsten (=am weitesten links stehenden) Bits eine unerfreuliche Überraschung!

Leser, die gerne sehen wollen, was bei Missachtung dieser Regel passieren kann, können gerne eine der Implementationen zu Übungsbeispiel 1 (z.B. Implementation 3 in Abschnitt J.1.3) abändern, sodass dort die Variable `bitmask` nicht als `unsigned`, sondern als `int` definiert ist. Eingabe einer negativen Zahl führt dann zu sehr interessanten Ergebnissen :-)

A.2.2 Oktal- und Hexadezimalzahlen

In unseren bisherigen Betrachtungen hatten wir es mit Dezimalzahlen und Binärzahlen zu tun. Will man z.B. in Bitmasken ganz bewusst einzelne Bits setzen, so wird das mit Dezimalzahlen relativ mühsam, denn dies ist immer mit Umrechnungen verbunden, die bei größeren Zahlen sehr unübersichtlich wären. Andererseits will man auch nicht wirklich direkt mit Binärzahlen arbeiten, denn z.B. eine 32 Bit Binärzahl ist nicht gerade das Musterbeispiel an Übersichtlichkeit. Es muss also hier etwas Besseres her, das einfach immer mehrere Binärstellen zu einem Block zusammenfasst. Damit können wir eine Binärzahl Block für Block betrachten, es wird also übersichtlicher, außerdem können wir auch Block für Block umrechnen, es wird also einfacher als bei der Verwendung von Dezimalzahlen.

Zu diesem Zweck gibt es nun zwei Zahlensysteme, das *oktale* und das *hexadezimale* Zahlensystem. Beim oktalen System werden immer 3 Bits zu einer Stelle zusammengefasst, beim hexadezimalen System sind es 4 Bits. Daher kommen auch die Namen der beiden Systeme:

- Mit einer Stelle oktal lassen sich 8 verschiedene Werte darstellen (0–7), da dies genau dem Fassungsvermögen von 3 Bits entspricht. Will man also z.B. die Dezimalzahl 10 oktal darstellen, so entspricht dies *oktal 12* (oder in C-Schreibweise: `012`).
- Mit einer Stelle hexadezimal (kurz: hex) lassen sich 16 verschiedene Werte darstellen (0–15), da dies genau dem Fassungsvermögen von 4 Bits entspricht. Das Problem hier ist, dass wir zu wenig Zahlensymbole haben, also werden die fehlenden Zahlensymbole durch Buchstaben ergänzt (a–f). Die Dezimalzahl 13 entspricht z.B. *hex d* (oder in C-Schreibweise: `0xd`).

In der Praxis gebräuchlicher ist das Hexadezimalsystem, also sehen wir uns dazu ein Beispiel an, das prinzipiell mit der gleichen Methodik auch für Oktalzahlen gilt:

Es wurde schon erwähnt, dass bei hex-Zahlen immer Blöcke zu je 4 Bits betrachtet werden. Nehmen wir also als Beispiel einen 32 Bit Wert, in dem wir folgende Bits setzen wollen: 0, 13, 18, 27.

Man kann sich leicht vorstellen, dass man mit dem Dezimalsystem nicht weit kommt, wenn man keinen Taschenrechner zur Verfügung hat (oder wer weiß auswendig, was 2^{27} ergibt? Arbeitet man mit hex-Zahlen, dann geht es allerdings leicht:

- Wir teilen die Zahl in Vistererblöcke, denn diese entsprechen ja den einzelnen hex-Stellen. Der erste Block umfasst also die Bits 0–3, der zweite die Bits 4–7 etc.
- Wir betrachten die einzelnen Blöcke und sehen nach, welche Bits in ihnen gesetzt sind:
  - In Block 0 ist nur das Bit 0 gesetzt. Die erste hex-Stelle (von rechts!) ist also `1`.
  - In Block 1 ist nichts gesetzt, also ist diese Stelle `0`
  - In Block 2 ist nichts gesetzt, also ist diese Stelle `0`
  - In Block 3 fällt das Bit 13, es ist hier das zweite von rechts, also ist diese Stelle `2`
  - In Block 4 fällt das Bit 18, es ist hier das dritte von rechts, also ist diese Stelle `4`
  - In Block 5 ist nichts gesetzt, also ist diese Stelle `0`
  - In Block 6 fällt das Bit 27, es ist hier das vierte von rechts, also ist diese Stelle `8`
  - In Block 7 ist nichts gesetzt, also ist diese Stelle `0`

Fassen wir jetzt unsere einzelnen Stellen zusammen, dann ergibt sich die 32 Bit hex-Zahl `0x08042001`.
Eines ist bei hex- und oktal-Darstellung noch wichtig: Da diese beiden Schreibweisen eingeführt wurden, um einfach Bits ansprechen zu können, ist für sie **kein negatives Vorzeichen** definiert, also z.B. die Zahl -1 kann nicht als hex-Zahl `-0x1` dargestellt werden! In diesem Fall muss man schon selbst zur Tat schreiten und z.B. die 32 Bit Binärrepräsentation von -1 wissen... ja genau, die ist `0xffffffff` :-)

A.3 Gleitkommazahlen

Keine Panik! Ich habe überhaupt nicht vor, mich hier allzu genau über den internen Aufbau von Gleitkommazahlen auszulassen, denn dies ist ein Wissensgebiet, das im Alltag eines Softwareentwicklers im Normalfall keine Rolle spielt. Ich möchte nur prinzipiell beschreiben, aus welchen Teilen eine Gleitkommazahl besteht und wo man Vorsicht walten lassen muss.

Im Grunde genommen ist es in keinem Zahlensystem möglich, alle Kommazahlen (ich spreche absichtlich nicht von Gleitkomma!) mit beliebig vielen

Stellen (vor oder nach dem Komma) darzustellen. Ist auch einleuchtend, denn es gibt einfach unendlich viele verschiedene Zahlen. Also ist zur Darstellung von Kommazahlen ein Kompromiss notwendig. Ein solcher möglicher Kompromiss besteht darin, einen fixen Toleranzwert ϵ (=Epsilon) festzulegen und zu definieren, dass die Abbildung einer beliebigen Zahl *num* immer innerhalb eines Toleranzbereichs liegt, der durch ϵ folgendermaßen definiert wird: $(num - \epsilon) \leq num \leq (num + \epsilon)$.

Diese Toleranzdefinition resultiert in einer Fixkommadarstellung, denn der Bereich ϵ ist als absoluter Wert festgelegt, er bestimmt also, wie viele Kommastellen eine Kommazahl haben muss, damit sie garantiert immer in diesem Bereich liegt.

Auf den ersten Blick mag eine solche Abbildung auch als sinnvoll erscheinen, aber bei genauerem Hinsehen ist diese Darstellung in der Praxis nicht gerade brauchbar. Je kleiner eine Zahl wird, desto größer wird relativ zu ihr der Toleranzbereich, denn dieser ist ja durch einen absoluten Wert festgelegt. Je nachdem, mit welchen Zahlenbereichen man es zu tun hat, müsste man verschiedene Toleranzbereiche festlegen, und das ist in allgemeinen Programmen im besten Fall sehr kompliziert und im Normalfall praktisch unmöglich. Wie soll denn der Entwickler einer Spreadsheet-Anwendung wissen, welche Werte der Benutzer in seine Tabellen einträgt?

Wir brauchen also sinnigerweise ein Mittel, das es uns gestattet, dass die Genauigkeit relativ zur Größe der Zahlen ist, mit denen wir arbeiten. Dazu gibt es bereits seit langer Zeit die so genannte *wissenschaftliche Schreibweise*, die mit einer *Mantisse man* und einem *Exponenten exp* arbeitet. Eine Zahl *num*, bestehend aus Mantisse und Exponent ist hierbei folgendermaßen definiert:

$$num = man * 10^{exp}$$

wobei die Mantisse hierbei immer so normiert ist, dass sie einen Wert $1 \leq man \leq 10$ hat. Die Zahl 0.004 würde in dieser Schreibweise also als $4 * 10^{-3}$ dargestellt werden, die Mantisse ist also 4, und der Exponent ist -3.

Die Genauigkeit bei einer solchen Darstellung ist durch die Normierung der Mantisse immer relativ zur Größe der Mantisse definiert. Wenn eine Zahl sehr groß ist, dann ist der absolute Wert der Toleranz groß, ist eine Zahl sehr klein, dann ist auch der absolute Wert der Toleranz klein. Relativ zu den einzelnen Zahlen gesehen, ist die Toleranz immer gleich groß.

Diese Darstellung von Zahlen wird auch als *Gleitkommadarstellung* bezeichnet, und sie ist es, mit der wir im Computeralltag zu tun haben. In einer Gleitkommazahl ist immer eine kleinere Anzahl von Bits für die Mantisse und eine größere Anzahl von Bits für den Exponenten reserviert. Die Anzahl der Bits, die für den Exponenten reserviert sind, bestimmt den kleinsten und den größten Absolutbetrag, den eine Zahl annehmen kann. Die Anzahl der Bits, die für die Mantisse reserviert sind, bestimmt ihre Genauigkeit.

Es muss uns hier jetzt nicht kümmern, wie maschinenintern die Aufteilung z.B. eines `double` in Mantisse und Exponent vorgenommen wird und wie

damit gerechnet wird. Wichtig für uns ist es, zu wissen, dass wir es immer mit einer solchen Form zu tun haben. Die Begriffe *single Precision* und *double Precision* sind ein Maß für die erzielbare relative Genauigkeit, und zumeist beziehen sich diese Bezeichnungen auf eine Gleitkommadarstellung nach IEEE-Standard.
Mit ein paar allgemeinen Tipps zum Arbeiten mit Gleitkommazahlen möchte ich dieses Kapitel abschließen:

- Sofern in einem Programm bei einer Berechnung mit Zahlen gerechnet wird, die alle in etwa im selben Wertebereich liegen (sagen wir, innerhalb von wenigen Zehnerpotenzen) und bei denen Rundungsfehler keine übergeordnete Rolle spielen (z.B. grobe Bildschirmanzeige), so kommt man im Normalfall mit der Verwendung von `float` über die Runden.
- Sind bei einer Berechnung Zahlen involviert, die betragsmäßig entweder sehr groß oder sehr klein sind, so ist eventuell die Verwendung von `double` notwendig, auch wenn die maximale Genauigkeit nicht benötigt wird. Der Grund dafür ist, dass bei `double` auch mehr Bits für den Exponenten zur Verfügung stehen, als bei `float`. Die Maximalwerte sind über Konstanten (üblicherweise in `math.h` definiert) abfragbar, und genau diese sollte man auch verwenden, denn Annahmen dazu können auch falsch sein. Nicht auf jedem Computer sind zwangsweise dieselben Werte gültig.
- Sind bei einer Berechnung Zahlen involviert, die in sehr unterschiedlichen Wertebereichen liegen (viele Zehnerpotenzen auseinander), so ist die Verwendung von `double` ratsam, denn bei den verschiedenen mathematischen Operationen werden Normierungen durchgeführt, die sich hierbei sehr stark als Rundungsfehler auswirken können.
- Kann man von vornherein nichts Genaues über die Zahlen aussagen, die an Berechnungen beteiligt sind, so muss man aus Sicherheitsgründen `double` verwenden.
- Hat man Vorschriften bezüglich maximaler Rundungsfehler, so bleibt nichts anderes übrig, als sich die Spezifikation für die Zielplattform anzusehen und eine genaue Abschätzung zu machen. Hierbei ist es sehr ratsam, mit erfahrenen Entwicklern auf diesem Gebiet zu sprechen, denn nicht selten werden Dinge übersehen, die sich bei gewissen Operationen ergeben und die den Rundungsfehler deutlich in die Höhe gehen lassen, auch wenn die Abschätzung dies nicht vermuten lassen würde. Zwei unerschöpfliche Themen hierbei sind die *Reihenfolge der Ausführung von Operationen* und das *Durchführen von Normierungen.*

Den Lesern, die sich nun wundern, warum ich bei den Tipps die Begriffe *viel*, *wenig* oder *in etwa* verwendet habe, wo ich ja doch sonst immer versuche, eine genaue Definition zu geben, denen kann ich nur sagen, dass es wirklich nicht möglich ist, Genaueres zu sagen, ohne dass die Anwendung, die Zielplattform und die genauen Berechnungen im Vorhinein bekannt sind. Um wirklich vernünftig mit Gleitkommazahlen arbeiten zu können, ist sehr viel Erfahrung und genaues Wissen über die Zielplattform vonnöten.

B. Reihenfolge der Auflösung von Operatoren

Obwohl ich mehrmals erwähnt habe, dass Klammerungen die Lesbarkeit von Code deutlich erhöhen und dass sie deswegen verwendet werden sollen, möchte ich hier der Vollständigkeit halber die Rangreihenfolge der Operatoren kurz anführen.
Die unten stehende Tafel ist nach dem folgenden Schema aufgebaut:

- Die Priorität der Auflösung der Operatoren ist von oben nach unten absteigend sortiert. Die Operatoren mit der höchsten Priorität stehen also oben in der Tabelle.
- Operatoren, die gleiche Priorität besitzen, stehen gemeinsam in derselben Zeile.

```
()  []  ->  .
!  ~  ++  --  -  (cast) *  &  sizeof
*  /  %
+  -
<<  >>
<  <  =>  >  =
==  !=
&
^
|
&&
||
? :
=  +=  -=  etc.
,
```

C. Coding-Standard

Der hier angeführte Coding-Standard ist ein Beispiel, wie ein solcher aussehen könnte. Alle Beispiele im Buch sind so implementiert, dass sie diesem Coding-Standard entsprechen. Ich möchte noch erwähnen, dass der hier angeführte Coding-Standard eine Minimalversion für kleine Projekte darstellt. Für große Projekte sind entsprechend weitere Regeln zu ergänzen.

C.1 Generelle Regeln

Die folgenden Prinzipien verbessern die Lesbarkeit und Wartbarkeit eines Programms sehr stark:

Einfachheit: Das Prinzip der Einfachheit ist auch als das *KISS*-Prinzip (**K**eep **I**t **S**mall and **S**imple) bekannt. Kurz gesagt sollen Funktionen genau eine, für ihren Abstraktionslevel adäquate, atomare Aufgabe erfüllen. Niemals sollen Funktionen mehrere Aufgaben auf einmal erfüllen, genauso wenig, wie sie Aufgaben erfüllen sollen, die in einen anderen Abstraktionslevel gehören (=Durchgriff nach unten oder oben). Die Parameterlisten von Funktionen sollen so kurz und übersichtlich wie möglich gehalten werden. Funktionen selbst sollen als Faustregel niemals mehr als 60 Zeilen lang sein. Eine durchschnittliche Länge von ca. 30 Zeilen ist zu bevorzugen.

Intuitivität: Das Prinzip der Intuitivität bedeutet, dass man den geschriebenen Source-Code "wie ein Buch" lesen und verstehen können muss, und zwar ohne Kommentare im Source-Code und ohne Erklärungen des Programmierers! Damit ist impliziert, dass Variablen- und Funktionsnamen sprechend sein und **genau** ihrer Funktionalität entsprechend benannt sein müssen. Einbuchstabenvariablen, wie z.B. `i`, sind nicht erlaubt. Unnötige Kommentare werden als störend erachtet und sollen dementsprechend weggelassen werden. Ein typisches Beispiel für solche **unnötigen Kommentare** wäre:

```
count++; // and here the counter is incremented
```

Einheitlichkeit: Verwandte Teile im Source-Code müssen denselben Prinzipien folgen. Z.B. wenn eine Funktion `copy` als ersten Parameter die Destination und als zweiten Parameter den Source nimmt, dann müssen verwandte Funktionen, wie z.B. `move`, sich an dieselben Konventionen halten. Genauso gilt dies z.B. in einer `struct` für einen Knoten. Wenn für diesen in der Implementation einer einfach verketteten Liste der Pointer auf das nächste Element unter dem Namen `next` ansprechbar ist, dann darf er nicht in einem Knoten für eine doppelt verkettete Liste auf einmal z.B. `successor` heißen.

C.2 Coding-Rules

Die hier angeführten Regeln helfen, den Source-Code so weit wie möglich zu vereinheitlichen und damit die Arbeit im Team zu erleichtern:

- Die Sprache für Source-Code ist Englisch. Dies gilt für alle Teile eines Programms, von Variablennamen über Funktionsnamen bis zu Kommentaren im Source-Code.
- Der Gebrauch von Block-Kommentaren (`/* comment */`) ist zu vermeiden. Stattdessen müssen Zeilenkommentare (`// comment`) eingesetzt werden. Dies macht Source-Code robuster gegen Änderungen und erleichtert das Debugging.
- Wenn es sich nicht vermeiden lässt z.B. algorithmische Details in Form von Kommentaren in den Source-Code einzubringen, dann ist ein Block mit einer vollständigen Erklärung des Algorithmus vor der Implementation des Algorithmus selbst zu schreiben. Es darf die Kommentierung des Algorithmus nicht im laufenden Source-Code Zeile für Zeile erfolgen, denn sonst wird der Code durch die Kommentare unleserlich.
- Sollten jemals Codezeilen in das Programm Eingang finden, bei denen beim Lesen der Zeile nicht sofort klar ist, was sie tut, dann muss dies in einem kurzen Kommentar dort festgehalten werden. Jedoch sollte man sich immer sehr gut überlegen, ob es nicht eigentlich ein besseres, leichter lesbares Konstrukt gibt, das keinen Kommentar braucht.
- Globale Variablen sind nach allen Möglichkeiten zu vermeiden.
- Wenn aus irgendwelchen Gründen böse Hacks im Source-Code nicht vermeidbar sind (z.B. Zeitdruck), so sind diese unbedingt in *hack-start* und *hack-end* Kommentare zu fassen, damit man sie einfach wieder finden und ausbessern kann. Die *hack-...* Kommentare haben die folgende Form:

```
// FIXXME (<author, date>) -> <description of the hack>

  [..... the code with the hack .....]

// END FIXXME (<author, date>)
```

  Hier gehört das Keyword `FIXXME` immer mit zumindest zwei 'X' geschrieben, denn damit kann man leicht nach ihm suchen. Je nachdem, wie schlimm der Hack ist, können auch mehrere 'X' vorkommen. Als Faustregel für die Abstufung gilt, dass der SVH (=**S**chlimmste **V**orstellbare **H**ack) mit 5 'X' geschrieben wird.

- Namen von Bezeichnern müssen den folgenden Konventionen genügen:
  Funktionen: `erstesWortKleinRestCapitalizedOhneUnderlines`
  Konstanten: `GROSS_MIT_UNDERLINES`
  Lokale Variablen: `klein_mit_underlines`
  Globale Variablen: `klein_mit_underlines_und_underline_am_ende_`
  Structures: `_CapitalizedMitUnderlinesZuBeginnUndEnde_`
    Diese dürfen nicht direkt verwendet werden, sondern nur über ein `typedef` (=typedef'ed Structures)!
  typedef'ed Structures: `DurchgehendCapitalizedOhneUnderlines`
  Unions: `_CapitalizedMitUnderlinesZuBeginnUndEnde_`
    Diese dürfen nicht direkt verwendet werden, sondern nur über ein `typedef` (=typedef'ed Unions)!
  typedef'ed Unions: `DurchgehendCapitalizedOhneUnderlines`
- Die Struktur des Source-Codes muss den folgenden Prinzipien genügen:
  - Jedes File muss einen Header besitzen, in dem zumindest der Filename, und eine kurze Beschreibung des Inhalts zu finden sind. In der Praxis hat es sich eingebürgert, dass weiters der Name des Autors, das Erstellungsdatum, das letzte Änderungsdatum, eine Versionsnummer und ein Copyright-Statement im Header stehen.
  - Geschwungene Klammern für Code-Blöcke müssen in einer eigenen Zeile stehen. Die Einrückung der Klammern entspricht genau dem umschließenden Block. Der eingeschlossene Block selbst muss genau um 2 Spaces eingerückt sein. Einrückungen dürfen ausschließlich mit Spaces gemacht werden, Tabs sind verboten, denn sonst kann es mit verschiedenen Editor-Einstellungen und beim Drucken Probleme geben.
  - Vor jeder Funktionsdefinition muss eine Linie der folgenden Form stehen, damit eine Funktion beim Lesen des Source-Codes visuell hervorsticht:
    `//--------------------------------------------------------`
    Diese Linie soll in der Regel mit 60–70 '-' geschrieben werden.
  - Zwischen dieser Linie und dem Header der Funktion muss in kurzen Worten beschrieben werden, wozu diese Funktion dient. Bei größeren Projekten muss auch beschrieben sein, was bei den einzelnen Parametern erwartet wird, welche Randbedingungen gelten, welche Return-Values zu erwarten sind und wie diese zu interpretieren sind.

D. Vollständige Implementation des Kaffeeautomaten

In diesem Kapitel findet sich das vollständige Listing des Kaffeeautomaten-Beispiels aus Kapitel 9. Die Kapitelüberschrift "Vollständige Implementation" täuscht ein wenig – ich habe bewusst ein paar Dinge nicht ausprogrammiert und würde allen Lesern ans Herz legen, sich einmal an der Implementation der fehlenden Teile zu versuchen. Überall, wo im Code etwas nicht implementiert ist, ist ein entsprechender Kommentar dabei, dass etwas fehlt.

Warum mache ich so etwas? Böse Zungen behaupten, dass es sich hier um pure Faulheit meinerseits handelt. Das ist selbstredend eine abenteuerliche Verleumdung :-)

Der Grund ist ein anderer: Eine der allerwichtigsten Fähigkeiten, die man in der Softwareentwicklung braucht, ist der Umgang mit fremdem Code. Sei es, dass man Fehler beheben muss, oder auch, dass man Programme erweitern muss – es gehört einfach zum Alltag, und je früher man sich daran versucht, desto besser. Im vorliegenden Programm ist kommentiert, wo etwas gemacht werden muss. In der Praxis muss man auch diese Stellen noch selbst suchen. Im vorliegenden Programm muss man nur gezielt ein paar Dinge erweitern, in der Praxis kommt man üblicherweise um das vollständige Umschreiben größerer Teile des Codes nicht umhin. Das soll heißen, hier ein paar Änderungen vorzunehmen, ist noch der angenehmste Fall, der einem passieren kann :-)

```
1  // coffeemachine.c - simulation of a coffee machine
2
3  #include <stdio.h>
4
5  // declarations of functions that the API Coffee-O'Prog V 0.7
6  // provides. The implementation is further down in this file.
7
8  void activateCoffeeMachine();
9  void grindCoffee(unsigned amount);
10 void insertSugar(unsigned amount);
11 void insertMilk(unsigned amount);
12 void brewCoffee(unsigned amount);
13 void returnCoins();
14 void keepCoins();
15 void display(char message[]);
16
17 // declarations of callback functions that are needed by the
18 // API Coffee-O'Prog V 0.7.
19 //
20 // It would not really be necessary to have these
```

```
21 // declarations here, but it is easier to read if you know
22 // which functions are callbacks that are dictated by the API
23 // and which functions come from our design
24
25 void waterContainerStatus(int status);
26 void coffeeContainerStatus(int status);
27 void milkContainerStatus(int status);
28 void sugarContainerStatus(int status);
29 void mugInserted();
30 void mugRemoved();
31 void keyPressed(unsigned short keymask);
32 void coinInserted(unsigned value);
33 void machineOpened();
34 void machineClosed();
35
36 // declarations of program-internal functions
37
38 void changePrices(unsigned keymask);
39
40
41 // Constants
42
43 #define WATER_EMPTY      0x0001
44 #define COFFEE_EMPTY     0x0002
45 #define MILK_EMPTY       0x0004
46 #define SUGAR_EMPTY      0x0008
47 #define MUG_INSERTED     0x0010
48 #define MACHINE_OPENED   0x0020
49
50 #define BUTTON_1         0x01
51 #define BUTTON_2         0x02
52 #define BUTTON_3         0x04
53 #define BUTTON_4         0x08
54
55 #define STRONG   BUTTON_1
56 #define MILK     BUTTON_2
57 #define SUGAR    BUTTON_3
58 #define BREW     BUTTON_4
59
60 #define COFFEE_AMOUNT     5
61 #define WATER_AMOUNT    125
62 #define SUGAR_AMOUNT      1
63 #define MILK_AMOUNT      30
64
65 // Status store
66
67 unsigned coins_ = 0;
68 unsigned machine_status_ = 0x0000;
69
70 //----------------------------------------------------------------
71 int main()
72 {
73   activateCoffeeMachine();
74   return(0);
75 }
76
77 //*********************************************************
78 // Implementation of all the callbacks
79
80 void waterContainerStatus(int status)
81 {
82   if (!status)
83   {
84     machine_status_ |= WATER_EMPTY;
85     display("-----------------------------------------------");
86     display("please refill water container");
```

```
87      display("------------------------------------------------");
88      return;
89    }
90    display("water refilled");
91    machine_status_ &= ~WATER_EMPTY;
92  }
93
94  //------------------------------------------------------------
95  void coffeeContainerStatus(int status)
96  {
97    if (!status)
98    {
99      machine_status_ |= COFFEE_EMPTY;
100     display("------------------------------------------------");
101     display("please refill coffee container");
102     display("------------------------------------------------");
103     return;
104   }
105   display("coffee refilled");
106   machine_status_ &= ~COFFEE_EMPTY;
107 }
108
109 //------------------------------------------------------------
110 void milkContainerStatus(int status)
111 {
112   if (!status)
113   {
114     machine_status_ |= MILK_EMPTY;
115     display("------------------------------------------------");
116     display("please refill milk container");
117     display("------------------------------------------------");
118     return;
119   }
120   display("milk refilled");
121   machine_status_ &= ~MILK_EMPTY;
122 }
123
124 //------------------------------------------------------------
125 void sugarContainerStatus(int status)
126 {
127   if (!status)
128   {
129     machine_status_ |= SUGAR_EMPTY;
130     display("------------------------------------------------");
131     display("please refill sugar container");
132     display("------------------------------------------------");
133     return;
134   }
135   display("sugar refilled");
136   machine_status_ &= ~SUGAR_EMPTY;
137 }
138
139 //------------------------------------------------------------
140 void mugInserted()
141 {
142   machine_status_ |= MUG_INSERTED;
143   display("mug inserted, please choose your coffee");
144 }
145
146 //------------------------------------------------------------
147 void mugRemoved()
148 {
149   machine_status_ &= ~MUG_INSERTED;
150   display("mug removed");
151 }
152
```

```
153 //----------------------------------------------------------------------
154 void keyPressed(unsigned short keymask)
155 {
156       // always need water and coffee
157   unsigned int check_choice = WATER_EMPTY | COFFEE_EMPTY;
158
159   if (machine_status_ & MACHINE_OPENED)
160   {
161     changePrices(keymask);
162     return;
163   }
164
165       // "brew coffee" was not pressed.. ignoring
166   if (!(keymask & BREW))
167     return;
168
169       // setup bitmask for checking milk and sugar if necessary
170   if (keymask & MILK)
171     check_choice |= MILK_EMPTY;
172   if (keymask & SUGAR)
173     check_choice |= SUGAR_EMPTY;
174
175       // check if anything is empty
176   if (check_choice & machine_status_)
177   {
178         // yes, I know, this is against the requirements,
179         // but I leave it up to the interested reader to
180         // correct this implementation and give a detailed
181         // error message
182     display("Sorry, not all ingredients available");
183     return;
184   }
185   if (!(machine_status_ & MUG_INSERTED))
186   {
187     display("Sorry, you have to insert your mug first");
188     return;
189   }
190   grindCoffee(COFFEE_AMOUNT);
191   if (keymask & SUGAR)
192     insertSugar(SUGAR_AMOUNT);
193   if (keymask & MILK)
194     insertMilk(MILK_AMOUNT);
195   if (keymask & STRONG)
196     brewCoffee(WATER_AMOUNT / 2);
197   else
198     brewCoffee(WATER_AMOUNT);
199   keepCoins();
200   coins_ = 0;
201       // price display and price-checking not implemented...
202       // I leave this up to the interested reader
203   display("Something for you to play around with:");
204   display("Checking the price and displaying the price");
205   display("is not implemented yet");
206 }
207
208 //----------------------------------------------------------------------
209 void coinInserted(unsigned value)
210 {
211   display("coin inserted");
212   coins_ += value;
213 }
214
215 //----------------------------------------------------------------------
216 void machineOpened()
217 {
218   display("machine open - changing to price-balance mode");
```

```
219   machine_status_ |= MACHINE_OPENED;
220 }
221
222 //-----------------------------------------------------------------
223 void machineClosed()
224 {
225   display("machine closed - normal coffee mode again");
226   machine_status_ &= ~MACHINE_OPENED;
227 }
228
229 //-----------------------------------------------------------------
230 void changePrices(unsigned keymask)
231 {
232   display("Something for you to play around with:");
233   display("changing the price is not implemented yet");
234 }
235
236 //-----------------------------------------------------------------
237 // Coffee-O'Prog V 0.7 API
238 // This API is included here, because we did not learn until
239 // now, how to deal with multiple C-files. Usually you would
240 // find this code in a separate file (or in a library)
241
242 // declarations of internal API functions
243
244 void dispatch(unsigned char kbd_input);
245 void displayHelp();
246
247 // declarations of internal constants
248
249 #define _EMPTY_ 0
250 #define _FULL_  1
251
252 #define _INITIAL_WATER_AMOUNT_     500
253 #define _INITIAL_COFFEE_AMOUNT_     50
254 #define _INITIAL_MILK_AMOUNT_       90
255 #define _INITIAL_SUGAR_AMOUNT_       7
256
257 // status flags
258
259 #define _FRONT_OPEN_       0x0001
260 #define _MUG_INSERTED_     0x0002
261
262 // internal variables
263
264 unsigned _status_ = 0x0000;
265 unsigned _water_ =    _INITIAL_WATER_AMOUNT_;
266 unsigned _coffee_ =   _INITIAL_COFFEE_AMOUNT_;
267 unsigned _milk_ =     _INITIAL_MILK_AMOUNT_;
268 unsigned _sugar_ =    _INITIAL_SUGAR_AMOUNT_;
269
270
271
272 //-----------------------------------------------------------------
273 // The main function that activates the machine. Here the
274 // endless loop for the keyboard input dispatcher of the
275 // simulator is located.
276
277 void activateCoffeeMachine()
278 {
279   unsigned char kbd_input = '\0';
280
281   for(;;)
282   {
283     printf("Coffee Machine> ");
284     kbd_input = getchar();
```

```
285     getchar(); // eat the newline character and ignore it
286     dispatch(kbd_input);
287   }
288 }
289
290 //-----------------------------------------------------------
291 void grindCoffee(unsigned amount)
292 {
293       // see assumption in the SRD: it can't happen that
294       // coffee is out during grinding.
295   if (_coffee_ >= 0)
296   {
297     printf("***** grinding %u grams of coffee\n",amount);
298     _coffee_ = (amount <= _coffee_) ? (_coffee_ - amount) : 0;
299     if (!_coffee_)
300       coffeeContainerStatus(_EMPTY_);
301     return;
302   }
303   printf("*** Oops - out of coffee\n");
304 }
305
306 //-----------------------------------------------------------
307 void insertSugar(unsigned amount)
308 {
309   if (_sugar_ >= 0) // see assumption in the SRD
310   {
311     printf("***** inserting %u spoons of sugar\n",amount);
312     _sugar_ = (amount <= _sugar_) ? (_sugar_ - amount) : 0;
313     if (!_sugar_)
314       sugarContainerStatus(_EMPTY_);
315     return;
316   }
317   printf("*** Oops - out of sugar\n");
318 }
319
320 //-----------------------------------------------------------
321 void insertMilk(unsigned amount)
322 {
323   if (_milk_ >= 0) // see assumption in the SRD
324   {
325     printf("***** inserting %u milliliters of milk\n",amount);
326     _milk_ = (amount <= _milk_) ? (_milk_ - amount) : 0;
327     if (!_milk_)
328       milkContainerStatus(_EMPTY_);
329     return;
330   }
331   printf("*** Oops - out of milk\n");
332 }
333
334 //-----------------------------------------------------------
335 void brewCoffee(unsigned amount)
336 {
337   if (_water_ >= 0) // see assumption in the SRD
338   {
339     printf("***** brewing coffee with %u milliliters of water\n",
340               amount);
341     _water_ = (amount <= _water_) ? (_water_ - amount) : 0;
342     if (!_water_)
343       waterContainerStatus(_EMPTY_);
344     return;
345   }
346   printf("*** Oops - out of water\n");
347 }
348
349 //-----------------------------------------------------------
350 void returnCoins()
```

```
351 {
352   printf("ok, you get your coins back\n");
353 }
354
355 //--------------------------------------------------------------
356 void keepCoins()
357 {
358   printf("thanks for the coins, enjoy your coffee\n");
359 }
360
361 //--------------------------------------------------------------
362 void display(char message[])
363 {
364   printf("### %s\n",message);
365 }
366
367
368 //--------------------------------------------------------------
369 // dispatches the keyboard input
370
371 void dispatch(unsigned char kbd_input)
372 {
373   switch(kbd_input)
374   {
375     case 'h':
376       displayHelp();
377       break;
378     case 'P':
379       if (!(_status_ & _FRONT_OPEN_))
380       {
381         _status_ |= _FRONT_OPEN_;
382         machineOpened();
383       }
384       break;
385     case 'p':
386       if (_status_ & _FRONT_OPEN_)
387       {
388         _status_ &= ~_FRONT_OPEN_;
389         machineClosed();
390       }
391       break;
392     case 'i':
393           // I know, the URD says 1, 5 and 10 S coins...
394           // but for demonstration purposes this works too
395       coinInserted(1);
396       break;
397     case 'm':
398       if (!(_status_ & _MUG_INSERTED_))
399       {
400         _status_ |= _MUG_INSERTED_;
401         mugInserted();
402       }
403       break;
404     case 'r':
405       if (_status_ & _MUG_INSERTED_)
406       {
407         _status_ &= ~_MUG_INSERTED_;
408         mugRemoved();
409       }
410       break;
411     case '1':
412     case '2':
413     case '3':
414     case '4':
415     case '5':
416     case '6':
```

```
417     case '7':
418     case '8':
419     case '9':
420       keyPressed((unsigned short)(kbd_input - '0'));
421       break;
422     case 'a':
423     case 'b':
424     case 'c':
425     case 'd':
426     case 'e':
427     case 'f':
428       keyPressed((unsigned short)(kbd_input - 'a' + 10));
429       break;
430     case 'W':
431       if (_water_ <= 0)
432       {
433         _water_ = _INITIAL_WATER_AMOUNT_;
434         waterContainerStatus(_FULL_);
435       }
436       break;
437     case 'C':
438       if (_coffee_ <= 0)
439       {
440         _coffee_ = _INITIAL_WATER_AMOUNT_;
441         coffeeContainerStatus(_FULL_);
442       }
443       break;
444     case 'M':
445       if (_milk_ <= 0)
446       {
447         _milk_ = _INITIAL_WATER_AMOUNT_;
448         milkContainerStatus(_FULL_);
449       }
450       break;
451     case 'S':
452       if (_sugar_ <= 0)
453       {
454         _sugar_ = _INITIAL_WATER_AMOUNT_;
455         sugarContainerStatus(_FULL_);
456       }
457       break;
458     case 'q':
459       exit(0);
460       break;
461     default:
462       printf("unknown keyboard input: %c\n",kbd_input);
463       break;
464   }
465 }
466
467 //------------------------------------------------------------
468 // displays help for operating the simulator
469
470 void displayHelp()
471 {
472   printf("\n");
473   printf("The following input is supported:\n");
474   printf("h ... displays this help text\n");
475   printf("P ... open front panel\n");
476   printf("p ... close front panel\n");
477   printf("i ... insert coin\n");
478   printf("m ... insert mug\n");
479   printf("r ... remove mug\n");
480   printf("1 ... press button 1 (strong)\n");
481   printf("2 ... press button 2 (milk)\n");
482   printf("4 ... press button 3 (sugar)\n");
```

```
483   printf("8 ... press button 4 (brew coffee)\n");
484   printf("      if you want to press more than one button,\n");
485   printf("      just add the values in hex!!\n");
486   printf("      e.g. if you want strong coffee with milk\n");
487   printf("      this corresponds to b\n");
488   printf("W ... fill in water\n");
489   printf("C ... fill in coffee\n");
490   printf("M ... fill in milk\n");
491   printf("S ... fill in sugar\n");
492   printf("q ... quit\n");
493   printf("\n");
494 }
```

E. readLine unter MS-Windows

Die Funktion `readLine`, die öfter in unseren Programmen verwendet wird, hat einen kleinen Haken: Unter DOS bzw. MS-Windows xx wird eine Zeile nicht einfach mit einem *newline*-Character abgeschlossen, sondern durch die Sequenz *carriage-return + line-feed*. Daher muss man in diesem Fall auch beide Zeichen lesen. Die folgende Implementation lässt sich zwischen beiden Konventionen umschalten, indem man `DOS_CRLF` definiert (für DOS bzw. MS-Windows xx) oder nicht (für Unix).

```
1 #define DOS_CRLF
2
3 //------------------------------------------------------------
4 int readLine(char *str,unsigned max_strlen)
5 {
6   char character_read = '\0';
7   unsigned num_chars = 0;
8
9 #ifdef DOS_CRLF
10  short read_lf = 1;
11 #endif
12
13  if ((max_strlen <= 1) || (str == NULL))
14    return(ILLEGAL_ARGUMENTS);
15
16 #ifdef DOS_CRLF
17  while((character_read = getchar()) != 0x0d)
18 #else
19  while((character_read = getchar()) != '\n')
20 #endif
21  {
22    *str++ = character_read;
23    if (++num_chars >= max_strlen)
24    {
25 #ifdef DOS_CRLF
26      read_lf = 0;
27 #endif
28      break;
29    }
30  }
31 #ifdef DOS_CRLF
32  if (read_lf)
33    getchar();
34 #endif
35  *str = '\0';
36  return(num_chars);
37 }
```

F. Vollständige Implementation der Clean Structures

In diesem Kapitel findet sich das vollständige Listing des Beispiels zur Implementation von Structures mit sauberen Zugriffsfunktionen aus Kapitel 11. Die Kapitelüberschrift "Vollständige Implementation" täuscht ein wenig – es wurden bewusst einige Funktionen nicht vollständig ausprogrammiert, da sie einem vorgegebenen Schema folgen. Wo immer eine solche Implementation fehlt, ist dies im Source-Code in Form eines Kommentars vermerkt. Wer Spaß daran hat, sollte sich an der Fertigstellung des Beispiels versuchen.

```
1 // complex_struct_clean.c - complex structs can also be written as
2 //                          clean code.
3
4 #include <stdio.h>
5 #include <stdlib.h>
6 #include <string.h>
7
8 //---------------------------------------------------------------
9 // useful helper functions
10 void exitOnFatalErrorOutOfMemory();
11 char *cloneString(char* str);
12
13
14 //---------------------------------------------------------------
15 // an office number in our company consists of a building letter, a
16 // floor-number and an office number on this floor. E.g.: D 1.15
17 struct OfficeNumber
18 {
19   char building;          // the single letter for the building
20   short floor;            // the floor number
21   short office_number;    // the office number on the floor
22 };
23
24 // access functions
25
26 struct OfficeNumber *newOfficeNumber(char building_id,
27                                      short floor_num,
28                                      short office_num);
29
30 void deleteOfficeNumber(struct OfficeNumber *office_num);
31
32 struct OfficeNumber *cloneOfficeNumber(struct OfficeNumber
33                                        *office_num);
34
35 //---------------------------------------------------------------
36 // a typical address
37 struct Address
38 {
39   char *country;    // the country, e.g. Austria
40   char *state;      // the state in the country if applicable
```

```
41                    //e.g. Minnesota for addresses in the USA
42                    //NULL if not applicable
43   char *zip_code;  // the zip code, e.g. A-8010
44   char *city;      // the city, e.g. Graz
45   char *street;    // the streetname
46   char *number;    // the number of the building in the
47                    // street. This is a string, because there
48                    // can also be numbers containing letters!
49 };
50
51 // access functions
52
53 struct Address *newAddress(char *country, char *state,
54                            char *zip_code, char *city,
55                            char *street, char *number);
56
57 void deleteAddress(struct Address *addr);
58
59 struct Address *cloneAddress(struct Address *addr);
60
61 void setCountryInAddress(struct Address *addr, char *country);
62
63 void setStateInAddress(struct Address *addr, char *state);
64
65 void setZipCodeInAddress(struct Address *addr, char *zip);
66
67 void setCityInAddress(struct Address *addr, char *city);
68
69 void setStreetInAddress(struct Address *addr, char *street);
70
71 void setNumberInAddress(struct Address *addr, char *number);
72
73 //-------------------------------------------------------------
74 // an office is defined like that
75 struct Office
76 {
77   struct Address *building_address; // address of the building
78   struct OfficeNumber *office_num;  // the office in the building
79 };
80
81 // access functions
82
83 struct Office *newOffice(struct Address *address,
84                          struct OfficeNumber *office_num);
85
86 void deleteOffice(struct Office *office);
87
88 struct Office *cloneOffice(struct Office *office);
89
90 void setAddressInOffice(struct Office *office,
91                         struct Address *address);
92
93 void setNumberInOffice(struct Office *office,
94                        struct OfficeNumber *office_num);
95
96 //-------------------------------------------------------------
97
98 // constant for extension in struct PhoneNumber below
99
100 #define NO_EXTENSION -1L
101
102 // a telephone number
103 struct PhoneNumber
104 {
105   unsigned short country_prefix; // the prefix for the country,
106                                  // e.g. 43 for Austria
```

```
107   unsigned short region_prefix;   // the prefix for the region,
108                                   // e.g. 316 for Graz
109   unsigned long phone_number;     // the actual phone number. Please
110                                   // note that we assume here that
111                                   // a long has to be long enough to
112                                   // store a number. For demo only!
113   long extension;                 // the extension, if applicable
114                                   // please note that we take a
115                                   // signed long here, because a
116                                   // neg. number signals us that
117                                   //  there is no extension
118                                   // available.
119 };
120
121 // access functions
122
123 struct PhoneNumber *newPhoneNumber(unsigned short country_prefix,
124                                    unsigned short region_prefix,
125                                    unsigned long phone_number,
126                                    long extension);
127
128 void deletePhoneNumber(struct PhoneNumber *phone_number);
129
130 struct PhoneNumber *clonePhoneNumber(struct PhoneNumber *phone_num);
131
132 void setCountryPrefixInPhoneNumber(struct PhoneNumber *phone_num,
133                                    unsigned short prefix);
134
135 void setRegionPrefixInPhoneNumber(struct PhoneNumber *phone_num,
136                                   unsigned short prefix);
137
138 void setPhoneNumInPhoneNumber(struct PhoneNumber *phone_num,
139                               unsigned long phone_number);
140
141 void setExtensionInPhoneNumber(struct PhoneNumber *phone_num,
142                                long extension);
143
144
145 //----------------------------------------------------------------
146
147 // employees in a company
148 struct Employee
149 {
150   char *first_names;            // the first name(s) of the employee
151   char *second_name;            // the name of the employee
152   struct Office *office;        // the office of the employee
153   struct PhoneNumber *phone;    // the phone number of the employee
154   struct PhoneNumber *fax;      // the fax number of the employee
155   char *email;                  // the email address of the employee
156                                 // or NULL if not available
157 };
158
159
160 // access functions
161
162
163 struct Employee *newEmployee(char *first_name,
164                              char *second_name,
165                              struct Office *office,
166                              struct PhoneNumber *phone,
167                              struct PhoneNumber *fax,
168                              char *email);
169
170 void deleteEmployee(struct Employee *employee);
171
172 struct Employee *cloneEmployee(struct Employee *employee);
```

```
173
174 void setFirstNamesInEmployee(struct Employee *employee,
175                              char *names);
176
177 void setSecondNameInEmployee(struct Employee *employee,
178                              char *name);
179
180 void setOfficeInEmployee(struct Employee *employee,
181                          struct Office *office);
182
183 void setPhoneNumberInEmployee(struct Employee *employee,
184                               struct PhoneNumber *phone_num);
185
186 void setFaxNumberInEmployee(struct Employee *employee,
187                             struct PhoneNumber *fax_num);
188
189 void setEmailInEmployee(struct Employee *employee,char *email);
190
191 //------------------------------------------------------------
192 int main()
193 {
194   struct Employee *test_employee = NULL;
195
196   // first create all the other structs necessary for an employee
197
198   struct Address *office_building = newAddress("Austria",
199                                                NULL,
200                                                "A-8010",
201                                                "Graz",
202                                                "Inffeldgasse",
203                                                "16c");
204   struct OfficeNumber *office_num = newOfficeNumber('D',1,15);
205   struct Office *office = newOffice(office_building,office_num);
206   struct PhoneNumber *phone = newPhoneNumber(43,316,87341,3208);
207   struct PhoneNumber *fax = newPhoneNumber(43,316,873461,
208                                            NO_EXTENSION);
209
210   // now create the employee
211   test_employee = newEmployee("Otto","Muster",office,phone,fax,
212                               "otto@nowhere.nocom");
213
214   // print the data of the newly created employee. It is easy
215   // to see that you have to know all involved structures here.
216   // So rather than accessing these members directly it would
217   // be nice to have some handy "get..." Functions that make
218   // our lives easier. For example something like
219   // getFirstNameFromEmployee(...) or also something like
220   // getNameFromEmployee(...) that immediately returns the first
221   // and last name together, etc. What you need is up to your
222   // phantasy, just play around with it a little.
223
224   printf("Employee: %s %s\n",test_employee->first_names,
225                              test_employee->second_name);
226   printf("Office:   %s %s\n          %s %s\n",
227          test_employee->office->building_address->street,
228          test_employee->office->building_address->number,
229          test_employee->office->building_address->zip_code,
230          test_employee->office->building_address->city);
231
232   // here a nice "get..." function that makes checking for state,
233   // etc. and returns the result would make life much easier and
234   // code much better readable.
235
236   if (test_employee->office->building_address->state)
237     printf("          %s, %s\n",
238            test_employee->office->building_address->state,
```

```
239             test_employee->office->building_address->country);
240   else
241     printf("              %s\n",
242             test_employee->office->building_address->country);
243   printf("              Room: %c %d %d\n",
244                    test_employee->office->office_num->building,
245                    test_employee->office->office_num->floor,
246                    test_employee->office->office_num->office_number);
247   printf("Phone:        +%d-%d-%d",
248                    test_employee->phone->country_prefix,
249                    test_employee->phone->region_prefix,
250                    test_employee->phone->phone_number);
251   if (test_employee->phone->extension != NO_EXTENSION)
252     printf("-%d\n",test_employee->phone->extension);
253   else
254     printf("\n");
255   printf("Fax:          +%d-%d-%d",
256                    test_employee->fax->country_prefix,
257                    test_employee->fax->region_prefix,
258                    test_employee->fax->phone_number);
259   if (test_employee->fax->extension != NO_EXTENSION)
260     printf("-%d\n",test_employee->fax->extension);
261   else
262     printf("\n");
263   printf("Email:        %s\n",test_employee->email);
264 }
265
266 //============================================================
267 // Here come the access functions for the structs
268 //============================================================
269
270 //------------------------------------------------------------
271 // alloc the memory needed and initialize the struct
272 struct OfficeNumber *newOfficeNumber(char building_id,
273                                      short floor_num,
274                                      short office_num)
275 {
276   struct OfficeNumber *off_num = malloc(sizeof(struct OfficeNumber));
277   if (!off_num) // malloc failed
278     exitOnFatalErrorOutOfMemory();
279   off_num->building = building_id;
280   off_num->floor = floor_num;
281   off_num->office_number = office_num;
282   return(off_num);
283 }
284
285 //------------------------------------------------------------
286 // in our case there is no dynamic memory involved, just free it
287 void deleteOfficeNumber(struct OfficeNumber *office_num)
288 {
289   if (office_num)
290     free(office_num);
291 }
292
293 //------------------------------------------------------------
294 // in our case deep- and shallow copy are the same, because
295 // there are no dynamic memory blocks involved
296 struct OfficeNumber *cloneOfficeNumber(struct OfficeNumber
297                                        *office_num)
298 {
299   if (!office_num)
300     return(NULL);
301   return(newOfficeNumber(office_num->building,
302                          office_num->floor,
303                          office_num->office_number));
304 }
```

```
305
306 //----------------------------------------------------------------
307 // Clone all strings, to make them robust against unwanted
308 // changes from outside.
309 struct Address *newAddress(char *country, char *state,
310                            char *zip_code, char *city,
311                            char *street, char *number)
312 {
313   struct Address *addr = malloc(sizeof(struct Address));
314   if (!addr)
315     exitOnFatalErrorOutOfMemory();
316   addr->country = cloneString(country);
317   addr->state = cloneString(state);
318   addr->zip_code = cloneString(zip_code);
319   addr->city = cloneString(city);
320   addr->street = cloneString(street);
321   addr->number = cloneString(number);
322   return(addr);
323 }
324
325 //----------------------------------------------------------------
326 // first free all the strings, then free the struct itself
327 void deleteAddress(struct Address *addr)
328 {
329   if (!addr)
330     return;
331   if (addr->country)
332     free(addr->country);
333   if (addr->state)
334     free(addr->state);
335   if (addr->zip_code)
336     free(addr->zip_code);
337   if (addr->city)
338     free(addr->city);
339   if (addr->street)
340     free(addr->street);
341   if (addr->number)
342     free(addr->number);
343   free(addr);
344 }
345
346 //----------------------------------------------------------------
347 // our newAddress function already copies all strings, so a
348 // deep copy can be obtained this way
349 struct Address *cloneAddress(struct Address *addr)
350 {
351   if (!addr)
352     return(NULL);
353   return(newAddress(addr->country,addr->state,addr->zip_code,
354                     addr->city,addr->street,addr->number));
355 }
356
357 //----------------------------------------------------------------
358 void setCountryInAddress(struct Address *addr, char *country)
359 {
360   if (!addr)
361     return;
362   if (addr->country)
363     free(addr->country);
364   addr->country = cloneString(country);
365 }
366
367 //----------------------------------------------------------------
368 void setStateInAddress(struct Address *addr, char *state)
369 {
370   // equivalent to setCountryInAddress - I leave this up to you :-)
```

```
371 }
372
373 //-----------------------------------------------------------
374 void setZipCodeInAddress(struct Address *addr, char *zip)
375 {
376   // equivalent to setCountryInAddress - I leave this up to you :-)
377 }
378
379 //-----------------------------------------------------------
380 void setCityInAddress(struct Address *addr, char *city)
381 {
382   // equivalent to setCountryInAddress - I leave this up to you :-)
383 }
384
385 //-----------------------------------------------------------
386 void setStreetInAddress(struct Address *addr, char *street)
387 {
388   // equivalent to setCountryInAddress - I leave this up to you :-)
389 }
390
391 //-----------------------------------------------------------
392 void setNumberInAddress(struct Address *addr, char *number)
393 {
394   // equivalent to setCountryInAddress - I leave this up to you :-)
395 }
396
397 //-----------------------------------------------------------
398 // This function does NOT create a deep clone of address and
399 // office  number, it assumes that nobody from the outside
400 // accesses these internals after constructing this struct.
401 // It also assumes that only dynamically created structs are
402 // given as parameters, because deleteOffice (see below) frees
403 // the memory blocks.
404 // In case of doubt of how this function is used, it should
405 // be implemented the other way round and make clones.
406 // Nevertheless the two objects are now under control of the
407 // struct and will also be freed when the struct is deleted.
408 // For the exact functionality, what is cloned and what isn't
409 // there has to be a standard that is valid for the whole code.
410 // Something like: "all primitive types and arrays of primitive
411 // types like strings are cloned, structs are not". The most
412 // important part here is uniformity! This means, whatever
413 // method you choose to create objects, they all have to do
414 // exactly the same. In our case they all have to clone
415 // primitive types and they all don't clone complex types.
416 struct Office *newOffice(struct Address *address,
417                          struct OfficeNumber *office_num)
418 {
419   struct Office *office = malloc(sizeof(struct Office));
420   if (!office)
421     exitOnFatalErrorOutOfMemory();
422   office->building_address = address;
423   office->office_num = office_num;
424   return(office);
425 }
426
427 //-----------------------------------------------------------
428 // delete the members and then delete the struct itself. Don't
429 // call free directly on the members, because there is a
430 // delete... function.
431 void deleteOffice(struct Office *office)
432 {
433   if (!office)
434     return;
435   deleteAddress(office->building_address);
436   deleteOfficeNumber(office->office_num);
```

```
437   free(office);
438 }
439
440 //--------------------------------------------------------------
441 struct Office *cloneOffice(struct Office *office)
442 {
443   struct Office *ret;
444   if (!office)
445     return(NULL);
446   if (!(ret = malloc(sizeof(struct Office))))
447     exitOnFatalErrorOutOfMemory();
448   ret->building_address = cloneAddress(office->building_address);
449   ret->office_num = cloneOfficeNumber(office->office_num);
450   return(ret);
451 }
452
453 //--------------------------------------------------------------
454 // there is no deep copy made from address, since it is
455 // assumed that nobody from the outside changes the contents of
456 // it. When the struct is deleted, the address stored in it is
457 // deleted too.
458 void inOfficeChangeAddress(struct Office *office,
459                            struct Address *address)
460 {
461   if (!office)
462     return;
463   if (office->building_address)
464     deleteAddress(office->building_address);
465   office->building_address = address;
466 }
467
468 //--------------------------------------------------------------
469 void inOfficeChangeNumber(struct Office *office,
470                           struct OfficeNumber *office_num)
471 {
472   // equivalent to inOfficeChangeAddress - I leave this up to you
473 }
474
475 //--------------------------------------------------------------
476 struct PhoneNumber *newPhoneNumber(unsigned short country_prefix,
477                                    unsigned short region_prefix,
478                                    unsigned long phone_number,
479                                    long extension)
480 {
481   struct PhoneNumber *num = malloc(sizeof(struct PhoneNumber));
482   if (!num)
483     exitOnFatalErrorOutOfMemory();
484   num->country_prefix = country_prefix;
485   num->region_prefix = region_prefix;
486   num->phone_number = phone_number;
487   num->extension = extension;
488   return(num);
489 }
490
491 //--------------------------------------------------------------
492 void deletePhoneNumber(struct PhoneNumber *phone_number)
493 {
494   if (!phone_number)
495     return;
496   free(phone_number);
497 }
498
499 //--------------------------------------------------------------
500 struct PhoneNumber *clonePhoneNumber(struct PhoneNumber *phone_num)
501 {
502   struct PhoneNumber *ret;
```

```
503     if (!phone_num)
504       return(NULL);
505     ret = malloc(sizeof(struct PhoneNumber));
506     if (!ret)
507       exitOnFatalErrorOutOfMemory();
508     ret->country_prefix = phone_num->country_prefix;
509     ret->region_prefix = phone_num->region_prefix;
510     ret->phone_number = phone_num->phone_number;
511     ret->extension = phone_num->extension;
512     return(ret);
513 }
514
515 //------------------------------------------------------------------
516 void setCountryPrefixInPhoneNumber(struct PhoneNumber *phone_num,
517                                    unsigned short prefix)
518 {
519     // equivalent to "set..." functions - I leave this up to you
520 }
521
522 //------------------------------------------------------------------
523 void setRegionPrefixInPhoneNumber(struct PhoneNumber *phone_num,
524                                   unsigned short prefix)
525 {
526     // equivalent to "set..." functions - I leave this up to you
527 }
528
529 //------------------------------------------------------------------
530 void setPhoneNumInPhoneNumber(struct PhoneNumber *phone_num,
531                               unsigned long phone_number)
532 {
533     // equivalent to "set..." functions - I leave this up to you
534 }
535
536 //------------------------------------------------------------------
537 void setExtensionInPhoneNumber(struct PhoneNumber *phone_num,
538                                long extension)
539 {
540     // equivalent to set..." functions - I leave this up to you
541 }
542
543 //------------------------------------------------------------------
544 // strings are cloned, structs are not (see also newOffice(...))
545 struct Employee *newEmployee(char *first_name, char *second_name,
546                              struct Office *office,
547                              struct PhoneNumber *phone,
548                              struct PhoneNumber *fax,
549                              char *email)
550 {
551     struct Employee *employee = malloc(sizeof(struct Employee));
552     if (!employee)
553       exitOnFatalErrorOutOfMemory();
554     employee->first_names = cloneString(first_name);
555     employee->second_name = cloneString(second_name);
556     employee->office = office;
557     employee->phone = phone;
558     employee->fax = fax;
559     employee->email = cloneString(email);
560     return(employee);
561 }
562
563 //------------------------------------------------------------------
564 void deleteEmployee(struct Employee *employee)
565 {
566     if (!employee)
567       return;
568     if (employee->first_names)
```

```
569     free(employee->first_names);
570   if (employee->second_name)
571     free(employee->second_name);
572   deleteOffice(employee->office);
573   deletePhoneNumber(employee->phone);
574   deletePhoneNumber(employee->fax);
575   if (employee->email)
576     free(employee->email);
577 }
578
579 //-----------------------------------------------------------------
580 struct Employee *cloneEmployee(struct Employee *employee)
581 {
582 // equivalent to the other "clone" functions - I leave this up to you
583   return(NULL); // means not implemented :-)
584 }
585
586 //-----------------------------------------------------------------
587 void setFirstNamesInEmployee(struct Employee *employee, char *names)
588 {
589 // equivalent to the other "set" functions - I leave this up to you
590 }
591
592 //-----------------------------------------------------------------
593 void setSecondNameInEmployee(struct Employee *employee,char *name)
594 {
595 // equivalent to the other "set" functions - I leave this up to you
596 }
597
598 //-----------------------------------------------------------------
599 void setOfficeInEmployee(struct Employee *employee,
600                          struct Office *office)
601 {
602 // equivalent to the other "set" functions - I leave this up to you
603 }
604
605 //-----------------------------------------------------------------
606 void setPhoneNumberInEmployee(struct Employee *employee,
607                               struct PhoneNumber *phone_num)
608 {
609 // equivalent to the other "set" functions - I leave this up to you
610 }
611
612 //-----------------------------------------------------------------
613 void setFaxNumberInEmployee(struct Employee *employee,
614                             struct PhoneNumber *fax_num)
615 {
616 // equivalent to the other "set" functions - I leave this up to you
617 }
618
619 //-----------------------------------------------------------------
620 void setEmailInEmployee(struct Employee *employee,char *email)
621 {
622 // equivalent to the other "set" functions - I leave this up to you
623 }
624
625 //-----------------------------------------------------------------
626 // helper function if the program runs out of memory
627 void exitOnFatalErrorOutOfMemory()
628 {
629   printf("Fatal Error: Out of Memory\n");
630   exit(-1);
631 }
632
633 //-----------------------------------------------------------------
634 // This function returns a clone of the given string. This
```

```
635 // means that it also allocates the memory and returns the
636 // dynamically allocated  block. Therefore the clone has to be
637 // freed if no longer needed!
638 char *cloneString(char* str)
639 {
640   char* ret = NULL;
641   if (str)
642   {
643     if (!(ret = malloc(sizeof(char) * (strlen(str) + 1))))
644       exitOnFatalErrorOutOfMemory();
645     strcpy(ret,str);
646   }
647   return(ret);
648 }
```

G. Vollständige Implementation der Arbeitsprioritäten-Liste

In diesem Kapitel findet sich das vollständige Listing der beispielhaften Implementation der Verwaltung von Arbeitsprioritäten aus Kapitel 12.

```
1 // work_list.c - example implementation of a list that
2 //               manages stuff that we have to do
3
4 #include <stdio.h>
5 #include <stdlib.h>
6
7 // function declarations
8
9 void insertTask(unsigned char *task,unsigned priority);
10 void showNextTasks(unsigned char *input_line);
11 void showAllTasks(unsigned char *input_line);
12 void deleteTask(unsigned id);
13 void changePriority(unsigned id,unsigned priority);
14 void quitProgram(unsigned char *input_line);
15 void run();
16 int readLine(unsigned char *str,unsigned max_length);
17 void addToDispatcher(unsigned char input,
18                      void (*handler)(unsigned char *input_line));
19 void removeFromDispatcher(unsigned char input);
20 void dispatch(unsigned char *input_line);
21
22 void callInsertTask(unsigned char *input_line);
23 void callDeleteTask(unsigned char *input_line);
24 void callChangePriority(unsigned char *input_line);
25 void taskWithGivenIdNotFound(unsigned id);
26 void commandNotRecognized(unsigned char *command_line);
27 void exitOnFatalErrorOutOfMemory();
28 void exitOnFatalErrorIllegalArgument(unsigned char *func_name);
29 unsigned char *cloneString(unsigned char *str);
30
31 // some constants
32
33 #define MAX_LINE_LENGTH 512
34 #define ILLEGAL_ARGUMENTS -1
35 #define FALSE 0
36 #define TRUE  1
37
38 // structure needed for our list and access functions for it
39
40 struct ListNode
41 {
42   unsigned char *task;
43   unsigned priority;
44   unsigned id;
45   struct ListNode *next;
46 };
47
```

```
48 struct ListNode *newListNode(unsigned char *task,
49                              unsigned priority);
50 void deleteListNode(struct ListNode *node);
51 void setNextInListNode(struct ListNode *node,
52                        struct ListNode *next);
53 struct ListNode *getNextFromListNode(struct ListNode *node);
54 void setPriorityInListNode(struct ListNode *node,
55                            unsigned priority);
56 unsigned getPriorityFromListNode(struct ListNode *node);
57 unsigned getIdFromListNode(struct ListNode *node);
58 unsigned char *getTaskFromListNode(struct ListNode *node);
59
60 // our first node of the list
61
62 struct ListNode *first_node_ = NULL;
63 unsigned current_id_ = 0;
64 void (*handler_[256])(unsigned char *input_line);
65
66 //----------------------------------------------------------------
67 int main()
68 {
69   addToDispatcher('i',callInsertTask);
70   addToDispatcher('n',showNextTasks);
71   addToDispatcher('a',showAllTasks);
72   addToDispatcher('d',callDeleteTask);
73   addToDispatcher('c',callChangePriority);
74   addToDispatcher('q',quitProgram);
75   run();
76   return(0);
77 }
78
79 //----------------------------------------------------------------
80 // creates a new node and inserts it in the correct position
81 // according to the given priority
82 void insertTask(unsigned char *task,unsigned priority)
83 {
84   struct ListNode *node = newListNode(task,priority);
85   struct ListNode *current = NULL;
86   struct ListNode *previous = NULL;
87
88   if (!first_node_) // this is the first node in the list
89   {
90     first_node_ = node;
91     return;
92   }
93
94   // find the correct position
95   current = first_node_;
96   while(current && (getPriorityFromListNode(current) < priority))
97   {
98     previous = current;
99     current = getNextFromListNode(current);
100  }
101  if (!previous) // first node
102    first_node_ = node;
103  else
104    setNextInListNode(previous,node);
105  setNextInListNode(node,current);
106 }
107
108
109 //----------------------------------------------------------------
110 void showNextTasks(unsigned char *input_line)
111 {
112   struct ListNode *current = first_node_;
113   unsigned highest_priority;
```

```
114
115   if (!current)
116     return;
117   highest_priority = getPriorityFromListNode(current);
118
119   while(current &&
120         (getPriorityFromListNode(current) <= highest_priority))
121   {
122     printf("%d: Priority %d, %s\n",getIdFromListNode(current),
123                                    highest_priority,
124                                    getTaskFromListNode(current));
125     current = getNextFromListNode(current);
126   }
127 }
128
129
130 //----------------------------------------------------------------
131 void showAllTasks(unsigned char *input_line)
132 {
133   struct ListNode *current = first_node_;
134   while(current)
135   {
136     printf("%d: Priority %d, %s\n",getIdFromListNode(current),
137                                    getPriorityFromListNode(current),
138                                    getTaskFromListNode(current));
139     current = getNextFromListNode(current);
140   }
141 }
142
143
144 //----------------------------------------------------------------
145 void deleteTask(unsigned id)
146 {
147   struct ListNode *current = first_node_;
148   struct ListNode *previous = NULL;
149
150   while(current && (getIdFromListNode(current) != id))
151   {
152     previous = current;
153     current = getNextFromListNode(current);
154   }
155   if (!current) // id not found
156   {
157     taskWithGivenIdNotFound(id);
158     return;
159   }
160   if (!previous) // first node is deleted
161     first_node_ = getNextFromListNode(current);
162   else
163     setNextInListNode(previous,getNextFromListNode(current));
164   deleteListNode(current);
165 }
166
167
168 //----------------------------------------------------------------
169 void changePriority(unsigned id,unsigned priority)
170 {
171   short found_insertion_point = FALSE;
172   struct ListNode *insert_after = NULL;
173   struct ListNode *current = first_node_;
174   struct ListNode *previous = NULL;
175   struct ListNode *node_to_change_priority = NULL;
176   struct ListNode *predecessor_of_node = NULL;
177
178   while(current &&
179         (!(node_to_change_priority && found_insertion_point)))
```

```
180   {
181     if ((!found_insertion_point) &&
182         (priority < getPriorityFromListNode(current)))
183     {
184       found_insertion_point = TRUE;
185       insert_after = previous;
186     }
187     if (id == getIdFromListNode(current))
188     {
189       node_to_change_priority = current;
190       predecessor_of_node = previous;
191       if (getPriorityFromListNode(current) == priority)
192         return;        // nothing to change
193     }
194     previous = current;
195     current = getNextFromListNode(current);
196   }
197   if (!found_insertion_point) // insert after last node
198     insert_after = previous;
199   if (!node_to_change_priority) // id not found
200   {
201     taskWithGivenIdNotFound(id);
202     return;
203   }
204   setPriorityInListNode(node_to_change_priority, priority);
205   // be careful: a node can't be inserted after itself, because
206   // this would kill the list (and there is nothing to be done
207   // anyway)
208   if (node_to_change_priority == insert_after)
209     return;
210   // step 1: remove node from list
211   if (!predecessor_of_node) // was the first node in the list
212     first_node_ = getNextFromListNode(node_to_change_priority);
213   else
214     setNextInListNode(predecessor_of_node,
215                       getNextFromListNode(node_to_change_priority));
216   // step 2: insert at new location
217   if (!insert_after) // insert before first element
218   {
219     setNextInListNode(node_to_change_priority, first_node_);
220     first_node_ = node_to_change_priority;
221     return;
222   }
223   setNextInListNode(node_to_change_priority,
224                     getNextFromListNode(insert_after));
225   setNextInListNode(insert_after, node_to_change_priority);
226 }
227
228
229 //------------------------------------------------------------
230 void quitProgram(unsigned char *input_line)
231 {
232   exit(0);
233 }
234
235 //============================================================
236 // all ListNode access functions
237
238 //------------------------------------------------------------
239 struct ListNode *newListNode(unsigned char *task,
240                              unsigned priority)
241 {
242   struct ListNode *node = malloc(sizeof(struct ListNode));
243   if (!node)
244     exitOnFatalErrorOutOfMemory();
245   node->task = cloneString(task);
```

```
246   node->priority = priority;
247   node->id = current_id_++;
248   node->next = NULL;
249   return(node);
250 }
251
252
253 //-----------------------------------------------------------------
254 void deleteListNode(struct ListNode *node)
255 {
256   if (!node)
257     exitOnFatalErrorIllegalArgument("deleteListNode");
258   if (node->task)
259     free(node->task);
260   free(node);
261   return;
262 }
263
264 //-----------------------------------------------------------------
265 void setNextInListNode(struct ListNode *node,
266                        struct ListNode *next)
267 {
268   if (!node)
269     exitOnFatalErrorIllegalArgument("setNextInListNode");
270   node->next = next;
271 }
272
273
274 //-----------------------------------------------------------------
275 struct ListNode *getNextFromListNode(struct ListNode *node)
276 {
277   if (!node)
278     exitOnFatalErrorIllegalArgument("getNextFromListNode");
279   return(node->next);
280 }
281
282
283 //-----------------------------------------------------------------
284 void setPriorityInListNode(struct ListNode *node,
285                            unsigned priority)
286 {
287   if (!node)
288     exitOnFatalErrorIllegalArgument("setPriorityInListNode");
289   node->priority = priority;
290 }
291
292
293 //-----------------------------------------------------------------
294 unsigned getPriorityFromListNode(struct ListNode *node)
295 {
296   if (!node)
297     exitOnFatalErrorIllegalArgument("getPriorityFromListNode");
298   return(node->priority);
299 }
300
301 //-----------------------------------------------------------------
302 unsigned getIdFromListNode(struct ListNode *node)
303 {
304   if (!node)
305     exitOnFatalErrorIllegalArgument("getIdFromListNode");
306   return(node->id);
307 }
308
309 //-----------------------------------------------------------------
310 unsigned char *getTaskFromListNode(struct ListNode *node)
311 {
```

```
312   if (!node)
313     exitOnFatalErrorIllegalArgument("getTaskFromListNode");
314   return(node->task);
315 }
316
317 //----------------------------------------------------------
318 // The main run-loop that accepts the keyboard input
319
320 void run()
321 {
322   unsigned char *input_line = malloc(sizeof(unsigned char) *
323                                      (MAX_LINE_LENGTH + 1));
324   int chars_read = 0;
325
326   for(;;)
327   {
328     printf("Worklist> ");
329     if ((chars_read = readLine(input_line,MAX_LINE_LENGTH) ==
330          ILLEGAL_ARGUMENTS))
331     {
332       printf("Error: readLine returned ILLEGAL_ARGUMENTS\n");
333       exit(-1);
334     }
335     dispatch(input_line);
336   }
337 }
338
339 //----------------------------------------------------------
340 // reads one line from the keyboard
341 int readLine(unsigned char *str,unsigned max_length)
342 {
343   unsigned char character_read = '\0';
344   unsigned num_chars = 0;
345
346   if ((max_length <= 1) || (str == NULL))
347     return(ILLEGAL_ARGUMENTS);
348
349   while((character_read = getchar()) != '\n')
350   {
351     *str++ = character_read;
352     if (++num_chars >= max_length)
353       break;
354   }
355   *str = '\0';
356   return(num_chars);
357 }
358
359
360 //==========================================================
361 // keyboard event dispatcher functions
362
363 //----------------------------------------------------------
364 void addToDispatcher(unsigned char input,
365                      void (*handler)(unsigned char *input_line))
366 {
367   handler_[input] = handler;
368 }
369
370 //----------------------------------------------------------
371 void removeFromDispatcher(unsigned char input)
372 {
373   handler_[input] = NULL;
374 }
375
376 //----------------------------------------------------------
377 // dispatches the keyboard input
```

```
378
379 void dispatch(unsigned char *input_line)
380 {
381   if (handler_[*input_line] != NULL)
382     handler_[*input_line](input_line);
383   else
384     commandNotRecognized(input_line);
385 }
386
387 //------------------------------------------------------------------
388 void callInsertTask(unsigned char *input_line)
389 {
390   // for demonstration purposes we do everything by hand here
391   unsigned char *help = input_line;
392   unsigned priority = 0;
393
394   while(*++help) // look for the start of the number
395   {
396     if ((*help >= '0') && (*help <= '9'))
397       break;
398     if (*help != ' ') // nothing else than spaces allowed here
399     {
400       commandNotRecognized(input_line);
401       return;
402     }
403   }
404   while((*help >= '0') && (*help <= '9')) // extract the number
405     priority = (priority * 10) + (*help++ - '0');
406   if (*help != ' ') // there must be a space after the number
407   {
408     commandNotRecognized(input_line);
409     return;
410   }
411   while(*help++ == ' ') // skip additional spaces
412     ;
413   // the remainder of the line is the task description
414   insertTask(--help, priority);
415 }
416
417
418 //------------------------------------------------------------------
419 void callDeleteTask(unsigned char *input_line)
420 {
421   // for demonstration purposes we do everything by hand here
422   unsigned char *help = input_line;
423   unsigned id = 0;
424
425   while(*++help) // look for the start of the number
426   {
427     if ((*help >= '0') && (*help <= '9'))
428       break;
429     if (*help != ' ') // nothing else than spaces allowed here
430     {
431       commandNotRecognized(input_line);
432       return;
433     }
434   }
435   while((*help >= '0') && (*help <= '9')) // extract the number
436     id = (id * 10) + (*help++ - '0');
437   // here we should check, whether something unallowed follows,
438   // I leave this up to you
439   deleteTask(id);
440 }
441
442
443 //------------------------------------------------------------------
```

```
444 void callChangePriority(unsigned char *input_line)
445 {
446   // for demonstration purposes we do everything by hand here
447   unsigned char *help = input_line;
448   unsigned id = 0;
449   unsigned priority = 0;
450
451   while(*++help) // look for the start of the id
452   {
453     if ((*help >= '0') && (*help <= '9'))
454       break;
455     if (*help != ' ') // nothing else than spaces allowed here
456     {
457       commandNotRecognized(input_line);
458       return;
459     }
460   }
461   while((*help >= '0') && (*help <= '9')) // extract the number
462     id = (id * 10) + (*help++ - '0');
463
464   while(*++help) // look for the start of the priority
465   {
466     if ((*help >= '0') && (*help <= '9'))
467       break;
468     if (*help != ' ') // nothing else than spaces allowed here
469     {
470       commandNotRecognized(input_line);
471       return;
472     }
473   }
474   while((*help >= '0') && (*help <= '9')) // extract the number
475     priority = (priority * 10) + (*help++ - '0');
476   changePriority(id,priority);
477 }
478
479 //------------------------------------------------------------
480 void taskWithGivenIdNotFound(unsigned id)
481 {
482   printf("Error: task with id %d does not exist\n",id);
483 }
484
485 //------------------------------------------------------------
486 void commandNotRecognized(unsigned char *command_line)
487 {
488   printf("Error: command not recognized... %s\n",command_line);
489 }
490
491 //------------------------------------------------------------
492 // helper function if the program runs out of memory
493 void exitOnFatalErrorOutOfMemory()
494 {
495   printf("Fatal Error: Out of Memory\n");
496   exit(-1);
497 }
498
499 //------------------------------------------------------------
500 // helper function if a function gets an illegal argument
501 void exitOnFatalErrorIllegalArgument(unsigned char* func_name)
502 {
503   printf("Fatal Error: IllegalArgument in function %s\n",func_name);
504   exit(-2);
505 }
506
507 //------------------------------------------------------------
508 // This function returns a clone of the given string. This
509 // means that it also allocates the memory and returns the
```

```
510 // dynamically allocated  block. Therefore the clone has to be
511 // freed if no longer needed!
512 unsigned char *cloneString(unsigned char* str)
513 {
514   unsigned char* ret = NULL;
515   if (str)
516   {
517     if (!(ret = malloc(sizeof(unsigned char) * (strlen(str) + 1))))
518       exitOnFatalErrorOutOfMemory();
519     strcpy(ret,str);
520   }
521   return(ret);
522 }
```

H. Vollständige rekursive Implementation eines Binärbaumes

In diesem Kapitel findet sich das vollständige Listing der beispielhaften Implementation einer rekursiven Lösung zur Verwaltung eines Binärbaumes aus Kapitel 14.

```c
// bin_tree_recursive.c - binary tree, recursive solution

#include <stdio.h>
#include <stdlib.h>

typedef struct _Node_ Node;

struct _Node_
{
  unsigned value;
  Node *greater;
  Node *smaller;
};

Node *newNode(unsigned value);
void deleteNode(Node *node);
unsigned getValueFromNode(Node *node);

struct _Tree_
{
  Node *root;
  unsigned depth;
};

typedef struct _Tree_ Tree;

Tree *newTree();
void deleteTree(Tree *tree);
void insertNodeInTree(Tree *tree,Node *node);
// for internal use only!
void insertNodeInSubtree(Node *sub_root,Node *node);
void showTree(Tree *tree);

void exitOnFatalErrorOutOfMemory();
void exitOnIllegalArgument(char *func_name);
void exitOnInternalError(char *func_name);

//------------------------------------------------------------
int main()
{
  unsigned input = 0;
  Node *node = NULL;
  Tree *my_tree = newTree();
  for(;;)
  {
    printf("Please enter a value (0 quits): ");
```

```
47     scanf("%u",&input);
48     if (!input)
49       break;
50     node = newNode(input);
51     insertNodeInTree(my_tree,node);
52   }
53   return(0);
54 }
55
56 //----------------------------------------------------------------
57 Node *newNode(unsigned value)
58 {
59   Node *ret = (Node*)malloc(sizeof(Node));
60   if (!ret)
61     exitOnFatalErrorOutOfMemory();
62   ret->value = value;
63   ret->greater = ret->smaller = NULL;
64   return(ret);
65 }
66
67 //----------------------------------------------------------------
68 void deleteNode(Node *node)
69 {
70       // not needed here, I leave this up to you
71 }
72
73 //----------------------------------------------------------------
74 unsigned getValueFromNode(Node *node)
75 {
76   if (!node)
77     exitOnIllegalArgument("getValueFromNode");
78   return(node->value);
79 }
80
81 //----------------------------------------------------------------
82 Tree *newTree()
83 {
84   Tree *ret = (Tree*)malloc(sizeof(Tree));
85   if (!ret)
86     exitOnFatalErrorOutOfMemory();
87   ret->root = NULL;
88   ret->depth = 0;
89   return(ret);
90 }
91
92 //----------------------------------------------------------------
93 void deleteTree(Tree *tree)
94 {
95       // not needed here, I leave this up to you
96 }
97
98 //----------------------------------------------------------------
99 void insertNodeInTree(Tree *tree,Node *node)
100 {
101   if ((!tree) || (!node))
102     exitOnIllegalArgument("insertNodeInTree");
103   if (!tree->root)
104   {
105     tree->root = node;
106     return;
107   }
108   insertNodeInSubtree(tree->root,node);
109 }
110
111 //----------------------------------------------------------------
112 void insertNodeInSubtree(Node *sub_root,Node *node)
```

```
113 {
114   if (!sub_root)
115     exitOnInternalError("insertNodeInSubtree");
116   if (node->value == sub_root->value) // already existing, ignore
117     return;
118   if (node->value > sub_root->value)
119   {
120     if (sub_root->greater)
121       insertNodeInSubtree(sub_root->greater,node);
122     else
123       sub_root->greater = node;
124     return;
125   }
126   if (sub_root->smaller)
127     insertNodeInSubtree(sub_root->smaller,node);
128   else
129     sub_root->smaller = node;
130 }
131
132 //------------------------------------------------------------
133 // helper function if the program runs out of memory
134 void exitOnFatalErrorOutOfMemory()
135 {
136   printf("Fatal Error: Out of Memory\n");
137   exit(-1);
138 }
139
140 //------------------------------------------------------------
141 // helper function if an illegal argument occurs
142 void exitOnIllegalArgument(char *func_name)
143 {
144   printf("Fatal Error: Illegal Argument in %s\n",func_name);
145   exit(-2);
146 }
147
148 //------------------------------------------------------------
149 // helper function if an internal error occurs
150 void exitOnInternalError(char *func_name)
151 {
152   printf("Fatal Error: Internal Error in %s\n",func_name);
153   exit(-2);
154 }
```

I. Emacs

In diesem Kapitel soll kurz die Bedienung von Emacs im Alltag in verschiedenen Einsatzbereichen und seine Konfiguration behandelt werden. Ich möchte gleich vorausschicken, dass der Funktionsumfang von Emacs mit allen seinen Erweiterungen enorm ist, weswegen hier nur ein kleiner Bruchteil davon behandelt werden kann. Prinzipiell werden in der Folge einige allgemeine Dinge und spezielle Befehle vorgestellt, die einem bei der Programmierung und bei alltäglichen Arbeiten (Mail Lesen und Schreiben sowie News Lesen und Schreiben) helfen. Alles in der Folge Gesagte bezieht sich auf GNU Emacs in Version 20.4 (und höher). Im Prinzip sind beinahe alle Dinge auch für die Versionen 19.x gültig, aber die Konfiguration ist bei 19.x und bei frühen 20.x Versionen (bis 20.2) geringfügig unterschiedlich. Neben GNU Emacs gibt es auch noch einen Abkömmling namens X-Emacs, der parallel existiert. Dieser ist in der Bedienung etwas graphischer, aber sonst relativ ähnlich. Nur die Konfiguration von X-Emacs ist unterschiedlich, da sie noch früheren Versionen von GNU Emacs entspricht. Weil aber GNU Emacs der verbreitetere ist, werde ich die Diskussion auf diesen beschränken.

Ich möchte noch vorausschicken, dass die wichtigsten Funktionen von Emacs natürlich mit der Maus gesteuert werden können. Es ist nicht notwendig, sich gleich von Beginn an alle möglichen Tastenkürzel zu merken. Jedoch wird das Editieren deutlich beschleunigt, wenn man die Tastenkürzel einmal beherrscht. In der Folge werden nur die Tastenkürzel behandelt, denn die Menüpunkte findet man ohnehin auch ohne nähere Beschreibung.
Als gutes Buch zum Erlernen der Arbeit mit Emacs möchte ich hier [Cameron et al. 1996] empfehlen.

I.1 Konventionen

Um die Tastenkombinationen in Emacs in der Folge eindeutig darstellen zu können, müssen wir eine Reihe von Konventionen einführen. Diese gehen konform mit den Konventionen in der Emacs online-Hilfe und in der einschlägigen Literatur.

Auf jedem Keyboard findet man zusätzlich zu den Buchstaben und Zahlen auch verschiedene Funktionstasten und so genannte *Modifiers*. Als Modifiers bezeichnet man Tasten, die die Bedeutung einer anderen Taste modifizieren, sobald sie gleichzeitig mit dieser gedrückt werden. Die folgenden Modifiers stehen im Normalfall immer zur Verfügung:

- Shift (oft auch als *Umschalt-Taste* bezeichnet). Drücken dieser Taste zugleich mit einem Buchstaben bewirkt dessen Großschreibung.
- Ctrl (=Control). Bei deutschen Tastaturen oft auch als Strg (=Steuerung) bezeichnet. Was Ctrl bewirkt, wenn es zusammen mit einer anderen Taste gedrückt wird, ist immer vom jeweiligen Programm abhängig.
- Alt (=Alternate). Auf deutschen Tastaturen findet sich oft zusätzlich noch eine AltGr Taste. Was Alt bewirkt, wenn es zusammen mit einer anderen Taste gedrückt wird, ist immer vom jeweiligen Programm abhängig.

Bei unseren nachfolgenden Betrachtungen wird **S** für die Shift-Taste, **C** für die Control-Taste und **M** für die *Meta-Taste* verwendet. Die Meta-Taste entspricht normalerweise der (linken!) Alt-Taste. Manchmal ist auch die rechte Alt-Taste bzw. AltGr-Taste als Meta belegt, aber dies ist nicht der Regelfall. Sollte keine dieser Tasten als Meta-Taste belegt sein, also Emacs nicht wie erwartet reagieren, so kann alternativ zum Meta-Modifier auch **ESC**, also die Escape-Taste, verwendet werden. ESC ist aber nicht als Modifier (d.h. zugleich mit der anderen Taste), sondern davor zu drücken!

Modifiers und die dazu gedrückten Tasten werden in der Folge immer durch einen '–' verbunden dargestellt. Das heißt, dass sie **gleichzeitig** gedrückt werden müssen. Wenn irgendwo bei einer Tastenkombination ein Leerzeichen steht, dann bedeutet das, dass die Tasten **hintereinander** gedrückt werden müssen. Die Cursortasten werden mit **right**, **left**, **up** und **down** bezeichnet. Für die Maustasten hat sich die Bezeichnung **mouse-1**, **mouse-2** etc. eingebürgert, die die Maustasten von links nach rechts nummeriert.

Die Belegung bei einer wheel-Maus (=Maus mit Rad in der Mitte) wird im Normalfall so interpretiert:

- **mouse-1**: linke Maustaste
- **mouse-2**: mittlere Maustaste, entspricht einem Klick mit dem Rad.
- **mouse-3**: rechte Maustaste
- **mouse-4**: eine Bewegung des Rades auf der Maus nach unten
- **mouse-5**: eine Bewegung des Rades auf der Maus nach oben.

Es wird im Prinzip immer von einer 3-Tasten Maus ausgegangen. Eine 2-Tasten Maus wird unter Linux normalerweise so interpretiert, dass ein Drücken beider Tasten zugleich die (fehlende) mittlere Taste emuliert. Sollte die mittlere Maustaste nicht emuliert werden, so wird bei diesen Mäusen trotzdem die linke Maustaste als **mouse-1** und die rechte als **mouse-3** interpretiert. In diesem Fall fehlt dann einfach **mouse-2**.
Sehen wir uns noch ein paar Beispiele für diese Notation an, ohne hier auf die Bedeutung der einzelnen Kommandos einzugehen:

- `C-g` bedeutet, die Control-Taste niederhalten und gleichzeitig das (kleine!) g drücken.

- `C-G` bedeutet, die Control-Taste niederhalten und gleichzeitig das große `G` drücken. Diese Bezeichnung ist äquivalent zu `C-S-g`, wie man sich leicht überlegen kann.
- `C-x i` bedeutet, zuerst `C-x` (gleichzeitig!) drücken, dann beide Tasten loslassen und danach ein `i` drücken.
- `C-x r t` bedeutet, zuerst `C-x` drücken, danach `r` drücken, und danach `t` drücken.
- `M-x` bedeutet, die Meta-Taste niederhalten und gleichzeitig ein `x` drücken. Dies ist, wie vorher erwähnt wurde, äquivalent mit `ESC x`, also zuerst `ESC` drücken und danach `x` drücken.
- `M-C-S-up`: bedeutet gleichzeitig die Meta- Control- und Shift-Taste niederhalten und Cursor-up drücken.
- `C-x C-f`: bedeutet zuerst `C-x` und danach `C-f` drücken.

Alle Tastenkombinationen, die in der Folge angeführt werden, sind vorbelegte Standard-Kombinationen. Emacs erlaubt allerdings, dass man alle Tasten und Kombinationen derselben nach eigenen Vorstellungen konfiguriert, sollte jemandem die Standardbelegung nicht passen. Ich möchte hierzu nur sagen, dass es gut ist, zusätzliche Kombinationen zu definieren, die man oft braucht. Es ist aber nicht nicht ratsam, existente Kombinationen durch eigene mit anderer Bedeutung zu ersetzen, denn dann hat man den Effekt, dass mit diesen Einstellungen kein anderer Emacs-Kenner mehr arbeiten kann. Außerdem verlernt man auf diese Art, wie Emacs standardmäßig funktioniert. Das kann fatal werden, wenn man auf einem fremden Rechner arbeiten muss und die eigene Konfiguration dort nicht zur Verfügung hat.

Prinzipiell hat es schon einen Sinn, warum alle Standard-Kombinationen genau so und nicht anders sind... wenn man eine englische Tastaturbelegung hat. Bei deutscher Tastaturbelegung sind sie oft nicht ganz einzusehen. Aber so komisch das auch klingen mag, ich würde jedem Softwareentwickler einen Umstieg auf eine englische Tastatur empfehlen, da zum Programmieren die Sonderzeichen auf dieser besser angeordnet sind als auf einer deutschen Tastatur. Das Umlernen von einer deutschen auf eine englische Belegung ist in sehr kurzer Zeit (wenige Stunden) leicht zu schaffen, und die Vorteile sind enorm. Ich verwende seit vielen Jahren ausschließlich die englische Tastaturbelegung. Wie man sieht, sind auch die fehlenden Umlaute kein Problem, denn mit LaTeXund auch mit HTML werden diese sowieso anders geschrieben.

Nach diesem Exkurs möchte ich in der Folge eine Beschreibung der wichtigsten Tastenkombinationen im Telegrammstil abhandeln. Wo notwendig, ist eine kurze Erklärung dabei, sonst beschränke ich mich auf die stichwortartige Beschreibung.

Vom Bildschirmaufbau und der internen Organisation her wird in Emacs jedes File in einem eigenen sogenannten *Buffer* editiert. Es können sich bei Bedarf mehrere Buffers das Emacs-Fenster teilen. Zusätzlich zu den Buffers, die den einzelnen Files zugeordnet sind, gibt es noch ganz unten im Fenster den sogenannten *Minibuffer*, dem bei einigen Kommandos besondere

Bedeutung zukommt. Im Prinzip ist dieser dazu da, einen Prompt nach einer weiteren Eingabe zuzulassen. Wichtig bei der Arbeit mit Buffers ist es, zu wissen, dass immer nur ein einziger Buffer aktiv ist. Das ist derjenige, der den sogenannten *Eingabecursor* besitzt.

I.2 Allgemeine Tastenkombinationen

In der Folge möchte ich die wichtigsten Tastenkombinationen vorstellen, ohne sie näher in einzelne Gruppen wie "Arbeiten mit Buffers", "Suchen und Ersetzen" etc. zu unterteilen. Die genaue Unterteilung und Beschreibung ist der speziellen Literatur zu Emacs zu entnehmen. Ich möchte nur eine kleine Hilfestellung zu den wichtigsten Funktionen geben, um den Einstieg zu erleichtern.

`C-g` *Abort.* Dies ist eine der wichtigsten Funktionen in Emacs, denn sie bricht immer eine gerade laufende Operation ab. Auch wenn Emacs gerade im Minibuffer nach etwas fragt (z.B. Filename), dann landet man nach einem Abbruch mit `C-g` wieder dort, wo der Cursor zuvor stand. Je nach Operation (es gibt auch rekursive Operationen!) kann mehrmaliges Drücken von `C-g` notwendig sein. Dies ist vergleichbar damit, was man unter MS-Windows xx mit der `ESC`-Taste erreicht(="Abbruch").
Was auch immer passiert (z.B. falsche Tastenkombination erwischt), `C-g` hilft immer zum Ausgangspunkt zurück. Vor allem am Anfang, bei gewisser Unsicherheit im Umgang mit Emacs, wird sich `C-g` öfter als hilfreich erweisen :-)

`C-l` *Redraw.* Bewirkt, dass der aktuelle Buffer neu angezeigt wird, und zwar so, dass der Cursor vertikal genau in der Mitte der Bildschirmseite liegt.

`C-_` *Undo.* (Kein Tippfehler, es ist wirklich `Ctrl-<underline>` gemeint). Macht die letzte Editieroperation rückgängig. Je nach Emacs Einstellungen sind beinahe beliebig viele Undo-Schritte möglich, indem man wiederholt `C-_` drückt.
Vorsicht: Zwischen den wiederholten Undo-Schritten darf keine andere Taste gedrückt werden, sonst gilt dies wieder als weitere Editieroperation, und damit beginnt bei erneutem Undo alles von dort weg. Die davor gemachten Undo Operationen werden zu Editieroperationen, damit erreicht man ein Undo vom Undo etc...

`C-x C-c` *Exit Emacs.* Sollten noch nicht gespeicherte aber editierte Buffers existieren, so wird man (im Minibuffer) danach gefragt, ob man diese speichern will.

`C-x C-f` *Open file.* Im Minibuffer wird man nach dem entsprechenden Filenamen gefragt. Automatische Filename-Completion erreicht man dort mit der `TAB`-Taste. Jedes geöffnete File bekommt einen eigenen Buffer, beliebig viele gleichzeitig offene Buffers sind möglich, zwischen denen man hin und herschalten kann bzw. die man auch einzeln wieder schließen kann.

Jeder Buffer bekommt genau den Namen des Files, das man öffnet. Will man ein neues File anlegen, dann geschieht das einfach dadurch, dass man ein File unter dem gewünschten Namen im gewünschten Verzeichnis "öffnet". Emacs weiß dann schon, was er zu tun hat. Sollten zwei oder mehrere Files denselben Namen haben, dann wird von Emacs beim Buffernamen automatisch hinten eine Nummer in spitzen Klammern angehängt.

`C-x C-s` *Save file.* File speichern unter seinem aktuellen Namen.

`C-x C-w` *Save file as.* File speichern unter einem anderen Namen. Im Minibuffer wird man nach dem entsprechenden neuen Namen gefragt.

`C-x s` *Save all files.* Speichert alle editierten und noch nicht gespeicherten Files. Für jedes einzelne File wird man gefragt, ob man speichern will oder nicht.

`C-x k` *Kill buffer.* Aktiven Buffer schließen. Sollte der Inhalt des Buffers noch nicht gespeichert worden sein, so wird man gefragt, ob man speichern will.

`C-x b` *Change active buffer.* Wechseln zu anderem Buffer. Man wird gefragt, zu welchem Buffer man wechseln will. Auch `TAB` ist hier wieder (wie eigentlich überall) zur Completion zulässig, zweimaliges Drücken von `TAB` zeigt eine Liste aller gerade offenen Buffers an.

`C-x C-b` *List all buffers.* Erzeugt einen neuen Buffer, der die Liste aller gerade offenen Buffers enthält. In dieser Liste kann man dann mit den Cursortasten navigieren, einzelne Buffers markieren, um sie dann alle gemeinsam zu schließen, direkt zu bestimmten Buffers wechseln etc.

`C-x 2` *Split buffer vertical.* Aktiven Buffer vertikal teilen. Damit bekommt man 2 Buffers untereinander im Emacs Fenster. Mit dieser Funktion kann man auch 2 verschiedene Buffers gleichzeitig im Fenster anzeigen, indem man mit `C-x b` entsprechend umschaltet. Mehrfaches Teilen erzeugt immer mehr untereinander angeordnete Buffers.

`C-x 3` *Split buffer horizontal.* Aktiven Buffer horizontal teilen. Damit bekommt man 2 Buffers nebeneinander. Man kann auch das horizontale und vertikale Teilen von Buffers in beliebiger Reihenfolge mehrfach vornehmen.

`C-x 0` *Hide buffer.* Aktiven Buffer aus der Anzeige entfernen, wenn sich mehrere Buffers das Emacs-Fenster teilen. (Der Buffer wird damit nicht geschlossen!) Damit wird der Raum wieder den anderen gleichzeitig am Schirm angezeigten Buffers zur Verfügung gestellt.

`C-x 1` *Maximize buffer.* Aktiven Buffer zum einzigen angezeigten Buffer machen. Damit werden alle anderen Buffers automatisch hinter diesen gestellt und sind nicht mehr sichtbar.

`C-x o` *Activate next visible buffer.* Nachfolgenden sichtbaren Buffer zum aktiven Buffer machen. Dies funktioniert natürlich nur, wenn sich mehrere Buffers das Emacs-Fenster teilen. Dies kann natürlich auch direkt mit der Maus passieren, indem man in den entsprechenden Buffer klickt.

`C-x C-v` *Replace buffer content.* Anderes File in aktiven Buffer laden. Damit wird das aktuell editierte File geschlossen und stattdessen das neue File geladen.

`C-x i` *Insert file.* An der Cursorposition im aktiven Buffer ein File einfügen.

`left` Cursor um eine Position nach links.

`right` Cursor um eine Position nach rechts.

`up` Cursor um eine Position nach oben.

`down` Cursor um eine Position nach unten.

`M-left` Cursor um ein Wort nach links.

`M-right` Cursor um ein Wort nach rechts.

`C-a` Cursor zum Zeilenbeginn.

`C-e` Cursor zum Zeilenende.

`C-<` Cursor zum Filebeginn.

`C->` Cursor zum Fileende.

`M-g` *Goto-Line.* Emacs fragt nach der Zeilennummer und springt dann zu dieser Zeile. In manchen Konfigurationen ist `M-g` nicht belegt. Dann bleibt der Ausweg über `M-x` und nachfolgendes Eintippen des Kommandos `goto-line` im Minibuffer. Danach fragt Emacs nach der gewünschten Zeilennummer.

`C-s` *Incremental search forward.* Inkrementelles Suchen vorwärts, Emacs fragt nach dem Suchbegriff. Jedesmal wenn `C-s` gedrückt wird, wird zum nächsten Auftreten des Suchbegriffs gesprungen. Wenn man einfach aus dem laufenden Editieren heraus zweimal `C-s` drückt, dann wird automatisch der letzte Suchbegriff genommen und danach gesucht.

`C-r` *Incremental search backward.* Inkrementelles Suchen rückwärts. Gleich wie `C-s`, nur in die andere Richtung. Man kann beliebig bei einer Suche die beiden abwechselnd verwenden, um zum vorherigen und nachfolgenden Auftreten zu springen, ohne den Minibuffer zu verlassen.

`M-p` *Previous.* Vorhergehendes "was auch immer" – damit wird immer in der History zu dem dort zuletzt eingetippten Item gesprungen. Man kann `M-p` beliebig oft hintereinander drücken und springt immer um jeweils einen Eintrag nach vorne. Dies gilt praktisch bei allen Kommandos, bei denen Emacs im Prompt nach etwas fragt, z.B. beim Öffnen von Files und auch bei der Suche. Will man z.B. wieder denselben Begriff suchen, den man schon vor drei Suchen einmal gesucht hat, dann tippt man in diesem Fall `C-s M-p M-p M-p` und schon ist man dort. Steht der richtige Suchbegriff im Minibuffer, dann drückt man wieder `C-s`, und die Suche beginnt. Keine Angst, das klingt alles viel komplizierter, als es ist. In Wirklichkeit ist es recht intuitiv und mit ein wenig Übung denkt man gar nicht mehr darüber nach.

`M-n` *Next.* Nächstes "was auch immer". Äquivalent zu `M-p`, nur in die andere Richtung. Damit kann man in History Listen dann durch abwechselnde Anwendung rauf- und runterscrollen.

`M-%` *Query Replace.* Dadurch ersetzt man einen eingegebenen Suchbegriff (Emacs fragt danach) durch ein anderes Wort (Emacs fragt auch danach). Vor jeder Ersetzung wird man gefragt, ob man wirklich ersetzen will. Diese Frage kann man dann mit `y` (=yes), `n` (=no) oder auch durch `!` (=alles bis zum Ende des Files ersetzen ohne weiter zu fragen) beantworten. Die Ersetzung beginnt immer bei der aktuellen Cursorposition und endet mit dem Ende des Files. Wenn man also im gesamten File alles ersetzen will, dann muss man zum Beginn des Files springen. Will man die Operation abbrechen, dann geht dies durch Eintippen von entweder `C-g` oder auch durch ein einfaches `ENTER`.

`M-l` *To lower case.* Nachfolgendes Wort vollständig in Kleinbuchstaben umwandeln. Dies gilt auch, wenn man mitten in einem Wort steht, dann wird von dort weg in Kleinbuchstaben umgewandelt.

`M-c` *Capitalize.* Nachfolgendes Wort in capitalized (=erster Buchstabe groß, Rest klein) umwandeln. Auch dies gilt, wenn man mitten in einem Wort steht einfach für den Rest des Wortes.

`M-u` *To upper case.* Nachfolgendes Wort vollständig in Großbuchstaben umwandeln. Auch wieder in der Mitte von Worten gültig.

`C-d` *Delete character.* Löscht den Character, auf dem der Cursor gerade steht. Alternativ kann man auch die `Del`-Taste verwenden, aber `C-d` hat den Vorteil, dass man die Finger nicht von der Tastatur nehmen muss.

`BACKSPACE` Die Backspace-Taste löscht den Character, der links vom Cursor steht.

`C-SPC` *Set mark.* Setzt die Markerposition auf die aktuelle Cursorposition. Danach kann man beliebig im Buffer navigieren und mit dem Cursor eine zweite Endposition suchen. Der Bereich zwischen Marker und Cursor wird in Emacs immer als *Region* bezeichnet, und es gibt auch viele Kommandos, die sich auf solche *Regions* beziehen. Unter X-Windows ist eine Region üblicherweise farblich hervorgehoben.

`C-x C-x` *Exchange mark.* Vertauscht immer die aktuelle Cursorposition mit der aktuellen Markerposition. Dementsprechend springt man immer zwischen Anfang und Ende der aktuellen Region hin und her. Wenn man mittels `M-<` bzw. `M->` zum Filebeginn bzw. -ende gesprungen ist, dann setzt Emacs automatisch den Marker auf den Punkt, von dem man "abgesprungen" ist. Damit kann man mittels `C-x C-x` direkt wieder dort hinspringen, wo man hergekommen ist.

`C-w` *Kill region.* Aktuelle Region (=Bereich zwischen Mark und Cursor) löschen. Diese landet damit im sogenannten *Kill-Ring* von Emacs. Dieser *Kill-Ring* speichert die gelöschten und die anderwertig dort hinterlassenen Bereiche, damit man diese später wieder einfügen kann.

`M-w` *Store region.* Aktuelle Region in den Kill-Ring schreiben, aber ohne sie zu löschen.

`M-d` *Delete word.* Löscht das Wort von der aktuellen Cursorposition weg nach rechts und schreibt dieses in den Kill-Ring. Mehrmaliges `M-d` hintereinander bewirkt, dass alle gelöschten Worte gemeinsam als ein Text im Kill-Ring landen.

`M-BACKSPACE` *Delete word backwards.* Löscht das Wort, das rechts von der aktuellen Cursorposition steht, und schreibt dieses in den Kill-Ring. Mehrmaliges `M-BACKSPACE` hintereinander bewirkt, dass alle gelöschten Worte gemeinsam als ein Text im Kill-Ring landen.

`C-k` *Delete to end of line.* Löscht von der aktuellen Position bis zum Zeilenende und schreibt den gelöschten Inhalt in den Kill-Ring. Mehrmaliges `C-k` löscht dementsprechend auch immer die nachfolgenden Zeilen und bewirkt, dass alle gelöschten Zeilen gemeinsam als ein Text im Kill-Ring landen.

`C-y` *Yank.* Gespeicherten Text aus der aktuellen Position im Kill-Ring an aktueller Position in den Buffer einfügen.

`M-y` *Yank previous.* Nur möglich, wenn direkt zuvor ein `C-y` gedrückt wurde. Damit wird die vorhergehende Position im Kill-Ring eingefügt statt der aktuellen. `M-y` kann beliebig oft hintereinander gedrückt werden und wandert immer wieder um eine Position nach vorne.

`C-x r s <character>` *Save to register* Speichert die aktuelle Region in ein Register, das durch den entsprechenden Character benannt wird. Will man also z.B. etwas in Register `a` speichern, so markiert man zuerst diesen Bereich, und dann drückt man `C - x s a`. Zulässig als Registernamen sind alle Zeichen, die über die Tastatur verfügbar sind. Auf diese Weise kann man viele verschiedene Textstellen direkt über Buchstaben ansprechbar parallel speichern, um sie später wiederzuverwenden. **Vorsicht** bei der Verwendung von Registern: Man kann verschiedenste Dinge in Registern speichern (Text, Positionen etc...). Je nach Kommando werden diese dann verschieden interpretiert. Speichert man aber zuerst einen Text in einem Register und danach eine Position in ein Register mit demselben Namen (s.u.), dann überschreibt die Position den Text im Register. Dementsprechend ist es klug, sich selbst eine Konvention zurechtzulegen, z.B. Text immer in die Register `a`–`z` und Positionen immer in `0`–`9`. Damit kann nichts mehr passieren. Man merkt sich ohnehin immer nur eine begrenzte Anzahl von Registern, also ist dies auch keine kritische Einschränkung.

`C-x r i <character>` *Insert register.* Fügt den Inhalt des benannten Registers an der aktuellen Cursorposition ein. Will man also den Inhalt aus Register a einfügen, so ist das Kommando dazu `C-x r i a`.

`C-x r SPC <character>` *Position to register.* Speichert die aktuelle Cursorposition im entsprechenden Register, damit man später wieder dort hinspringen kann. Dies ist besonders praktisch, wenn man an mehreren Positionen im File gleichzeitig arbeitet, denn damit kann man direkt zwischen den verschiedenen Positionen hin- und herspringen.

`C-x r j <character>` *Jump to position.* Springt mit dem Cursor an die Position, die im entsprechenden Register gespeichert ist.

`C-x r k` *Kill rectangle.* Löscht eine "rechteckige" Region, deren linkes oberes und rechtes unteres Eck jeweils durch den Marker und den Cursor definiert sind. Auf diese Weise kann man z.B. eine ganze Reihe von untereinander stehenden Worten löschen, ohne den Rest der Zeilen anzugreifen.

`C-x r y` *Yank rectangle.* Fügt eine zuvor durch `C-x r k` gelöschte "rechteckige" Region an der aktuellen Cursorposition ein.

`C-x r t` *String rectangle.* Fragt nach einem String im Minibuffer und fügt diesen in der gesamten markierten Region als Rechteck ein. Wenn man z.B. zu Beginn mehrerer Zeilen untereinander immer dasselbe Wort stehen haben will, dann markiert man die entsprechenden Positionen durch eine Region und fügt mit `C-x r t` den entsprechenden String ein.

`C-/` *Automatic completion.* Ergänzt automatisch das Wort, das man zu schreiben begonnen hat, indem es das "geographisch" nächstliegende Wort sucht, das mit denselben Buchstaben beginnt. Diese Suche ist nicht nur auf einen Buffer beschränkt, sondern kann auch bufferübergreifend stattfinden. Wenn die erste Ergänzung nicht passt, dann reicht nochmaliges `C-/`, und die nächste Ergänzung wird gesucht. Diese Funktion ist besonders praktisch, wenn man beim Programmieren lange Funktions- oder Variablennamen hat, denn man schreibt immer nur den ersten Teil und lässt den Rest ergänzen. Besonders bei diesem Kommando zeigt sich der riesige Vorteil der englischen Tastatur, denn dort hat man den Slash mit einem Finger, bei der deutschen Tastatur ist das etwas mühsam.

`TAB` Je nach Mode, der dem aktiven Buffer zugrunde liegt, ist `TAB` in allen Editiermodi, die etwas mit Programmiersprachen zu tun haben, als *automatisches Syntax-sensitives Einrücken* definiert. Wenn man also z.B. ein C-File editiert, dann bewirkt ein Drücken von `TAB`, dass die laufende Programmzeile entsprechend an die richtige Stelle eingerückt wird, die durch den aktuellen Style festgelegt ist.

`C-u <numeric_argument> <command>` *Repeat.* Dieser Befehl wiederholt das gegebene `command` so oft, wie durch `numeric_argument` angegeben. Sollte kein `numeric_argument` angegeben sein, dann wird als default-Wert 4 angenommen. Außerdem wird ein einfaches `C-u` ohne Argument auch oft einfach als Präfix für andere Operationen gebraucht, aber das ist eine andere Geschichte... Will man z.B. eine Reihe von 70 '=' Zeichen hintereinander schreiben, so wäre der entsprechende Befehl dazu `C-u 70 =`. Will man 10 Zeichen nach vorne löschen, so wäre der entsprechende Befehl dazu `C-u 10 BACKSPACE`. Will man z.B. ein Macro 100-mal ausführen, dann wäre der entsprechende Befehl (den wir erst weiter unten kennen lernen werden) `C-u 100 C-x e`. Es gäbe hier noch eine endlose Reihe von Beispielen.

Zum Kopieren und Einfügen von Text kann man unter X-Windows auch die Maus heranziehen, und sie funktioniert, wie überall unter Unix, folgendermaßen:

- Linke Maustaste drücken, Maus mit gedrückter Taste über die gewünschte Region ziehen und am Ende Taste wieder auslassen. Dies kopiert die so markierte Region in den Kill-Ring und auch gleichzeitig in das Clipboard von X-Windows.
- An gewünschter Position, an der der kopierte Text eingefügt werden soll, die mittlere Maustaste drücken. Damit wird der Text automatisch eingefügt, und zwar der Text, der gerade im X-Windows Clipboard liegt. Damit kann man auch z.B. zwischen einem `xterm` und Emacs hin- und herkopieren, indem man im `xterm` markiert und im Emacs einfügt.
- Alternativ kann man zum Kopieren auch mit der linken Maustaste auf die Startposition der Region klicken, und mit der rechten Taste dann auf die Endposition. Damit ist die Region zwischen Start und Ende markiert und wird auch in das X-Windows Clipboard geschrieben.
- Will man ein Wort markieren, so reicht ein Doppelklick irgendwo innerhalb dieses Wortes und es ist als Ganzes markiert. Somit ist die Startposition der Wortanfang, und die Endposition das Wortende. Dies kann man wieder ausnützen und mit Hilfe der rechten Maustaste mehrere Worte markieren, denn wenn man ein Wort mittels Doppelklick markiert hat und dann mit der rechten Maustaste irgendwo auf ein anderes Wort klickt, dann ist das Ende des markierten Bereiches das Ende des Wortes, auf das man mit der rechten Taste klickt.
- Will man eine ganze Zeile markieren, so reicht ein Dreifachklick irgendwo innerhalb der betreffenden Zeile, und die Zeile ist als Ganze markiert (Ja, ja, ich weiß, Dreifachklicks sind nicht Jedermanns Sache...). Auch hier wieder funktioniert der Trick mit der rechten Maustaste, und die Endposition ist das Ende der Zeile, in die mit der rechten Maustaste geklickt wurde. (Zum Glück muss man nicht mit der rechten Maustaste auch noch einen Dreifachklick machen :-))
- Will man einen Bereich löschen, so reicht ein Einfachklick mit der linken Maustaste auf den Beginn des Bereichs, und ein Doppelklick mit der rechten Maustaste auf das Ende des Bereichs, und der Bereich wird gelöscht (und in den Kill-Ring und auch in das X-Windows Clipboard übernommen).

Die Interpretation der Tastenkürzel und auch die Behandlung der Maus geschieht in Emacs dadurch, dass an eine Taste ein entsprechendes Kommando gebunden ist, das diese Aufgabe erfüllt. Alle Kommandos, die Emacs versteht, sind im Prinzip über *Emacs-Lisp* definiert. (Emacs-Lisp unterscheidet sich ein wenig vom Standard der Programmiersprache *Lisp* durch seinen Funktionsumfang.) Es geht hier zu weit, Emacs-Lisp im Detail zu erklären, aber nur so viel: Man kann diese Kommandos alle auch ausführen, ohne dass man die Tastenkürzel dazu weiß. Dazu tippt man `M-x` und im Prompt tippt man dann das Kommando ein. Wieso erwähne ich das hier? Nun, es gibt Möglichkeiten in Emacs, wie man Keybindings etc. herausfinden kann, und dort werden immer die entsprechenden Funktionen gelistet. Damit weiß man dort, womit man es zu tun hat. Dazu ist es notwendig, zu wissen, dass es diese Funktionen gibt.

Einige der Funktionen sind nicht über Tastenkürzel verfügbar, darunter eine sehr praktische, nämlich `ediff-buffers`, mit der man die Unterschiede zweier Buffers bestimmen und diese auch abgleichen kann. Diese Funktion wird durch `M-x ediff-buffers` erreicht, und von dort weg funktioniert der Rest menügesteuert. Man tippt die Namen der beiden Buffers ein, die verglichen werden sollen, und das Hin- und Herspringen zwischen den einzelnen Unterschieden bzw. der Abgleich geht dann über ein eigenes selbst erklärendes Eingabefenster.

I.3 Hilfe in Emacs

In Emacs gibt es viele Möglichkeiten, Hilfe anzufordern. Im Prinzip kommt man in das Hilfesystem immer mit der Tastenkombination `C-h`, wobei diese noch von einem weiteren Character gefolgt sein muss, der definiert, welche Art von Hilfe man eigentlich haben will. Tippt man einfach nur `C-h`, dann fragt Emacs nach kurzer Zeit im Minibuffer, welche Hilfe man denn haben will. Man kann eine Liste aller möglichen Optionen angezeigt bekommen, indem man ein `?` eintippt. Die wichtigsten Hilfe-Befehle in Emacs sind:

`C-h ?` *Help on help.* Zeigt eine Liste der verfügbaren Hilfe-Optionen an. Man kann direkt nach Anzeige dieser Liste den entsprechenden Character eintippen und landet dann im entsprechenden Abschnitt.

`C-h i` *Info.* Startet das Emacs Info-System. Dort findet man ein vollständiges Online-Manual zu Emacs und auch zu vielen anderen Dingen. Viele Hersteller von Software stellen Online Manuals im Emacs-Info-Format zur Verfügung und installieren diese entsprechend. Das Online-Manual ist im Prinzip selbst erklärend und als Hypertext-Manual aufgebaut, in dem man mit der Tastatur oder der Maus beliebig hin- und herspringen kann (vergleichbar mit einem Web-Browser).

`C-h b` *Describe Keybindings.* Dadurch werden alle im Augenblick in diesem Buffer verfügbaren Tastenkombinationen (beinhaltet auch die Maustasten!) angezeigt.

Ich möchte jedem Benutzer von Emacs raten, sich einmal eingehend mit der Online-Hilfe aus dem Emacs-Info System auseinander zu setzen, denn dort ist im Prinzip alles erklärt, was es zu Emacs zu wissen gibt. Zugegeben, es braucht ein wenig Zeit, aber man muss ja nicht alles auf einmal lesen.

I.4 Keyboard Macros

Eine außerordentlich mächtige Fähigkeit von Emacs ist die Möglichkeit der Definition von Keyboard-Macros. Im Prinzip ist dies recht einfach, denn man braucht nur `C-x (` zu tippen, um ein Macro zu beginnen, dann editiert man einfach wie gewohnt, dann tippt man `C-x )`, und somit ist alles, was man getan hat, als Macro aufgezeichnet. Mit `C-x e` wird dann das Macro (genau einmal) ausgeführt.

So weit klingt ja noch alles recht einfach, aber Macros erfordern ein bisschen Übung und Fingerspitzengefühl, damit sie wirklich allgemein genug definiert sind, um bei der Ausführung keinen Unsinn zu editieren, der einiges zerstören kann. Ein paar Grundregeln seien also hier als Anhaltspunkt erwähnt, wie man geschickterweise vorgeht:

- Navigation im File beim Definieren eines Macros wenn möglich immer durch Suchoperationen durchführen. Dazu lässt sich zumeist ein eindeutiger, typischer String finden, an dem man sich anhalten kann. Wenn man stattdessen davon ausgeht, dass "sowieso immer hier 3 Zeilen darunter das steht, was ich editieren will", dann ist das Ganze nicht mehr robust und kann zu großen Problemen führen, wenn z.B. einmal 4 statt 3 Zeilen dazwischen sind!
- Immer Suchoperationen verwenden, die garantiert zum Erfolg führen. Ansonsten terminiert das Macro an der Stelle, an der es fehlgeschlagen ist, mit dem Kommentar
  `Keyboard macro terminated by a command ringing the bell.`
- Die Eigenschaft des Terminierens kann auch zum Vorteil benutzt werden, wenn man z.B. ein Macro mittels `C-u ...` oftmals ausführt, aber nicht genau weiß, wie oft es notwendig ist. In einem solchen Fall ist dafür zu sorgen, dass eine Operation darin vorkommt, die einen solchen Fehler verursacht. Mit diesem Fehler terminiert dann die Ausführung vollständig. Sehr brauchbar ist dies bei der Bearbeitung von textuellen Listen, die einige Tausend Zeilen haben und bei denen man in jeder Zeile vorne und hinten etwas editieren und sonst noch einige Dinge tun will. Wenn man sich hierbei mittels Cursor-down von Zeile zu Zeile vorarbeitet, dann terminiert das Macro nach der letzten Zeile, da der Cursor nicht mehr weiter hinunter gesetzt werden kann (beim interaktiven Editieren würde hier eine Leerzeile eingefügt, bei Macros nicht!).
- Wenn man von einem Zeilenanfang oder Zeilenende ausgeht, dann sollte man immer explizit `C-a` bzw. `C-e` drücken, v.a. beim Zeilenende, auch wenn man schon dort steht. Vielleicht ist ja einmal eine Zeile länger als die, mit der man die Macrovorlage bastelt, und dann editiert man auf einmal in der Mitte der Zeile, was man überhaupt nicht haben will.
- `C-g` führt zum Abbruch der Macroaufzeichnung, ist also in einem Macro nicht als Tastenkombination zulässig.

I.5 Email

Zum Lesen von Email gibt es in Emacs (zumindest) zwei Möglichkeiten, einerseits das altbewährte `RMAIL`, andererseits auch `vm`. Ersteres ist bei allen mir bekannten Emacs Packages dabei, zweiteres muss extra besorgt und installiert werden, was aber kein wirkliches Problem darstellt. Ich verwende seit einiger Zeit lieber `vm`, da der Funktionsumfang besser ist, und `vm` auch mit POP, Attachments und Mime-Encodings (besser) umgehen kann.

Zur vollständigen Bedienung von `vm` möchte ich hier auf die online-Dokumentation verweisen. Im Prinzip muss man nach der Installation festlegen, woher `vm` die Mail holt. Dies geschieht in der Konfiguration (siehe Abschnitt I.8). Wenn alles korrekt konfiguriert ist, dann genügt ein Aufruf `M-x vm`, um `vm` zu starten. Dabei wird evtl. noch nach einem Password gefragt (z.B. bei POP).
Im Mail-Buffer, den man dann bekommt, sind die wichtigsten Kommandos:

`h` zeigt ein Summary-Listing in einem zweiten Buffer an, in dem man mit den Cursortasten navigieren kann.
`SPC` im Summary-Listing gedrückt, zeigt die Mail an, auf der der Cursor augenblicklich steht. Durch mehrmaliges Drücken der `SPC`-Taste wird weitergeblättert bzw. nach Ende der Mail zur nächsten Mail gesprungen.
`DEL` im Summary-Listing gedrückt blättert wieder eine Seite zurück. (Warum dafür `DEL` verwendet wird, ist mir zwar auch nicht klar, aber gut...)
`p` im Mail-Anzeige-Buffer gedrückt geht zur vorherigen Mail (=previous).
`n` im Mail-Anzeige-Buffer gedrückt geht zur nächsten Mail (=next).
`d` in einem der Buffers gedrückt markiert die aktuelle Mail zum Löschen.
`u` auf einer Mail, die zuvor zum Löschen markiert wurde, gedrückt, macht die "Löschen"-Markierung wieder rückgängig.
`s` in einem der Buffers gedrückt speichert die Mail in ein File. Nach dem Filenamen wird von Emacs gefragt.
`#` löscht alle als "zu löschen" markierten Mails tatsächlich.
`S` Speichert den aktuellen Mail-Buffer.
`v` Steht für "Visit" und fragt, welches `vm`-File, in dem man Mails mittels `s` gespeichert hat, man laden möchte.
`q` Schließt den aktuellen Mail-Buffer. Sollte dies einer der `INBOX...` Buffer sein, dann wird `vm` beendet.
`g` Steht für "get" und holt inzwischen neu eingelangte Mails. **Vorsicht:** Funktioniert nur in allen `INBOX...` Buffers, nicht in Mailfiles, die von der Platte geladen wurden, denn dort will man ja nicht ungefilterte Mail hereinholen. In diesen Fällen wird g einfach ignoriert, und das kann doch ein wenig zur Verwirrung führen.
`r` Öffnet einen neuen Buffer zum Reply auf Mail, in der bereits der Empfänger eingetragen ist. Es erfolgt hier nur ein Reply an den Absender, nicht an evtl. CCs, und es erfolgt auch kein Quoting der Original-Mail.

`R` Wie `r` zuvor, nur erfolgt hier ein Quoting der Original-Mail
`f` Steht für "Followup" und macht ein Reply ohne Quoting an den Absender und alle CCs.
`F` Wie `f`, nur dass hier auch ein Quoting gemacht wird.
`z` Forwardet die aktuelle Mail als Attachment an einen anzugebenden Empfänger.
`m` Öffnet einen neuen Buffer zum Verfassen von Mail. Hier muss man alles incl. Empfänger neu eintragen.
`C-c C-c` Sendet eine gerade verfasste Mail

I.6 News

News kann man in Emacs mit dem unglaublich mächtigen Paket gnus lesen. Zu starten ist der Newsreader (nach richtiger Konfiguration) mittels `M-x gnus`. Ich möchte hier unbedingt auf das online-Manual von gnus verweisen, da dieses Paket so ziemlich das umfangreichste ist, das es für Emacs gibt. (Viele verwenden es auch zum Lesen von Mail; eine bessere, aber anfangs ein wenig kompliziertere Alternative zu `vm`.) Durch den Umfang bedingt ist auch, dass praktisch alle Tasten eine eigene besondere Bedeutung haben, die im Prinzip leicht zu durchschauen ist.

Trotzdem möchte ich eine Warnung aussprechen: Dadurch, dass praktisch alle auf der Tastatur existenten Tasten mit besonderen Bedeutungen belegt sind, kann es passieren, dass man irrtümlich eine falsche Taste erwischt und damit unabsichtlich etwas editiert bzw. sich irgendwo wiederfindet, wo man sich nicht wiederfinden wollte. Um dieser Gefahr vorzubeugen, ist es sehr ratsam, vor den ersten Versuchen mit gnus das dazugehörige Emacs-Info File zu lesen. Ich will hier durch das Auflisten von ein paar Kommandos niemanden dazu motivieren, den anderen Weg zu gehen. Allerdings möchte ich wirklich jedem nahelegen, gnus einmal auszuprobieren, es lohnt sich wirklich! Wer sich einmal ein wenig mit gnus vertraut gemacht hat, verwendet keinen anderen Newsreader mehr (hier schließe ich mich selbst ein). Also: `C-h i`, hinnavigieren zu `gnus`, lesen und losstarten.

I.7 Dmacro Mode

Für die Programmierung und auch für viele andere Dinge, wie z.B. das Editieren von LaTeXetc., gibt es noch ein sehr nützliches Paket namens `Dmacro`. Dieses Paket erlaubt es, ganze Textstücke automatisch oder durch Tastaturkürzel in ein File einzufügen, und es lässt sich frei an die eigenen Bedürfnisse anpassen. Das Paket ist leider nicht immer im Standardumfang des ausgelieferten Emacs Pakets dabei, sondern muss per ftp von einem der Mirror-Server geholt werden. Eine Suche nach `dmacro` auf einer der Suchmaschinen gibt Auskunft über den nächstgelegenen Mirror.

Zu diesem Paket definiert man ein File mit Macros, die es verwenden soll. In der auf der CD-ROM mitgelieferten Emacs Konfiguration ist ein solches vorhanden. Alle vordefinierten Macros haben einen Namen, und das Einfügen der Macros erreicht man beim Editieren mittels des Tastenkürzels `C-c l`, worauf man nach einem Macronamen gefragt wird. Durch Drücken der `TAB`-Taste bekommt man eine Liste der definierten Macros.

Eine genaue Beschreibung, wie man nun solche Macros definiert, würde hier wieder den Rahmen sprengen, und dementsprechend wird wieder auf die Online-Hilfe zu diesem Paket verwiesen.

I.8 Konfiguration

Es gibt mehrere Arten, wie man Emacs konfigurieren kann. Die benutzerfreundlichste Art, die v.a. für Anfänger sehr angenehm ist, ist der Weg über `customize`. Dabei muss man einfach entweder aus dem `Help`-Menü `customize` aufrufen oder eben `M-x customize` eintippen. Von dort weg geschieht alles selbsterklärend und menügesteuert.

Der andere Weg, der sehr viel flexibler, aber auch etwas schwieriger ist und mehr Vorwissen erfordert, ist die Konfiguration über das `.emacs`-File. Dieses ist in Emacs-Lisp geschrieben und dementsprechend sieht es am Anfang etwas kryptisch aus. Aber keine Sorge, man gewöhnt sich sehr schnell daran, nach dem Blackbox-Modell mittels Trial-and-Error darin etwas zu ändern :-)

Ein `.emacs`-File ist als Startpunkt für eigene Versuche auf der CD-ROM vorhanden, genauso wie alle anderen Konfigurationsfiles, die zum flüssigen Arbeiten mit Emacs gebraucht werden (z.B. `.vm` und einige `Dmacro`-Definitionen).

Beide Konfigurationsfiles sind im Prinzip selbsterklärend, zumindest wenn man die Emacs Hilfe in Anspruch nimmt. Sollte man nicht wissen, was eine Funktion oder eine Variable in diesem File genau bedeutet, dann helfen folgende Kommandos:

`C-h f`*functionname* Zeigt die Hilfe zu einer Funktion an.
`C-h v`*variablename* Zeigt die Hilfe zu einer Variablen an.

J. Lösungen zu den Übungsbeispielen

In diesem Kapitel finden sich die Lösungen zu den einzelnen Übungsbeispielen aus Kapitel 23. Ich möchte darauf hinweisen, dass es immer sehr viele verschiedene Ansätze und Lösungswege gibt, die zum Ziel führen. Aus diesem Grund sind alle hier angeführten Lösungsmöglichkeiten auch immer nur als eine von viele Möglichkeiten zu sehen.

Es wurde jedoch versucht, hier besonders sinnvolle Lösungen zu skizzieren, wobei der Begriff *sinnvoll* immer im Kontext von größeren Projekten zu sehen ist. Der Grund dafür ist, dass man es in der Praxis immer mit großen Projekten zu tun bekommt, also kann man die Herangehensweise, die man an ein großes Projekt wählen würde (oder sogar muss), ja auch gleich am kleinen Beispiel versuchen. Das mag zwar für wenige Zeilen Code, die bei den Beispielen das Ergebnis sind, ein wenig übertrieben wirken, aber zur Übung ist es sehr nützlich.

J.1 Lösung zu Beispiel 1 (Binäre Ganzzahlrepräsentation)

Die folgenden Lösungen enthalten absichtlich nicht alle Einzelschritte über SRD, ADD und DDD, die zum Endprodukt führen, da das Ergebnis sonst zu einem Roman entartet wäre. Für alle Leser, die dieses Beispiel zum vorgeschlagenen Zeitpunkt machen, also nach dem Lesen von Kapitel 8, sei gesagt, dass der gesamte Weg über alle Designdokumente einmal in Kapitel 9 durchgespielt wird. Die Leser, die in der Lektüre dieses Buchs schon weiter sind, sind ohnehin schon darüber gestolpert, wie man mit den einzelnen Designdokumenten umgeht.

Ich habe ganz bewusst die Durchführung dieses Beispiels vor dem Kennenlernen des Arbeitens mit den Designdokumenten empfohlen, da es erfahrungsgemäß sehr hilfreich ist, es einmal auf seine eigene Art zu versuchen. Man kann danach die eigene Herangehensweise mit einer anderen vergleichen und selbst entscheiden, welche Art (vielleicht auch eine Mischform) nun im Augenblick am zielführendsten erscheint. Vor allem ist es immer wichtig, erst einmal vor einem Problem gestanden zu sein, um das *Warum* hinter einer Lösung zu verstehen. Was hat man denn davon, wenn jemand eine Lösung für ein Problem predigt, wenn es das Problem eigentlich noch gar nicht gibt? Ich weiß schon, in der Werbung passiert das, aber ich bin Softwareentwickler, kein Werbefachmann :-)

Um zu zeigen, welche verschiedenen Aspekte in eine Problemlösung einfließen können, werden zu diesem Beispiel in der Folge drei verschiedene Implementationen gezeigt und ihre Hintergründe diskutiert.

J.1.1 Implementation 1

Die erste Lösung, die wir näher unter die Lupe nehmen, entsteht dadurch, dass man auch ein so kleines Programm wie dieses als "vollwertiges" Programm betrachtet und es nach den Grundregeln der *Intuitivität*, *Wartbarkeit* und *Erweiterbarkeit* so modular wie möglich aufbaut.

Eine der Randbedingungen für diese erste Lösung muss man auch noch im Hinterkopf behalten: Zum Zeitpunkt der Aufgabenstellung sind Strings, Pointer und Structures in C noch nicht bekannt, also fehlen an dieser Stelle noch ein paar Konstrukte, die uns ein wirklich vernünftiges Programm ermöglichen würden. Ich habe allerdings versucht, das Optimum aus den vorhandenen Möglichkeiten herauszuholen.
Betrachten wir einmal die Aufgabenstellung, ohne noch direkt an C zu denken, und versuchen wir, funktionale Blöcke zu identifizieren:

- Eingabe einer Zahl. Ob nun vom Keyboard oder von einem File oder von irgendwo anders eine Zahl gelesen wird, beeinflusst den Rest des Programms nicht. Aus diesem Grund betrachten wir die Eingabe gleich als ein in sich abgeschlossenes *Modul*.
- Ausgabe der binären Repräsentation. Auch hier gilt wieder dasselbe wie bei der Eingabe. Wo auch immer ausgegeben wird (Bildschirm, Drucker etc.), darf den Rest des Programms weder beeinflussen noch überhaupt kümmern.
- Umrechnung der Zahl in ihre Binärdarstellung. Dies ist der Kernpunkt des Programms.

Zu den hier identifizierten funktionalen Blöcken gibt es auch ganz klare Schnittstellen:

- Die *Eingabe* liefert uns nach Aufforderung einen `int`-Wert. Dies ist die Schnittstelle, mit der wir es aus interner Sicht des Programms zu tun bekommen. Wo die *Eingabe* nun ihre Zahl hernimmt, ob sie sie vom Keyboard liest oder von einem File oder von irgendwo anders, interessiert uns aus dieser Sicht überhaupt nicht. Wir wissen nur, dass wir von der *Eingabe* eine Zahl bekommen, und das soll uns genügen.
- Für die *Ausgabe* gilt dasselbe. Wir wollen nur Stelle für Stelle unserer Binärzahl ausgeben, wohin diese dann tatsächlich geschrieben wird, ist aus Sicht des Verwendenden belanglos.

- Die *Umrechnung* nimmt einen `int` entgegen und liefert uns eine Binärrepräsentation. Weder kümmert sich die *Umrechnung* um das Einlesen noch um das Ausgeben der Zahl bzw. der Binärrepräsentation. Es interessiert hierbei nur, dass die Zahl an die *Umrechnung* übergeben wird, und dass es irgendwie möglich sein wird, das Ergebnis auch auszugeben.

Jetzt fehlt nur noch, diese drei wichtigen Module miteinander zu verbinden. Dazu behaupten wir einfach, dass es einen Steuerungsblock im Programm gibt, der dafür zuständig ist, dass die *Umrechnung* ihren `int` bekommt, und dass das Ergebnis ausgegeben wird. Solange diese Architektur beibehalten wird, sind *Eingabe* und *Ausgabe* beliebig austauschbar, ohne das Programm in seiner Funktionalität zu beeinträchtigen.

Wir haben also nun auf oberster Ebene im Prinzip drei getrennte funktionale Module und einen Steuerungsblock als Modul zur Verbindung derselben identifiziert. Auf dieser hohen Abstraktionsebene ist also alles klar, und ein kurzer Vergleich mit den Anforderungen zeigt, dass wir auf nichts vergessen haben.

Also, auf zum nächsten Iterationsschritt bei unserem Design: Jetzt betrachten wir die Module getrennt und unabhängig voneinander und versuchen, in Sub-Module zu identifizieren, aus denen sie zusammengesetzt sind. Die Idee hinter der stufenweisen Zerlegung der Module in Sub-Module ist folgende:

- Sollten wir noch weitere Sub-Module identifizieren können, so tun wir dies, und danach nehmen wir uns die Sub-Module Stück für Stück vor, um nach noch einer weiteren Ebene von Sub-Modulen zu suchen.
- Sollten wir keine weiteren Sub-Module mehr finden, weil wir bereits die Funktionalität des betrachteten Moduls auf eine einzige Aufgabe beschränkt haben, dann sind wir weit genug in die Details eingedrungen, dass wir für dieses Modul nach Festlegung des *Detailed Designs* zur Implementation schreiten können.

Was haben wir mit dieser Vorgangsweise erreicht? Wir kommen Schritt für Schritt vom großen Ganzen zu den kleinsten Details, ohne uns bei den einzelnen Schritten mit Prolemen beschäftigen zu müssen, die uns zu diesem Zeitpunkt nicht interessieren. Wozu sollte man denn auch wissen, wie die Ausgabe funktioniert, wenn man sich doch gerade mit der Eingabe beschäftigt?

Dieser Schritt der strukturierten Herangehensweise ist erfahrungsgemäß für ungeübte Entwickler der allerschwerste. Man erliegt nur allzu schnell der Versuchung, entweder gleich alles auf Ebene der Programmiersprache formulieren zu wollen, bevor man noch über das Problem nachgedacht hat, oder man versucht eine holistische Betrachtung und erzeugt damit unnötige Abhängigkeiten und viel zu komplizierten Code. (Wer hat schon *Dirk Gently's Holistic Detective Agency* gelesen? :-))
Versuchen wir uns also an unserem ersten Modul, der *Eingabe*:

In unserem Fall wollen wir nach Aufforderung vom Keyboard einen int-Wert lesen und diesen dem Aufrufenden übergeben. Hier lassen sich keine weiteren Submodule mehr identifizieren. Also ist dieses Modul in seinem Konzept eigentlich fertig spezifiziert. Wir entscheiden uns nun noch dazu, dass das gesamte Modul aus nur einer einzigen Funktion besteht, die der folgenden Deklaration genügt:

```
int readInt();
```

Bei Aufruf wartet diese Funktion so lange, bis ein int eingegeben wurde, und liefert diesen dem Aufrufenden.

Und noch immer interessiert uns nicht, wie diese Funktion genau implementiert ist. Uns ist nur wichtig, dass sie bei Aufruf einen int-Wert liefert, den sie einliest. Also lassen wir diese Deklaration einmal hier stehen, tun so, als ob die Implementation bereits funktionieren würde und wenden uns den anderen Teilproblemen zu.

Das nächste Modul, das wir betrachten, ist die *Ausgabe*:

Wir wollen an dieses Modul nur übergeben, was auszugeben ist, und dies soll dann in unserem Fall am Bildschirm erscheinen. Auch hier lassen sich keine zwingenden Submodule mehr identifizieren, also ist unser Konzept fertig. Auch hier fällt unsere Entscheidung wieder darauf, die Ausgabe in einer einzigen Funktion zu realisieren. Und die gibt es sogar schon, es ist nämlich unser bekanntes printf.

Nach demselben Schema verfahren wir mit der *Umrechnung*. Auch hier können keine weiteren Submodule mehr identifiziert werden. Wieder entscheiden wir uns für die Implementation einer einzigen Funktion, die einen int-Wert als Parameter nimmt und ein Feld von char Werten als Ergebnis liefert.

Leider können mit dem derzeitigen Wissensstand diese Möglichkeit nicht implementieren, denn dazu bräuchten wir Strings und Pointer. Also entscheiden wir uns dazu, dass wir keine Binärrepräsentation zurückliefern, sondern dass die Umrechnungsfunktion die Ausgabe des Ergebnisses veranlasst. Ich möchte hier gleich darauf hinweisen, dass dies äußerst schlechter Programmierstil ist, aber im Augenblick haben wir leider kein besseres Konstrukt zur Verfügung.

Hier haben wir also die Deklaration der *Ausgabe*, die unsere Schnittstelle darstellt:

```
void outputBinRep(int num);
```

Das letzte Modul, das wir spezifizieren, ist noch unser *Steuerteil*:

Nach dem Start des Programms ruft dieser die Eingabefunktion auf. Diese retourniert einen int-Wert. Mit diesem Wert ruft der Steuerteil die Umrechnungsfunktion auf, die dann selbsttätig char für char die Ausgabefunktion aufruft. Danach gibt unser Steuerteil noch einen Zeilenumbruch aus.

Unter Beachtung unserer zusätzlichen Randbedingungen (int ist in seiner Größe plattformabhängig; mathematische Operationen, wie z.B Division, sind nicht erlaubt) können wir nun zur Implementierung schreiten und kommen auf folgendes Ergebnis (`calc_bin_rep_solution1.c`):

```
1 // calc_bin_rep_solution1.c - First solution for the example
2 //                             that calculates the binary
3 //                             representation of a number
4
5 #include <stdio.h>
6
7 // function declarations
8
9 int readInt();
10 void outputBinRep(int num);
11
12
13 //------------------------------------------------------------
14
15 int main()
16 {
17   printf("Please enter a number: ");
18   outputBinRep(readInt());
19   printf("\n");
20   return(0);
21 }
22
23 //------------------------------------------------------------
24
25 int readInt()
26 {
27   int input = 0;
28   scanf("%d",&input);
29   return(input);
30 }
31
32 //------------------------------------------------------------
33 void outputBinRep(int num)
34 {
35   unsigned bitmask = 0x1 << ((sizeof(int) * 8) - 1);
36   while(bitmask)
37   {
38     printf("%c",(num & bitmask) ? '1' : '0');
39     bitmask >>= 1;
40   }
41 }
```

J.1.2 Implementation 2

Wir waren in unserer ersten Implementation etwas eingeschränkt dadurch, dass wir mit Strings und Pointern noch nicht umgehen konnten. Nach Lesen von Kapitel 10 beschließen wir aber, dass unser Programm nicht wirklich so schön ist, wie es sein sollte, und machen uns an eine Verbesserung. Endlich können unsere *Umrechnung* sauber in eine Funktion verpacken, die einen `int` nimmt und einen String liefert.
Außerdem soll die Funktion, die unseren Input liest, gefälligst selber ausgeben, was denn eigentlich eingegeben werden soll.
Und endlich haben wir auch eine Möglichkeit, den Output vernünftig zu kapseln, denn wer weiß, wann wir mit printf nicht mehr zufrieden sein werden,

z.B. weil unser Programm plötzlich unter einer graphischen Oberfläche laufen soll, die kein `printf` mehr unterstützt.
Mit diesen guten Vorsätzen und etwas Zusatzwissen bewaffnet ändern wir unser Programm folgendermaßen um (`calc_bin_rep_solution2.c`):

```
1 // calc_bin_rep_solution2.c - Alternate solution for the example
2 //                             that uses Strings
3
4 #include <stdio.h>
5 #include <stdlib.h>
6
7 // function declarations
8
9 int readInt(char *prompt);
10 char *calculateBinRep(int num);
11 void writeString(char *str);
12
13 void exitOnFatalErrorOutOfMemory();
14
15 //------------------------------------------------------------
16
17 int main()
18 {
19   char *binrep = calculateBinRep(readInt(
20     "Please enter a number: "));
21   writeString(binrep);
22   writeString("\n");
23   free(binrep);
24   return(0);
25 }
26
27 //------------------------------------------------------------
28
29 int readInt(char *prompt)
30 {
31   int input = 0;
32   writeString(prompt);
33   scanf("%d",&input);
34   return(input);
35 }
36
37 //------------------------------------------------------------
38 void writeString(char *str)
39 {
40   printf("%s",str);
41 }
42
43 //------------------------------------------------------------
44 char *calculateBinRep(int num)
45 {
46   char *help = NULL;
47   unsigned bitmask = 0x1 << ((sizeof(int) * 8) - 1);
48   char *binrep = malloc((sizeof(char) * sizeof(int) * 8) + 1);
49   if (!binrep)
50     exitOnFatalErrorOutOfMemory();
51   help = binrep;
52   while(bitmask)
53   {
54     *help++ = (num & bitmask) ? '1' : '0';
55     bitmask >>= 1;
56   }
57   *help = '\0';
58   return(binrep);
59 }
```

```
60
61 //------------------------------------------------------------
62 void exitOnFatalErrorOutOfMemory()
63 {
64   printf("Fatal Error: Out of Memory\n");
65   exit(-1);
66 }
```

Unser Programm ist durch die Änderungen zwar nicht gerade kürzer geworden, aber dafür um einiges sauberer, leichter zu lesen und vor allem flexibler! Einer der wichtigsten Punkte ist hier auch, dass wir durch unsere Änderung in der Umrechnungsfunktion den Seiteneffekt des Ausgebens in einer Berechnungsfunktion vermieden haben. Unsere Funktion tut also wirklich nur mehr **eine Sache auf einmal**, nämlich umrechnen. Zuvor erledigte sie unschönerweise zwei Sachen auf einmal, nämlich umrechnen und ausgeben. Und solche Konstrukte sind tunlichst zu vermeiden!

Auf eine Konvention ist natürlich unbedingt aufzupassen, nämlich dass der String, der von `calculateBinRep` geliefert wird, vom Aufrufer selbst beizeiten wieder freizugeben ist. Sonst würden wir ein wachsendes Programm erzeugen.

Netterweise haben wir hier wiederverwendbaren Code erzeugt, da die Kernfunktion der ganzen Angelegenheit (`calculateBinRep`) für sich allein existieren kann. Es besteht in dieser Implementation keine Abhängigkeit mehr zwischen ihr und dem restlichen Programm.

J.1.3 Implementation 3

Lang gediente C-Programmierer werden die Nase rümpfen und die bisherigen Lösungen mit Aussprüchen wie "Alles viel zu lang und umständlich" kommentieren.

Ich widerspreche in diesem Punkt, da eine besondere Charakteristik von Software ist, dass sie niemals fertig wird. Aus diesem Grund wird eben immer an Programmen weitergebastelt, Teile daraus werden für etwas anderes verwendet, andere Teile werden komplett umgeschrieben etc. Dabei geschieht es dann, dass die "schönen" kurzen Quick-Hacks plötzlich zum ewigen Provisorium mutieren und als Zeitbombe im Code schlummern. Zu Zeitbomben werden solche Dauerprovisorien dann, wenn man so pragmatisch wie möglich einfach die minimalen Anforderungen gelöst hat und auf Erweiterbarkeit etc. keinen Wert gelegt hat. Außerdem denkt man bei solchen Dauerprovisorien nach der x-ten Anpassung schon gar nicht darüber nach, dass sich die Randbedingungen für deren Einsatz geändert haben könnten (z.B. Einführung von multi-Threading). Und schon entpuppen sich solche ehrwürdigen und zur Institution gewordenen Quick-Hacks als endlose Fehlerquellen.

Nichtsdestotrotz soll hier auch eine solche Beispiellösung gezeigt werden. Diese Lösung ist ein Musterbeispiel, wie man schnell eine Aufgabe genau so löst, wie man es **nicht machen soll!**

```
1 // calc_bin_rep_solution3.c - quick and dirty
2
3 #include <stdio.h>
4
5 //---------------------------------------------------------------
6 int main()
7 {
8   int num;
9   unsigned bitmask = 0x1 << ((sizeof(int) * 8) - 1);
10  printf("Please enter a number: ");
11  scanf("%d",&num);
12
13  while(bitmask)
14  {
15    if (num & bitmask)
16      printf("1");
17    else
18      printf("0");
19    bitmask >>= 1;
20  }
21  printf("\n");
22  return(0);
23 }
```

Dieser Code tut genau das, was minimal gefordert ist. Jegliche Wiederverwendbarkeit ist nicht mehr gegeben, außer durch Copy-and-Paste. Bei einem so kleinen Stück Code ist es natürlich auch legitim, zu sagen, dass hier einfaches Neuschreiben auch kein wirklicher Aufwand ist. So weit ist das ja noch ganz ok. Wenn man aber diese Vorgehensweise einmal zum Standard erhoben hat, dann werden auch größere Programme als Quick-Hack geschrieben, und dort beginnen dann die Zeitbomben zu ticken. Aus diesem Grund ist es klug, **immer sauber und vorausschauend** zu arbeiten, denn im Lauf der Zeit bekommt man dadurch eine nette Bibliothek mit wiederverwendbarem Code, den man vielseitig einsetzen kann. Und das spart in Summe sehr viel Arbeit, einerseits was die Implementation betrifft, andererseits vor allem auch, was die Fehlersuche betrifft. Wieso soll man denn immer wieder Code mit praktisch ein- und derselben Funktionalität, aber mit minimalen Abwandlungen von neuem schreiben und immer wieder dieselben Fehler suchen?

Weil es sich bei der Beschreibung der einzelnen C-Konstrukte schon eingebürgert hat, auf Fallen und Stolpersteine hinzuweisen, möchte ich mit dieser Tradition auch hier nicht brechen. Alle Warnungen, die in der Folge angeführt sind, entspringen der Erfahrung, was ungeübte Entwickler immer wieder gerne falsch machen.

Vorsicht Falle: Die Verwendung von Leerzeichen, Umlauten und Sonderzeichen in Filenamen ist verpönt. Prinzipiell sind nur Buchstaben (groß und klein), Zahlen, Underlines und Minuszeichen in Filenamen sinnvoll. Ansonsten kann es leicht zu Inkompatibilitäten auf verschiedenen Plattformen und mit verschiedenen Compilern kommen. Vor allem die Verwendung von Umlauten und Leerzeichen macht hier die größten Probleme.

Traditionell hat es sich sogar eingebürgert, dass sich Filenamen auf Kleinbuchstaben beschränken sollten, um auch bei Filesystemen, die nicht case-sensitive sind, keine Schwierigkeiten zu bekommen.

Vorsicht Falle: Umlaute und Sonderzeichen haben nicht nur in Filenamen nichts verloren, sondern sie haben gleich noch viel weniger in Source-Code verloren. Viele Compiler mögen das überhaupt nicht!

Vorsicht Falle: Nur allzu oft werden unnötigerweise globale Variablen verwendet, anstatt mittels Parameterübergabe zu arbeiten. Dadurch entstehen unnötige Abhängigkeiten im Code, und vor allem wird der Code sehr anfällig für unabsichtliche Seiteneffekte.

Die Grundregel Nummer 1 für schönen, wartbaren, wiederverwendbaren und erweiterbaren Code ist, dass **alles so lokal wie möglich** gehalten werden muss.

Vorsicht Falle: Funktions- oder Variablennamen, die nicht selbstsprechend sind, machen ein Programm unleserlich. Besonders schlimm allerdings sind die Fälle, in denen tatsächlich ein sprechender Name verwendet wird, der aber etwas anderes aussagt, als das, was eine Funktion tut bzw. was eine Variable darstellt.

Vorsicht Falle: Sehr oft wird nach der *Trial-and-Error*-Methode einfach drauflosprogrammiert anstatt zu planen. Dies ist ein sehr zeitraubendes, und vor allem auch sinnloses Vorgehen, da bei Programmen, die auch nur ein bisschen größer sind als dieses Beispiel, kein Ziel mehr zu erreichen ist.

J.2 Lösung zu Beispiel 2 (Sortierte Liste)

Auch bei diesem Beispiel werden zwei verschiedene Lösungsmöglichkeiten vorgestellt, die sich ein wenig im Aufbau unterscheiden:

- Die "einfache" Lösung, wie sie in der Angabe der Übung gefordert war.
- Eine etwas schönere Lösung, die bereits in mehrere Files aufgeteilt ist. Zum Zeitpunkt, zu dem der Hinweis auf diese Übung hier vorkommt, sind die notwendigen Konstrukte zur Verschönerung noch nicht bekannt. Aber natürlich ist man, wenn man später mehr weiß, ein wenig unzufrieden mit der eigenen Lösung. Daher wird das dazugewonnene Wissen gleich angewandt und die Implementation verbessert.

Auch hier möchte ich keinen unnötigen Roman über das Design. Alles Notwendige zur Herangehensweise ist bereits hinlänglich bekannt, und wir wenden uns nur den notwendigen Teilen zu.

In beiden folgenden Implementationsmöglichkeiten wird das Programm wieder als "vollwertig" angesehen. Das heißt, es wird so behandelt, als ob es ein großes Projekt wäre. Dementsprechend gelten zwingenderweise alle Grundregeln der *Intuitivität*, *Wartbarkeit*, *Erweiterbarkeit* und *Modularität*.

J.2.1 Implementation 1

Im Prinzip gibt es im Kontext dieses Buchs zwei verschiedene Herangehensweisen an die Problemstellung:

1. Wir wollen unbedingt das bereits existierende Programm zur Verwaltung der Arbeitsprioritäten (aus Kapitel 12) als Grundlage verwenden und einfach so verändern, dass es die neuen Forderungen erfüllt.
2. Wir designen unser Programm entsprechend der Forderungen, und dann sehen wir, ob wir das andere Programm so weit abändern können, dass es unsere Forderungen erfüllt. Wenn ja, dann nehmen wir die Änderungen vor, wenn nein, dann schreiben wir alles neu. Bei diesem Ansatz nehmen wir in der Designphase keine Rücksicht auf das existente Programm und lassen uns dadurch auch nicht beeinflussen.

Der zweite Weg ist im Prinzip der richtige, da dieser immer zu einem sauberen Programm führt, während beim ersten Weg manchmal schlechte Kompromisse eingegangen werden, nur um die Wiederverwendung zu erzwingen. In der Praxis wählt man sinnvollerweise eine Mischung aus beiden Herangehensweisen. Dabei werden in einem ersten Schritt die Anforderungen miteinander verglichen, um zu einer Abschätzung zu gelangen, welche Änderungen vonnöten sind.

Erst in einem zweiten Schritt wird über die Wiederverwendung entschieden. Entscheidet man sich für die Modifikation eines bestehenden Programms, dann werden Teile der Software-Requirements und Designentscheidungen aus dem bestehenden Programm in das neue Programm übernommen, damit keine Probleme mit der Programmlogik und Systematik auftreten können. Sollten in dieser Phase Ungereimtheiten auftauchen, weil die übernommenen Konzepte doch nicht so geeignet sind, wie sie zuvor noch erschienen, dann muss man wieder einen Schritt zurück machen und auf die Wiederverwendung verzichten.

Vergleich der Anforderungen. Versuchen wir also hier einen Vergleich der Anforderungen, um zu einer Schätzung zu gelangen, mit welchen Änderungen wir zu rechnen haben:

1. Die einfach verkettete Liste aus dem Projekt *Arbeitsprioritäten* wird zu einer doppelt verketteten Liste umgebaut. Dazu müssen in die entsprechende Structure, die einen Knoten repräsentiert, die Rückwärtspointer aufgenommen werden, und die Liste muss über ein Start- und ein

End-Element gehalten werden. Auf diese Art kann man die Liste dann von beiden Seiten ohne Overhead durchwandern. Die entsprechenden Funktionen zur Modifikation der Liste müssen um das Umhängen der Rückwärtspointer ergänzt werden.
2. Der Prompt muss angepasst werden.
3. Die Anzeige der Liste muss implementiert werden.
4. Die akzeptierten Kommandos müssen angepasst werden.
5. Überflüssige Funktionen (z.B. `changePriority`) müssen entfernt werden.

Dieser Vergleich lässt eine Wiederverwendung mit Änderungen durchaus als sinnvoll erscheinen, da es sich nur um wenige Modifikationen handelt (sofern das Ursprungsprogramm sauber geschrieben wurde).

SRD. Wir entscheiden uns also für die Wiederverwendung und versuchen als nächsten Schritt, ein SRD zu erstellen, das für unsere Anforderungen eine saubere Lösung ermöglicht. Während des Erstellens vergleichen wir unsere Forderungen immer mit den Anforderungen an das zu modifizierende Programm, ob sich vielleicht irgendwo Widersprüche ergeben.

In unserem Fall ist das nicht so direkt möglich, da wir zum Arbeitslistenprogramm kein SRD vorliegen haben (durchaus üblich in der Praxis!). Also müssen wir den Source-Code des Ausgangsprogramms heranziehen, um entscheiden zu können, ob unsere Forderungen durch diesen erfüllt werden können. Wir betreiben also bis zu einem gewissen Grad *Reverse Engineering* von bestehendem Code.

Gerade die Fähigkeit, existierenden Code zu analysieren, ist eine der wichtigsten Fähigkeiten, die man in der Praxis braucht. Zumeist bekommt man nämlich im Alltag als Softwareentwickler einfach einen Brocken Source-Code vorgesetzt und diesem muss man dann Dinge beibringen, zu denen er ürsprünglich gar nicht gedacht war. Designdokumente dazu haben entweder überhaupt nie existiert oder sind mittlerweile völlig falsch, da sie über viele Änderungen hinweg nie mitgezogen wurden. Sehr oft sie sind auch einfach nicht mehr auffindbar.

SR 1: Knoten der Liste werden als Structure implementiert

Dieses SR wird prinzipiell direkt vom vorliegenden Programm erfüllt.

SR 1.1: Members eines Knotens

Folgende Members müssen in einem Knoten existieren:

Vorwärtspointer: Dieser zeigt auf den nächsten Knoten.
Rückwärtspointer: Dieser zeigt auf den vorherigen Knoten.
Inhalt: Dieser ist ein einfacher `int`-Wert.

Im Gegensatz zu unsererem vorliegenden Programm wird also keine ID im Knoten gespeichert, sondern der Index ist definiert dadurch, dass ein Knoten das n-te Element in der Liste ist. Würde man den Index explizit speichern, so ergäbe dies eine unnötige Redundanz, die vor allem bei jeder Operation zu einer Umsetzung aller Indizes führen würde, was der Performance ganz und gar nicht einträglich ist.

Wir müssen also die vorliegende `struct` verändern, aber in einem Ausmaß, das nach erster Sichtung der Lage keine extremen Probleme bereitet.

SR 2: Eine Liste wird selbst als Structure implementiert

Damit man im Programm mit mehreren Listen gleichzeitig arbeiten kann, wird eine Liste selbst als `struct` implementiert, die den ersten und den letzten Knoten hält.

Ein Blick auf das vorliegende Programm zeigt uns, dass dies leider nicht der Fall ist, da dort unsauber programmiert wurde. Ein Blick auf das URD für unser neues Programm und ein weiterer Blick auf den Abgabetermin desselben sagt uns, dass gar nicht gefordert ist, dass mit mehreren Listen gleichzeitig gearbeitet wird, und dass wir aus Zeitgründen diese schlechte Lösung als unschönes Provisorium beibehalten. Wir verwerfen also dieses SR.

Man sieht hier, wie es dazu kommt, dass Software im Lauf der Zeit immer schwieriger beherrschbar und immer weniger robust wird, denn die hier illustrierte Vorgangsweise ist in der Industrie absolut üblich. Im Prinzip darf der hier gezeigte Schritt nicht so erfolgen, sondern es muss eine entsprechende Programmänderung durchgeführt werden, um zu einer zukunftssicheren Lösung zu kommen. Aber lassen wir das einmal als abschreckendes Beispiel so hier stehen.

SR 3: Benutzerinterface Anforderungen

SR 3.1: Direkt aus URD

Alle URs, die sich auf das Benutzerinterface beziehen, sind direkt als Requirements an die Software zu übernehmen. Dies bezieht sich auf die Eingabe, die Ausgabe und die Fehlermeldungen.

Im Prinzip folgt das vorliegende Programm diesem Schema, also ist auch hier der Wiederverwendung keine Grenze gesetzt. Mit wenigen Modifikationen ist das Programm anpassbar.

SR 3.2: Callback Architektur

Obwohl es im Prinzip ein Grenzfall zwischen SR und Designentscheidung ist, fordern wir hier eine Callback Architektur für die Benutzereingabe (=*Event-driven* Model), da wir hiermit auf spätere Erweiterungen leicht reagieren können, indem wir die entsprechenden Funktionen in den Dispatcher einhängen.

Auch unser vorliegendes Programm folgt dieser Architektur, damit ist dies übernehmbar, wenn man einfach nur die Behandlung der einzelnen Kommandos modifiziert.

Das Programm. Außer den durch das URD vorgeschriebenen Dingen finden wir in unserer Implementation noch die Funktionen zum Anzeigen der Hilfe und zur Anzeige der Liste in umgekehrter Reihenfolge wieder (als Testfall!). Ansonsten bedarf der hier gezeigte Code eigentlich keiner näheren Erklärung. Bis auf die Änderungen, die bereits in Abschnitt J.2.1 identifiziert wurden, ist alles bereits in unserem Ursprungsbeispiel in Kapitel 12 erklärt.

Die tatsächliche Implementation (`sorted_list_solution1.c`) ist absichtlich quasi "standardkonform" hier abgedruckt – sie enthält nämlich zum Teil falsche Kommentare, die durch die Wiederverwendung entstehen können, wenn man nicht aufmerksam genug und unter Zeitdruck ist. Ich habe das Programm absichtlich hier mit diesen kleineren oder größeren Makeln abgedruckt, da ich damit demonstrieren möchte, wie lästig bereits solche minimalen Mängel sein können. Man liest einen Kommentar, und gleich darunter widerspricht das Programm dem Kommentar. Oder man liest einen Kommentar und kennt sich nicht aus, was der besagen soll, denn er beschreibt ein Ziel, das im vorliegenden Programm gar nicht existiert. Eines lernen wir daraus: **Bei Wiederverwendung von Code muss äußerst konsequent vorgegangen werden!**

```
1 // sorted_list_solution1.c - solution 1 for the sorted
2 //                           list example
3
4 #include <stdio.h>
5 #include <stdlib.h>
6
7 // function declarations
8
9 void insertNumber(int number);
10 void deleteNumber(unsigned index);
11 void showList(unsigned char *input_line);
12 void showReverseList(unsigned char *input_line);
13 void showHelp(unsigned char *input_line);
14 void calculateSum(unsigned char *input_line);
15 void quitProgram(unsigned char *input_line);
16
17 void run();
18 int readLine(unsigned char *str,unsigned max_length);
19 void addToDispatcher(unsigned char input,
20                      void (*handler)(unsigned char *input_line));
21 void removeFromDispatcher(unsigned char input);
22 void dispatch(unsigned char *input_line);
23
24 void callInsertNumber(unsigned char *input_line);
25 void callDeleteNumber(unsigned char *input_line);
26 void elementWithGivenIndexNotFound(unsigned index);
27 void commandNotRecognized(unsigned char *command_line);
28 void exitOnFatalErrorOutOfMemory();
29 void exitOnFatalErrorIllegalArgument(unsigned char* func_name);
30 unsigned char *cloneString(unsigned char* str);
31
32 // some constants
33
34 #define MAX_LINE_LENGTH 256
35 #define ILLEGAL_ARGUMENTS -1
36 #define FALSE 0
37 #define TRUE  1
38
39 // structure needed for our list and access functions for it
40
41 struct ListNode
42 {
43   int number;
44   struct ListNode *previous;
45   struct ListNode *next;
46 };
47
```

```
48 struct ListNode *newListNode(int number);
49 void deleteListNode(struct ListNode *node);
50 void setNextInListNode(struct ListNode *node,
51                        struct ListNode *next);
52 struct ListNode *getNextFromListNode(struct ListNode *node);
53 void setPreviousInListNode(struct ListNode *node,
54                            struct ListNode *next);
55 struct ListNode *getPreviousFromListNode(struct ListNode *node);
56 int getNumberFromListNode(struct ListNode *node);
57
58 // our first and last nodes of the list
59
60 struct ListNode *first_node_ = NULL;
61 struct ListNode *last_node_ = NULL;
62 int num_elements_ = 0;
63 void (*handler_[256])(unsigned char *input_line);
64
65 //------------------------------------------------------------
66 int main()
67 {
68   addToDispatcher('i',callInsertNumber);
69   addToDispatcher('d',callDeleteNumber);
70   addToDispatcher('s',showList);
71   addToDispatcher('r',showReverseList);
72   addToDispatcher('h',showHelp);
73   addToDispatcher('c',calculateSum);
74   addToDispatcher('q',quitProgram);
75   run();
76   return(0);
77 }
78
79 //------------------------------------------------------------
80 // creates a new node and inserts it in the correct position
81 // according to the given priority
82 void insertNumber(int number)
83 {
84   struct ListNode *node = newListNode(number);
85   struct ListNode *current = NULL;
86   struct ListNode *previous = NULL;
87
88   if (!first_node_) // this is the first node in the list
89   {
90     first_node_ = last_node_ = node;
91     num_elements_++;
92     return;
93   }
94
95   // find the correct position
96   current = first_node_;
97   while(current && (getNumberFromListNode(current) <= number))
98   {
99     previous = current;
100    current = getNextFromListNode(current);
101  }
102  setPreviousInListNode(node,previous);
103  setNextInListNode(node,current);
104  if (!previous) // first node
105    first_node_ = node;
106  else
107    setNextInListNode(previous,node);
108  if (!current) // last node
109    last_node_ = node;
110  else
111    setPreviousInListNode(current,node);
112  num_elements_++;
113 }
```

```
114
115 //-----------------------------------------------------------------
116 void deleteNumber(unsigned index)
117 {
118   unsigned help = index;
119   struct ListNode *current = first_node_;
120   struct ListNode *previous = NULL;
121   struct ListNode *next = NULL;
122
123   while(current && help--)
124   {
125     previous = current;
126     current = getNextFromListNode(current);
127   }
128   if (!current)
129   {
130     elementWithGivenIndexNotFound(index);
131     return;
132   }
133   next = getNextFromListNode(current);
134   if (!previous) // first node is deleted
135     first_node_ = next;
136   else
137     setNextInListNode(previous,next);
138   if (!next) // last node is deleted
139     last_node_ = previous;
140   else
141     setPreviousInListNode(next,previous);
142   deleteListNode(current);
143   num_elements_--;
144 }
145
146 //-----------------------------------------------------------------
147 void showList(unsigned char *input_line)
148 {
149   struct ListNode *current = first_node_;
150   unsigned index = 0;
151
152   while(current)
153   {
154     printf("(%u: %d)",index++,getNumberFromListNode(current));
155     current = getNextFromListNode(current);
156   }
157   printf("\n");
158 }
159
160 //-----------------------------------------------------------------
161 void showReverseList(unsigned char *input_line)
162 {
163   struct ListNode *current = last_node_;
164   unsigned index = num_elements_;
165
166   while(current)
167   {
168     printf("(%u: %d)",--index,getNumberFromListNode(current));
169     current = getPreviousFromListNode(current);
170   }
171   printf("\n");
172 }
173
174 //-----------------------------------------------------------------
175 void showHelp(unsigned char *input_line)
176 {
177   printf("accepted commands:\n");
178   printf("i <number>: insert <number>\n");
179   printf("d <index>: delete number with index <index>\n");
```

```
180   printf("s: show list\n");
181   printf("r: show reverse list\n");
182   printf("c: calculate sum\n");
183   printf("h: show this help\n");
184   printf("q: quit\n");
185 }
186
187 //------------------------------------------------------------
188 void calculateSum(unsigned char *input_line)
189 {
190   struct ListNode *current = first_node_;
191   int sum = 0;
192
193   while(current)
194   {
195     sum += getNumberFromListNode(current);
196     current = getNextFromListNode(current);
197   }
198   printf("%d\n",sum);
199 }
200
201 //------------------------------------------------------------
202 void quitProgram(unsigned char *input_line)
203 {
204   exit(0);
205 }
206
207 //============================================================
208 // all ListNode access functions
209
210 //------------------------------------------------------------
211 struct ListNode *newListNode(int number)
212 {
213   struct ListNode *node = malloc(sizeof(struct ListNode));
214   if (!node)
215     exitOnFatalErrorOutOfMemory();
216   node->number = number;
217   node->previous = node->next = NULL;
218   return(node);
219 }
220
221
222 //------------------------------------------------------------
223 void deleteListNode(struct ListNode *node)
224 {
225   if (!node)
226     exitOnFatalErrorIllegalArgument("deleteListNode");
227   free(node);
228   return;
229 }
230
231 //------------------------------------------------------------
232 void setNextInListNode(struct ListNode *node,
233                        struct ListNode *next)
234 {
235   if (!node)
236     exitOnFatalErrorIllegalArgument("setNextInListNode");
237   node->next = next;
238 }
239
240 //------------------------------------------------------------
241 struct ListNode *getNextFromListNode(struct ListNode *node)
242 {
243   if (!node)
244     exitOnFatalErrorIllegalArgument("getNextFromListNode");
245   return(node->next);
```

```
246 }
247
248 //-----------------------------------------------------------------
249 void setPreviousInListNode(struct ListNode *node,
250                            struct ListNode *previous)
251 {
252   if (!node)
253     exitOnFatalErrorIllegalArgument("setPreviousInListNode");
254   node->previous = previous;
255 }
256
257 //-----------------------------------------------------------------
258 struct ListNode *getPreviousFromListNode(struct ListNode *node)
259 {
260   if (!node)
261     exitOnFatalErrorIllegalArgument("getPreviousFromListNode");
262   return(node->previous);
263 }
264
265 //-----------------------------------------------------------------
266 int getNumberFromListNode(struct ListNode *node)
267 {
268   if (!node)
269     exitOnFatalErrorIllegalArgument("getNumberFromListNode");
270   return(node->number);
271 }
272
273
274 //-----------------------------------------------------------------
275 // The run-loop of the program that accepts the keyboard input
276
277 void run()
278 {
279   unsigned char *input_line = malloc(sizeof(unsigned char) *
280                                      (MAX_LINE_LENGTH + 1));
281   int chars_read = 0;
282
283   for(;;)
284   {
285     printf("list control> ");
286     if ((chars_read = readLine(input_line,MAX_LINE_LENGTH) ==
287          ILLEGAL_ARGUMENTS))
288     {
289       printf("Error: (internal) readLine: ILLEGAL_ARGUMENTS\n");
290       exit(-1);
291     }
292     dispatch(input_line);
293   }
294 }
295
296 //-----------------------------------------------------------------
297 // reads one line from the keyboard
298 int readLine(unsigned char *str,unsigned max_length)
299 {
300   unsigned char character_read = '\0';
301   unsigned num_chars = 0;
302
303   if ((max_length <= 1) || (str == NULL))
304     return(ILLEGAL_ARGUMENTS);
305
306   while((character_read = getchar()) != '\n')
307   {
308     *str++ = character_read;
309     if (++num_chars >= max_length)
310       break;
311   }
```

```
312   *str = '\0';
313   return(num_chars);
314 }
315
316 //==========================================================
317 // keyboard event dispatcher functions
318
319 //----------------------------------------------------------
320 void addToDispatcher(unsigned char input,
321                      void (*handler)(unsigned char *input_line))
322 {
323   handler_[input] = handler;
324 }
325
326 //----------------------------------------------------------
327 void removeFromDispatcher(unsigned char input)
328 {
329   handler_[input] = NULL;
330 }
331
332 //----------------------------------------------------------
333 // dispatches the keyboard input
334
335 void dispatch(unsigned char *input_line)
336 {
337   if (handler_[*input_line] != NULL)
338     handler_[*input_line](input_line);
339   else
340     commandNotRecognized(input_line);
341 }
342
343 //----------------------------------------------------------
344 void callInsertNumber(unsigned char *input_line)
345 {
346   // for demonstration purposes we do everything by hand here
347   // and to make things easier we don't interpret negative numbers
348   unsigned char *help = input_line;
349   int number = 0;
350
351   while(*++help) // look for the start of the number
352   {
353     if ((*help >= '0') && (*help <= '9'))
354       break;
355     if (*help != ' ') // nothing else than spaces allowed here
356     {
357       commandNotRecognized(input_line);
358       return;
359     }
360   }
361   while((*help >= '0') && (*help <= '9')) // extract the number
362     number = (number * 10) + (*help++ - '0');
363       // the remainder of the line is the task description
364   insertNumber(number);
365 }
366
367
368 //----------------------------------------------------------
369 void callDeleteNumber(unsigned char *input_line)
370 {
371   // for demonstration purposes we do everything by hand here
372   unsigned char *help = input_line;
373   unsigned index = 0;
374
375   while(*++help) // look for the start of the number
376   {
377     if ((*help >= '0') && (*help <= '9'))
```

```
378         break;
379       if (*help != ' ') // nothing else than spaces allowed here
380       {
381         commandNotRecognized(input_line);
382         return;
383       }
384     }
385     while((*help >= '0') && (*help <= '9')) // extract the number
386       index = (index * 10) + (*help++ - '0');
387     // here we should check, whether something unallowed follows,
388     // I leave this up to you
389     deleteNumber(index);
390 }
391
392
393 //------------------------------------------------------------------
394 void elementWithGivenIndexNotFound(unsigned index)
395 {
396   printf("Error: element with index %d does not exist\n",index);
397 }
398
399 //------------------------------------------------------------------
400 void commandNotRecognized(unsigned char *command_line)
401 {
402   printf("Error: command not recognized... %s\n",command_line);
403 }
404
405 //------------------------------------------------------------------
406 // helper function if the program runs out of memory
407 void exitOnFatalErrorOutOfMemory()
408 {
409   printf("Fatal Error: Out of Memory\n");
410   exit(-1);
411 }
412
413 //------------------------------------------------------------------
414 // helper function if a function gets an illegal argument
415 void exitOnFatalErrorIllegalArgument(unsigned char* func_name)
416 {
417   printf("Fatal Error: IllegalArgument in function %s\n",
418          func_name);
419   exit(-2);
420 }
```

J.2.2 Implementation 2

Wir waren in unserer ersten Implementation dadurch eingeschränkt, dass wir noch nicht mit mehreren Files umgehen konnten, und auch dadurch, dass zum "richtigen" Zeitpunkt für dieses Beispiel noch nicht alle C-Konstrukte bekannt waren, die hier nützlich sein können. In der Lösung, die wir jetzt betrachten, setzen wir alles als bekannt voraus und versuchen damit ein saubereres Programm zu bekommen.

Identifizieren wir zu diesem Zweck einmal sinnvolle, wiederverwendbare Utilities, die wir extra programmieren, damit wir sie in mehreren unserer Programme einfach verwenden können, ohne sie mit Copy-and-Paste immer wieder in den Source einzubinden. Die offensichtlichen Kandidaten dafür sind:

Doppelt verkettete Liste: Doppelt verkettete Listen sind vielfach für alle möglichen Anwendungen brauchbar. Dementsprechend ist es wünschenswert, einfach eine allgemeine doppelt verkettete Liste als Utility zu haben, mit der man je nach Anwendung alles Mögliche machen kann.

Eingabe: Der Mechanismus des Lesens vom Keyboard und des Aufrufens von Callbacks lässt sich mit ein paar Handgriffen zu einem allgemeinen Utility umbauen, sodass wir ihn in vielen unserer Programme wiederverwenden können.

Error Handling: Hier werden die Error-Anzeigeroutinen zusammengefasst, da diese von allen Programmteilen gebraucht werden.

Man kann natürlich noch weitere kleine Utilities identifizieren, z.B. auch die Ausgabe etc. Ich will aber hier nicht den Rahmen sprengen, sondern die Zerlegung nur einmal zur Demonstration hier einfließen lassen. Dazu reicht es, sich auf die drei zuvor identifizierten wichtigsten Kandidaten zu stürzen. Es geht hier vor allem darum, ein wenig Gefühl und Verständnis dafür zu vermitteln, dass es sehr zielführend sein kann, ein Programm aus vielen kleinen Utilities im Baukastenprinzip zusammenzusetzen und nur noch die entsprechende Logik zur Verbindung der einzelnen Bausteine zu schreiben.

Doppelt Verkettete Liste. Ohne explizit wieder auf URD, SRD und DDD einzugehen, sollen hier kurz die wichtigsten Designentscheidungen diskutiert werden, die zu einer allgemein verwendbaren doppelt verketteten Liste führen:

- Ein Knoten besteht aus Inhalt, Pointer zum Vorgänger und Pointer zum Nachfolger. Um problemlos beliebigen Inhalt speichern zu können, wird dafür ein Pointer verwendet.
- Eine Liste besteht aus beliebig vielen Knoten, wobei der erste und letzte Knoten der Liste über entsprechende Pointer gehalten werden.
- Sollte eine Liste von mehreren benutzenden Codeteilen unabhängig voneinander durchlaufbar und änderbar sein (z.B. im Multithreading-Betrieb), dann müsste man hier noch das Konzept von *Thread-Safe Iterators* fordern, aber dies ist endgültig weit außerhalb dessen, was in diesem Buch behandelt werden soll. Mit solchen Betrachtungen bewegen wir uns schon mitten im Kapitel spezieller *Design Patterns*, die viele Bücher füllen.

  Also machen wir hier einen Abstrich und setzen voraus, dass eine Liste nicht im Multithreading-Betrieb benutzt werden darf und dass wir damit auf *concurrent Iteration und Modification* keine Rücksicht zu nehmen brauchen.

  Auch diese Betrachtungen sollen nur demonstrieren, dass je nach Anwendung viele Dinge zu beachten sind, die zu Zeitbomben mutieren können, wenn man sie ignoriert. Wir begnügen uns damit, dass wir ein mögliches Problem erkannt haben, ignorieren dieses und implementieren einen einfachen Iterator zum Durchlaufen der Liste, der solchen Dingen keine Beachtung schenkt.

Eine mögliche Implementation eines solchen List-Utilities könnte dann aussehen wie folgt:
Es gibt einen Header namens `dl_list.h`, der die allgemein zur Verfügung gestellten Dinge deklariert:

```
1 // dl_list.h - header for a double-linked list implementation
2
3 #ifndef __dl_list_h__
4 #define __dl_list_h__
5
6 // the following typedef has to be here for struct _DLList_,
7 // although the node itself is private
8 typedef struct _DLListNode_ DLListNode;
9
10 typedef struct _DLList_ DLList;
11 typedef struct _DLListIterator_ DLListIterator;
12
13 // list and public (!!) access functions for it
14
15 struct _DLList_
16 {
17   DLListNode *first;
18   DLListNode *last;
19 };
20
21 DLList *newDLList();
22 void deleteDLList(DLList *list);
23
24 // iterator and access functions for it
25
26 struct _DLListIterator_
27 {
28   DLList *list;
29   DLListNode *current;
30 };
31
32 DLListIterator *newDLListIterator(DLList *list);
33 void deleteDLListIterator(DLListIterator *iterator);
34 void insertElementAfterCurrent(DLListIterator *iterator,
35                                void *content);
36 void insertElementBeforeCurrent(DLListIterator *iterator,
37                                 void *content);
38 void deleteCurrentElement(DLListIterator *iterator);
39 void *setCurrentToFirstElement(DLListIterator *iterator);
40 void *setCurrentToLastElement(DLListIterator *iterator);
41 void *gotoNextElement(DLListIterator *iterator);
42 void *gotoPreviousElement(DLListIterator *iterator);
43 void *getCurrentElement(DLListIterator *iterator);
44
45 #endif // __dl_list_h__
```

Daneben gibt es einen zweiten Header namens `dl_list_private.h`, der die Dinge deklariert, die in der Liste gebraucht werden, die aber nicht allgemein zugänglich sein sollen:

```
1 // dl_list_private.h - declarations that are not for public use
2
3 #ifndef __dl_list_private_h__
4 #define __dl_list_private_h__
5
6 // private access functions for DLList
7
```

```
 8 void setFirstInDLList(DLList *list,DLListNode *node);
 9 DLListNode *getFirstFromDLList(DLList *list);
10 void setLastInDLList(DLList *list,DLListNode *node);
11 DLListNode *getLastFromDLList(DLList *list);
12
13 // list node and access functions for it (completely private!)
14
15 struct _DLListNode_
16 {
17   void *content;
18   DLListNode *previous;
19   DLListNode *next;
20 };
21
22 DLListNode *newDLListNode(void *content);
23 void deleteDLListNode(DLListNode *node);
24 void setNextInDLListNode(DLListNode *node,DLListNode *next);
25 DLListNode *getNextFromDLListNode(DLListNode *node);
26 void setPreviousInDLListNode(DLListNode *node,
27                              DLListNode *next);
28 DLListNode *getPreviousFromDLListNode(DLListNode *node);
29 void setContentInDLListNode(DLListNode *node,void *content);
30 void* getContentFromDLListNode(DLListNode *node);
31
32 #endif // __dl_list_private_h__
```

Und die Implementation steckt in `dl_list.c`:

```
 1 // dl_list.c - example implementation for a double linked list
 2
 3 #include "dl_list.h"
 4 #include "dl_list_private.h"
 5
 6 #include <stdio.h>
 7 #include <stdlib.h>
 8
 9 //==================================================================
10 // access functions for DLList
11
12 //------------------------------------------------------------------
13 DLList *newDLList()
14 {
15   DLList *list = malloc(sizeof(DLList));
16   if (!list)
17     exitOnFatalErrorOutOfMemory();
18   list->first = list->last = NULL;
19   return(list);
20 }
21
22 //------------------------------------------------------------------
23 void deleteDLList(DLList *list)
24 {
25   DLListNode *current = list->first;
26   if (!list)
27     exitOnFatalErrorIllegalArgument("deleteDLList");
28   while(current)
29   {
30     DLListNode *next = getNextFromDLListNode(current);
31     deleteDLListNode(current);
32     current = next;
33   }
34   free(list);
35 }
36
37 //------------------------------------------------------------------
```

```
38 void setFirstInDLList(DLList *list,DLListNode *node)
39 {
40   if (!list)
41     exitOnFatalErrorIllegalArgument("setFirstInDLList");
42   list->first = node;
43 }
44
45 //----------------------------------------------------------------
46 DLListNode *getFirstFromDLList(DLList *list)
47 {
48   if (!list)
49     exitOnFatalErrorIllegalArgument("getFirstFromDLList");
50   return(list->first);
51 }
52
53 //----------------------------------------------------------------
54 void setLastInDLList(DLList *list,DLListNode *node)
55 {
56   if (!list)
57     exitOnFatalErrorIllegalArgument("setLastInDLList");
58   list->last = node;
59 }
60
61 //----------------------------------------------------------------
62 DLListNode *getLastFromDLList(DLList *list)
63 {
64   if (!list)
65     exitOnFatalErrorIllegalArgument("getLastFromDLList");
66   return(list->last);
67 }
68
69
70 //================================================================
71 // all DLListNode access functions
72
73 //----------------------------------------------------------------
74 DLListNode *newDLListNode(void *content)
75 {
76   DLListNode *node = malloc(sizeof(DLListNode));
77   if (!node)
78     exitOnFatalErrorOutOfMemory();
79   node->content = content;
80   node->previous = node->next = NULL;
81   return(node);
82 }
83
84
85 //----------------------------------------------------------------
86 void deleteDLListNode(DLListNode *node)
87 {
88   if (!node)
89     exitOnFatalErrorIllegalArgument("deleteDLListNode");
90   if (node->content)
91     free(node->content);
92   free(node);
93   return;
94 }
95
96 //----------------------------------------------------------------
97 void setNextInDLListNode(DLListNode *node,DLListNode *next)
98 {
99   if (!node)
100    exitOnFatalErrorIllegalArgument("setNextInDLListNode");
101  node->next = next;
102 }
103
```

```
104 //------------------------------------------------------------------
105 DLListNode *getNextFromDLListNode(DLListNode *node)
106 {
107   if (!node)
108     exitOnFatalErrorIllegalArgument("getNextFromDLListNode");
109   return(node->next);
110 }
111
112 //------------------------------------------------------------------
113 void setPreviousInDLListNode(DLListNode *node,DLListNode *previous)
114 {
115   if (!node)
116     exitOnFatalErrorIllegalArgument("setPreviousInDLListNode");
117   node->previous = previous;
118 }
119
120 //------------------------------------------------------------------
121 DLListNode *getPreviousFromDLListNode(DLListNode *node)
122 {
123   if (!node)
124     exitOnFatalErrorIllegalArgument("getPreviousFromDLListNode");
125   return(node->previous);
126 }
127
128 //------------------------------------------------------------------
129 void setContentInDLListNode(DLListNode *node,void *content)
130 {
131   if (!node)
132     exitOnFatalErrorIllegalArgument("setContentInDLListNode");
133   if (node->content)
134     free(node->content);
135   node->content = content;
136 }
137
138 //------------------------------------------------------------------
139 void *getContentFromDLListNode(DLListNode *node)
140 {
141   if (!node)
142     return(NULL);
143   return(node->content);
144 }
145
146 //==================================================================
147 // functions for the list iterator
148
149 //------------------------------------------------------------------
150 DLListIterator *newDLListIterator(DLList *list)
151 {
152   DLListIterator *iterator = malloc(sizeof(DLListIterator));
153   if (!list)
154     exitOnFatalErrorIllegalArgument("newDLListIterator");
155   if (!iterator)
156     exitOnFatalErrorOutOfMemory();
157   iterator->list = list;
158   iterator->current = getFirstFromDLList(list);
159   return(iterator);
160 }
161
162 //------------------------------------------------------------------
163 void deleteDLListIterator(DLListIterator *iterator)
164 {
165   if (!iterator)
166     exitOnFatalErrorIllegalArgument("deleteDLListIterator");
167   free(iterator);
168 }
169
```

```
170 //-----------------------------------------------------------
171 void insertElementAfterCurrent(DLListIterator *iterator,
172                                void *content)
173 {
174   DLListNode *node = newDLListNode(content);
175   DLListNode *current = NULL;
176   DLListNode *next = NULL;
177
178   if (!iterator)
179     exitOnFatalErrorIllegalArgument("insertElementAfterCurrent");
180
181   current = iterator->current;
182   next = current ? getNextFromDLListNode(current) : NULL;
183
184   if (!current) // either first node or illegal state
185   {
186     if (getFirstFromDLList(iterator->list))
187       exitOnFatalErrorIllegalState("insertElementAfterCurrent");
188     setFirstInDLList(iterator->list,node);
189     setLastInDLList(iterator->list,node);
190     iterator->current = node;
191     return;
192   }
193   setPreviousInDLListNode(node,current);
194   setNextInDLListNode(node,next);
195   setNextInDLListNode(current,node);
196   if (next)
197     setPreviousInDLListNode(next,node);
198   else
199     setLastInDLList(iterator->list,node);
200   iterator->current = node;
201 }
202
203 //-----------------------------------------------------------
204 void insertElementBeforeCurrent(DLListIterator *iterator,
205                                 void *content)
206 {
207   DLListNode *node = newDLListNode(content);
208   DLListNode *current = NULL;
209   DLListNode *previous = NULL;
210
211   if (!iterator)
212     exitOnFatalErrorIllegalArgument("insertElementBeforeCurrent");
213
214   current = iterator->current;
215   previous = current ? getPreviousFromDLListNode(current) : NULL;
216
217   if (!current) // either first node or illegal state
218   {
219     if (getFirstFromDLList(iterator->list))
220       exitOnFatalErrorIllegalState("insertElementAfterCurrent");
221     setFirstInDLList(iterator->list,node);
222     setLastInDLList(iterator->list,node);
223     iterator->current = node;
224     return;
225   }
226   setPreviousInDLListNode(node,previous);
227   setNextInDLListNode(node,current);
228   setPreviousInDLListNode(current,node);
229   if (previous)
230     setNextInDLListNode(previous,node);
231   else
232     setFirstInDLList(iterator->list,node);
233   iterator->current = node;
234 }
235
```

```
236 //------------------------------------------------------------------
237 void deleteCurrentElement(DLListIterator *iterator)
238 {
239   DLListNode *current = NULL;
240   DLListNode *previous = NULL;
241   DLListNode *next = NULL;
242
243   if (!iterator)
244     exitOnFatalErrorIllegalArgument("deleteCurrentElement");
245
246   current = iterator->current;
247
248   if (!current)
249     exitOnFatalErrorIllegalState("deleteCurrentElement");
250
251   previous = getPreviousFromDLListNode(current);
252   next = getNextFromDLListNode(current);
253
254   if (!previous) // first node is deleted
255     setFirstInDLList(iterator->list,next);
256   else
257     setNextInDLListNode(previous,next);
258   if (!next) // last node is deleted
259     setLastInDLList(iterator->list,previous);
260   else
261     setPreviousInDLListNode(next,previous);
262   deleteDLListNode(current);
263   iterator->current = next;
264 }
265
266 //------------------------------------------------------------------
267 void *setCurrentToFirstElement(DLListIterator *iterator)
268 {
269   if (!iterator)
270     exitOnFatalErrorIllegalArgument("setCurrentToFirstElement");
271   iterator->current = getFirstFromDLList(iterator->list);
272   return(getContentFromDLListNode(iterator->current));
273 }
274
275 //------------------------------------------------------------------
276 void *setCurrentToLastElement(DLListIterator *iterator)
277 {
278   if (!iterator)
279     exitOnFatalErrorIllegalArgument("setCurrentToFirstElement");
280   iterator->current = getLastFromDLList(iterator->list);
281   return(getContentFromDLListNode(iterator->current));
282 }
283
284 //------------------------------------------------------------------
285 void *gotoNextElement(DLListIterator *iterator)
286 {
287   if (!iterator)
288     exitOnFatalErrorIllegalArgument("gotoNextElement");
289   iterator->current = getNextFromDLListNode(iterator->current);
290   return(getContentFromDLListNode(iterator->current));
291 }
292
293 //------------------------------------------------------------------
294 void *gotoPreviousElement(DLListIterator *iterator)
295 {
296   if (!iterator)
297     exitOnFatalErrorIllegalArgument("gotoPreviousElement");
298   iterator->current = getPreviousFromDLListNode(iterator->current);
299   return(getContentFromDLListNode(iterator->current));
300 }
301
```

```
302 //-----------------------------------------------------------------
303 void *getCurrentElement(DLListIterator *iterator)
304 {
305   if (!iterator)
306     exitOnFatalErrorIllegalArgument("gotoPreviousElement");
307   return(getContentFromDLListNode(iterator->current));
308 }
```

Input Handling. Hier nehmen wir unseren altbekannten Dispatcher und Run-Loop, und basteln daraus einfach mit leichten Modifikationen (Anzeige des *Prompts*) unser Utility.
Wieder haben wir einen public Header (`simple_input_handling.h`), einen private Header (`simple_input_handling_private.h`) und das entsprechende C-File (`simple_input_handling.c`):

```
1 // simple_input_handling.h - useful simple input handling using
2 // callbacks and a dispatcher
3
4 #ifndef __simple_input_handling_h__
5 #define __simple_input_handling_h__
6
7 #define MAX_LINE_LENGTH 256
8 #define ILLEGAL_ARGUMENTS -1
9
10 void run();
11 int readLine(char *str,unsigned max_length);
12 void addToDispatcher(unsigned char input,
13                      void (*handler)(char *input_line));
14 void removeFromDispatcher(unsigned char input);
15 void setPrompt(char *prompt);
16 void commandNotRecognized(char *command_line);
17
18 #endif // __simple_input_handling_h__
```

```
1 // simple_input_handling_private.h - private functions needed
2 // by the simple input handler
3
4 #ifndef __simple_input_handling_private_h__
5 #define __simple_input_handling_private_h__
6
7 void dispatch(char *input_line);
8
9 #endif // __simple_input_handling_private_h__
```

```
1 // simple_input_handling.c - useful simple input handling using
2 // callbacks and a dispatcher
3
4 #include "simple_input_handling.h"
5 #include "simple_input_handling_private.h"
6
7 #include <stdio.h>
8 #include <stdlib.h>
9
10 static char *prompt_ = NULL;
11 static void (*handler_[256])(char *input_line);
12
13 //-----------------------------------------------------------------
```

```
14 // The main run-loop of the program that accepts keyboard input
15
16 void run()
17 {
18   unsigned char *input_line = malloc(sizeof(char) *
19                                  (MAX_LINE_LENGTH + 1));
20   int chars_read = 0;
21
22   for(;;)
23   {
24     if (!prompt_)
25       printf(">");
26     else
27       printf("%s",prompt_);
28     if ((chars_read = readLine(input_line,MAX_LINE_LENGTH) ==
29          ILLEGAL_ARGUMENTS))
30     {
31       printf("Error: readLine returned ILLEGAL_ARGUMENTS\n");
32       exit(-1);
33     }
34     dispatch(input_line);
35   }
36 }
37
38 //-----------------------------------------------------------
39 // reads one line from the keyboard
40 int readLine(char *str,unsigned max_length)
41 {
42   char character_read = '\0';
43   unsigned num_chars = 0;
44
45   if ((max_length <= 1) || (!str))
46     return(ILLEGAL_ARGUMENTS);
47
48   while((character_read = getchar()) != '\n')
49   {
50     *str++ = character_read;
51     if (++num_chars >= max_length)
52       break;
53   }
54   *str = '\0';
55   return(num_chars);
56 }
57
58 //-----------------------------------------------------------
59 void addToDispatcher(unsigned char input,
60                      void (*handler)(char *input_line))
61 {
62   handler_[input] = handler;
63 }
64
65 //-----------------------------------------------------------
66 void removeFromDispatcher(unsigned char input)
67 {
68   handler_[input] = NULL;
69 }
70
71 //-----------------------------------------------------------
72 void setPrompt(char *prompt)
73 {
74   if (prompt_)
75     free(prompt_);
76   prompt_ = prompt;
77 }
78
79 //-----------------------------------------------------------
```

```
80 // dispatches the keyboard input
81
82 void dispatch(char *input_line)
83 {
84   if (handler_[*input_line] != NULL)
85     handler_[*input_line](input_line);
86   else
87     commandNotRecognized(input_line);
88 }
89
90 //------------------------------------------------------------
91 void commandNotRecognized(char *command_line)
92 {
93   printf("Error: command not recognized... %s\n",command_line);
94 }
```

Error Handling. Auch hier treffen wir alte Bekannte, nur eben in eigene Files ausgelagert:

```
1 // error_handling.h - some useful error handling functions
2
3 #ifndef __error_handling_h__
4 #define __error_handling_h__
5
6 void exitOnFatalErrorOutOfMemory();
7 void exitOnFatalErrorIllegalArgument(char* func_name);
8 void exitOnFatalErrorIllegalState(char* func_name);
9
10 #endif // __error_handling_h__
```

```
1 // error_handling.c - some useful error handling functions
2
3 #include <stdio.h>
4
5 //------------------------------------------------------------
6 // used if a function is called but has an illegal state
7 void exitOnFatalErrorIllegalState(char* func_name)
8 {
9   printf("Fatal Error: IllegalState in function %s\n",func_name);
10  exit(-2);
11 }
12
13 //------------------------------------------------------------
14 // used if the program runs out of memory
15 void exitOnFatalErrorOutOfMemory()
16 {
17   printf("Fatal Error: Out of Memory\n");
18   exit(-1);
19 }
20
21 //------------------------------------------------------------
22 // used if a function gets an illegal argument
23 void exitOnFatalErrorIllegalArgument(char* func_name)
24 {
25   printf("Fatal Error: IllegalArgument in function %s\n",
26          func_name);
27   exit(-2);
28 }
```

Das Hauptprogramm. Die spezielle Logik unserer Liste lagern wir noch in unser Hauptprogramm mit Header aus:

```
1 // sorted_list_solution2.h - header for our sorted list
2
3 #ifndef __sorted_list_solution2_h__
4 #define __sorted_list_solution2_h__
5
6 void insertNumber(int number);
7 void deleteNumber(unsigned index);
8 void showList(char *input_line);
9 void showReverseList(char *input_line);
10 void showHelp(char *input_line);
11 void calculateSum(char *input_line);
12 void quitProgram(char *input_line);
13 void elementWithGivenIndexNotFound(unsigned index);
14
15 void callInsertNumber(char *input_line);
16 void callDeleteNumber(char *input_line);
17
18 #endif // __sorted_list_solution2_h__
```

```
1 // sorted_list_solution2.c - more flexible than the first solution
2
3 #include "dl_list.h"
4 #include "simple_input_handling.h"
5 #include "error_handling.h"
6 #include "sorted_list_solution2.h"
7
8 #include <stdio.h>
9 #include <stdlib.h>
10
11 DLListIterator *iterator_ = NULL;
12 int num_elements_ = 0;
13
14 //------------------------------------------------------------
15 int main()
16 {
17   iterator_ = newDLListIterator(newDLList());
18   setPrompt("list control> ");
19   addToDispatcher('i',callInsertNumber);
20   addToDispatcher('d',callDeleteNumber);
21   addToDispatcher('s',showList);
22   addToDispatcher('r',showReverseList);
23   addToDispatcher('h',showHelp);
24   addToDispatcher('c',calculateSum);
25   addToDispatcher('q',quitProgram);
26   run();
27   return(0);
28 }
29
30 //------------------------------------------------------------
31 void callInsertNumber(char *input_line)
32 {
33   // for demonstration purposes we do everything by hand here
34   // and to make things easier we don't interpret negative numbers
35   char *help = input_line;
36   int number = 0;
37
38   while(*++help) // look for the start of the number
39   {
40     if ((*help >= '0') && (*help <= '9'))
41       break;
```

```
42      if (*help != ' ') // nothing else than spaces allowed here
43      {
44        commandNotRecognized(input_line);
45        return;
46      }
47    }
48    while((*help >= '0') && (*help <= '9')) // extract the number
49      number = (number * 10) + (*help++ - '0');
50    insertNumber(number); // remainder of the line is the description
51 }
52
53
54 //-----------------------------------------------------------------
55 void callDeleteNumber(char *input_line)
56 {
57    // for demonstration purposes we do everything by hand here
58    char *help = input_line;
59    unsigned index = 0;
60
61    while(*++help) // look for the start of the number
62    {
63      if ((*help >= '0') && (*help <= '9'))
64        break;
65      if (*help != ' ') // nothing else than spaces allowed here
66      {
67        commandNotRecognized(input_line);
68        return;
69      }
70    }
71    while((*help >= '0') && (*help <= '9')) // extract the number
72      index = (index * 10) + (*help++ - '0');
73    // here we should check, whether something unallowed follows,
74    // I leave this up to you
75    deleteNumber(index);
76 }
77
78 //-----------------------------------------------------------------
79 // creates a new node and inserts it in the correct position
80 // according to the given priority
81 void insertNumber(int number)
82 {
83    int *num = (int*)setCurrentToFirstElement(iterator_);
84    int *insert = malloc(sizeof(int));
85    if (!insert)
86      exitOnFatalErrorOutOfMemory();
87    *insert = number;
88
89    while(num && (*num <= number))
90      num = (int*)gotoNextElement(iterator_);
91    if (!num) // either first element in list or last element
92    {
93      setCurrentToLastElement(iterator_);
94      insertElementAfterCurrent(iterator_, insert);
95    }
96    else
97      insertElementBeforeCurrent(iterator_, insert);
98    num_elements_++;
99 }
100
101 //-----------------------------------------------------------------
102 void deleteNumber(unsigned index)
103 {
104    int *current = (int*)setCurrentToFirstElement(iterator_);
105
106    while(current && index--)
107      current = gotoNextElement(iterator_);
```

```
108   if (!current)
109   {
110     elementWithGivenIndexNotFound(index);
111     return;
112   }
113   deleteCurrentElement(iterator_);
114   num_elements_--;
115 }
116
117 //------------------------------------------------------------------
118 void showList(char *input_line)
119 {
120   int *current = (int*)setCurrentToFirstElement(iterator_);
121   unsigned index = 0;
122
123   while(current)
124   {
125     printf("(%u: %d)",index++,*current);
126     current = (int*)gotoNextElement(iterator_);
127   }
128   printf("\n");
129 }
130
131 //------------------------------------------------------------------
132 void showReverseList(char *input_line)
133 {
134   int *current = (int*)setCurrentToLastElement(iterator_);
135   unsigned index = num_elements_;
136
137   while(current)
138   {
139     printf("(%u: %d)",--index,*current);
140     current = (int*)gotoPreviousElement(iterator_);
141   }
142   printf("\n");
143 }
144
145 //------------------------------------------------------------------
146 void showHelp(char *input_line)
147 {
148   printf("accepted commands:\n");
149   printf("i <number>: insert <number>\n");
150   printf("d <index>: delete number with index <index>\n");
151   printf("s: show list\n");
152   printf("r: show reverse list\n");
153   printf("c: calculate sum\n");
154   printf("h: show this help\n");
155   printf("q: quit\n");
156 }
157
158 //------------------------------------------------------------------
159 void calculateSum(char *input_line)
160 {
161   int *current = (int*)setCurrentToFirstElement(iterator_);
162   int sum = 0;
163
164   while(current)
165   {
166     sum += *current;
167     current = (int*)gotoNextElement(iterator_);
168   }
169   printf("%d\n",sum);
170 }
171
172 //------------------------------------------------------------------
173 void quitProgram(char *input_line)
```

```
174 {
175   exit(0);
176 }
177
178 //------------------------------------------------------------
179 void elementWithGivenIndexNotFound(unsigned index)
180 {
181   printf("Error: element with index %d does not exist\n",index);
182 }
```

Makefile. Damit wir nun auch noch das Programm erstellen können, brauchen wir ein Makefile (`SortedList2Makefile`), in dem die Abhängigkeiten deklariert sind:

```
1 OBJS = simple_input_handling.o \
2        dl_list.o\
3        error_handling.o\
4        sorted_list_solution2.o
5 CC = gcc
6 LD = gcc
7 CC_FLAGS = -c
8 LD_FLAGS = -o
9 EXECUTABLE = sorted_list_solution2
10
11 sorted_list_solution2 : $(OBJS)
12   $(LD) $(LD_FLAGS) $(EXECUTABLE) $(OBJS)
13
14 simple_input_handling.o : simple_input_handling.c \
15                           simple_input_handling.h \
16                           simple_input_handling_private.h
17   $(CC) $(CC_FLAGS) simple_input_handling.c
18
19 dl_list.o : dl_list.c \
20             dl_list.h \
21             dl_list_private.h
22   $(CC) $(CC_FLAGS) dl_list.c
23
24 error_handling.o : error_handling.c \
25                    error_handling.h
26   $(CC) $(CC_FLAGS) error_handling.c
27
28 sorted_list_solution2.o : sorted_list_solution2.c \
29                           sorted_list_solution2.h \
30                           dl_list.h \
31                           simple_input_handling.h \
32                           error_handling.h
33   $(CC) $(CC_FLAGS) sorted_list_solution2.c
34
35 all : sorted_list_solution2
36
37 clean :
38   rm $(OBJS) $(EXECUTABLE)
```

J.3 Lösung zu Beispiel 3 (Taschenrechner)

Ich möchte die Lösung zu diesem Übungsbeispiel dazu verwenden, um noch einmal ein paar neue Konzepte vorzustellen, die in der Praxis sehr brauchbar sein können. Vor allem auch möchte ich hier noch einmal ein wenig am

Beispiel auf die Stärken und Stolpersteine bei exzessiver Verwendung von Pointern eingehen. Auch der Preprocessor kommt in der Folge nicht zu kurz.

Anders als bei den vorangegangenen Musterlösungen werden hier zuerst einzelne wichtige Codestücke herausgegriffen und näher besprochen, bevor das gesamte Listing der einzelnen Module abgedruckt wird.

J.3.1 Identifikation der Module

Je größer ein Projekt wird, desto wichtiger ist es, sauber einzelne Module zu identifizieren und eine Zerlegung des Gesamtprojekts in diese Module vorzunehmen. Man will ja einerseits wiederverwendbare Teile bekommen, andererseits will man ein einigermaßen leicht durchschaubares Projekt erstellen. Ein Aspekt der Zerlegung in Module ist allerdings noch mindestens so wichtig wie die Wiederverwendbarkeit und die Durchschaubarkeit: die Möglichkeit, ein Projekt im Team durchführen zu können! Man kann sich leicht vorstellen, dass es praktisch unmöglich ist, mehrere Entwickler dieselben Source-Files editieren zu lassen, denn diese würden damit beginnen gegeneinander zu arbeiten. Es ist also notwendig, jedem Entwickler ein unabhängiges Teilgebiet mit genau definierten Schnittstellen zu geben. Ein solches Teilgebiet umfasst ein oder mehrere Module.

Ohne jetzt zum wiederholten Mal zu erklären, wie man die einzelnen Module identifiziert, möchte ich hier gleich das Ergebnis der Zerlegung präsentieren:

Steuerungseinheit: Das wichtigste Modul ist die Steuerungseinheit des Taschenrechners, denn dieses macht aus allen einzelnen Bausteinen erst unseren gewünschten Rechner.

Operationen: Die Operationen, die der Taschenrechner beherrschen soll, sollten jede für sich im Prinzip ein abgeschlossenes Modul darstellen. Es beeinflussen sich die Operationen ja gegenseitig nicht, daher kann man sie auch als getrennte Einheiten behandeln. Es ist nur wichtig, dass ein vernünftiges Schema gefunden wird, nach dem man einen User-Input mit einer Operation verknüpfen kann, sodass immer die richtige Operation aufgerufen wird.

Input-Handling: Der User-Input muss gelesen werden, egal ob er nun vom Keyboard kommt oder vielleicht später einmal von einer graphischen Oberfläche. Je nachdem, welcher Input gelesen wird, muss einfach die richtige Operation "automatisch" aufgerufen werden, wie bereits bei den *Operationen* erwähnt. Obwohl im Augenblick nur Ein-Buchstaben-Kommandos gefordert sind, kann man sich leicht vorstellen, dass ein "echter" Taschenrechner auch ganze Kommandoworte akzeptieren können muss. Daher planen wir gleich jetzt ein, dass ein Kommando beliebig viele Buchstaben und Parameter haben kann. Wir brauchen also eine "vernünftige" Datenstruktur, die uns eine einfache Zuordnung von Kommandos auf aufgerufene Operationen ermöglicht, denn wir wollen dies ja nicht im Programm hardcodieren, sonst ist ein späteres Dazufügen von Kommandos immer gleich mit großen Änderungen im Programm verbunden.

Hashmap: Wie beim *Input-Handling* erwähnt, brauchen wir eine Datenstruktur, in der man möglichst effizient nach Strings suchen kann. Neben verschiedenen Implementationen von Binärbäumen gibt es auch die Datenstruktur der *Hashmap*, die für unser Problem gewisse Vorteile bietet. Wir entscheiden uns also für diese Datenstruktur, und damit wir die Implementation auch beliebig für andere Zwecke einsetzen können, schreiben wir ein wiederverwendbares Modul.

Stack: Der Taschenrechner arbeitet wie gefordert mit einem Stack und natürlich wollen wir auch diesen für andere Zwecke wiederverwenden können. Daher wird auch dieser allgemein als eigenes Modul geschrieben.

Error-Handling: Wenn wir schon *Hashmap* und *Stack* als eigenständige, allgemeine Module schreiben, dann ist es notwendig, dass wir uns für gewisse Fehlerbehandlungen etwas einfallen lassen. Wie schon an anderer Stelle erwähnt, ist es nicht wünschenswert, wenn ein Modul selbsttätig einen Fehler an den Benutzer meldet, denn damit wird die Erweiterbarkeit stark eingeschränkt. Außerdem kann ein allgemeines Modul über eine spezielle Anwendung niemals genug wissen, um die Bedeutung eines bestimmten Fehlers für diese Anwendung beurteilen zu können. Nehmen wir als Beispiel nur an, dass ein Element in einer Hashmap gesucht, aber nicht gefunden wird. Im Fall einer Wörterbuchanwendung wäre so etwas z.B. ein Fehler, denn dort will man ja wirklich den Eintrag sehen. Im Fall unseres Taschenrechners ist das nicht unbedingt so, denn wenn kein Operator erkannt wird, dann kann es immer noch ein Operand sein. Also soll hier auch kein Fehler gemeldet werden, denn unsere Applikation kann hier noch etwas tun, um vielleicht zu erkennen, dass gar kein "echter" Fehler vorliegt.

Debugging: Zur Fehlersuche während der Implementationsphase braucht man einige Hilfen, die die Entwickler dabei unterstützen. Dabei ist es wünschenswert, wenn jeder Entwickler dies nach demselben Prinzip macht, sonst wird es spätestens beim Integrationstest der Module kompliziert.

Mit diesen identifizierten Modulen und natürlich mit genauen Beschreibungen der Interfaces derselben macht sich nun ein Team von Entwicklern an die Arbeit, von denen je ein Entwickler für ein Modul zuständig ist. Folgende Implementationen kommen dabei heraus:

J.3.2 Error-Handling

Das Error-Handling ist zwar in dem Sinn ein Modul, dass es eigenständig entworfen wird, aber es ist im Prinzip nur ein Konzept, an das sich jeder Entwickler zu halten hat. Man kann das Error-Handling auch als Modul

sehen, das nur aus einem Interface und keiner (oder nur sehr kleiner) Implementation besteht. Aus diesem Grund wird es auch als erstes Modul in unseren Betrachtungen angeführt, da sich das Konzept dann durch alle anderen Module durchzieht.
Das hier vorgestellte Konzept des Error-Handlings hat Folgendes zum Ziel:

- Alle allgemeinen Module sollen Fehler, die sie nicht mehr selbst vernünftig behandeln können, jemandem zur Behandlung übergeben, der dies kann.
- Die Meldung eines Fehlers soll nicht über den return-Wert erfolgen, da dies einerseits nicht immer möglich ist, andererseits den Code stark aufbläht.

Weil es in C das (hier sehr wünschenswerte!) Konstrukt von Exceptions nicht gibt, fällt die Entscheidung auf die Implementation eines Callback-Mechanismus mit Funktionspointern. Bei jedem Funktionsaufruf, bei dem es vorkommen kann, dass ein Fehler zur Behandlung gemeldet werden muss, wird ein Funktionspointer als Parameter mitgegeben. Über diesen Funktionspointer wird im Fehlerfall die Behandlungsroutine aufgerufen. Geben wir dieser Behandlungsroutine hier den Namen *Error-Handler*. Ein solcher Error-Handler sollte je nach aufgetretenem Fehler eine besondere Behandlung durchführen können. Das bedeutet, dass entweder für jeden einzelnen Fehler ein eigener Error-Handler notwendig ist oder dass ein Error-Handler über einen Parameter den Typ des Fehlers mitgeteilt bekommt.

Die Entscheidung fällt hier auf das Mitteilen des Fehlers über einen Parameter, denn sonst kann alles sehr unübersichtlich werden, weil ja in jeder Funktion verschiedene Fehler auftreten können. Wenn nun jedes Mal bei Aufruf einer Funktion mehrere verschiedene Funktionspointer für die verschiedenen Fehler mitübergeben werden müssen, dann ist dieses Konzept aus Gründen der Übersichtlichkeit sicher zum Scheitern verurteilt.

Aus Gründen der Erweiterbarkeit fällt auch noch die Entscheidung, dass ein Error-Handler nicht nur einen Parameter mit dem Fehlertyp mitgeteilt bekommt, sondern dass auch ein zweiter Parameter vom Typ `void *` übergeben wird, über den je nach Fehlertyp verschiedene, zusätzliche Information weitergereicht wird. Es muss also für jeden Typ von Fehler dokumentiert sein, welcher Zusatz hier geliefert wird, um eine entsprechende Behandlung zu ermöglichen. In der Folge werden wir sehen, dass für unser vorliegendes Programm dieser Zusatzparameter immer einen String enthält. Noch genauere Information (z.B. über einen Pointer auf eine besondere `struct`) ist in unserem Fall (noch) nicht vonnöten.
Das Modul *Error-Handling* bestimmt also folgende Vorgehensweise:

- Jede Funktion, die bei Aufruf eventuell einen Fehler melden will, muss als **letzten Parameter** einen Funktionspointer nehmen, der auf eine Funktion zeigt, die `void` retourniert und die einen `unsigned`-Parameter als Fehlertyp sowie einen `void *`-Parameter als special-Info akzeptiert.
- Alle Fehlertypen sind immer `unsigned`-Werte, und mittels `#define` in einem gemeinsamen Header-File festgelegt.

- Alle derzeit definierten Fehlertypen werden bei Aufruf des entsprechenden Error-Handlers immer mit einem String als special-Info versehen. Dieser kann dann z.B. in einer Fehlermeldung ausgegeben werden.
- Im Fehlerfall innerhalb einer Funktion ruft diese den Error-Handler auf, um den Fehler zu melden. Sollte eine Funktion, die einen Fehler gemeldet hat, einen return-Wert liefern, so ist dieser auch im Fehlerfall so sinnvoll wie möglich zu wählen (z.B. entsprechender 0-Wert oder "unmöglicher" Wert).

Außer der hier besprochenen Konvention bei Funktionsaufrufen, der wir in der Folge noch oft begegnen werden, entstehen folgende Files zu diesem Modul:

```
1 // default_error_handling.h - definitions of errors and
2 //                            declaration of a standard handler
3 //                            for cases when you don't want or
4 //                            need to write your own.
5
6 #ifndef __default_error_handling_h__
7 #define __default_error_handling_h__
8
9 //----------------------------------------------------------
10 #define INTERNAL_ERROR              1
11 #define OUT_OF_MEMORY               2
12 #define ILLEGAL_ARGUMENTS           3
13 #define ILLEGAL_TYPE                4
14 #define ELEMENT_NOT_EXISTING        5
15 #define DUPLICATE_KEY               6
16 #define INDEX_OUT_OF_BOUNDS         7
17 #define MAX_ERROR_CODE              INDEX_OUT_OF_BOUNDS
18
19 //----------------------------------------------------------
20 void defaultErrorHandler(int error_type,void *special);
21
22
23 #endif // __default_error_handling_h__
```

```
1 // default_error_handling.c - default error handling functions
2
3 #include <stdio.h>
4 #include "default_error_handling.h"
5
6 //----------------------------------------------------------
7 void defaultErrorHandler(int error_type,void *special)
8 {
9   switch(error_type)
10  {
11  case INTERNAL_ERROR:
12    fprintf(stderr,"Error: internal error\n");
13    break;
14  case OUT_OF_MEMORY:
15    fprintf(stderr,"Error: out of memory\n");
16    break;
17  case ILLEGAL_ARGUMENTS:
18    fprintf(stderr,"Error: illegal arguments\n");
19    break;
20  case ILLEGAL_TYPE:
21    fprintf(stderr,"Error: illegal type\n");
22    break;
```

```
23   case ELEMENT_NOT_EXISTING:
24     fprintf(stderr,"Error: element not existing\n");
25     break;
26   case DUPLICATE_KEY:
27     fprintf(stderr,"Error: duplicate key\n");
28     break;
29   default:
30     fprintf(stderr,"Error: (unknown type!) %d\n",error_type);
31   }
32 }
```

Die Funktion `defaultErrorHandler` wird für Fälle zur Verfügung gestellt, in denen ein Entwickler keinen sinnvollen eigenen Error-Handler implementieren will bzw. kann. Es wird allerdings empfohlen, diesen default Handler nur dann einzusetzen, wenn wirklich nichts Sinnvolles mehr übrig bleibt. Würden alle Entwickler "faul" genug sein und immer den default Handler verwenden, dann haben wir mit unserem Konzept des Error-Handlings nichts als Overhead erreicht, und das ist sicher nicht im Sinne des Erfinders.

J.3.3 Steuerungseinheit und Operationen

Wie bereits erwähnt, wäre das beste Design unseres Programmes eines, in dem jemand einfach einen Handler für eine beliebige Operation schreibt, diesen bekannt gibt, und sich um nichts Weiteres mehr kümmern muss. Obwohl die Implementation der Steuerungseinheit sowie der Operationen in unserem Fall erst die endgültig letzte Stufe der Entwicklung darstellt, möchte ich die Besprechung der Implementation vorziehen. Dadurch kann man leicht erkennen, auf welches Ziel hin gearbeitet wurde und wieso manche Dinge in den folgenden allgemeinen Modulen etwas mehr Code in Anspruch nehmen, als dies in einer "primitiven" Implementation der Fall wäre.

Weil die Implementationen der einzelnen Operationen zu einem großen Teil sehr ähnlich zueinander sind, möchte ich hier darauf verzichten, das gesamte File abzudrucken. In der Folge werden nur die wichtigen Dinge gezeigt. Das gesamte File ist auf der beiliegenden CD-ROM zu finden.

Als ersten Auszug nehmen wir uns die bekannte `main`-Funktion vor, die nur die allerwichtigsten Teile erledigt, nämlich das Anlegen des Stacks, das Veranlassen des Registrierens aller Input-Handler und das Starten der Schleife, die den Input liest und weiterleitet. Diese Funktion ist zu finden in `calculator.c`:

```
17 //------------------------------------------------------------
18 // creates the stack, registers all handlers, sets the prompt
19 // and starts the input loop of the command-line dispatcher
20 int main(int argc,char *argv[])
21 {
22   calculator_stack_ = newStack(standardErrorHandler);
23   registerAllHandlers();
24   setPrompt("calc> ",NULL,standardErrorHandler);
25   runInputLoop(standardErrorHandler);
26   deleteStack(calculator_stack_,standardErrorHandler);
27   return(0);
28 }
```

Eine Auffälligkeit bei diesem Codestück ist das oftmalige Vorkommen des Parameters `standardErrorHandler` bei Funktionsaufrufen. Dies ist genau eine Folge der zuerst diskutierten Architektur der Fehlerbehandlung. In unserem Fall hier sieht die Funktion des Handlers folgendermaßen aus:

```
450 //------------------------------------------------------------
451 // standard error handler for all errors that are
452 // triggered by the error-callback mechanism.
453 void standardErrorHandler(int error_type,void *special)
454 {
455   switch(error_type)
456   {
457   case INTERNAL_ERROR:
458     fprintf(stderr,"Error: internal error... %s\n",
459             (char*)special);
460     break;
461   case OUT_OF_MEMORY:
462     fprintf(stderr,"Error: out of memory... %s\n",
463             (char*)special);
464     break;
465   case ILLEGAL_ARGUMENTS:
466     fprintf(stderr,"Error: illegal arguments... %s\n",
467             (char*)special);
468     break;
469   case ILLEGAL_TYPE:
470     fprintf(stderr,"Error: illegal type... %s\n",
471             (char*)special);
472     break;
473       // the following is the same as COMMAND_NOT_REGISTERED
474   case ELEMENT_NOT_EXISTING:
475     fprintf(stderr,"Error: unknown command - %s\n",
476             (char*)special);
477     return; // non-critical error - don't exit
478   case DUPLICATE_KEY:
479     fprintf(stderr,"Error: command registered twice - %s\n",
480             (char*)special);
481     return; // non-critical error - don't exit
482   case NOT_ENOUGH_OPERANDS:
483     fprintf(stderr,"Error: not enough operands in %s\n",
484             (char*)special);
485     return; // non-critical error - don't exit
486   default:
487     fprintf(stderr,"Error: %d (unknown type)\n",error_type);
488   }
489   exit(error_type);
490 }
```

Ein Blick auf die Funktion `registerAllHandlers`, die auch aus `main` heraus aufgerufen wird, zeigt uns, wie man dem Taschenrechner eine zusätzliche Operation beibringen kann:

```
30 //------------------------------------------------------------
31 // helper function that registers all command handlers with
32 // the dispatcher. If you write new operations, just add the
33 // appropriate line of code here for registration
34 void registerAllHandlers()
35 {
36   setDefaultHandler(operand);
37   addToDispatcher("+",NULL,addOperation,standardErrorHandler);
38   addToDispatcher("-",NULL,subtractOperation,standardErrorHandler);
```

```
39    addToDispatcher("*",NULL,multiplyOperation,standardErrorHandler);
40    addToDispatcher("/",NULL,divideOperation,standardErrorHandler);
41    addToDispatcher("p",NULL,popOperation,standardErrorHandler);
42    addToDispatcher("pop",NULL,popOperation,standardErrorHandler);
43    addToDispatcher("d",NULL,dupOperation,standardErrorHandler);
44    addToDispatcher("dup",NULL,dupOperation,standardErrorHandler);
45    addToDispatcher("s",NULL,swapOperation,standardErrorHandler);
46    addToDispatcher("swap",NULL,swapOperation,standardErrorHandler);
47    addToDispatcher("c",NULL,clearOperation,standardErrorHandler);
48    addToDispatcher("clear",NULL,clearOperation,standardErrorHandler);
49    addToDispatcher("q",NULL,quitOperation,standardErrorHandler);
50    addToDispatcher("quit",NULL,quitOperation,standardErrorHandler);
51  }
```

Man ruft einfach die Funktion addToDispatcher auf und übergibt ihr den String, der das Kommando darstellt, sowie einen Funktionspointer auf die Operation, die ausgeführt werden soll. Die Übergabe des Error Handlers als letzten Parameter ist wieder obligatorisch. Was der ominöse NULL-Parameter dazwischen verloren hat, werden wir beim Input-Handling in Abschnitt J.3.4 besprechen.

Zur Demonstration wurden die Kommandos p, d, s, c und q auch über ihren "vollen Namen" ansprechbar gemacht, obwohl dies im URD nicht gefordert ist. Man sieht also, dass man auch ein einziges Kommando unter verschiedenen Namen ansprechbar machen kann. Wenn die Funktion dann aufgerufen wird, wird ihr in einem Parameter mitgeteilt, unter welchem Namen sie aufgerufen wurde. Dieses Verhalten ist vergleichbar damit, dass in C bei Aufruf eines Programms auch immer als erster Parameter der Programmname selbst übergeben wird. Damit hat man eine Chance, verschieden zu reagieren, je nachdem, wie man aufgerufen wird.
Um zu sehen, wie man eine Operation implementiert, möchte ich noch kurz stellvertretend die Implementation des Addierens herausgreifen:

```
53  //------------------------------------------------------------
54  // implementation of the add operation. Pops two operands
55  // from the stack, adds them and pushes the result on the stack
56  //
57  // triggered errors: COMMAND_NOT_REGISTERED
58  //                   NOT_ENOUGH_OPERANDS
59  //                   OUT_OF_MEMORY
60  void addOperation(unsigned char* command,
61                    unsigned char **params,
62                    unsigned num_params)
63  {
64    double *operand0 = NULL;
65    double *operand1 = NULL;
66    double *result = NULL;
67
68    if (num_params)
69    {
70      standardErrorHandler(COMMAND_NOT_REGISTERED,
71                           "in addOperation");
72      return;
73    }
74    if (getNumElementsFromStack(calculator_stack_,
75                                standardErrorHandler) < 2)
76    {
77      standardErrorHandler(NOT_ENOUGH_OPERANDS, "+");
```

```
78       return;
79     }
80     operand0 = (double*)pop(calculator_stack_,
81                             standardErrorHandler);
82     operand1 = (double*)pop(calculator_stack_,
83                             standardErrorHandler);
84     result = (double*)malloc(sizeof(double));
85     if (!result)
86     {
87       standardErrorHandler(OUT_OF_MEMORY,
88                            "in addOperation");
89       return;
90     }
91     *result = *operand1 + *operand0;
92     free(operand0);
93     free(operand1);
94     push(calculator_stack_, result,
95          defaultDestructor, standardErrorHandler);
96     showStack(calculator_stack_);
97   }
```

Die Kommandos push, pop und andere, die den Stack manipulieren, werden in Abschnitt J.3.6 aufgelistet. Schön ist hier zu erkennen, dass auch die Operationen des Taschenrechners selbst den standardErrorHandler aufrufen, sobald ein Fehler passiert. Somit ist die Fehlerbehandlung im gesamten Programm einheitlich, und wenn man z.B. andere Fehlermeldungen ausgeben will oder ein Fehlerlog in eine File schreiben will, so muss man nur eine einzige Stelle im Programm ändern, nämlich diesen Error Handler. Eine weitere Auffälligkeit zeigt sich bei dieser Funktion, die sich auch durch das gesamte restliche Programm zieht: Im Kommentar, der die Funktion kurz beschreibt, sind immer alle Fehlertypen angegeben, die bei Aufruf dieser Funktion passieren können. Dies ist eine sehr sinnvolle Konvention, da man dadurch immer genau weiß, worauf man sich gefasst machen muss, wenn man eine Funktion aufruft.

Außer den weiteren Operationen, die alle nach demselben Schema aufgebaut sind, wie die hier gezeigte Addition, gibt es noch einen interessanten Teil in calculator.c: das Parsen von Operanden. Wie bereits bei Betrachtung der Funktion registerAllHandlers zu sehen war, ist die Funktion operand der default Handler, falls ein eingegebenes Kommando nicht beim Dispatcher registriert war. In diesem Fall kann es sich um einen Operanden handeln, oder es ist wirklich eine Fehleingabe. In jedem Fall parsen wir die Eingabe und interpretieren sie wenn möglich als double-Wert. Sollte dies gelingen, dann war es ein Operand, und er wird auf den Stack gelegt. Diese Funktion liest sich dann folgendermaßen:

```
372 //------------------------------------------------------------
373 // default handler for all input that does not
374 // match a recognized command. In this case it can only be
375 // an operand (or an error). Parses the input and makes
376 // an operand (of type double) out of it. Pushes the result
377 // on the stack.
378 //
379 // triggered errors: COMMAND_NOT_REGISTERED
380 //                   OUT_OF_MEMORY
```

```
381 void operand(unsigned char* command,unsigned char **params,
382              unsigned num_params)
383 {
384   double *operand = NULL;
385   double digit;
386   unsigned char is_negative = FALSE;
387   double digit_multiplier = 1.0;
388
389   if (num_params)
390   {
391     standardErrorHandler(COMMAND_NOT_REGISTERED,command);
392     return;
393   }
394   if (!strlen(command))
395     return;
396
397   operand = malloc(sizeof(double));
398   if (!operand)
399   {
400     standardErrorHandler(OUT_OF_MEMORY,"operand");
401     return;
402   }
403   *operand = 0.0;
404   if (*command == '-')
405   {
406     command++;
407     is_negative = TRUE;
408   }
409   if (*command == '.')
410   {
411     command++;
412     digit_multiplier = 0.1;
413   }
414   while(*command)
415   {
416     if (*command == '.')
417     {
418       if (digit_multiplier < 1.0) // there was already a comma
419       {
420         standardErrorHandler(COMMAND_NOT_REGISTERED,command);
421         return;
422       }
423       digit_multiplier = 0.1;
424       command++;
425       continue;
426     }
427     if ((*command < '0') || (*command > '9'))
428     {
429       standardErrorHandler(COMMAND_NOT_REGISTERED,command);
430       return;
431     }
432     digit = (double)(*command - '0');
433     if (digit_multiplier < 1.0)
434     {
435       digit *= digit_multiplier;
436       digit_multiplier /= 10.0;
437     }
438     else
439       *operand *= 10.0;
440     command++;
441     *operand += digit;
442   }
443   if (is_negative)
444     *operand *= -1.0;
445   push(calculator_stack_,operand,
446        defaultDestructor,standardErrorHandler);
```

```
447   showStack(calculator_stack_);
448 }
```

J.3.4 Input-Handling

Das Input-Handling ist auch ein Modul, das möglichst in verschiedensten Programmen eingesetzt werden kann. Es implementiert den schon bekannten Callback-Mechanismus, nur dass es die einzelnen Commands in einer Hashmap speichert, was die Verwendung von Strings statt nur von Einzelbuchstaben zulässt.

Einige zum Teil sehr wichtige Details verdienen allerdings genauere Beachtung (alle in der Folge aus `advanced_input_handling.c`). Nehmen wir einmal als leichtere Kost die Änderungen, die sich in der Schleife wiederfinden, die den Input entgegennimmt und den Dispatcher zur Verteilung auffordert:

```
28 //------------------------------------------------------------------
29 // main run-loop of the program that accepts keyboard input
30 void runInputLoop(void (*error_handler)(int error_type,
31                                         void *special))
32 {
33   unsigned char *input_line = malloc(sizeof(unsigned char) *
34                                      (MAX_LINE_LENGTH + 1));
35   if (error_handler)
36     error_handler_ = error_handler;
37   else
38     error_handler_ = defaultErrorHandler;
39   stop_loop_ = 0;
40   while(!stop_loop_)
41   {
42     if (!prompt_)
43       printf(">");
44     else
45       printf("%s",prompt_);
46     readLine(input_line,MAX_LINE_LENGTH,error_handler);
47     dispatch(input_line);
48   }
49 }
50
51 //------------------------------------------------------------------
52 // stops the input loop after the current (or next, if there
53 // isn't any current) handler has finished its work.
54 void stopInputLoop()
55 {
56   stop_loop_ = 1;
57 }
```

Abgesehen vom bereits obligatorischen `error_handler` als Parameter ist der Loop auch keine Endlosschleife mehr, sondern sie kann durch Aufruf der Funktion `stopInputLoop` auch wieder verlassen werden. Damit ist es möglich, die Kontrolle über das Programm zwischenzeitlich wieder an sich zu nehmen, um sie vielleicht zu einem späteren Zeitpunkt wieder an den Input-Loop zu übergeben. In jedem Fall ist diese Lösung sehr viel sauberer als unsere letzte Lösung, in der man das Programm nur noch beenden konnte, um auch den Loop zu beenden.

Eine Funktion, die allein schon aufgrund ihrer Parameterliste genauere Beachtung verdient, ist addToDispatcher:

```
90  void addToDispatcher(unsigned char *command,
91                       void (*command_destructor)(
92                         void *command_str,
93                         void (*error_handler)(int error_type,
94                                               void *special)),
95                       void (*handler)(
96                         unsigned char *command,
97                         unsigned char **params,
98                         unsigned num_params),
99                       void (*error_handler)(int error_type,
100                                            void *special))
101 {
102   if (!error_handler)
103     error_handler = defaultErrorHandler;
104
105   if ((!command) || (!handler))
106   {
107     error_handler(ILLEGAL_ARGUMENTS,"addToDispatcher");
108     return;
109   }
110
111   if (!registered_commands_)
112     registered_commands_ = newHashmap(HASH_MODULUS,
113                                       stringHash,
114                                       stringCompare,
115                                       error_handler);
116   insertIntoHashmap(registered_commands_,
117                     command,
118                     handler,
119                     command_destructor,
120                     NULL,
121                     error_handler);
122 }
```

Im Prinzip tut diese Funktion gar nichts Besonderes. Sie nimmt ein Kommando in Form eines Strings (command) und die dazugehörige Destruktorfunktion (command_destructor) entgegen. Weiters bekommt sie den Handler, der für dieses Kommando zuständig ist (handler), und den obligatorischen Errorhandler (error_handler). Was die Parameterliste so aufbläht, ist die Tatsache, dass Funktionspointer übergeben werden, die selbst in ihren Parameterlisten wieder Funktionspointer haben. Bei genauerem Hinsehen (und auch bei einem Blick auf eine Zeile, die addToDispatcher verwendet) ist eigentlich alles wieder ganz einfach.

Ein Prinzip ist in dieser Funktion noch implementiert, das in der Praxis in verschiedenen Formen sehr brauchbar ist: das Prinzip der *lazy-Creation*. Dieses Prinzip besagt nur, dass dynamischer Speicher nicht angefordert werden soll, wenn er noch nicht gebraucht wird. Aus diesem Grund wird hier zuerst überprüft, ob es schon die Hashmap für die Kommandos gibt. Wenn nicht, dann wird sie angelegt. Ein anderer Weg wäre, gleich bei der Definition von registered_commands_ die Hashmap anzulegen. In unserem Fall wäre es relativ egal, welcher Weg gewählt wird. Es gibt aber auch andere Fälle, in denen je nach Datenstruktur sehr viel unnötiger Speicher durch sofortiges Anlegen sinnlos verbraucht wird, da auf viele Dinge nie zugegriffen wird.

Die Funktion zum Setzen des Prompts, der als Eingabeaufforderung angezeigt wird, gestaltet sich ein wenig trickreicher, als man auf den ersten Blick annehmen würde:

```
154 //-----------------------------------------------------------------
155 // sets the prompt that is displayed when the input loop
156 // waits for a user-input
157 void setPrompt(unsigned char *prompt,
158                void (*destructor)(void *prompt,
159                                   void (*error_handler)(
160                                     int error_type,
161                                     void *special)),
162                void (*error_handler)(int error_type,
163                                      void *special))
164 {
165   if ((prompt_) && (prompt_destructor_))
166     prompt_destructor_(prompt_,error_handler);
167   prompt_ = prompt;
168   prompt_destructor_ = destructor;
169 }
```

Hier wird wieder ein Destruktor als Parameter übergeben, und bei der Implementation sieht man dann den Grund: Wenn schon ein Prompt gesetzt ist, dann kann es passieren, dass bei Setzen eines neuen Prompts Speicher freigegeben werden muss. Und genau dafür braucht es eine Funktion, die dies übernimmt. Nehmen wir an, `prompt` wäre ein String, für den mittels `malloc` Speicher angefordert wurde. Um nicht zu erreichen, dass das Programm "zu wachsen beginnt", muss natürlich dieser Speicher auch wieder mit `free` freigegeben werden, falls er nicht mehr gebraucht wird. Und genau dazu brauchen wir die Destruktorfunktion, die zum richtigen Zeitpunkt aufgerufen wird.

Was aber nun, wenn der Speicher gar nicht dynamisch angefordert wurde? In diesem Fall dürfen wir ihn natürlich auch nicht mit `free` freigeben, denn das geht sicher schief. Also wird in einem solchen Fall einfach `NULL` übergeben und damit wird signalisiert, dass keine besondere Behandlung stattfinden muss.

Dieses Prinzip des explizit als Parameter übergebenen (und gespeicherten) Destruktors wird uns auch noch bei der Implementation der Hashmap und des Stacks begegnen. Die folgende Funktion `dispatch` zeigt, nach welchem Prinzip eine Command-Line in einen Funktionsaufruf mit Parametern umgewandelt wird:

```
171 //-----------------------------------------------------------------
172 // dispatches the keyboard input
173 void dispatch(unsigned char *input_line)
174 {
175   void (*handler)(unsigned char *command,
176                   unsigned char **params,
177                   unsigned num_params) = NULL;
178   unsigned char *command = NULL;
179   unsigned char **params = NULL;
180   unsigned char **help = NULL;
181   unsigned num_params = 0;
182
```

```
183   num_params = splitCommandLine(input_line,&command,&params);
184   if (registered_commands_)
185     handler = getFromHashmap(registered_commands_,
186                              command,
187                              ignoreNotRegisteredErrorHandler);
188   if (handler) // NULL happens if command not registered
189     handler(command,params,num_params);
190   else
191   {
192     if (default_handler_)
193       default_handler_(command,params,num_params);
194     else
195       error_handler_(COMMAND_NOT_REGISTERED, input_line);
196   }
197   free(command);
198   command = NULL;
199   help = params;
200   while(num_params--)
201     free(*help++);
202   help = NULL;
203   free(params);
204   params = NULL;
205 }
```

Das Aufteilen der Command-Line in ein Kommando und eine Reihe von Parametern stellt zwar auf den ersten Blick nichts Besonderes dar...

```
207 //------------------------------------------------------------
208 // splits the command line into command (=first word) and
209 // parameters. The delimiter for separation is a space-char
210 unsigned splitCommandLine(unsigned char *input_line,
211                           unsigned char **command,
212                           unsigned char ***params)
213 {
214   unsigned char *command_end_pos = NULL;
215   unsigned char *current = input_line;
216   unsigned length = 0;
217   unsigned num_params = 0;
218
219       // remove leading space
220   while(*current && (*current == ' '))
221     current++;
222
223   command_end_pos = strchr(current,' ');
224
225   if (!command_end_pos) // no space found
226   {
227     *command = (unsigned char*)malloc(
228       strlen(current) * sizeof(unsigned char) + 1);
229     strcpy(*command,current);
230     return(0);
231   }
232   length = command_end_pos - current;
233   *command = (unsigned char*)malloc(
234     length * sizeof(unsigned char) + 1);
235   strncpy(*command,current,length);
236   (*command)[length] = '\0';
237
238   *params = NULL; // make sure nothing bad happens with realloc
239   for(;;)
240   {
241     current = command_end_pos + 1;
242         // remove leading spaces
243     while(*current && (*current == ' '))
244       current++;
```

```
245
246       command_end_pos = strchr(current,' ');
247
248       if (!command_end_pos) // no space found
249       {
250         length = strlen(current);
251             // could have been trailing spaces (removed
252             // above) and therefore no more parameter exists
253         if (!length)
254           return(num_params);
255         *params = (unsigned char**)realloc(
256           *params,num_params * sizeof(unsigned char*) + 1);
257         (*params)[num_params] = (unsigned char*)malloc(
258           length * sizeof(unsigned char) + 1);
259         strcpy((*params)[num_params],current);
260         return(++num_params);
261       }
262       length = command_end_pos - current;
263       *params = (unsigned char**)realloc(
264         *params,num_params * sizeof(unsigned char*) + 1);
265       (*params)[num_params] = (unsigned char*)malloc(
266         length * sizeof(unsigned char) + 1);
267       strncpy((*params)[num_params],current,length);
268       (*params)[num_params++][length] = '\0';
269     }
270         // no return necessary, because control-flow can never
271         // come here.
272 }
```

...aber der zweite Blick offenbart einen ganz großen Stolperstein beim Arbeiten mit Mehrfachpointern:

Vorsicht Falle: Mehrfach, z.B. auch in Zeile 268, sieht man, dass das **Dereferenzieren** von `params` **in Klammern** steht. Dies ist auch in diesem Fall **unbedingt notwendig**, da hier der Dereference-Operator und die eckigen Klammern für die Behandlung als Array miteinander gemischt werden. Das Statement, das sich in unserem Programm in Zeile 268 wiederfindet, hat die folgende Bedeutung:

- Dereferenziere den Dreifachpointer `params`. Dass dies als erster Schritt ausgeführt wird, ist **durch die Klammern erzwungen**!
- Vom erhaltenen Doppelpointer nimm das Array, das durch `[num_params]` indiziert wird.
- Vom dadurch erhaltenen einfachen Pointer (=Array) nimm den Character, der an der Stelle `length` steht, und setze ihn auf `'\0'`.

Wenn man nun aber die runden Klammern um die erste Dereferenzierung vergisst, dann kommt es zur Katastrophe! Dann nämlich werden die Index Operatoren zuerst aufgelöst, und erst danach wird auf das Ergebnis der Dereferenzierung durch die Indizes der Dereference-Operator ausgeführt. Und das ergibt natürlich dann eine ganz andere Speicherstelle, und wenn wir Glück haben, eine Segmentation Violation.

Und nun kann man sich auch vorstellen, wie verzweifelt man nach Pointer-Fehlern suchen kann, wenn man schlampig war. Wem fällt bei einer Fehlersuche auf, dass hier Klammern fehlen und dass deswegen vollkommener Unsinn im Programm passiert?

J.3.5 Hashmap

Bei der folgenden Implementation einer Hashmap wird wieder ausgiebig Gebrauch von den bereits bekannten Error-Handlern und Destruktorfunktionen gemacht. Außerdem sind auch noch die Hash-Funktion selbst und eine Vergleichsfunktion als Funktionspointer implementiert. Damit ist diese Hashmap für beliebige Typen von Keys und Werten geeignet. Bei geeigneter Wahl der Vergleichsfunktion sogar für einen Mix aus verschiedenen Key-Typen.
Um den Code, der durch die Fehlerbehandlung von "unrecoverable" Errors entsteht, kurz zu halten, wurden hier Preprocessor Macros eingesetzt. Weitere Neuigkeiten kommen im Code nicht vor, er sollte also für sich selbst sprechen:

```
1  // hashmap.h - public declarations for a simple hashmap
2
3  #ifndef __hashmap_h__
4  #define __hashmap_h__
5
6  typedef struct _HashmapEntry_ HashmapEntry;
7  typedef struct _Hashmap_ Hashmap;
8
9  // debug flag for the hashmap (for use with default_debug.h)
10 #define HASHMAP_DEBUG       0x02
11
12 //-----------------------------------------------------------
13 // struct for the hash map and necessary access functions
14 struct _Hashmap_
15 {
16   HashmapEntry **entries;
17   unsigned modulus;
18   unsigned (*hash_funct)(void *key,
19                          unsigned modulus,
20                          void (*error_handler)(int error_type,
21                                                void *special));
22   int (*compare_funct)(void *key1,
23                        void *key2,
24                        void (*error_handler)(int error_type,
25                                              void *special));
26 };
27
28 Hashmap *newHashmap(unsigned modulus,
29                     unsigned (*hash_funct)(
30                       void *key,
31                       unsigned modulus,
32                       void (*error_handler)(int error_type,
33                                             void *special)),
34                     int (*compare_funct)(
35                       void *key1,
36                       void *key2,
37                       void (*error_handler)(int error_type,
38                                             void *special)),
39                     void (*error_handler)(int error_type,
40                                           void *special));
41 void deleteHashmap(Hashmap *map,
42                    void (*error_handler)(int error_type,
```

```
43                                          void *special));
44 void insertIntoHashmap(Hashmap *map,
45                        void *key,
46                        void *value,
47                        void (*key_destructor)(
48                          void *key,
49                          void (*error_handler)(int error_type,
50                                                void *special)),
51                        void (*value_destructor)(
52                          void *value,
53                          void (*error_handler)(int error_type,
54                                                void *special)),
55                        void (*error_handler)(int error_type,
56                                              void *special));
57 void *getFromHashmap(Hashmap *map,
58                      void *key,
59                      void (*error_handler)(int error_type,
60                                            void *special));
61 void deleteFromHashmap(Hashmap *map,
62                        void *key,
63                        void (*error_handler)(int error_type,
64                                              void *special));
65
66 #endif // __hashmap_h__
```

```
1 // hashmap_private.h - private declarations for the simple hashmap
2
3 #ifndef __hashmap_private_h__
4 #define __hashmap_private_h__
5
6 //------------------------------------------------------------
7 // error handling stuff
8
9 void unrecoverableError(int error_type,void *special);
10 void hashmapInternalError(int error_type,void *special);
11
12 // Macros for error handling to make code at least
13 // a little easier to read
14
15 #define HANDLE_POSSIBLE_UNRECOVERABLE_PTR \
16 { \
17   if (unrecoverable_error_)\
18   {\
19      unrecoverable_error_handler_ = NULL; \
20      unrecoverable_error_ = 0; \
21      return(NULL); \
22   }\
23 }
24
25 #define HANDLE_POSSIBLE_UNRECOVERABLE_VOID \
26 { \
27   if (unrecoverable_error_)\
28   {\
29      unrecoverable_error_handler_ = NULL;\
30      unrecoverable_error_ = 0; \
31      return;\
32   }\
33 }
34
35 //------------------------------------------------------------
36 // struct that represents one entry of a hashmap and
37 // access functions for it
38 struct _HashmapEntry_
39 {
```

```
40   void *key;
41   void *value;
42   void (*key_destructor)(void *key,
43                          void (*err_handler)(int err_type,
44                                              void *special));
45   void (*value_destructor)(void *value,
46                            void (*err_handler)(int err_type,
47                                                void *special));
48
49   HashmapEntry *next;
50 };
51
52 HashmapEntry *newHashmapEntry(
53   void *key,
54   void *value,
55   void (*key_destructor)(void *key,
56                          void (*err_handler)(int err_type,
57                                              void *special)),
58   void (*value_destructor)(void *value,
59                            void (*err_handler)(int err_type,
60                                                void *special)),
61   void (*error_handler)(int error_type,void *special));
62
63 void deleteHashmapEntry(HashmapEntry *entry,
64                         void (*error_handler)(int error_type,
65                                               void *special));
66
67 void *getKeyFromHashmapEntry(HashmapEntry *entry,
68                              void (*error_handler)(int error_type,
69                                                    void *special));
70
71 void *getValueFromHashmapEntry(HashmapEntry *entry,
72                                void (*error_handler)(int error_type,
73                                                      void *special));
74
75 void *getNextFromHashmapEntry(HashmapEntry *entry,
76                               void (*error_handler)(int error_type,
77                                                     void *special));
78
79 void setNextInHashmapEntry(HashmapEntry *entry,
80                            HashmapEntry *next,
81                            void (*error_handler)(int error_type,
82                                                  void *special));
83
84 #endif // __hashmap_private_h__
```

```
1 // hashmap.c - implementation of a simple hash map
2
3 #include <stdio.h>
4 #include <stdlib.h>
5
6 #include "hashmap.h"
7 #include "hashmap_private.h"
8 #include "default_error_handling.h"
9
10 //------------------------------------------------------------
11 // stuff needed for handling of unrecoverable errors
12 static void (*unrecoverable_error_handler_)(int error_type,
13                                             void* special) = NULL;
14 static int unrecoverable_error_ = 0;
15
16 //============================================================
17 // Hashmap access functions
18
```

```
19 //------------------------------------------------------------
20 // constructor for a hashmap
21 //
22 // triggered errors: OUT_OF_MEMORY
23 //                   ILLEGAL_ARGUMENTS
24 Hashmap *newHashmap(unsigned modulus,
25                     unsigned (*hash_funct)(
26                       void *key,
27                       unsigned modulus,
28                       void (*error_handler)(int error_type,
29                                             void *special)),
30                     int (*compare_funct)(
31                       void *key1,
32                       void *key2,
33                       void (*error_handler)(int error_type,
34                                             void *special)),
35                     void (*error_handler)(int error_type,
36                                           void *special))
37 {
38   Hashmap *map = (Hashmap*)malloc(sizeof(Hashmap));
39
40   if (!error_handler)
41     error_handler = defaultErrorHandler;
42   if (!map)
43   {
44     error_handler(OUT_OF_MEMORY, "newHashmap");
45     return(NULL);
46   }
47   if ((!hash_funct) || (!compare_funct))
48   {
49     error_handler(ILLEGAL_ARGUMENTS, "newHashmap");
50     free(map);
51     return(NULL);
52   }
53   map->hash_funct = hash_funct;
54   map->compare_funct = compare_funct;
55   map->modulus = modulus;
56   map->entries = malloc(modulus * sizeof(HashmapEntry*));
57   if (!map->entries)
58   {
59     error_handler(OUT_OF_MEMORY, "newHashmap");
60     free(map);
61     return(NULL);
62   }
63   return(map);
64 }
65
66 //------------------------------------------------------------
67 // destructor for a hashmap
68 //
69 // triggered errors: ILLEGAL_ARGUMENTS
70 void deleteHashmap(Hashmap *map,
71                    void (*error_handler)(int error_type,
72                                          void *special))
73 {
74   HashmapEntry **iterator = NULL;
75   HashmapEntry *current = NULL;
76   HashmapEntry *next = NULL;
77
78   if (!error_handler)
79     error_handler = defaultErrorHandler;
80   if (!map)
81   {
82     error_handler(ILLEGAL_ARGUMENTS, "deleteHashmap");
83     return;
84   }
```

```
85    iterator = map->entries;
86    while(map->modulus--)
87    {
88      current = *iterator++;
89      if (current)
90      {
91        while(next = getNextFromHashmapEntry(current,error_handler))
92        {
93          deleteHashmapEntry(current,error_handler);
94          current = next;
95        }
96        deleteHashmapEntry(current,error_handler);
97      }
98    }
99    free(map->entries);
100   free(map);
101 }
102
103 //------------------------------------------------------------
104 // insert function for a hashmap. Duplicate keys and NULL keys
105 // are not allowed and will trigger an error
106 //
107 // triggered errors: ILLEGAL_ARGUMENTS
108 //                   DUPLICATE_KEY
109 void insertIntoHashmap(Hashmap *map,
110                        void *key,
111                        void *value,
112                        void (*key_destructor)(
113                          void *key,
114                          void (*err_handler)(int error_type,
115                                              void *special)),
116                        void (*value_destructor)(
117                          void *value,
118                          void (*err_handler)(int error_type,
119                                              void *special)),
120                        void (*error_handler)(int error_type,
121                                              void *special))
122 {
123   unsigned hash_value = 0;
124   HashmapEntry *new_entry = NULL;
125   HashmapEntry *current_entry = NULL;
126
127   if (!error_handler)
128     error_handler = defaultErrorHandler;
129       // NULL values are allowed, not checking this here.
130   if ((!map) || (!key))
131   {
132     error_handler(ILLEGAL_ARGUMENTS,"insertIntoHashmap");
133     return;
134   }
135   unrecoverable_error_handler_ = error_handler;
136       // calculate hash value
137   hash_value = map->hash_funct(key,map->modulus,
138                                unrecoverableError);
139   HANDLE_POSSIBLE_UNRECOVERABLE_VOID;
140       // check if duplicate key
141   current_entry = map->entries[hash_value];
142   while(current_entry)
143   {
144     int comp_result = map->compare_funct(
145       key,
146       getKeyFromHashmapEntry(current_entry,unrecoverableError),
147       unrecoverableError);
148     HANDLE_POSSIBLE_UNRECOVERABLE_VOID;
149     if (!comp_result)
150     {
```

```
151         error_handler(DUPLICATE_KEY,"insertIntoHashmap");
152         return;
153       }
154       current_entry = getNextFromHashmapEntry(
155         current_entry,
156         hashmapInternalError);
157       HANDLE_POSSIBLE_UNRECOVERABLE_VOID;
158
159     }
160         // create entry
161     new_entry = newHashmapEntry(key,value,key_destructor,
162                                 value_destructor,
163                                 unrecoverableError);
164     HANDLE_POSSIBLE_UNRECOVERABLE_VOID;
165     current_entry = map->entries[hash_value];
166     if (current_entry)
167     {
168       setNextInHashmapEntry(new_entry,current_entry,
169                             hashmapInternalError);
170       HANDLE_POSSIBLE_UNRECOVERABLE_VOID;
171     }
172     map->entries[hash_value] = new_entry;
173     unrecoverable_error_handler_ = NULL;
174 }
175
176 //----------------------------------------------------------------
177 // function to get an element from a hashmap with a given key.
178 //
179 // triggered errors: ILLEGAL_ARGUMENTS
180 //                   ELEMENT_NOT_EXISTING
181 void *getFromHashmap(Hashmap *map,
182                      void *key,
183                      void (*error_handler)(int error_type,
184                                            void *special))
185 {
186   unsigned hash_value = 0;
187   HashmapEntry *entry = NULL;
188   void *ret = NULL;
189
190   if (!error_handler)
191     error_handler = defaultErrorHandler;
192   if ((!map) || (!key))
193   {
194     error_handler(ILLEGAL_ARGUMENTS,"getFromHashmap");
195     return(NULL);
196   }
197   unrecoverable_error_handler_ = error_handler;
198       // calculate hash value
199   hash_value = map->hash_funct(key,map->modulus,
200                                unrecoverableError);
201   HANDLE_POSSIBLE_UNRECOVERABLE_PTR;
202   entry = map->entries[hash_value];
203   while(entry)
204   {
205     int comp_result = map->compare_funct(
206       key,
207       getKeyFromHashmapEntry(entry,unrecoverableError),
208       unrecoverableError);
209     HANDLE_POSSIBLE_UNRECOVERABLE_PTR;
210     if (!comp_result)
211       break;
212     entry = getNextFromHashmapEntry(entry,
213                                     hashmapInternalError);
214     HANDLE_POSSIBLE_UNRECOVERABLE_PTR;
215   }
216   if (!entry)
```

```
217   {
218     error_handler(ELEMENT_NOT_EXISTING, "getFromHashmap");
219     return(NULL);
220   }
221   ret = getValueFromHashmapEntry(entry,
222                                  unrecoverable_error_handler_);
223   unrecoverable_error_handler_ = NULL;
224   return(ret);
225 }
226
227 //------------------------------------------------------------
228 // function to delete an element in a hashmap with a given key.
229 //
230 // triggered errors: ILLEGAL_ARGUMENTS
231 //                   ELEMENT_NOT_EXISTING
232 void deleteFromHashmap(Hashmap *map,
233                        void *key,
234                        void (*error_handler)(int error_type,
235                                              void *special))
236 {
237   unsigned hash_value = 0;
238   HashmapEntry *current = NULL;
239   HashmapEntry *previous = NULL;
240
241   if (!error_handler)
242     error_handler = defaultErrorHandler;
243   if ((!map) || (!key))
244   {
245     error_handler(ILLEGAL_ARGUMENTS, "deleteFromHashmap");
246     return;
247   }
248   unrecoverable_error_handler_ = error_handler;
249       // calculate hash value
250   hash_value = map->hash_funct(key,map->modulus,
251                                unrecoverableError);
252   HANDLE_POSSIBLE_UNRECOVERABLE_VOID;
253   current = map->entries[hash_value];
254   while(current)
255   {
256     int comp_result = map->compare_funct(
257       key,
258       getKeyFromHashmapEntry(
259         current,unrecoverableError),
260       unrecoverableError);
261     HANDLE_POSSIBLE_UNRECOVERABLE_VOID;
262     if (!comp_result)
263       break;
264     previous = current;
265     current = getNextFromHashmapEntry(current,
266                                       hashmapInternalError);
267     HANDLE_POSSIBLE_UNRECOVERABLE_VOID;
268   }
269   if (current)
270   {
271     HashmapEntry *next = getNextFromHashmapEntry(
272                            current,
273                            hashmapInternalError);
274     HANDLE_POSSIBLE_UNRECOVERABLE_VOID;
275     if (previous)
276     {
277       setNextInHashmapEntry(previous,next,
278                             hashmapInternalError);
279       HANDLE_POSSIBLE_UNRECOVERABLE_VOID;
280     }
281     else
282       map->entries[hash_value] = next;
```

```
283   }
284   else
285     error_handler(ELEMENT_NOT_EXISTING,"deleteFromHashmap");
286   unrecoverable_error_handler_ = NULL;
287 }
288
289 //============================================================
290 // HashmapEntry access functions
291
292
293 //------------------------------------------------------------
294 // constructor for a hashmap entry
295 //
296 // triggered errors: ILLEGAL_ARGUMENTS
297 //                   OUT_OF_MEMORY
298 HashmapEntry *newHashmapEntry(
299   void *key,
300   void *value,
301   void (*key_destructor)(
302     void *key,
303     void (*err_handler)(int error_type,void *special)),
304   void (*value_destructor)(
305     void *value,
306     void (*err_handler)(int error_type,void *special)),
307   void (*error_handler)(int error_type,void *special))
308 {
309   HashmapEntry *entry = malloc(sizeof(HashmapEntry));
310
311   if (!error_handler)
312     error_handler = defaultErrorHandler;
313
314   if (!entry)
315   {
316     error_handler(OUT_OF_MEMORY,"newHashmapEntry");
317     return(NULL);
318   }
319
320   if (!key)
321   {
322     error_handler(ILLEGAL_ARGUMENTS,"newHashmapEntry");
323     free(entry);
324     return(NULL);
325   }
326   entry->key = key;
327   entry->value = value;
328   entry->key_destructor = key_destructor;
329   entry->value_destructor = value_destructor;
330   entry->next = NULL;
331   return(entry);
332 }
333
334 //------------------------------------------------------------
335 // destructor for a hashmap entry
336 //
337 // triggered errors: ILLEGAL_ARGUMENTS
338 void deleteHashmapEntry(HashmapEntry *entry,
339                         void (*error_handler)(int error_type,
340                                               void *special))
341 {
342   if (!error_handler)
343     error_handler = defaultErrorHandler;
344
345   if (!entry)
346   {
347     error_handler(ILLEGAL_ARGUMENTS,"deleteHashmapEntry");
348     return;
```

```
349   }
350   if (entry->key_destructor)
351     entry->key_destructor(entry->key,error_handler);
352   if ((entry->value) && (entry->value_destructor))
353     entry->value_destructor(entry->value,error_handler);
354   free(entry);
355   return;
356 }
357
358 //-----------------------------------------------------------------
359 // access function to read the key from an entry of a hashmap
360 //
361 // triggered errors: ILLEGAL_ARGUMENTS
362 void *getKeyFromHashmapEntry(HashmapEntry *entry,
363                              void (*error_handler)(int error_type,
364                                                    void *special))
365 {
366   if (!entry)
367   {
368     error_handler(ILLEGAL_ARGUMENTS,"getKeyFromHashmapEntry");
369     return(NULL);
370   }
371   return(entry->key);
372 }
373
374 //-----------------------------------------------------------------
375 // access function to read the value from an entry of a hashmap
376 //
377 // triggered errors: ILLEGAL_ARGUMENTS
378 void *getValueFromHashmapEntry(HashmapEntry *entry,
379                                void (*error_handler)(int error_type,
380                                                      void *special))
381 {
382   if (!entry)
383   {
384     error_handler(ILLEGAL_ARGUMENTS,"getValueFromHashmapEntry");
385     return(NULL);
386   }
387   return(entry->value);
388 }
389
390 //-----------------------------------------------------------------
391 // access function to read the pointer to the next element that
392 // has the same hash-value.
393 //
394 // triggered errors: ILLEGAL_ARGUMENTS
395 void *getNextFromHashmapEntry(HashmapEntry *entry,
396                               void (*error_handler)(int error_type,
397                                                     void *special))
398 {
399   if (!entry)
400   {
401     error_handler(ILLEGAL_ARGUMENTS,"getNextFromHashmapEntry");
402     return(NULL);
403   }
404   return(entry->next);
405 }
406 //-----------------------------------------------------------------
407 // access function to write the pointer to the next element that
408 // has the same hash-value.
409 //
410 // triggered errors: ILLEGAL_ARGUMENTS
411 void setNextInHashmapEntry(HashmapEntry *entry,
412                            HashmapEntry *next,
413                            void (*error_handler)(int error_type,
414                                                  void *special))
```

```
415 {
416   if (!entry)
417   {
418     error_handler(ILLEGAL_ARGUMENTS,"setNextInHashmapEntry");
419     return;
420   }
421   entry->next = next;
422 }
423
424
425 //--------------------------------------------------------------
426 // handler function that is called when an unrecoverable error
427 // occurs.
428 void unrecoverableError(int error_type,
429                         void *special)
430 {
431   if (!unrecoverable_error_handler_)
432     defaultErrorHandler(
433       INTERNAL_ERROR,
434       "unrecoverable_error_handler_ not set in hashmap.c\n");
435   else
436     unrecoverable_error_handler_(error_type,special);
437   unrecoverable_error_ = error_type;
438 }
439
440 //--------------------------------------------------------------
441 // handler function for internal errors
442 void hashmapInternalError(int error_type,
443                           void *special)
444 {
445   if (!unrecoverable_error_handler_)
446     defaultErrorHandler(
447       INTERNAL_ERROR,
448       "hashmap.c\n");
449   else
450     unrecoverable_error_handler_(INTERNAL_ERROR,"hashmap.c");
451   unrecoverable_error_ = error_type;
452 }
```

Vorsicht Falle: Fehler, die sich bei der Definition von Preprocessor Macros einschleichen, führen nur allzu oft zu völlig kryptischen Fehlermeldungen des Compilers, die man nicht sofort deuten kann. Der Compiler weiß ja nichts mehr von der Existenz der Macros, denn diese wurden durch den Preprocessor zuvor textuell ersetzt. Wenn man also völlig unerklärliche Fehlermeldungen bekommt, die als Ursprung eine Zeile haben, in der ein Preprocessor Macro steht, so ist ein Blick auf dessen Definition anzuraten. Es muss aber auch gar nicht sein, dass ein Fehler auf das Macro selbst verweist, sondern es kann sich ein fehldefiniertes Macro auch erst einige Zeilen darunter auswirken (z.B. durch vergessene Klammern). Bevor man also verzweifelt im Code nach einem unerklärlichen Compilerfehler sucht, ist es ratsam, immer ein wenig im Code nach oben zu sehen, ob vielleicht ein Macro hier Schaden angerichtet haben kann.

Damit man mit den hier implementierten Hashmaps einfacher arbeiten kann und nicht immer Hashfunktionen und Vergleichsfunktionen selbst schreiben muss, gibt es noch Standard-Funktionen, die dies übernehmen. Hier wurden nur die Funktionen für Strings implementiert, aber es steht einer Erweiterung durch die Leser natürlich nichts im Weg :-)

```
1 // std_hash_functions.h - some standard functions needed for
2 //                         working with a hashtable
3
4 #ifndef __std_hash_functions_h__
5 #define __std_hash_functions_h__
6
7 unsigned stringHash(void *key,unsigned modulus,
8                     void (*error_handler)(int error_type,
9                                           void *special));
10
11 int stringCompare(void *key1, void *key2,
12                   void (*error_handler)(int error_type,
13                                         void *special));
14
15 #endif // __std_hash_functions_h__
```

```
1 // std_hash_functions.c - some standard hash functions
2
3 #include <stdio.h>
4 #include <stdlib.h>
5
6 #include "default_error_handling.h"
7
8 //----------------------------------------------------------
9 // very primitive string hash function - needs better
10 // implementation if you really need a good one.
11 unsigned stringHash(void *key,unsigned modulus,
12                     void (*error_handler)(int error_type,
13                                           void *special))
14 {
15   unsigned hash = 0;
16   unsigned char *current = (unsigned char*)key;
17
18   if (!key)
19   {
20     error_handler(ILLEGAL_ARGUMENTS,"stringHash");
21     return(0);
22   }
23   while(*current)
24     hash = ((hash * 31) + *current++) % modulus;
25   return(hash);
26 }
27
28 //----------------------------------------------------------
29 // helper function for string compare operations, if keys
30 // in a hashtable are strings
31 int stringCompare(void *key1, void *key2,
32                   void (*error_handler)(int error_type,
33                                         void *special))
34 {
35   if ((!key1) || (!key2))
36   {
37     error_handler(ILLEGAL_ARGUMENTS,"stringCompare");
38     return(ILLEGAL_ARGUMENTS); // must be discarded anyway
39   }
40   return(strcmp(key1,key2));
41 }
```

J.3.6 Stack

Für den Stack, der implementiert wurde, fiel bei der internen Datenstruktur die Wahl auf die Verwendung von Arrays. Ein Array hält alle Pointer auf die Elemente, die im Stack gespeichert sind. Ein zweites Array hält die Pointer auf die dazugehörigen Destruktorfunktionen. Nun ist ein Stack aber eine hoch dynamische Datenstruktur, denn die Hauptaufgabe besteht ja darin, Elemente auf den Stack zu legen (=*push*) und wieder von diesem herunterzuholen (=*pop*). Man kann sich also vorstellen, dass eine naive Implementation, bei der dauernd die Arrays neu allokiert werden müssen, ziemlich große Performancenachteile bringt.

Nun stellt sich natürlich die Frage, warum man nicht gleich eine verkettete Liste zur Implementation heranzieht, anstatt mit Arrays zu arbeiten. Bei einer verketteten Liste wird zumindest nicht immer ein Reallokieren des gesamten Arrays notwendig, sobald ein Element dazu- oder wegkommt. In Kapitel 12 haben wir ja eine solche Liste bereits implementiert.

Das Problem bei der verketteten Liste ist, dass zwar nicht immer gleich ein ganzes Array neu allokiert werden muss, aber trotzdem ist jede push- oder pop-Operation zumindest mit dem Allokieren eines kleinen Memory-Bereichs verbunden. Auch dies ist der Performance nicht gerade einträglich. Im Prinzip gilt bei der dynamischen Memory-Verwaltung immer die Grundregel, dass so wenig wie möglich `malloc`, `free` oder `realloc` Operationen (in der Folge *Memory-Operationen* genannt) stattfinden sollen, denn diese Operationen sind außerordentlich zeitintensiv.
Wir müssen bei der Implementation des Stacks immer folgende Verwendungsfälle berücksichtigen:

1. Es kann passieren, dass viele push-Operationen hintereinander stattfinden und damit der Stack sehr groß wird. Je nach Anwendung kann der Stack auch mehrere Millionen Elemente halten müssen.
2. Es kann passieren, dass bei einem sehr großen Stack sehr viele pop-Operationen hintereinander stattfinden, die den Stack wieder vollständig leeren.
3. Es kann unabhängig von der Stackgröße passieren, dass hintereinander sehr viele push / pop Kombinationen ausgeführt werden, sodass die Größe des Stacks immer in einem kleinen Bereich hin- und herpendelt.

Um die Anzahl der Memory-Operationen gering zu halten, kann man den folgenden Algorithmus des *exponentiellen Reallokierens* verwenden:

- Man allokiert nicht immer genau so viele Elemente, wie man braucht, sondern man allokiert immer blockweise. So muss bei vielen aufeinander folgenden push-Operationen nur alle paar Mal neu allokiert werden.
- Die Blöcke, die allokiert werden, sind nicht immer gleich groß, sondern sie passen sich an die derzeitig allokierte Größe an. Beim exponentiellen Reallokieren wird bei jedem notwendigen Allokierungsschritt immer der

allokierte Bereich verdoppelt. Damit reagiert man auf den zuvor angeführten Fall 1, in dem sehr viele push-Operationen hintereinander ausgeführt werden. Würde man eine konstante Blockgröße zum Allokieren verwenden, dann hätte man sich nur ein paar Memory-Operationen erspart, aber bei mehreren Millionen Elementen wäre der Stack trotzdem sehr langsam. Man kann sich aber leicht überlegen, dass man durch die Verdopplung des Bereichs tatsächlich in jedem Fall sehr wenige Memory-Operationen braucht, egal wie groß der Stack wird.
- Wenn weniger als die Hälfte des allokierten Bereichs gebraucht wird, dann wird der allokierte Block in seiner Größe wieder halbiert.

Mit diesem Algorithmus haben wir zwar nun die Fälle 1 und 2 unserer vorherigen Betrachtung abgedeckt, aber Fall 3 kann noch zum Problem werden: Abwechselnde push- und pop-Operationen genau an einer Blockgrenze können dazu führen, dass ständig ein Block bei einer push-Operation dazuallokiert wird, und nach der darauffolgenden pop-Operation wird er wieder weggenommen, da die Grenze unterschritten ist. Man kann nun sagen, dass es schon ziemlich unwahrscheinlich ist, dass solche Operationen genau in dieser Anordnung an einer Blockgrenze stattfinden, aber leider passieren auch die unwahrscheinlichen Fälle nicht so selten, wie man sich das wünschen würde.

Vor allem ist dieser Fall mit einer kleinen Modifikation des Algorithmus leicht in den Griff zu bekommen: Es wird ein Block nicht sofort bei Unterschreiten der Grenze freigegeben, sondern erst, wenn ein gewisser Schwellwert unterhalb der Grenze unterschritten wird. Je nach Anwendung ist ein Schwellwert von ca. 20% der Blockgröße recht sinnvoll. Wenn man diesen Schwellwert auch noch von außen einstellbar macht, dann kann je nach Anwendung die sinnvollste Größe experimentell ermittelt werden.
Das Resultat der vorangegangenen Betrachtungen findet man in der folgenden Implementation des Stacks wieder:

```
1 // stack.h - public declarations for the stack
2
3 #ifndef __stack_h__
4 #define __stack_h__
5
6 #define STACK_DEBUG          0x01
7
8 typedef struct _Stack_ Stack;
9
10 //------------------------------------------------------------
11 // struct for the stack and access functions
12 struct _Stack_
13 {
14   void **elements;
15   void (**destructors)(void *element,
16                        void (*error_handler)(int error_type,
17                                              void *special));
18   unsigned num_elements;
19   unsigned num_elements_allocated;
20   unsigned threshold_percentage;
21 };
22
23 Stack *newStack(void (*error_handler)(int error_type,
```

```
24                                        void *special));
25 void deleteStack(Stack *stack,
26                  void (*error_handler)(int error_type,
27                                        void *special));
28 void setThresholdPercentage(Stack *stack,
29                             unsigned threshold_percentage,
30                             void (*error_handler)(
31                               int error_type,
32                               void *special));
33 unsigned  getNumElementsFromStack(Stack *stack,
34                                   void (*error_handler)(
35                                     int error_type,
36                                     void *special));
37 void push(Stack *stack,void *element,
38           void (*destructor)(void *element,
39                              void (*err_handler)(int error_type,
40                                                  void *special)),
41           void (*error_handler)(int error_type,void *special));
42 void *pop(Stack *stack,
43           void (*error_handler)(int error_type,void *special));
44 void swap(Stack *stack,
45           void (*error_handler)(int error_type,void *special));
46 void clear(Stack *stack,
47            void (*error_handler)(int error_type,void *special));
48 void *peek(Stack *stack,unsigned index,
49            void (*error_handler)(int error_type,void *special));
50
51 #endif // __stack_h__
```

```
1 // stack_private.h - private declarations for the stack
2
3 #ifndef __stack_private_h__
4 #define __stack_private_h__
5
6 #define MIN_ELEMENTS_TO_ALLOCATE      16
7 #define DEFAULT_THRESHOLD_PERCENTAGE 20
8
9 int reallocIfNecessary(Stack *stack,
10                        unsigned num_elements,
11                        void (*error_handler)(int error_type,
12                                              void *special));
13
14
15 #endif // __stack_private_h__
```

```
1 // stack.c - a stack for common use
2
3 #include <stdio.h>
4 #include <stdlib.h>
5
6 #include "default_error_handling.h"
7 #include "default_debug.h"
8 #include "stack.h"
9 #include "stack_private.h"
10
11 //------------------------------------------------------------
12 // constructor for a stack
13 //
14 // triggered errors: OUT_OF_MEMORY
15 Stack *newStack(void (*error_handler)(int error_type,
16                                       void *special))
17 {
```

```
18   Stack *stack = (Stack*)malloc(sizeof(Stack));
19
20   if (!error_handler)
21     error_handler = defaultErrorHandler;
22
23   if (!stack)
24   {
25     error_handler(OUT_OF_MEMORY,"newStack");
26     return(NULL);
27   }
28   stack->elements = NULL;
29   stack->destructors = NULL;
30   stack->num_elements = 0;
31   stack->num_elements_allocated = 0;
32   stack->threshold_percentage = DEFAULT_THRESHOLD_PERCENTAGE;
33   return(stack);
34 }
35
36 //------------------------------------------------------------------
37 // destructor for a stack
38 //
39 // triggered errors: ILLEGAL_ARGUMENTS
40 void deleteStack(Stack *stack,
41                  void (*error_handler)(int error_type,
42                                        void *special))
43 {
44   if (!error_handler)
45     error_handler = defaultErrorHandler;
46
47   if (!stack)
48   {
49     error_handler(ILLEGAL_ARGUMENTS,"deleteStack");
50     return;
51   }
52     // if an error occurs go on anyway and don't return,
53     // otherwise the stack structure itself is not freed!
54   clear(stack,error_handler);
55   free(stack);
56 }
57
58 //------------------------------------------------------------------
59 // access function to set the realloc-threshold for shrinking
60 // the memory-block associated with the stack. The threshold
61 // is always given in percent and values higher than 50 percent
62 // are not allowed because they don't make any sense.
63 //
64 // triggered errors: ILLEGAL_ARGUMENTS
65 void setThresholdPercentage(Stack *stack,
66                             unsigned threshold_percentage,
67                             void (*error_handler)(
68                               int error_type,
69                               void *special))
70 {
71   if (!error_handler)
72     error_handler = defaultErrorHandler;
73
74     // don't allow threshold percentages > 50, because
75     // they don't make sense. With e.g. 100 the stack would
76     // never shrink at all!
77   if ((!stack) || (threshold_percentage > 50))
78   {
79     error_handler(ILLEGAL_ARGUMENTS,"setThresholdPercentage");
80     return;
81   }
82   stack->threshold_percentage = threshold_percentage;
83 }
```

```
84
85 //----------------------------------------------------------------
86 // access function to read the number of elements that are
87 // held in the stack
88 //
89 // triggered errors: ILLEGAL_ARGUMENTS
90 unsigned getNumElementsFromStack(Stack *stack,
91                                  void (*error_handler)(
92                                    int error_type,
93                                    void *special))
94 {
95   if (!error_handler)
96     error_handler = defaultErrorHandler;
97
98   if (!stack)
99   {
100    error_handler(ILLEGAL_ARGUMENTS,"getNumElements");
101    return(0);
102  }
103  return(stack->num_elements);
104 }
105
106 //----------------------------------------------------------------
107 // function for pushing elements on the stack
108 //
109 // triggered errors: ILLEGAL_ARGUMENTS
110 //                   OUT_OF_MEMORY
111 void push(Stack *stack,void *element,
112           void (*destructor)(void *element,
113                              void (*err_handler)(int error_type,
114                                                  void *special)),
115           void (*error_handler)(int error_type,
116                                 void *special))
117 {
118   if (!error_handler)
119     error_handler = defaultErrorHandler;
120
121   if (!stack)
122   {
123     error_handler(ILLEGAL_ARGUMENTS,"push");
124     return;
125   }
126   if (reallocIfNecessary(stack,stack->num_elements + 1,
127                          error_handler))
128     return;
129   stack->elements[stack->num_elements] = element;
130   stack->destructors[stack->num_elements] = destructor;
131   stack->num_elements++;
132 }
133
134 //----------------------------------------------------------------
135 void *pop(Stack *stack,
136           void (*error_handler)(int error_type,
137                                 void *special))
138 {
139   void *element = NULL;
140   if (!error_handler)
141     error_handler = defaultErrorHandler;
142
143   if (!stack)
144   {
145     error_handler(ILLEGAL_ARGUMENTS,"pop");
146     return(NULL);
147   }
148   if (stack->num_elements <= 0)
149   {
```

```
150     error_handler(INDEX_OUT_OF_BOUNDS, "pop");
151     return(NULL);
152   }
153   element = stack->elements[--stack->num_elements];
154   reallocIfNecessary(stack, stack->num_elements, error_handler);
155   return(element);
156 }
157
158 //----------------------------------------------------------
159 // swap operation - swaps the last two elements on the
160 // stack, if there are at least two
161 //
162 // triggered errors: ILLEGAL_ARGUMENTS
163 //                   INDEX_OUT_OF_BOUNDS
164 void swap(Stack *stack,
165           void (*error_handler)(int error_type,
166                                 void *special))
167 {
168   void *element = NULL;
169   void (*destructor)(void *element,
170                      void (*error_handler)(
171                        int error_type, void*special)) = NULL;
172
173   if (!error_handler)
174     error_handler = defaultErrorHandler;
175
176   if (!stack)
177   {
178     error_handler(ILLEGAL_ARGUMENTS, "swap");
179     return;
180   }
181   if (stack->num_elements < 2)
182   {
183     error_handler(INDEX_OUT_OF_BOUNDS, "swap");
184     return;
185   }
186   element = stack->elements[stack->num_elements - 1];
187   destructor = stack->destructors[stack->num_elements - 1];
188   stack->elements[stack->num_elements - 1] =
189     stack->elements[stack->num_elements - 2];
190   stack->destructors[stack->num_elements - 1] =
191     stack->destructors[stack->num_elements - 2];
192   stack->elements[stack->num_elements - 2] = element;
193   stack->destructors[stack->num_elements - 2] = destructor;
194 }
195
196 //----------------------------------------------------------
197 // clears the stack and frees the memory that is allocated
198 // by the inner structures of it.
199 //
200 // triggered errors: ILLEGAL_ARGUMENTS
201 void clear(Stack *stack,
202            void (*error_handler)(int error_type,
203                                  void *special))
204 {
205   unsigned count = 0;
206   void **elements = NULL;
207   void (**destructors)(void *element,
208                        void (*error_handler)(int error_type,
209                                              void *special));
210
211   if (!error_handler)
212     error_handler = defaultErrorHandler;
213
214   if (!stack)
215   {
```

```
216       error_handler(ILLEGAL_ARGUMENTS, "clear");
217       return;
218     }
219     count = stack->num_elements;
220     destructors = stack->destructors;
221     elements = stack->elements;
222     while(count--)
223     {
224       if (*destructors) // call destructor if given
225         (*destructors++)(*elements++,error_handler);
226       else
227         elements++;
228     }
229     if (stack->elements)
230       free(stack->elements);
231     stack->elements = NULL;
232     if (stack->destructors)
233       free(stack->destructors);
234     stack->destructors = NULL;
235     stack->num_elements = stack->num_elements_allocated = 0;
236 }
237
238 //------------------------------------------------------------
239 // helper function to be able to have a quick look at an
240 // element on the stack without having to pop all elements
241 // "below" it. In principle this function should not be part
242 // of a stack implementation, but there are many cases where
243 // it is really needed, e.g. to show the whole stack. If
244 // this would have to be done with pop / push operations the
245 // overhead would be way too high.
246 //
247 // triggered errors: ILLEGAL_ARGUMENTS
248 //                   INDEX_OUT_OF_BOUNDS
249 void *peek(Stack *stack,unsigned index,
250            void (*error_handler)(int error_type,void *special))
251 {
252   if (!error_handler)
253     error_handler = defaultErrorHandler;
254
255   if (!stack)
256   {
257     error_handler(ILLEGAL_ARGUMENTS, "peek");
258     return(NULL);
259   }
260   if (stack->num_elements <= index)
261   {
262     error_handler(INDEX_OUT_OF_BOUNDS, "peek");
263     return(NULL);
264   }
265   return(stack->elements[stack->num_elements - index - 1]);
266 }
267
268 //------------------------------------------------------------
269 // helper function that implements the paradigm of exponential
270 // reallocation with a threshold. If there is not enough
271 // memory allocated then the block is doubled in size. However
272 // the memory is not freed immediately if there are less than
273 // half the elements of the allocated block on the stack.
274 // Rather some threshold is taken into account before the stack
275 // shrinks. This is very essential when doing several push / pop
276 // operations right on the block-boundary. Otherwise every single
277 // operation would cause shrinking or growing of the internal
278 // blocks, which is very time-consuming!
279 //
280 // triggered errors: ILLEGAL_ARGUMENTS
281 //                   OUT_OF_MEMORY
```

```
282 int reallocIfNecessary(Stack *stack,
283                        unsigned num_elements,
284                        void (*error_handler)(
285                          int error_type,void *special))
286 {
287   unsigned realloc_to = 0;
288
289   if (!error_handler)
290     error_handler = defaultErrorHandler;
291
292   if (!stack)
293   {
294     error_handler(ILLEGAL_ARGUMENTS,"peekElementAtIndex");
295     return(ILLEGAL_ARGUMENTS);
296   }
297       // stack is growing beyond its allocated size
298   if (num_elements > stack->num_elements_allocated)
299   {
300     realloc_to = stack->num_elements_allocated ?
301                  stack->num_elements_allocated * 2 :
302                  MIN_ELEMENTS_TO_ALLOCATE;
303   }
304   else
305   {
306     unsigned threshold_limit = 0;
307
308         // stack is growing, but not beyond its allocated size or
309         // the lower limit is already reached
310     if ((num_elements > stack->num_elements) ||
311         (stack->num_elements_allocated <= MIN_ELEMENTS_TO_ALLOCATE))
312       return(0);
313
314         // stack is shrinking calculate threshold limit
315     threshold_limit = (stack->num_elements_allocated / 2) -
316                       (((stack->num_elements_allocated / 2) *
317                         stack->threshold_percentage) / 100);
318         // not below threshold
319     if (num_elements >= threshold_limit)
320       return(0);
321         // calculate new size - checking for min elements is not
322         // necessary here because growth always happens by a factor
323         // of 2 and it was already checked for the minimum above
324     realloc_to = stack->num_elements_allocated / 2;
325   }
326   stack->elements = (void **)realloc(stack->elements,
327                                      realloc_to * sizeof(void*));
328   stack->destructors =
329     (void (**)(void*,void (*)(int,void *)))realloc(
330       stack->destructors,
331       realloc_to *
332       sizeof(void(*)(void*,void (*)(int,void*))));
333   if ((!stack->elements) || (!stack->destructors))
334   {
335     error_handler(OUT_OF_MEMORY,"internal: reallocIfNecessary");
336     return(OUT_OF_MEMORY);
337   }
338   stack->num_elements_allocated = realloc_to;
339   return(0);
340 }
```

J.3.7 Debugging

Wie bereits erwähnt, muss während der Entwicklung die Fehlersuche erleichtert und vereinheitlicht werden. Wie man mit dem Preprocessor Macros schreibt, die auch automatisch beim Compilieren wieder aus dem Code entfernt werden können, ist bereits bekannt. Dass man sinnvollerweise für verschiedene Codestücke gezielt das Debugging ein- oder ausschalten können soll, ist auch einleuchtend. Und wie man dies mittels Bitmasken erreicht, ist auch bekannt.

Eine Sache ist allerdings beim Arbeiten im Team sehr wichtig: Es muss dafür Sorge getragen werden, dass nicht mehrere Teammitglieder dieselben Flags für ihre Zwecke verwenden, denn dann ist es mit dem gezielten Ein- und Ausschalten vorbei. Klarerweise wird man im Team Konventionen einführen, wer wofür welche Bits der Maske verwenden darf, aber im Sinne von robustem Code sollte man doch eine Überprüfung durchführen.

Die Implementation unserer Debug Macros sieht also vor, dass man ein bestimmtes Flag nur dann verwenden darf, wenn man es vorher auch bekannt gegeben (=definiert) hat. Definiert kann aber eine Maske nur dann werden, wenn niemand sonst das oder die Bits bereits in Verwendung hat. Damit fällt eine Doppelverwendung von Bits sofort auf.
Das Ergebnis unserer Überlegungen zum Thema Debugging liest sich dann folgendermaßen:

```
1 // default_debug.h - a real-world example of some debugging stuff
2
3 #ifndef __default_debug_h__
4 #define __default_debug_h__
5
6 #ifdef DEBUG_ON
7 extern unsigned __defined_debug_mask__;
8 extern unsigned __active_debug_mask__;
9
10 #define DEBUG_ERROR -127
11
12 //--------------------------------------------------------------
13 #define DEFINE_DEBUG_MASK(mask) \
14 { \
15   if (__defined_debug_mask__ & (mask)) \
16   { \
17     fprintf(stderr, \
18             "Error: duplicate debug flag definition: 0x%x - ", \
19             (mask)); \
20     fprintf(stderr, \
21             "mask was: 0x%x\n", __defined_debug_mask__); \
22     exit(DEBUG_ERROR); \
23   } \
24   __defined_debug_mask__ |= (mask); \
25 }
26
27 //--------------------------------------------------------------
28 #define UNDEFINE_DEBUG_MASK(mask) \
29 __defined_debug_mask__ &= ~(mask);
30
31 //--------------------------------------------------------------
32 #define SET_ACTIVE_DEBUG_MASK(mask) \
33 { \
```

```
34   if (((mask) | __defined_debug_mask__) ^ \
35       __defined_debug_mask__) \
36   { \
37     fprintf(stderr, \
38             "Error: setting debug mask with undef flags: 0x%x - ", \
39             (mask)); \
40     fprintf(stderr, \
41             "defined mask: 0x%x\n", __defined_debug_mask__); \
42     exit(DEBUG_ERROR); \
43   } \
44   __active_debug_mask__ = (mask); \
45 }
46
47 //---------------------------------------------------------------
48 #define ADD_ACTIVE_DEBUG_MASK(mask) \
49 { \
50   if (((mask) | __defined_debug_mask__) ^ \
51       __defined_debug_mask__) \
52   { \
53     fprintf(stderr, \
54             "Error: adding debug mask with undef flags: %x - ", \
55             (mask)); \
56     fprintf(stderr, \
57             "defined mask: 0x%x\n", __defined_debug_mask__); \
58     exit(DEBUG_ERROR); \
59   } \
60   __active_debug_mask__ |= (mask); \
61 }
62
63
64 //---------------------------------------------------------------
65 #define REMOVE_ACTIVE_DEBUG_MASK(mask) \
66 __active_debug_mask__ &= ~(mask);
67
68 //---------------------------------------------------------------
69 #define DEBUG(flag,output) \
70 { \
71   if (flag & __active_debug_mask__) \
72   fprintf(stderr,"%s\n",output); \
73 }
74
75 #else
76 #define DEBUG(mask,output) ;
77 #define DEFINE_DEBUG_MASK(mask) ;
78 #define SET_ACTIVE_DEBUG_MASK(mask) ;
79 #define ADD_ACTIVE_DEBUG_MASK(mask) ;
80 #define REMOVE_ACTIVE_DEBUG_MASK(mask) ;
81 #endif // DEBUG_ON
82
83
84 #endif // __default_debug_h__
```

Weil wir mit zwei Variablen im Code arbeiten, die im gesamten Programm bekannt sein müssen, brauchen wir auch noch ein kurzes C-File, in dem diese dann tatsächlich definiert sind.

```
1 // default_debug.c - definitions needed for default_debug.h
2
3 unsigned __defined_debug_mask__ = 0;
4 unsigned __active_debug_mask__ = 0;
```

Vorsicht Falle: Eine Warnung zu kryptischen Fehlermeldungen bei Verwendung des Preprocessors habe ich bereits niedergeschrieben, aber es gibt noch einen weiteren Stolperstein, der sehr verhängnisvoll sein kann. Sehen wir uns Zeile 15 in `default_debug.h` an: In dieser Zeile sieht man, dass der Parameter `mask` **eingeklammert** ist, und das ist auch unbedingt notwendig! Warum diese Notwendigkeit besteht, erkennt man leicht, wenn man sich überlegt, wie der Preprocessor arbeitet:

Der Preprocessor nimmt ausschließlich reine textuelle Ersetzungen vor, dies gilt auch für Parameter. Der Aufruf

```
DEFINE_DEBUG_MASK(0x40)
```

bewirkt, dass die Zeile 15 nach der Ersetzung zu

```
if (__defined_debug_mask__ & (0x40))
```

wird. Hier sind also die Klammern wirklich fehl am Platz. Was aber passiert, wenn man eine Maske aus mehreren Einzelteilen mit Bitoperatoren zusammensetzt, also z.B. folgendes Statement schreibt:

```
DEFINE_DEBUG_MASK(STACK_DEBUG | HASHMAP_DEBUG)
```

Unter der Annahme, dass `STACK_DEBUG` als `0x01` und `HASHMAP_DEBUG` als `0x02` definiert sind, würde Zeile 15 dann nach allen Ersetzungen durch den Preprocessor folgendermaßen aussehen:

```
if (__defined_debug_mask__ & (0x01 | 0x02))
```

Mit unseren Klammern also kein Problem – zuerst wird die Bitmaske zusammengestellt wie beabsichtigt, und erst dann wird die Überprüfung mittels Bit-`AND` durchgeführt. Nun stellen wir uns vor, dass wir die Klammern hier vergessen hätten. Dann würde das Statement nach allen Ersetzungen durch den Preprocessor so aussehen:

```
if (__defined_debug_mask__ & 0x01 | 0x02)
```

Und schon ist es passiert: Hier wird zuerst das Bit-`AND` ausgewertet, und auf das Ergebnis wird das Bit-`OR` angewandt. Wie man leicht erkennen kann, evaluiert dieser Ausdruck dann immer zu `true`, statt eine Überprüfung der gesetzten Bits durchzuführen, wie es eigentlich beabsichtigt war!

Hat man Preprocessor-Macros geschrieben, die sich nicht so verhalten, wie es eigentlich beabsichtigt war, so ist es oft hilfreich, sich den Output des Preprocessors anzusehen (zur Erinnerung: Compileroption `-E`), denn Fehler, wie z.B. vergessene Klammerungen findet man damit relativ leicht. Bei wirklich komplizierten Macros ist es nur allzu einfach, den Überblick zu verlieren, was durch die Ersetzung eigentlich passiert. Der Preprocessor-Output zeigt dann erst, was wirklich schief gegangen ist.

J.3.8 Makefile

Wie bei allen Projekten, die aus mehreren Files bestehen, haben wir auch hier ein Makefile (`CalculatorMakefile`). Im Prinzip ist in diesem nicht viel Neues zu finden, außer, dass das Ein- und Ausschalten der Debugging Macros durch einen Parameter für den Compiler passiert statt im Code.

```
1 OBJS = default_debug.o \
2        default_error_handling.o \
3        hashmap.o \
4        std_hash_functions.o \
5        advanced_input_handling.o \
6        stack.o \
7        calculator.o
8 CC = gcc
9 LD = gcc
10 STD_CC_FLAGS = -c -Wall
11 ADDITIONAL_CC_FLAGS = -DDEBUG_ON
12 CC_FLAGS = $(STD_CC_FLAGS) $(ADDITIONAL_CC_FLAGS)
13 STD_LD_FLAGS = -o
14 ADDITIONAL_LD_FLAGS =
15 LD_FLAGS = $(STD_LD_FLAGS) $(ADDITIONAL_LD_FLAGS)
16 EXECUTABLE = calculator
17
18 calculator : $(OBJS)
19   $(LD) $(LD_FLAGS) $(EXECUTABLE) $(OBJS)
20
21 calculator.o : calculator.c \
22                calculator.h \
23                default_debug.h
24   $(CC) $(CC_FLAGS) calculator.c
25
26 hashmap.o : hashmap.c \
27             hashmap.h \
28             hashmap_private.h \
29             default_debug.h
30   $(CC) $(CC_FLAGS) hashmap.c
31
32 stack.o : stack.c \
33           stack.h \
34           stack_private.h \
35           default_debug.h
36   $(CC) $(CC_FLAGS) stack.c
37
38 std_hash_functions.o : std_hash_functions.c \
39                        std_hash_functions.h \
40                        default_debug.h
41   $(CC) $(CC_FLAGS) std_hash_functions.c
42
43 default_error_handling.o : default_error_handling.c \
44                            default_error_handling.h \
45                            default_debug.h
46   $(CC) $(CC_FLAGS) default_error_handling.c
47
48 default_debug.o : default_debug.c \
49                   default_debug.h
50   $(CC) $(CC_FLAGS) default_debug.c
51
52 advanced_input_handling.o : advanced_input_handling.c \
53                             advanced_input_handling.h \
54                             advanced_input_handling_private.h \
55                             default_debug.h
56   $(CC) $(CC_FLAGS) advanced_input_handling.c
57
58 all : calculator
59
60 clean :
61   rm $(OBJS) $(EXECUTABLE)
```

J.3.9 Schlussfolgerungen aus der Implementation

Ich habe bei dieser vorliegenden Musterimplementation ganz besonders auf flexible Fehlerbehandlung, Einsatz von Destruktoren und andere Maßnahmen, die der Robustheit des Codes dienen, Wert gelegt. Bei größeren Projekten wird noch sehr viel mehr Augenmerk auf diese Dinge gelegt und dementsprechend noch viel höherer Aufwand betrieben. Es ist aber schon in diesem Beispiel zu erkennen, dass robuster und flexibler Code in C sehr schnell dazu neigt, unübersichtlich zu werden. Man muss sich ja nur die Parameterlisten der Funktionen ansehen, die durch die massive Verwendung von Funktionspointern kryptisch aussehen und schwer zu lesen sind.

Man kann erkennen, dass wir bereits in diesem Beispiel durch unsere besonderen Ansprüche an die Grenzen von C gestoßen sind und dass gewisse Konstrukte sehr helfen würden, den Code bei weitem leichter lesbar und durchschaubar zu machen.

Genau diese Konstrukte, wie eben eine echte Kapselung von Daten in Klassen mit wohldefinierten Zugriffsfunktionen, bessere Mechanismen zur Fehlerbehandlung (Stichwort: *Exceptions*), gezielte Beschränkung von Zugriffen auf Variablen und Funktionen (eigentlich im objektorientierten Sinn *Methoden*) und vieles mehr finden sich in objektorientierten (=OO) Sprachen wieder. Ein sehr bekannter und weit verbreiteter Vertreter der OO Sprachen ist C++. Der Name kommt nicht von ungefähr, denn C++ bietet alles was C zu bieten hat (in genau derselben Form), und noch einiges mehr. Vor allem bietet es genau die Konstrukte an, die notwendig sind, um die Anforderungen zu erfüllen, die in großen Projekten gestellt werden, ohne aber Code zu unübersichtlich werden zu lassen, sofern man die Konzepte der OO-Programmierung wirklich verstanden hat. Wer nun die Frage stellt, warum man dann überhaupt C lernen soll, und nicht C++, dem sei verraten, dass das Erlernen von C++ das vollständige Wissen über C voraussetzt.

Lesern, die inzwischen Geschmack an C gefunden haben und noch ein wenig mehr wissen wollen, denen sei als Fortsetzung C++ ans Herz gelegt.

Literaturverzeichnis

[Cameron et al. 1996] Cameron D., Rosenblatt B., Raymond E.: *Learning Gnu Emacs*, O'Reilly (1996).

[Gamma et al. 1998] Gamma E., Helm R., Jonson R., Vlissides J.: *Design Patterns - Elements of Reusable Object-Oriented Software*, Addison Wesley (1998).

[Kernighan, Ritchie 1990] Kernighan B.W., Ritchie D.M.: *Programmieren in C*, Hanser (1990).

[Myers 1999] Myers G.J.: *Methodisches Testen von Programmen*, Oldenbourg (1999).

[Ottmann, Widmayer 1996] Ottmann, T., Widmayer P.: *Algorithmen und Datenstrukturen*, Spektrum Akad. Vlg., Hdg. (1996).

[Robbins 2000] Robbins A.: *Unix in a Nutshell*, O'Reilly (2000).

[Schwartz, Christiansen 1998] Schwartz R. L., Christiansen T.: *Einführung in Perl*, O'Reilly (1998).

[Sedgewick 1992] Sedgewick R.: *Algorithmen*, Addison Wesley (1992).

[Stallman 2000] Stallman R.M.: *Gnu Emacs Manual*, iUniverse.Com (2000).

[Wall et al. 2001] Wall L., Christiansen T., Orwant J., Schwartz R. L.: *Programmieren mit Perl*, O'Reilly (2001).

Index

Über den Autor

Der Autor beim Beheben eines Programmfehlers

Klaus Schmaranz ist Mitglied des *Instituts für Informationsverarbeitung und computergestützte neue Medien (IICM)* der Technischen Universität Graz, dem Hermann Maurer vorsteht.
Der Autor leitet im Rahmen seiner Tätigkeit am Institut mehrere große Softwareprojekte im Bereich verteilter Objektsysteme und verteilter Informations- und Knowledge-Management Systeme.
Neben seiner Projekttätigkeit hält er an der TU-Graz eine Reihe von Vorlesungen zu verschiedenen Themen im Bereich der Softwareentwicklung. Dies umfasst sowohl Einführungsvorlesungen in die Softwareentwicklung mit C, C++ und Java, als auch sehr spezielle Vorlesungen zum Thema *verteilte Objektsysteme*, *Softwareentwicklung für große Programmbibliotheken* und *Datenübertragungsprotokolle.*
Im Rahmen seiner Projekttätigkeit und im Rahmen seiner Lehrtätigkeit sind seine besonderen Schwerpunkte bei der strukturierten und systematischen Entwicklung sehr komplexer, zuverlässiger und robuster Systeme zu finden.
Das vorliegende Buch bietet unter diesen Voraussetzungen keine gewöhnliche Einführung in C, sondern teilt den Lesern zusätzlich vieles an Praxiswissen mit, wie man auch komplexeste Systeme strukturiert, übersichtlich und robust entwickelt.

Anmerkung des Autors: Diese Zeilen stammen nicht aus meiner Feder, aber ich fühle mich sehr geschmeichelt :-)

Über den Autor